講談社選書メチエ

746

日本近現代建築の歴史

明治維新から現代まで

日埜直彦

MÉTIER

はじめに

本書は明治維新から現代にいたる日本近現代の建築の歴史のあらましを描く。今ある日本近代建築史の通史はおおむね一九七〇年頃で途切れ、それ以降の現在に至る流れをまとめたものは存在しない。その空白を現在に繋ぎつつ、歴史の全体像を一貫性をもって描くことが本書の第一の目標だ。明治維新以来の一五〇年の歴史を一冊の本にコンパクトにまとめるとなれば、細部にこだわるよりもまず大きな輪郭を描くことになる。メリハリのある記述を心がけたい。

誰でも建築に囲まれて生活しているのに、建築について基本的な知識を得るために役立つ適当な本はなかなかない。書店にならぶ本の多くは専門書で、一般読者にはハードルが高いだろう。本書は歴史上の特筆すべき建築を羅列するようなものではなく、むしろそこでなにが考えられていて、どういう背景があったかに焦点をおく。そうすることで建築について理解を深めるひとつの経路としたい。つまり歴史を通して日本の建築を知る概説書となることが本書の第二の目標だ。

本書の本体部分は、一九七〇年を境に、明治維新からそれまでを扱う第一部と、それ以降現在までを扱う第二部に分かれる。それぞれ多少前後しつつも基本的に時系列に沿って記述する。第一部では明治維新以来、国家のための建築という重荷を背負わされた特殊な状況を中心に、明治初めの西洋由来の様式建築導入から高度経済成長期の近代建築最盛期にいたる過程を扱う。第二部ではその国家のための建築という重荷が取り払われて、日本の建築の状況が拡散し、現在の状況が形成されていく過程を扱う。

この流れを見ていくための準備を本体に先立つ序章でまとめて行う。本書は出来るだけこみいった専門用語を用いないよう努めるが、それでも建築は専門性の高い領域であり、その取っ付きにくさを和らげるためのものだ。

こうした建築史の書籍には写真や図面などの図版が不可欠だが、フォーマットの制約で白黒にならざるを得ず、画質も粗くなる。インターネットで建築の名前を画像検索すればはるかにまともな画像を見ることができるはずだ。建築物の名称が文中に出てきたときには、煩わしくとも画像検索してみることをお勧めする。見付けにくいもの、特定の図版を参照すべきものを中心に本書には掲載した。

筆者は建築の設計を本業とする建築家だ。そのかたわら建築に関する批評や論考を書いてきた。そんななかでとりわけ長期にわたり建築家・磯崎新にインタビューを行う機会を得て、[1] それが日本近代建築史について考えるきっかけとなった。そこから発した筆者の関心は、基本的に、どうして現在の日本の建築はこうなっているか、に集中している。その答えはこの歴史の紆余曲折のなかに、たしかにある。その意味でいわゆる日本近代建築史とは少し違った視点で本書は書かれている。

建築は愉しいものだ。良い建築は人を奮い立たせるものであり、また心を休めるよすがとなるものでもある。そんな建築が生まれるためには、ただ建築家が優れた創造力を発揮するだけでは十分ではない。それを実現するための土台となる社会的な蓄積が必要になる。そして建築の歴史はその蓄積そのものだ。そこにさまざまな紆余曲折があった。そんなことが考えられてきたのか、とおそらく多くの読者が驚くのではないかと思う。

建築を見る視界が共有され、よりよい建築のありかたを展望する一助と本書がなれば、筆者としては望外の幸せである。

目次

凡例

一、引用については、原則として以下の方針に従う。
・旧字体は新字体に訂したが、かな遣いは原文のままとした。
・原文に句読点がない場合、適宜補った。
・原文で改行されている個所は反映させなかった。
・外来語に付された傍線は反映させなかった。
・圏点は基本的に反映させたが、「。」（白丸）は通常の「、」（ゴマ）に訂した。
・引用者による強調を示す圏点については、注記した。

一、文中に登場する人物については敬称略とした。

序　章

1　建築の保守性とその例外としての日本近代

建築はつねに社会のなかにある。どんな建築も、それが建つ地域と時代のなかで生まれ、その固有の状況に条件付けられている。社会と建築は、あまりに深く結びついているために、社会から離れて建築だけが勝手に変化していくことはない。その結果として、建築はかなり保守的な性格をもち、建築の歴史はとてもゆっくりと展開してきた。

日本でもそうだった。日本の伝統的な建築はゆるやかに小さな発展が定着・普及していく緩慢なプロセスのなかで形成されてきた。もちろんたまには前例のない特異な建築が唐突にあらわれた。しかしその影響が広まり定着したケースはそれほど多くない。岡倉天心が『東洋の理想』でいったように、日本はアジアの文物が流れ着いて保存された博物館のようなところがあって、大陸にはもう残っていない建築様式がかつて伝来し、今でも現存している。しかしそれでも、その影響が日本建築に深く浸透することは稀だった。磯崎新はそのような傾向を指して「和様化」といっている[1]。新しい様式が日本に渡来しても、その影響は一定程度以上には広がらず、しだいにその特徴はやわらげられて結局は和様へと回帰する、その繰り返しが日本の建築の歴史だった。

だが本書が対象とする近現代は、まったくそれとは異なる。つまり明治維新以降、現在にいたるまでの一五〇年は、そのようなゆるやかな変化とはかけ離れたラディカルな変化が起こり、新しい建築が普及した。親の世代、あるいはさらにその親の世代が住んだ家を思い浮かべてみれば、その変化の速さを想像できるかもしれない。法隆寺から明治維新までの約一三〇〇年間の日本建築の歴史の緩慢さと、明治維新以降の一五〇年間の建築の歴史の急速さを比べてみれば、大きなコントラストがあるはずだ。

保守性を押しのけるようにして急速な建築の変化が進行した。この一五〇年の特殊さを具体的に実感してもらうために、まず建築の保守性がなにに由来するのか確認してみよう。建築が保守的だというのはなにも、建築が保守的な権力者の権威をあらわしてきたからではない。いや、そういう部分もあるとしても、建築の保守性はもっと本質的なところに根ざしている。だからこそ、権力とは無縁の市井のひとびとが住む家こそむしろ保守的になるのだ。

まず、建築はどこまでも物質によって構築されたものだ。だから素材と技術によって建築は条件付けられている。素材の性質が建築のありかたを規定し、素材に応じて発展した技術が建築のありかたを規定した。とりわけ日本では、高温多湿な気候が育んだ豊かな植生に恵まれて、木材をふんだんに利用することができた。そして長く簡単には折れない強度を備えた木材を建築の素材とするなら、柱を立て、そのあいだに水平に梁を架け渡し、そうして安定した骨組みを作ってしまうのが手っ取り早い。そしてその上に屋根を掛け、骨組みに沿って部屋を仕切っていけば、日本建築の基本的形式が出来あがる。その場で得られる素材はそれほど急には変化しない。素材と技術が日本建築を条件付け、その歴史を保守的にした。[2]

その建築を作る技術は、それを習得し用いる職人と、その集団である施工組織によって担われている。高貴な宮殿や神社やお寺から、つましい民家まで、求められた技術の水準はさまざまだった。高度な技術を持つ熟練の職人もいれば、たまに手伝いをするだけの事実上の農民もいて、その数は厖大だった。大工、左官職人、建具職人といった現場で働く職人だけではなく、その背後に彼らのために刃物など道具を作る職人がいて、また材料を用意する職人がいた。高度な技術を身に付けた施工組織が技術を囲い込みその普及を妨げることさえあったわけだが、そうでなくとも厖大な人数の職人はその人数の多さ自体に由来するある種の慣性があって、その変化はかなりゆっくりとしたものだった。

建築は、それが建つ環境に適応して安定したシェルターを作る。雨が多い気候、台風や積雪、地震のような災害の多い環境に、日本の建築は適応しなければならなかった。伝統的な日本建築は屋根の簡素な姿に基調をおくが、それはこうした環境を反映している。単純なかたちの構造体に単純な屋根を掛けることは、長持ちするシェルターを作る早道だった。稀にしか起こらない災害に対する建物の安全性を保証してくれるのは、同様の建物の実績しかなかった。だから今でも職人はむやみな冒険は慎むべきと心がけている。こうした建築が適応すべき環境は基本的に変化せず、建築を恒常的に条件付けてきた。

以上の、いわば即物的な条件付けの一方で、社会自体も建築を保守的なものとした。一般に社会組織のありかたを建築の空間組織は反映する。ヒエラルキーの強い社会組織はヒエラルキーの強い空間組織を形成し、フラットな社会組織はフラットな空間組織を形成する。例えば地位の高い人物のための場をいかにも偉そうにしつらえ、そうでもない人間がそれを仰ぎ見る、というような空間組織を実現することで、建築は社会組織を安定させる装置となってきた。そして社会組織の変化は急には進まず、建築はそういう空間組織を慣例として維持した。とりわけ日本を含む東アジア文化圏では、建築はその格や序列に応じたふさわしい型を踏襲すべきと考えられてきた。身分社会の序列の中で、イエの格に応じた門構え、社格に応じた神社のしつらえなどを定める規範が、個々の建築の事情に優先するきわめて強い保守的伝統として守られ、それを踏み外すことはときに反社会的な意味さえ帯びた。

素材、技術、施工組織、環境、そして社会とその文化。以上列記してきたような建築を取り囲む外的条件が、建築を保守的にした。島国ゆえの外国からの影響の少なさは、こうした保守的な性格をより強くしただろう。

しかし、明治維新以降、建築は急速な変化に向かった。明治維新とともに生まれた強力な国家の意思によって西洋の建築が日本に導入されることで、日本近現代の建築の歴史ははじまった。近代以前の緩慢な変化とは明らかに対照的な、急速な変化が起こった。環境や災害のような条件は明治以降も変わらなかったが、右に列挙した素材、技術、施工組織、そして社会と文化といった建築を取り囲む外的条件は、それぞれかなり根本的に変化し、それが日本近代の建築の変化をより広範で大きなものとした。もちろんなにもかも外的条件の変化だけで説明できるわけではない。建築それ自体に内在的な発展も建築の可能性を切り拓いてきただろう。しかし本書が対象とするこの一五〇年ほど、建築を取り囲む外的条件の大規模な変化が起こった時期はない。だからそうした外的条件の変化を捉えていかないと、この時代の建築の実像は見えてこない。それらの変化は、建築をめぐる状況のあちこちで衝突と軋轢を引きおこした。新しい素材と古い素材のあいだで、新しい技術と古い技術のあいだで、新しい施工組織と古い施工組織のあいだで、そして新しい社会組織と古い社会組織のあいだで、戸惑いと葛藤、発展と衰退が起こった。ある変化がさらに次の変化を引きおこし、そうして次々に変化は波及して波紋は拡がった。

つまり時間軸上で通時的に見たときに、日本近現代の建築の歴史は、それ以前の緩慢な建築の歴史とはまったく異なる、例外的な時代を対象としている。単に西洋の建築が導入されたということ以上に、建築を規定するさまざまな外的条件が広範に変化して、日本の建築はそれ以前とは根本的に異なるものとなった。

2　世界的な近代建築の普及と日本の特殊性

これに対して、空間的に視野を拡げて共時的に見てみると、近代に建築の大きな変化が起こったのはなにも日本だけではない。近代化は世界史的な現象であり、世界中で土着的な建築文化を押しのけていわゆる近代建築が普及した。

近代建築の重要な特徴のひとつは自然採集素材ではなく産業的に生産される素材によって作られることだ。木や石のような自然採集素材はたまたま採集された偶然的なものであって、供給量に限界があり、その性能もまちまちだった。これに対して、近代建築の素材である鉄、コンクリート、ガラスのような産業的に生産される素材は、工場で大量かつ安定的に生産され、性能と寸法をかなり自由に選択できた。そうした素材によって近代建築は大規模化・高層化を実現した。先に建築の保守性を規定する条件として列挙した、素材、技術、施工組織はいずれも、自然採集素材から産業的に生産される素材への移行によって根本的に変化した。乱暴ないい方をすれば、産業的に生産される規格化された素材の画一性が近代建築を画一的にし、世界中に似たような建築をもたらした。

しかしそうして世界的に進んだ建築の近代化も、その現場に迫ってみればどこでも同じとはとてもいえない個別的なものだった。近代以前の建築の外的条件が、近代の建築の外的条件へと変化していくプロセスは、近代以前のローカルな条件を出発点とするかぎりそう単純なプロセスではありえない。新しい素材と技術の導入は、たいていの場合は多かれ少なかれ関連する技術をもつ既存の職人が間に合わせ的に対応して、その変化をなんとか受け止めることからはじまる。これはいわゆる順序依存性に支配されたプロセスであり、その変化は近代の普遍性へと収斂していくプロセスというよりはそれぞれの近代へと分岐していくプロセスであった。その意味では、近代建築がどこでも同じに見えるといってもそれは表面上のことに過ぎず、その具体はかなり違っていた。例えば現代の日本に室内で靴を脱ぐ習慣が残っていることは、生活文化の根強い古層と近代化のぶつかり合いの結果だ[3]。あるいはヨーロッパの古い市街地によく見られるように隣接する建物が接して壁を共有するのではなく、日本では建物が互いに隙間をあけて建つが、これもまた日本の建築が近代化を経るなかで確立した建築のあり方だ。そうしたなにげないことのなかに日本の近代化のプロセスの固有性があらわれている。

また、日本で建築の近代化を推進した主体の特殊性も重要だ。欧米における建築の近代化を推進した主体は、しばしば在野の建築家、技術者、あるいは芸術家だった。欧米における産業革命の技術革新が、正統的な科学者ではないどこか山師的な発明家によって行われたように、欧米における建築の近代化もしばしば国家から遠いところで起こった。また欧米諸国に植民地化された地域では、どこでも建築の近代化に宗主国が強い影響を及ぼし、宗主国の周縁部として近代化が進行した。宗主国からその建築が持ち込まれてローカライズされ、この宗主国への依存がしばしば独立後に自国の独自性をめぐる葛藤を生じさせた。これに対して、日本において建築の近代化を推進した主体はまず国家自身であり、それに従った建築家だった。日本は数少ない植民地化されなかった非西洋国のひとつであって、こうした条件は一般的なものではない。[4]

さらにもうひとつの特殊性は、近代化がはじまった時期にある。日本近代建築史は、日本近代史と同様に、基本的に明治維新以降をその対象とするが、明治維新が起こったのは一九世紀なかば、近代建築が生まれる二〇世紀初めより前のことだ。したがって日本近代建築史の初期の建築は近代建築ではない。こうしたタイミングのズレのため言葉の混乱が生じやすい。建築を専門としない一般的な読者へのガイダンスの意味もふくめて、ここで用語の整理をしておこう。

まず日本では、基本的な建築史の学問的なカテゴリーとして西洋建築史、日本建築史、近代建築史という建築の様式を基準とした分類が用いられている。建築の様式とはある地域、ある時代に共有された建築の造形上の定型のことだ。西洋建築における様式とは、まずはギリシャ・ローマ建築に由来しルネサンス期に再興されたドリス式、イオニア式、コリント式といった古典様式を指す。それらに加えて中世建築に由来するロマネスク様式やゴシック様式があり、補足的に城郭や邸宅などの様式を含めて、近代建築以前の西洋の建築が西洋建築だ。日本建築とは、仏教寺院や神社、皇室や貴族の宮殿、書院建築、数寄屋建築、あるいは民家など、それぞれに一定の様式的な系譜があり、それらを基礎として捉えられた明治維新以前の日本の建築だ。近代建築は、二〇世紀初め以降発展し世界的に普及した建築の様式を指す。

　西洋建築の歴史が西洋建築史で、日本建築の歴史が日本建築史だ。本来、西洋建築史に対応するカテゴリーは東洋建築史であるはずだし、日本建築史に対しては例えばイギリス建築史があるはずだが、とりわけ西洋建築を実現する建築家のための明治の建築教育において、西洋建築史はその知識を与える学問の中核であって、まず必要だった。そうしたことから日本では西洋建築史がまず確立し、その後に自国の建築を学ぶことも必要だろうということで日本建築史が確立した。

　世界的視野で近代建築の歴史を扱う近代建築史が、近代建築という様式を基準とするカテゴリーであるのに対して、日本の近代建築を扱う日本近代建築史は、明治維新以降の建築を対象とする時代を基準とするカテゴリーになっている。このため、日本近代建築史は近代建築でない建築も扱う。実際、インターネットで日本語で「近代建築」を画像検索してみれば、レンガ積みの西洋風の建築がたくさん出てくるだろう。英語で「modern architecture」を画像検索してもそうしたものが出てこないこととは対照的だ。日本近代建築史は、「日本近代」の建築史であって、日本の「近代建築史」ではない。日本近代建築史はこうした点でも特殊だ。

　こうした日本の特殊な事情からくる混乱を避けるため、本書では以下のように言葉を整理して用いる。

　まず明治維新前後に日本に導入されて実現した西洋由来の建築を、本書では西洋式建築と呼ぶ。西洋式建築は日本近代建築史の前半を飾り、満州事変から太平洋戦争にいたる一五年戦争の時期までは主流を占め、終戦後、廃れた。

二〇世紀初めに日本でもあらわれた近代建築については、単に近代建築と呼ぶ。近代建築は、西洋式建築導入の流れの延長線上の新しい動向として大正末期に日本でもあらわれた。近代建築は現在建設される建築のかなり大きな部分を占めている。

明治以前からの日本建築の流れは明治になって断絶したわけではない。それどころか日本近代建築史の全期間を通じて、多くの建築が日本建築の延長線上で建設されてきた。これを本書では在来式日本建築と呼ぶ。在来式日本建築は、近代以前の大工を中心とした施工組織を土台として、西洋式建築や近代建築の影響を受けながら生き残った。現在の木造戸建住宅の多くはそうした由来のものであり、在来式日本建築もまた、現在建設されている建築の相当部分を占めている。

本書は、西洋式建築、近代建築、そして在来式日本建築を区別しながら、明治維新以降の日本の建築の全体を扱う。とりわけ在来式日本建築は従来の日本近代建築史ではあまり意識されてこなかった領域だ。そのことがひいては日本近代建築史を、その時代の建築の歴史というよりは、西洋式建築や近代建築の実現に励んだ建築家の華やかな作品リストめいたものにしてきたきらいがある。だが在来式日本建築を視野に入れることで、現代にいたる建築の展開はわかりやすくなる。

ついでに、建築家という言葉についてここで説明しておこう。西洋式建築の導入とともに、それを設計する建築家という職能が日本に導入され、建築の近代化を牽引する存在となった。もちろん伝統的な日本建築でも、建築を構想し、設計した人物はいたはずだ。しかし多くの場合にそれは匿名的な大工やその棟梁であり、より顕名的なのは建築を建てた主体、いわゆる施主だった。日本でも例えば茶室待庵《たいあん》の千利休、あるいは東大寺再建における重源《ちょうげん》のように、建築をデザインした顕名的な存在がいた場合もあった。だがそうした専門化した職能が歴史上安定して存在したわけではなかった。建築の施主が顕名的で、デザインした主体が匿名的であることは、世界の建築文化を見ればそれほど珍しくなく、むしろ顕名的な建築家は欧米で育まれた特殊な文化だと捉えたほうが良いようだ。

建築家といえば、その個性をデザインにあらわして個人名で活動するフリーランスの建築家を指すことが普通だ。しかしとりわけ日本で建築の設計を職業とするものには、官僚組織に所属して設計を行うもの、建設会社に所属して設計を行うもの、組織設計事務所と呼ばれる企業に所属して設計を行うもの、などさまざまな実態があった。こうした職業形態の分化は多かれ少なかれ日本の建築の歴史に深く結びついた独特なものであり、本書はその展開をみていくことになる。しかしいずれにせよひとまず、建築設計を行う職能をまとめて建築家と呼ぶことにする。

ここまでをまとめてみよう。まず通時的に、日本の建築文化のきわめて保守的な持続が急速な変化に転じた時代という意味で、日本の近現代は特殊であった。建築を取り囲む外的条件が変化し、それとともに建築の根本的な変化が起こった。また共時的に見ても、いくつかの点で日本は特殊だった。近代建築が画一的な建築を世界中にもたらした一種のグローバリズムであったとしても、その定着の過程は伝統的な建築文化と近代化のせめぎあいのなかで進行する固有のものであった。建築の近代化が国家によって牽引されたことも特殊であり、その受容のタイミングも特殊だった。日本近現代の建築の歴史とは、このように位置付けられるものだ。

3　通史の不在と現在の見え難さ

日本近代建築史の記述は、ある時期以降途切れている。はじめの一〇〇年については通史の蓄積があるのだが、直近の五〇年については、断片的なものはたくさんあるが、一貫した歴史観を示すいわゆる通史は存在しない。だからこそ本書がそれに取り組む意義があるのだが、いささかたじろがざるを得ない状況がある。

どうして現在に至る通史が書きつがれてこなかったのか、理由ははっきりしない[5]。その背景には、ポスト・モダニズムがいう「大きな物語の終焉」とともに、通史に取り組む意欲が薄れたことがあるのかもしれない。大上段に構えた正史的な歴史に対して、小さなリアリティを重ねて歴史記述を重層化していくことに意義が感じられるようになった。しかし現状はそもそも通史そのものが不在で、重層化というよりは断片化している。結果として、建築の専門家のあいだですら基本的な歴史認識が揃わない困った状況が生じている。

まだ評価の定まらない直近の建築を歴史に位置付けることが難しいといわれることもある。つまり、まだ評価が定まらないから記述されていないだけで、そのうちに通史の記述に組み込まれていくだろうというわけだ。しかし実際には通史を書き継ぐ仕事は見当たらない。一般史である日本近代史をはじめとして他の分野では、直近まで果敢に歴史記述がなされている。建築史だけが記述が停滞しているのは奇妙なことだ。そもそも、日本近代建築史の定番とされる稲垣栄三の『日本の近代建築』はその刊行の一五年前までは扱っていた。だとすると、既往の日本近代建築史の記述が五〇年前で途切れていることの背景には、評価が定まらないというだけではない事情がありそうだ。

ひとまず棚卸し的な意味で、既往の通史的な日本近代建築史の著作を列挙して、それぞれが記述対象としているタイムスパンを確認しておく。それぞれ性格が違うものであり、いくつかは通史として意図されたものではないが、いずれにせよ以下のとおりだ。

- 阿部公正・神代雄一郎「日本近代建築史」および浜口隆一「現代建築史」『建築学大系6――近代建築史』（一九五八年）[6]：明治維新～一九五八年
- 稲垣栄三『日本の近代建築――その成立過程』（一九五九年）[7]：幕末～終戦
- 桐敷真次郎『明治の建築――建築百年のあゆみ』（一九六六年）[8]：江戸期～昭和初期
- 日本建築学会『近代日本建築学発達史』（一九七二年）[9]：明治維新～一九七〇年
- 村松貞次郎・近江栄・山口広・長谷川堯『日本近代建築史再考――虚構の崩壊』（一九七四年）[10]：明治維新～一九七三年
- 村松貞次郎『日本近代建築技術史』（一九七六年）[11]：幕末～一九六〇年
- 村松貞次郎『日本近代建築の歴史』（一九七七年）[12]：幕末～一九七六年
- 村松貞次郎・長谷川堯・近江栄「日本近代」「世界現代」『近代建築史概説』（一九七八年）[13]：幕末～一九七〇年
- 鈴木博之『日本の現代建築――1958～1983』（一九八四年）[14]：一九五八年～一九八三年
- 藤森照信『日本の近代建築』（一九九三年）[15]：幕末～終戦
- 中谷礼仁『国学・明治・建築家――近代「日本国」建築の系譜をめぐって』（一九九三年）[16]：明治維新～一九六一年

・山口広「日本の近代・現代」『新建築学大系5――近代・現代建築史』(一九九三年)[17]：江戸期～終戦
・布野修司『戦後建築の終焉』(一九九五年)[18]：終戦～一九八〇年代
・八束はじめ『思想としての日本近代建築』(二〇〇五年)[19]：明治維新～一九六〇年代初頭

まとめると以下のようになる。まず記述の始まりについて、布野修司と鈴木博之による戦後の建築を対象としたもの以外は、幕末・明治維新の時期からいずれも書きはじめている。そして記述の終わりは、昭和初期が一つ、終戦が三つ、五〇年代が一つ、六〇年代が三つ、七〇年代が五つ、八〇年代が一つということになる。鈴木と布野が比較的現在に近い八〇年代まで記述しているが、著名な建築家とその作品に注目した記述にとどまり、通史とはいいにくい。これが日本近代建築史の実状だ。こうした現状は奇妙なことでもあり、また深刻な問題でもある。

4　三つの着眼

日本近現代の建築の歴史をコンパクトに記述するために、本書が用いる着眼をあらかじめ三つほど示しておく。一つは、歴史を捉える上で持続的変化に着目すること。もうひとつは、近代化を単一的なものでなく上からの近代化と下からの近代化の二方向から捉えること。そして最後に、時間軸にある特別な不連続線を見分け、その前と後を対比して捉えることだ。併せてそうした着眼がどう日本近現代の建築の歴史を具体化していくか要約的に述べ、関連する章番号を付けておく。

持続的変化

持続的変化とは、単一の出来事よりも長い時間のスケールで持続する変化のことだ。建築を取り囲む外的条件は、単発の出来事で一気に変化することはなく、マクロの水準で持続的にゆっくりと変化する。例えば統計などにより時系列的な推移を踏まえながら、持続的変化を日本近現代の建築の歴史の背景として見ていく。

こうした捉えかたはフランスの歴史学者・フェルナン・ブローデル以来、歴史学に普及したアプローチだ[20]。彼は短期の「出来事」、中期の「変動局面」、長期の「長期持続」という時間のスケールの違いによって区別される、重層的なレイヤーによって歴史を記述することを提案していた。長らく歴史は、王のような有力者の行動、決定、死去、あるいはまた災害や戦争などの、特筆すべき出来事を編年的に記述してきた。しかし歴史はそのような出来事のみによって進行するものではなく、例えば人口や農業生産高の増減、あるいは資本の蓄積や消耗のような、比較的ゆっくりしたマクロ的変化が根本的な原因としてあり、目に見える出来事はむしろマクロ的変化の結果として起こった、ということが珍しくない。それがブローデルのいう変動局面であり、変動局面は個々の出来事を条件付けている。長期持続は少なくとも数世紀程度のスケールの変化で、変動局面や出来事を条件付けている。

ただしブローデルが区別した三つの時間のスケールをそのまま日本近代建築史に見ることは難しい。というのも日本近代の変化はあまりに速く、長期持続というほどの長期の変化は見出せそうもないからだ。だがそれでも数十年程度のスケールで起こる変化を本書は持続的変化として見ていく。出来事の文脈となる経糸《たていと》として持続的変化を意識することで、全体像は文脈付けられて具体的になり、またそうして見ていくことで事態をまんべんなく見る方法ともなる。とりわけ素材、技術、施工組織、社会と文化の持続的変化を見ていくことは重要な指針となるだろう。そこに建築の保守性が押しのけられたプロセスが見えてくるはずだ。

また日本の近代を考えるときに、社会学者・富永健一が『日本の近代化と社会変動――テュービンゲン講義』で指摘していることが参考になる。富永は、経済的近代化、政治的近代化、社会的－文化的近代化の三つの領域を区別し、日本の近代化において、それぞれの進捗にばらつきが生じたとした。[21]要約すると、経済的近代化は、その有効性の客観性が高く、誰でも習得可能であり、動機付けも明確であったから、もっとも近代化が早く進行した。政治的近代化においては、例えば代表制の議会がどういう有効性をもつかはそれほど明白ではなく、また民主主義思想と旧来の儒教的思想とのあいだには葛藤があり、その進展は遅れた。社会的－文化的近代化においては、例えばイエ制度のように根強い保守性があらわれ、私的生活において近代化はかなり緩慢だった。そうして結局、経済的近代化、政治的近代化、社会的－文化的近代化の順に、近代化の速度は遅くなったと富永は指摘している。どういう持続的変化が先行し、また遅滞するか考える上で、富永の指摘は示唆的なものだ。

日本近現代の建築の歴史に、一回の出来事を越える時間をかけた持続的変化を見出し、その持続的変化が経糸となった織物のようなものとして歴史をみていきたい。持続的変化に繋がらない出来事は単発的であり、特異点となって、文脈化しない。出来事の背景に見出される持続的変化、またその絡み合いに歴史の大きな構図はあらわれるはずだ。

西洋式建築は、それまでの日本建築とはかなり異なるなりたちの建築だった。西洋式建築実現のために、その素材であるレンガとセメントの製造がはじまり、レンガを積む技術が習得され、以前からの大工を中心とした施工組織のなかから西洋式建築に取り組む請負会社が生まれた。素材と技術、施工組織の持続的変化がはじまった。富永健一がいう経済的近代化は、たしかにいち早く進行した（第一部第一章・第二章）。国家は西洋式建築を実現する専門家として建築家を育成し、彼らに建築の領域のイニシアティブを委ねた。建築家は素材や技術、施工の発展に取り組み、その持続的変化を牽引した。彼らを育成する建築教育はもうひとつの持続的変化となる。明治期には建築家の人数はまだ少ないが、それは西洋式建築の需要が国家の周辺の狭い範囲に限られていた状況を反映していた。建築家は国家のための存在だった（第一部第三章）。

大正期に日本の工業化は大きく進展し、西洋式建築の基幹的な素材の国産化が完了した（第一部第六章）。西洋式建築の構造は鉄筋コンクリートを主流とするようになり、施工会社はその技術を習得していった。西洋式建築の建設量は増加して、近代社会の基盤として定着した。建築教育の規模も拡大した。国家が西洋式建築に取り組む究極の主体だったから、西洋式建築にはもともと政治的な効果があったが、建築家がそれを意識するようになるのは国会議事堂の建築様式をめぐる様式論争からだった。日本にふさわしい建築の様式、つまり〈日本の様式〉が活発に議論された。経済的近代化につづいて、政治的近代化がはじまった。建築と都市に関する近代法が整備され、建築家はその成立に深く関わった（第一部第五章）。

ひとびとの生活の近代化が進み、公的なものから私的なものまであらゆる建築で近代化が進んだ。社会的‐文化的近代化が本格的になってくる（第一部第六章）。大正末以降、欧米で発展をはじめた近代建築が日本にも入ってきた。近代建築の一部には社会主義に親和的な性格があり、主流派の建築家は近代建築を警戒した。彼らは西洋式建築に日本風の屋根を載せる帝冠様式を支持し、それと近代建築のどちらが〈日本の様式〉としてふさわしい建築の様式であるか議論が戦わされた（第一部第七章）。しかしほどなく戦争の時代になり、建設量は収縮し、近代建築の普及は一五年戦争の戦後に持ち越された。

戦争は巨大な破壊であり、戦災復興は厖大な建設を必要とした。そこに近代建築の全盛期が訪れた。民主的な建築のありかたが問われ、民主的な建築設計のありかたが問われた。高度経済成長は近代建築の発展と重なり、その勢いを得て日本の近代建築は国際的に見ても高い水準に到達した（第一部第九章）。高度経済成長を追い風にして建設量が急増し、建設会社の近代化が進んで、建築生産の産業化に向かった。その象徴が日本最初の超高層ビル、霞が関ビルディングだった。素材と技術、施工組織の持続的変化が特有のまとまりを見せて建築生産の産業化として具体化し、自律的な発展の軌道に乗り、もはや建築家のイニシアティブは必要とされなくなった。建築生産の産業化は建築の領域のマジョリティを占め、フリーランスの建築家はマイノリティとなった（第一部第一〇章）。以後、素材と技術、施工組織のような即物的な持続的変化の影響は小さくなり、社会と文化の持続的変化が建築の変化を導いていく（第二部）。

日本近現代の建築の歴史を見ていくときに、持続的変化に着目することで、大きな流れが見えてくる。その時代の建築を規定する律速段階は、おおむね富永健一の区別した三つの領域の順に応じて移動していった。変化が波及する経路は無数にあるはずだが、主要な経路をつかむだけでも様相はかなり具体的になってくる。

二つの近代化

日本の近代化は明治維新とともに始まった。国家によって推進されたトップダウンの近代化を、本書は上からの近代化と呼ぶ。西洋式建築の導入はまさに上からの近代化の一部として行われた。強力な国家権力によらずには不可能な大事業だった。国家による上からの近代化が建築を取り囲む外的条件の持続的変化を起動した。上からの近代化は日本近現代の建築の歴史のかなり長い期間において、建築の近代化を主導した。

しかし近代化そのものは、国家が主体的に進め、市井のひとびとが受動的に従っただけのものではない。市井のひとびとがその生活の場で具体化していったボトムアップの近代化もまたあり、それを本書は下からの近代化と呼ぶ。日本近代史において、下からの近代化という言葉は旧士族あるいは豪農層が明治政府に対して求めた政治的近代化に関係して用いられることがある。しかし本書は、国家による上からの近代化と対照的な、市井のひとびととの自生的な近代化を、下からの近代化と呼ぶことにする。市井のひとびとは近代化に実利的なメリットを感じ、新しい文化への好奇心に導かれていた。そこに上からの近代化とは異なる指向性があった。政治学者・苅部直が『「維新革命」への道――「文明」を求めた十九世紀日本』[22]で指摘しているように、西洋の科学技術や思想を理解し、共感し、積極的に受容する素地が、既に明治のひとびとにはぐくまれ、そうした素地があったからこそ、上からの近代化は市井のひとびとに受け入れられ、下からの近代化は進行した。直輸入的な性格のある上からの近代化に対して、見知らぬ文化を創造的に咀嚼して自らのものとしていく性格が下からの近代化にはあった。そうした両極からの近代化のもとで日本の近代化は進んだ。

建築においては、明治初期には国家による上からの近代化が一方的に先行し、その後もしばらくは上からの近代化が建築の近代化を牽引したが、明治末には下からの近代化も立ち上がってくる。とりわけ下からの近代化は高度経済成長期に爆発的に活性化し、建築生産の産業化を後押しした。上からの近代化と下からの近代化の、両方向からの近代化がなければ日本の近代化は、総合的なものとはなり得なかっただろう。

上からの近代化と下からの近代化の日本におけるこうした関係は、一般的なものとはいえない。というのも、一般に革新的変化を牽引するのは、その極端な場合としての革命においてそうであるように、権力者であるよりは被抑圧者であり、権力者はむしろ保守的であることが普通だ。これに対して日本においては上からの近代化が先行し、また強力だった。

上からの近代化の一部として、体系的な西洋式建築の導入が行われた。明治政府は御雇い外国人を雇用して西洋式建築の実現に向けた一歩を踏み出し、また日本人建築家の育成を始めた（第一部第一章）。建築家はまさに上からの近代化のための存在であり、建築の近代化のイニシアティブをとった。殖産興業政策のもとで、西洋式建築のために必要な素材を生産する産業がはじまり、技術の習得とそれに見合った施工組織の形成が、明治政府が取り組んだプロジェクトの現場で進んだ（第一部第三章）。明治末には相当高い水準の西洋式建築が実現し、国家が初期に建築家に求めたミッションはクリアされた（第一部第四章）。

上からの近代化ほど体系的ではなかったが、明治維新前後には国家以外の主体による西洋式建築の事例もあった。例えば外国人商人が開港地や居留地で建てた商館があり、あるいはそれを大工が真似たいわゆる擬洋風建築がある。これらの西洋式建築は、素材において日本にもともとある素材を用いざるを得なかった。その妥協的な事例から、国家による上からの近代化がなかったら日本近現代の建築の歴史がいかなるものになったか想像してみることは、意味のないことではない。上からの近代化がなかったら日本の西洋式建築の受容はおそらく相当遅れたはずだ。こうした事例は結局のところ散発的な出来事にとどまり、在来式日本建築の流れに溶け込んで途切れてしまう。非体系的な西洋式建築の事例は、その後の持続的変化に繋がらなかった（第一部第二章）。

明治末から大正にかけて、下からの近代化の建築が姿をあらわす。ひとびとはしだいに西洋式建築を見慣れてきた。また西洋式建築に必要とされる新しい素材の生産が安定し、その技術が普及していた。素材と技術の持続的変化が下からの近代化の建築の素地を用意した。上からの近代化が体系的な教育を受けた建築家によって本格的な西洋式建築を実現したのに対して、下からの近代化においては大工が在来式日本建築の技術をベースに西洋のデザインをアドリブ的にかたどった。ここでうまれたハイブリッドな在来式日本建築が、ゆっくりと近代化する生活に応えて変容を遂げ、現在の日本の戸建て住宅に繋がっていく。つまりこの下からの近代化は、単なる出来事に終わらず、持続的変化となった。下からの近代化は発展を遂げ、上からの近代化と下からの近代化はときに双方向的に交錯した。その典型的な例として生活改善運動が取り組んだ住宅の近代化がある。そこで上からの近代化は国民生活の安定による国力の涵養を期待し、下からの近代化は新しいライフスタイルに憧れていた。その交点で住宅の近代化が進行した（第一部第六章）。

大正末以降、近代建築が日本にもあらわれた。先に述べたとおり保守的な建築家と近代建築を支持する建築家のあいだで建築の状況は揺れていたが、既に都市部ではモボ・モガに象徴される生活の近代化が花開いていた。近代建築の一部は下からの近代化に繋がっていく。それまで建築家は国家のための存在だったが、国家から離れたところで近代建築に取り組む建築家があらわれた（第一部第七章）。しかし戦争は下からの近代化を収縮させてしまう。

戦災復興は一種の国家プロジェクトで、上からの近代化の延長線上にあったが、それが一段落した頃、下からの近代化が息を吹き返した。高度経済成長期の到来とともに民間の建築需要が猛烈な勢いを見せ、下からの近代化の延長線上で建築生産の産業化が急速に進展した。建設会社は十分な近代化を遂げ、上からの近代化の役割は終わっていく。建設量の急増に応じて建築教育もさらに拡大したが、それは上からの近代化に従事する国家のための建築家の育成ではなく、下からの近代化を支える建築生産の産業化に従事する建築家の育成だった。高度経済成長期が終わるころには、建築の状況において下からの近代化がマジョリティを占めた（第一部第一〇章）。

全体として、上からの近代化が先行し、下からの近代化が後を追った。その二つの近代化のあいだで日本の建築は全面的な変容を遂げた。その経緯は複雑だが、大きく見ればその趨勢は、しだいに上からの近代化が後退して、下からの近代化がせり上がっていく、ある種の交代劇だった。下からの近代化が全面化するなかで、現在の建築の状況は生まれた。

二つの段階

明治維新以来現在までを記述する日本近代建築史の通史が存在せず、ほぼ五〇年前の一九七〇年ごろで途切れている理由はおそらく、それ以前の日本近代建築史の延長線上でそれ以後を語ることが困難であることによる。つまり、それ以前とそれ以後は不連続であり、一種の断層面がそのあいだを横切っており、それ以後をいかに捉えるべきかについて建築史の定見がまだないのだ。その断層面を本書は本質的な意味をもつものと見る。

一九七〇年ごろを境に時代を区別して見るとなれば、建築の専門家であればモダニズムからポスト・モダニズムへの移行をまず思い浮かべるだろう。しかしそうした区別は、時代の先端をいく建築の変化についてはある程度有効かもしれないが、建築の一般的状況とはあまり関係がない。大部分の建築はそのような思想とは関係なく作られている。この断層面は、もっと基層的な変化から来るものであるはずだ。

いろいろな指標を想定しうるなかで、この断層を際立たせるものとして、本書は国家のための建築という重荷を背負わされた建築の状況とそれからの解放を見る。そしてその断層面を挟み、それ以前を国家的段階、それ以後をポスト国家的段階と呼ぶ。国家的段階は、建築の状況において国家の主導性が強かった時代だ。国家を頂点としたヒエラルキー的秩序のなかで建築家は活動し、彼らのイニシアティブに牽引されて建築の変化は起こった。国家的段階においては、国家が中心的な建築の施主であり、そこから周辺へと近代的な建築は浸透していった。また建築家は建築を方向付ける基準を与えるものとして、常に国家を意識した。しかし国家的段階の末期になると、近代建築の需要は社会全体に拡散して、国家の中心としての意味は消えた。そうして国家的段階の構図は解体した。

国家的段階とポスト国家的段階のあいだにはある断層がある。国家が建築の状況から消えて、建築を方向付けるものが見失われた。それに代わる建築の根拠を、建築家はそれぞれの立場で求めて、状況は拡散していく。ただすくなくともそれが国家のための建築と違うものであることはたしかだった。だからそれまでの正統性は疑われる。ラディカルなものから消極的なものまで、オルタナティブな建築が求められざるを得ない。

本書の第一部は明治維新以降一九七〇年にいたる国家的段階を扱う。国家が西洋式建築を導入し、国家のための建築を実現するための存在として建築家があらわれた（第一部第一章）。国家を基軸として方向付けられた建築の変化が始まった。国家が建築家を育て、国家が建築家に職務を与え、国家が建築家に建築の領域におけるイニシアティブを委任した。国家の規定する社会のヒエラルキー的秩序のなかで、建築家はエリートとして処遇される国家お抱えの存在であった。その職務を全うする自負をアイデンティティの根幹に刻み、そうして国家に対する一種の従属関係にあった（第一部第二章）。明治の終わりには、建築家は国家が求めた西洋式建築を相当な水準で実現させた（第一部第四章）。大正末になると、国家から距離をとり、むしろ建築家個人の主体性に軸足を置いて、創造的な芸術家であると自認する建築家があらわれた。彼らこそが日本に近代建築を定着させた建築家であった（第一部第七章）。しかしそれもつかのまのことだった。戦時下の総動員体制の確立へ向かうなかで、彼らは国家のもとに引き戻された（第一部第八章）。

戦災復興を経て高度経済成長期を迎え、国家的段階の末期になると、状況は変化した。国家が建築家を育て、国家が建築家に職務を与え、国家が建築家に建築の領域におけるイニシアティブを委任する、という構図は崩れていく。とりわけ、建設会社に所属する建築家や組織設計事務所に所属する建築家が、民間の量産的な建築需要を担う建築生産の産業化に向かってマジョリティの位置を占め、かつてイニシアティブを掌握したフリーランスの建築家がしだいにマイノリティの位置に追いやられることで、国家的段階とは異なる状況が形成されていった（第一部第一〇章）。

ここに本書の第二部が扱う、一九七〇年以降現在にいたるポスト国家的段階が始まる。国家の存在感が薄れることで建築を方向付ける基軸は見失われ、建築のありかたは拡散していく。そこに新世代の建築家があらわれた。彼らは建築生産の産業化を忌避し、そこから距離を取って小さな住宅からその仕事をはじめた（第二部第二章）。彼らは量産的な建築の対極にある批評的な建築を追求して、自ら信じる建築の可能性を掘り下げ、それを具体化していく。その果敢な挑戦が日本の現代建築の先鋭的姿勢を育んだ。個性的なデザインが競われ、多様なスタイルがあらわれた（第二部第三章）。その一方で建築生産の産業化を担う建築家と新世代の建築家のあいだの分断ははなはだしいものとなった（第二部第四章）。バブル景気の時代に状況は加速し、分断の両側で行き詰まりを見せたが（第二部第五章）、バブル崩壊後、その反動が起こり、そうして日本の現代建築のスタンスは固まった。バブル建築のうわつきを脱ぎ捨てて、新世代の建築家は建築の可能性のきわめて幅広い領域を視野に捉え、特異な洗練を遂げた（第二部第六章）。日本の建築家に対する国際的な評価は高く、海外で活動する建築家も増えた。だがそうした建築家の仕事の高い水準と、日本の建築の一般的状況のあいだの分断は残され、おおきなギャップが生まれた。そうしたギャップがあるから多くの読者は、日本の建築が国際的に高く評価されている、といわれてもピンとこないかもしれない。このコントラストに日本の建築の現状が端的にあらわれている。

国家的段階とポスト国家的段階の分節は、国家のための建築という重荷を背負わされた状況とその解体による。ここでわかりやすい断層のあらわれとして、国家的段階の建築家の言葉と、ポスト国家的段階の建築家の言葉を、引用しておこう。ここには明瞭な対比が見えるはずだ。

> 私たちは、東京の発展の必然性、その存在の重要性、そうして、東京が果すべき機能の本質の重大さを、認めたいと思う。そうしてこの発展のエネルギーを正しくうけとめて、それを混乱のエネルギーから、新生にみちびくエネルギーに転化させたいと思う。（中略）この東京を救う道は、ただ一つしかない　それは、東京が必要としている本質的な機能を発揮しうる新しい都市の構造をつくり出すことである。しかし私たちは、東京を回避して、新しい都市を建設しようとは考えない。私たちは、東京を新生にみちびくために《ママ》。その構造の改革が必要である、と考える。それは、単なる再開発を意味しているのではない。再開発にたいして、その方向を示そうとするものである。方向を見失なった再開発は、東京の直面している問題を解決しうるものではないからである。私たちは、東京の構造改革の方向をつぎのように提案する。[23]

都市の公害をめぐる告発はますます盛んとなり、建設すること自体が悪であるという空気すら流れて建築と都市を繋ぐ絆はいまや完全に断たれてしまっている。と同時に、都市における生活を把握することと美しい空間をつくりあげることを連続する論理も断たれたように思う。生活における新しい機能の発見が、新しい合理的な形態を生み出すという六〇年代まで続いて信じられてきた近代建築の基本的なテーゼに代って、そうした生活と空間の直接的な連続性を一旦断って、作家の個人的、内面的な観念から出発して抽象的、あるいは装飾的な空間を構成し、生活とは何であったのかを再び問い質すといった方法が一部の建築家の間でいま試みられている。[24]

前者は丹下健三の壮大な規模で東京の未来像を提案する東京計画１９６０に付された一九六一年の

解説文で、後者は伊東豊雄の「菊竹清訓氏に問う――われらの狂気を生きのびる道を教えよ」と題した一九七五年の論考だ。丹下の言葉の英雄的な響き、社会に対峙してひるむことのない明確なイニシアティブの意識、それを担う自負と責任感に対して、伊東の言葉の憂鬱な調子、不確かな状況のなかで確固たるリアリティを再びつかみ取ることを悲願する疎外された自意識、そして閉塞した状況へ介入する糸口を求める模索の、大きなコントラストがある。国家的段階とポスト国家的段階の違いがここに端的にあらわれている。

二つに歴史を分節して捉える記述のねらいは、国家的段階とポスト国家的段階という名付け自体で明確だろう。おおむね一〇〇年持続した時期と、それ以後の五〇年の時期は、かなり様相を異にしている。国家的段階については、国家に強く規定されていたかつての状況を客体化し、国家の存在の重さを捉えることが必要だ。これまで日本近代建築史は国家の存在にそれほど意識的ではなかった。国家的段階に記述の範囲がおさまれば国家は動かぬ額縁のようなもので、意識されなかったのだろう。ポスト国家的段階については、国家の不在がなにを引き起こしたか見る必要がある。建築の状況はどう変わったか、そこで問われていたのは何であったか。後に国際的な評価を受けることになる日本の建築家の仕事の質はどこから生まれてくるのか、といったことを捉えることが必要だ。

持続的変化、二つの近代化、二つの段階という三つの着眼をもって、日本近現代の建築の歴史を、包括的に、またコンパクトに、捉えたい。

持続的変化への着眼により、建築の領域の幅広い変化を包括的に捉えたい。単発的な変化を超える趨勢的な変化を捉えることが必要だ。二つの近代化、つまり上からの近代化と下からの近代化への着眼により、建築の近代化の全体像を見たい。とりわけ、下からの近代化は建築生産の産業化となって、国家的段階とポスト国家的段階を分かつ断層をもたらし、現在の状況を形成する原動力となった。二つの段階、すなわち国家的段階とポスト国家的段階の分節は、持続的変化や二つの近代化への着眼ほど中立的ではない。つまりこの分節の設定自体が本書が提示する歴史観そのものだ。その意味では着眼というよりはむしろ仮説というべきかもしれない。

これら三つの着眼は、錯綜した歴史のからみ合いを整理し、ダイアグラム化するためのものだ。これらの着眼によって、明治維新以来の一五〇年の歴史の漠然としたひろがりを文脈付け、その具体像を捉えていきたい。

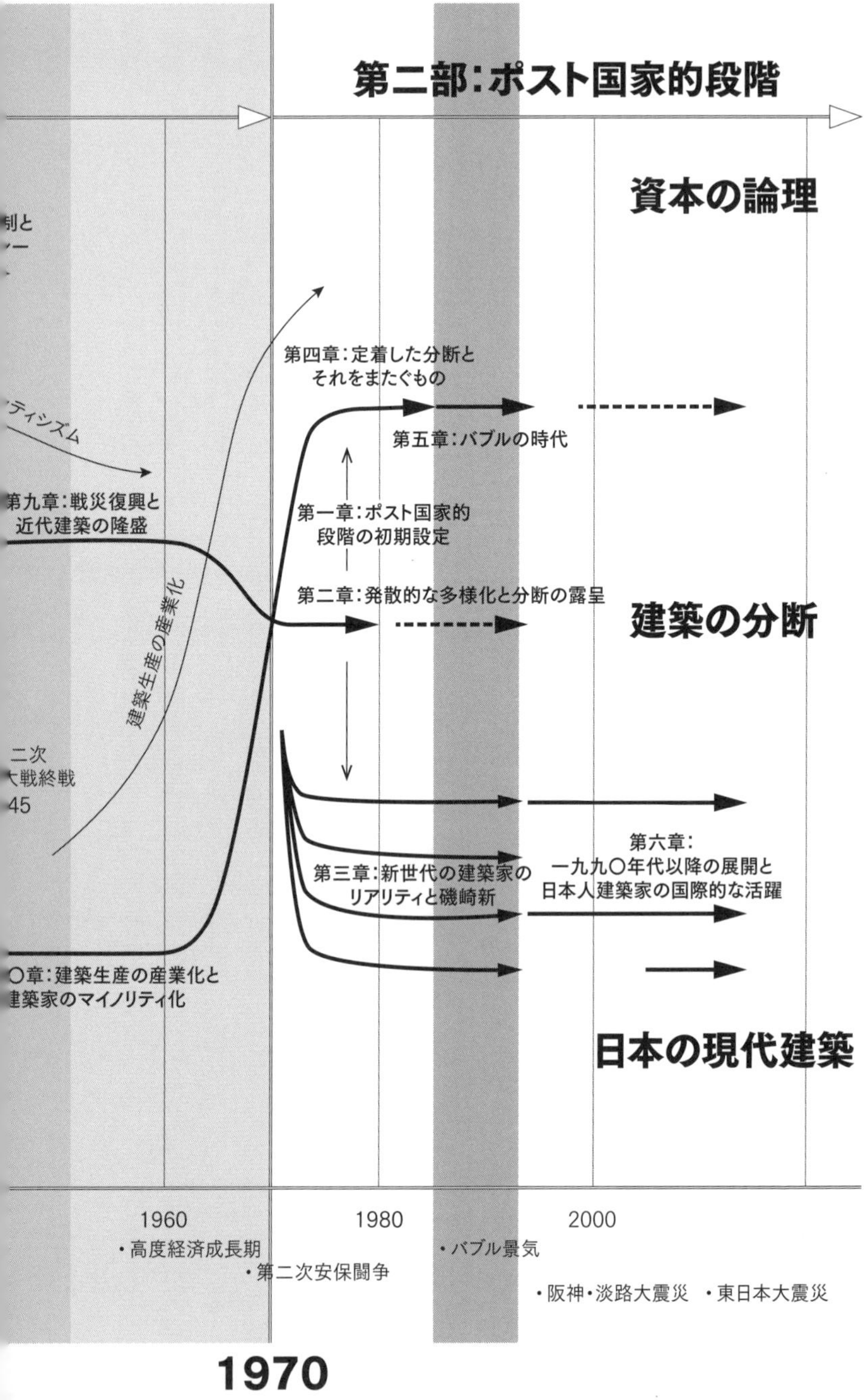
第二部：ポスト国家的段階
資本の論理
ティシズム
第四章：定着した分断と
それをまたぐもの
第五章：バブルの時代
第九章：戦災復興と
近代建築の隆盛
第一章：ポスト国家的
段階の初期設定
建築生産の産業化
第二章：発散的な多様化と分断の露呈
建築の分断
二次
大戦終戦
45
第六章：
一九九〇年代以降の展開と
日本人建築家の国際的な活躍
第三章：新世代の建築家の
リアリティと磯崎新
〇章：建築生産の産業化と
建築家のマイノリティ化
日本の現代建築
1960
1980
2000
・高度経済成長期
・第二次安保闘争
・バブル景気
・阪神・淡路大震災
・東日本大震災
1970

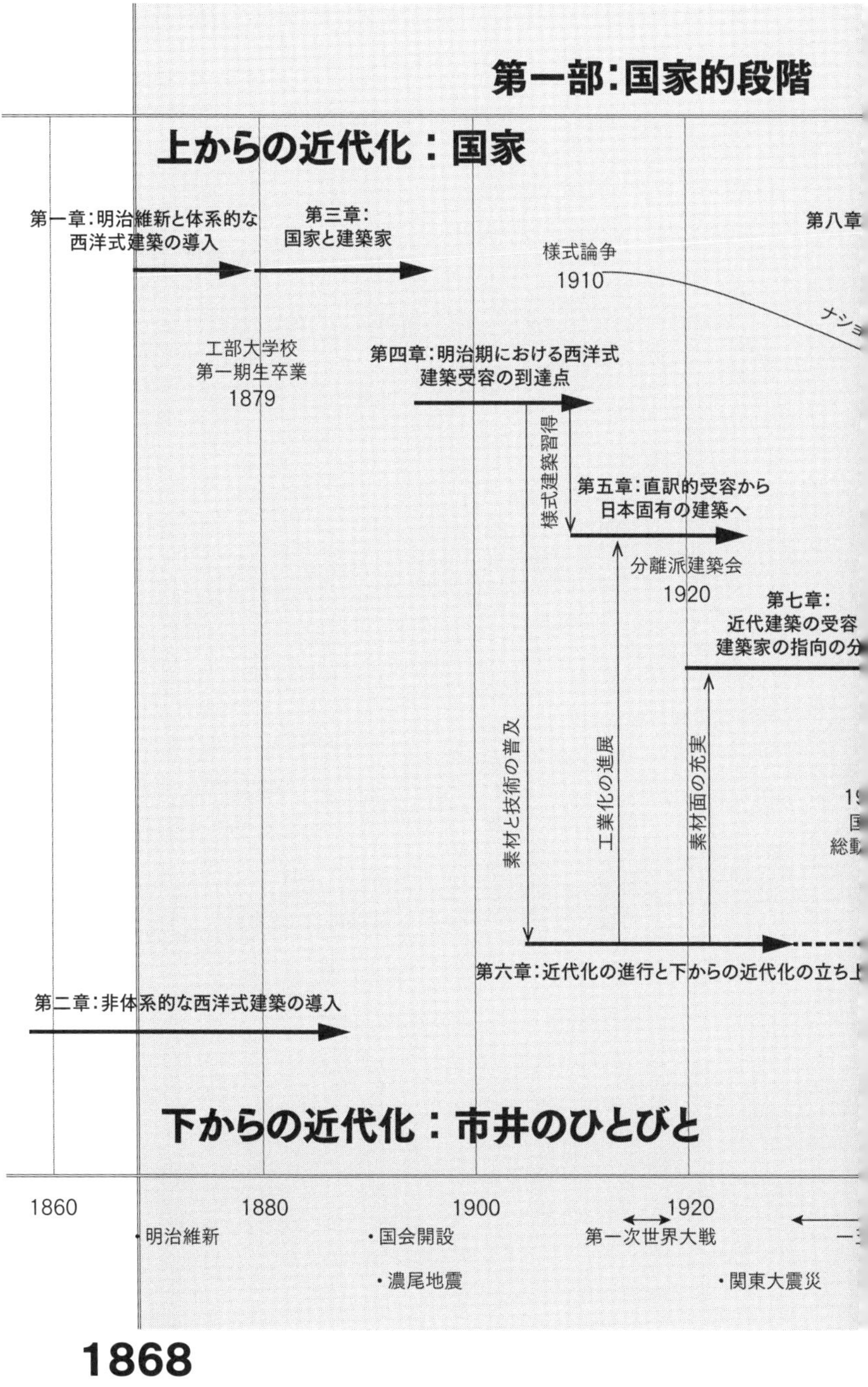
第一部:国家的段階
上からの近代化：国家
第一章:明治維新と体系的な
西洋式建築の導入
第三章:
国家と建築家
第八章
様式論争
1910
ナショ
工部大学校
第一期生卒業
1879
第四章:明治期における西洋式
建築受容の到達点
様式建築習得
第五章:直訳的受容から
日本固有の建築へ
分離派建築会
1920
第七章:
近代建築の受容
建築家の指向の分
素材と技術の普及
工業化の進展
素材面の充実
総動
第六章:近代化の進行と下からの近代化の立ち上
第二章:非体系的な西洋式建築の導入
下からの近代化：市井のひとびと
1860
1880
1900
1920
・明治維新
・国会開設
第一次世界大戦
・濃尾地震
・関東大震災
1868

第一部 国家的段階

第一章　明治維新と体系的な西洋式建築の導入

日本への西洋式建築の導入は国家による上からの近代化の一部として行われた。いわゆる文明開化の漠然とした流れにのって西洋式建築が日本に定着したのではなく、強力な中央集権的国家の意思によって体系的に西洋式建築の導入が行われた。この特殊性は十分意識される必要がある。そのことが日本近現代の建築の歴史の前半の一〇〇年、国家的段階における建築の性格に強い影響を及ぼした。

前提としての明治維新

なぜそもそも国家が西洋式建築を日本に導入しなければならなかったのか？　ということがまず問題になる。それまで連綿と建てられてきた日本の伝統的な木造建築とはかなり異質な、西洋由来の建築を日本で実現させる取り組みが明治の初めにはじまったのはなぜなのか？　その起点の事情を把握しなければならない。そしてそれは国家的段階とはどのような段階であるかを規定する初期条件でもある。なぜ西洋式建築の導入が必要で、具体的にどのようにしてそれを行ったのか。その事情をはっきりさせるためには、まず明治維新前後の日本近代史をふりかえる必要がある。

長らく日本は、実効的な権力を担う武士が構成する幕府と、象徴的な権威である朝廷による二重権力のもとで、諸藩に分かれて統治される連邦的体制を維持していた。また一七世紀以来、鎖国政策がとられ、対外関係を清・朝鮮・琉球とオランダの四ヵ国に限っていた。一九世紀初めごろにオランダは覇権をイギリスに奪われ、イギリスは日本との通商関係に割って入ろうとした。それを追うフランスがいて、アメリカはメキシコから獲得したばかりの西海岸のカリフォルニアから太平洋を渡る航路を開拓しようとし、ロシアがシベリアから南下する機会をうかがっていた。こうした状況下でなお幕府は鎖国体制を維持する方針だったが、アメリカの砲艦外交の結果、日米和親条約（一八五四年）と日米修好通商条約（一八五八年）に調印し、朝廷の同意なく鎖国政策を翻した。開国の是非以前に、この独断的政策変更によって幕府の権力の正統性そのものが揺らぎ、国内の政治的混乱が起きた。当時の有力藩は朝廷を取り込み新しい権力体制を展望しはじめた。一八六五年に朝廷が開国を認め、これに前後して既に西洋の学問を学んでいた下層武士のネットワークが動き始めた。彼らは有用なことであれば欧米に学ぶ開明的な姿勢を急加速させ、日本を近代化し、欧米諸国に対抗する国力を蓄積すべきとする方針を固めていく。幕府の命運は途絶え、朝廷を中心として有力藩が権力中枢をかためる強力な中央集権的政治体制、明治政府が一八六八年に発足した。

この経緯の帰結として重要な点は次の三つだ。まず幕府と朝廷が並立する旧体制が終わり、強力な中央集権的体制が新しく樹立された。明治政府は抜本的な改革を行うフリーハンドを手にした。そして鎖国体制から開国に転換し、西洋に学び近代化へと進む方針が定まり、欧米の国家機構を下敷きとした富国強兵政策をとることで外国の圧力に対抗する大方針が定まった。さらに新体制確立に寄与した有力藩の人脈に由来する藩閥体制が明治初期の政治機構をかたちづくる状況が生まれ、当分のあいだ地縁などにもとづく属人的な関係が事態の趨勢を左右することになった。

幕末の状況が規定した維新後の方向

しかし明治維新は政治的水準だけの改革ではない。近年の歴史学は、江戸期に水面下で準備されていた多面的機運が明治維新を通して表面化してくる、一種の連続性を強調している。

例えば歴史学者・三谷博『維新史再考――公議・王政から集権・脱身分化へ』[1]に、次のような指摘がある。まず幕府と朝廷の権力機構は形式化が進行し、地位の低いものに実質的な政策立案を担わせ、地位の高いものが承認して権威を付与する、地位と決定権を分離する仕組みが生まれていた。このことが幕末・維新の過程で地位が低かったものが大きな役割を果たしていく前提となった。また科挙制度を運用した清や朝鮮のように学問が地位に直結せず、むしろ世襲制度が強固であったため、西洋の学問を学んだ人材がかえって広範にいた。身分を問わない水平的な知的ネットワークのなかで、「日本」というひとまとまりの空間が既に意識されていた。

また政治学者・苅部直『「維新革命」への道』に、次のような指摘がある。まず近世に農業生産高の増加や商品作物の開発などにより経済の発展が見られた。人口増加率も高く、都市も繁栄した。こうしたことを背景として、経済的価値観がひとびとの行動の基盤となる「経済社会」への変容が起こっていた。そして三谷も指摘する身分を問わない知的ネットワークのなかで、漢学が教える尚古主義、つまり模範とすべき理想の秩序を想像上の過去においた上で、それをもって現在を戒める世界観に対して、過去より現在はより良くなっているし将来はさらに良くなると考える進歩主義が浸透していた。奢侈を咎める儒学からある種の現世主義の肯定へと、思想は転回していた。こうした一種の近代思想の芽生えに対して幕府は保守的な態度を崩さなかったが、水面下で蓄積された変化の機運が明治以降具体化した。

つまり、保守的な封建的世界観を離れてラディカルに欧化・近代化へ向かう、社会組織、思想、経済における改革の素地が生まれていた。幕府の権力体制を突き崩したのは直接的には欧米の砲艦外交の武力だったが、その武力の背景に欧米の近代的社会体制、科学技術と思想、経済システムと産業があることを、明治政府の指導者たちはよく理解していた。政治家だけでなく、福沢諭吉に代表される在野の知識人にも、これを期に本格的な改革が必要であるという共通認識があった。だからこそ、武力を整備し、技術を学ぶだけではない、社会システム全体を一変させる大改革が実行された。天皇を権力の中心としつつ、実権を担う近代的な官僚の権力機構が編制された。世襲的身分の秩序が解体され、国民の平等が謳われた。公議輿論の方針が少なくとも建て前となった。版籍奉還と廃藩置県により連邦的秩序が解体され国土の一元化がはかられた。地租改正により国家財政が基礎付けられ、近代的貨幣制度も整えられた。法制度と司法制度の整備がはじまった。近代国家の行政機構が構築され、学校教育も普及した。こうして近代的な国民国家の形態が急速に整えられていった。例えばドイツやイタリアが現在の国家形態を整えた時期と比べて、これは必ずしも遅れていたわけではない。

序論において、経済的近代化は進みやすく、政治的近代化はそれよりも進みにくく、社会的‐文化的近代化がさらに進みにくいという富永健一の指摘を見ておいた。実際にも殖産興業政策にもとづいて初期の官営工場が各地に開設されるまで維新から一〇年を要さず、そのうち多くが早々に民間へと払い下げられている。それらは政府の周辺にいた政商へと委ねられ、後に財閥を形成する種となった。こうした国策的な近代産業の出自は良くも悪くも後の資本主義経済の発展過程に影響を及ぼすが、ともあれ日本の資本主義経済の発展がはじまった。これに対して政治的近代化の進行には時間を要した。大日本帝国憲法をはじめとする法体系の整備、民主的選挙による議会の開設などは、一進一退の様相を見せ、藩閥勢力自身も必ずしも積極的ではなかった。政党政治が確立するまで実に半世紀を要し、その過程で生じたしこりは後の政党間の対立の原因となった。国家の変革から遠い、私的な社会的 - 文化的近代化が進むのはまだだいぶ先のことだった。

批評家・松浦寿輝の『明治の表象空間』[2]は、近世の社会秩序が近代の社会秩序へ変化するあいだに必要だった、今から見れば滑稽ですらあるプロセスを広範に拾い上げ、その七転八倒の具体的様相を記している。抽象的目標が先走って、現実と大きく乖離するとき、その過程でおぼつかない模索のプロセスは避けられない。松浦が示す、江戸の表象空間から明治の表象空間への移行過程は、近代化という字面の優等生的な表情とはまったく異なるものだ。例えば江戸期の具体的かつ列挙的な法体系は、近代法の形式化された法体系とはかなり異質で、そのあいだには今見れば唖然とするような奇妙な法令が厖大に生まれ改正を重ねた。そもそも国家とはなにか？　西洋的な国家の概念に等しい概念は日本にはなかったから、それを日本語として確立しなければならない。同じく土地、戸籍、身体と礼式、犯罪と刑罰、そして国語。そうした各々を位置付け、運用するためには体系だった表象のシステムが必要であり、それをまるごと整えることはとてつもない大事業だった。西周《にしあまね》に代表される官僚や在野の知識人達の、異文化のギャップを縫合していく地道な仕事とともに、不格好にギクシャクとしながらこの変革は進行した。

不平等条約と西洋式建築の導入

明治維新の起点は、日米和親条約および日米修好通商条約にはじまる、いわゆる不平等条約の締結だった。領土の割譲や租借は含まれていなかったにせよ、この条約は相手国に領事裁判権と治外法権を認め、日本の関税自主権の放棄を定めていた。日本の法制度、貿易制度が未整備であったためそれは正当化されたが、そこに規定されていたのは対等な国家間の関係ではなく、敢えていうなら日本は半植民地的な地位に置かれていた。この劣位を克服することは、明治政府にとって存立の正統性にかかわる宿命的課題であり、不平等条約改正は最優先の目標となった。実際はやくも維新から四年目の一八七一年には条約改正の予備交渉を行うべく岩倉使節団が欧米諸国を歴訪している。しかし彼らは欧米社会を目にして、学ぶべきことの多さを痛感し、実質的な近代化なくして条約改正が不可能であることを思い知らされた。日本がクリアすべきハードルの高さがはっきりと認識された。

他でもない建築がそのハードルの一つとして意識された。というと、奇妙に聞こえるかもしれない。建築という特定の場所に定着し動かないものが、外交上の課題と関係するというのだから。しかし少なくとも西洋式建築導入の初期に、不平等条約改正の文脈上で、日本が欧米と同等の文明国であることを示し、対等な外交関係を結ぶべき国であると認識させる手段として西洋式建築の導入が進められたのはまぎれもない事実だ。日本が文明国であることを証明するために西洋式建築を実現する、とはいかにも奇妙に捩じれた動機だが、しかし額面通り受けとめる必要がある。伝統的な日本建築が西洋に対して日本が文明国であることを証明する手段になり得なかったのは、それを低く見る欧米の文明の基準に照らしてのことだった。西洋から東洋を見る視線に潜むバイアスについては、ポスト・コロニアリズム研究の泰斗・エドワード・サイードの『オリエンタリズム』[3]に代表される議論があるが、明治政府はそうしたオリエンタリズムを内面化しつつ、西洋式建築の導入に取り組んだ。そうして明治維新がその当初から国家の近代化にかなり本格的な構えで取り組んだのと同様に、西洋式建築の導入も本格的なものとなった。

進歩派長州閥と初期の西洋式建築導入

西洋式建築導入の具体的な経緯には、明治期にはよくあることだが、かなり属人的な事情が関係している。とりわけ井上馨、伊藤博文、そして山尾庸三、井上勝、遠藤謹助の五人。彼らは明治維新を先導した有力藩のひとつ、長州藩士であった。伊藤博文と井上馨、山尾庸三は、品川御殿山に建設中だったイギリス公使館を焼き討ちする事件を起こすほど過激な攘夷派の志士だったが、攘夷の非現実性を説く佐久間象山の意見に考えを一転させて、イギリスへの密航を画策した。長州藩もそのころ攘夷を離れ、積極的開国を経て国力を強化して欧米に対抗すべしという方針に転じたところで、彼ら五人が鎖国下に禁を破り留学することを許可した。彼らはイギリスのアジア政策を側面から支えた商社、ジャーディン・マセソン商会の手配により、一八六三年に横浜港を出発して、ロンドン大学の聴講生としてイギリスに滞在した[4]。翌年、下関戦争の報を聞き伊藤博文と井上馨は急遽帰国し、事態の収拾に奔走した。山尾庸三は造船、井上勝は鉱山・鉄道、遠藤謹助は造幣を学び、明治維新とほぼ時を同じくして帰国している。彼らは明治政府内で外国に長期滞在した経験をもつ貴重な存在であり、英語に堪能な数少ない人材でもあった。明治維新以降、五人が明治政府に重用されたのは当然だろう。とりわけ伊藤博文と井上馨は明治の元勲に数えられる存在となった。

伊藤博文は山尾庸三とともに建築を主管する工部省の設立に取り組んだ。伊藤はその長である工部卿として、山尾庸三はその部下として、殖産興業政策全般の推進にあたった。そもそも工部省の設立

（一八七〇年）は、イギリスの援助を得て横浜－新橋間の鉄道を敷設することをきっかけとしている。[5]明治政府は鉄道敷設を指揮する御雇い外国人としてイギリス人技術者・エドモンド・モレルを招聘した。モレルは伊藤博文に近代化の要諦を問われ、おおむね土木・交通に関するインフラ建設と鉱山開発を所管する「建築局」[6]を設置することを提言し、それが最終的に工部省設置に繋がった。その提言には工部省内部に「百般の建築製造に熟練せるインゼニール（エンジニア）」を自国で養成する学校を置くことが含まれ、これが工学寮工学校（後の工部大学校・東京大学工学部）の設置に結果した。

伊藤博文は岩倉使節団の一員としてイギリスを訪問した際に、工学寮工学校の教育システムを取りまとめる斡旋をジャーディン・マセソン商会に依頼した。ジャーディン・マセソン商会はそれをグラスゴー大学のウィリアム・ランキンに繋ぎ、彼によって工学寮工学校の学制と教育組織が構想された。ランキンの構想を下敷きとして、その弟子であり都検（教頭）を務めたヘンリー・ダイヤー以下、スコットランド系教師を中心として教育が行われることになった。この時期にスコットランドはイギリス国内でも造船・機械工業が先進的な地域だった。山尾庸三は在英時に造船をスコットランドで学んだがそれもまたジャーディン・マセソン商会の手配によるもので、ダイヤーを筆頭に赴任してきた教師の多くが学友だったといわれる。[7]工学寮工学校は一八七三年に開校、土木、機械、造家[8]（建築）、電信、化学、冶金、鉱山の七科からなり、六年の教育課程で卒業し、卒業後七年間は工部省に奉職することを義務とした。「工学寮は工部省の所轄にして工部に奉職する工業士官を教育する学校なり」[9]と規定されていたように、その教育目的は官僚組織内のエンジニアである技官の育成だった。卒業生を雇用することを前提とした技術教育機関の設置はこの時期の日本に特有の必要からくるものだが、より一般に国家が技術者を組織的に教育すること自体、それまで徒弟制的なトレーニングにより技術者を養成してきた欧米においても新しい動きであり、いわば最先端の工学教育システムが導入された。ちなみにこの学校の校舎自体が西洋式建築だったが、そこに用いられたレンガをはじめとする素材はまるごとスコットランドから運ばれた[10]。

造家学科における建築家の教育は一年目二年目を基礎教育、三年目四年目を専門教育、五年目六年目を実習にあてていた。専門教育のカリキュラムは測量、材料強弱学、地質学、造家および家屋構造、図学、図画からなる体系だったものだった[11]。教師としてイギリス人建築家・ジョサイア・コンドル[12]が一八七七年に赴任してこの専門教育を担当した。コンドル以前に明治政府に雇用された御雇い外国人建築家がむしろ技術者あるいは図工に近く、建築に関する幅広い素養を備えていたとはいいがたいところがあるのに対して、コンドルは英国王立建築家協会に所属する本格的な建築家であり、来日の前年に将来を嘱望される若い建築家に与えられるソーン賞を受けていた。コンドルは工部省営繕局顧問も兼務し、日本近代建築史の黎明期を飾る多くの建築を手掛けた。一八七九年（明治一二年）、西南の役の二年後に第一回生が卒業し、以後、日本人建築家が輩出した。

工部大学校の教育は、日本の建築家の教育の原型をかたちづくったが、注目すべきはそこでデザインと技術が一体のものとして学ばれていたことだ。欧米の一般的な建築家の教育ではデザインに重きが置かれ、技術教育は二次的に扱われる。欧米では建築家はデザインを主として、技術者や図工がそれをサポートする、分業が建築設計において確立しているからだ。日本では分業するほどの人員の余裕はなく、デザインと技術の両面を建築家は習得しなければならなかった。

井上馨[13]は、いわば発注者として日本における西洋式建築の導入に関わった。まず彼は大阪造幣局の建設を指揮する造幣局知事を務めた。彼はジャーディン・マセソン商会から造幣機械、およびそれを収容する工場の建設資材を買い付け、アイルランド人技術者・トーマス・ウォートルス[14]を紹介されてその建設にあたらせた。大阪造幣局は明治政府が西洋式建築を実現した最初期の例だが、それを監督したのが井上馨であった。建設途中に大蔵少輔（今でいう副大臣）に昇格したため、実際の工事については井上勝に任せた時期もあり、また造幣の実際については専門家である遠藤謹助が担ったが、火災等いくつかの工事途中のアクシデントの対応も含め建築工事の手配は井上馨が取り仕切ったとされる。後に重要文化財に指定された大阪造幣寮鋳造所（一八七一年、正面玄関のみ旧桜宮公会堂に移築保存）および泉布観（一八七一年）をはじめとする多くの西洋式建築が実現した。様式の扱いやプロポーションにはこなれなさがあるが、ひとつの起点と位置付けるべきものだ。

井上馨は、銀座煉瓦街（一八七七年、現存せず）建設の主導者でもあった。一八七二年の大火で焼けた銀座市街地を、レンガ造建築が建ち並ぶ街並みとして復興するものだった。岩倉使節団に随行して大蔵卿・大久保利通が不在のなか、大蔵省を仕切る立場にあった井上が構想を主導した。井上は大蔵省内に臨時建築局を設立し、大阪造幣局に引き続きウォートルスに設計させた。明治の新体制の先進性を見せるひとつのかたちとして、西洋式建築により不燃化した市街地を建設し、広い街路に面して列柱が並ぶコロネードを設けた街路空間が東京の中心部に生み出された[15]。その規模はきわめて広大なもので、現在の銀座一丁目から八丁目に至る地区、およびそこから東側の東銀座、築地、新富町近辺に及んでいる。その全域が計画通り建設されたわけではないが、それでも銀座地区については相当程度実現した[16]。銀座は横浜に繋がる新橋駅と築地の外国人居留地を繋ぐ位置にあり、外国人の目に触れる東京の姿を一新した。当初はレンガ造建築の風通しの悪さなど評判が悪く、建設コストの回収も

鹿鳴館（1883年）

ままならず事業経営は思うようにいかなかった。だが、結果的には日本橋を中心とした近世の市街地を銀座に引き寄せ、江戸から東京への変化を象徴する成果をあげた。この銀座煉瓦街は関東大震災で壊滅している。

井上馨は尾去沢銅山事件に関係して一八七三年に大蔵省を辞任し、一旦政界から離れている。下野しているあいだに井上は政界と財界のあいだを繋いで三井物産の設立などにかかわっているが、一八七九年に外務卿に就任して政界に復帰し、不平等条約改正を直接担当した。日本の法制度の不整備を理由に条約改正交渉が停滞するなかで、井上によって欧化政策が推進され、その一環として鹿鳴館が一八八三年に建設された。日本人を西洋文化に親しませ、また外国人に新しい日本の姿を見せることを目的とした社交場だった。鹿鳴館時代あるいは鹿鳴館外交などと呼ばれる一時代を画した。関係者が当時を回顧する証言ではそのニュアンスは以下のようになる。

条約改正、それから其時分には国会の開設と治外法権の撤廃を非常に叫んだものですね、是非これはやらして貫はなければいけない、詰り建築屋だらうが、何だらうが条約改正と云ふことを頭に持つて居つた（中略）そこで伊藤公なども考へて奴等の御機嫌を取るにはどうも交際をせぬといかぬのだ、けれども東京に外国人が居ても日本人と交際しない、否出来ない、それは遊ぶ場所がない、是は一つダンスホールやなにかを拵へ、建築はやり替へる、市区改正はすると云ふやうにして、それと同様の考へを頭に入れさせて、漸々条約改正をやらなければいかぬと云ふことを、私は其時に聞いた。[17]

鹿鳴館を手掛けたのはジョサイア・コンドルだった。当時としては破格の豪華建築であり、そこで行われる社交パーティが華美にすぎると非難されもした。井上らが期待した不平等条約改正に寄与する効果があったとは思えないが、東京中心部に本格的な西洋式建築が実現した歴史的意義はおおきい。残念ながら一五年戦争下の一九四〇年に国辱的建築と見なされこの建築は壊された。残された写真から見るかぎりコンドルのデザインは軽快で自由闊達なもので、イスラム系インド建築の装飾を取り入れた折衷様式による小宮殿とでもいうべきものだ。この建築が引き受ける固有の文脈を受けた、コンドルなりの意識的なデザインだったのだろう。結局、鹿鳴館が出来てから四年後の一八八七年に、井上馨は条約改正交渉の不首尾の責任をとり外務卿を辞任した。

また同じ時期に井上馨は日比谷中央官庁集中計画を推進した。それは建築というよりは、首都の中心を一新する都市プロジェクトであり、銀座煉瓦街に輪を掛けて壮大なものだ。この計画の意図も基本的に鹿鳴館と共通している。日本の国力とその近代化の成果を見せつける都市景観を実現することが、条約改正に繋がるという期待が掛けられていた。当初コンドルがこの計画に携わったが中途で外され て、一八八六年にドイツから建築家が招聘された。

河合：其時分伯林では市区改正で、鉄道の附替、それから橋梁の架替などをやつて居つた、それに丁度青木さんが長い間日本の公使で伯林に居つたものだから、能く知つて居る、（中略）それでさう云ふ所から日本も今度市区改正をしなくちやいかぬ、それには外の英吉利や仏蘭西よりもそれをやつて居る独逸人が宜いと云ふので、到頭独逸人を雇つた（後略）

大熊：独逸の建築師が招聘せられまして沢山来ましたが、曾つて目賀田男爵が話された話があるのです、それは日本は外国と丁度其時分に条約改正をやらなければならぬと云ふので、独逸がなかなか条約改正がむづかしい、それで条約改正に絡んで独逸の建築家を日本は招聘して、今日本は日比谷附近一帯に建築をしなければならぬから、それをお前の国の建築師に頼んでやるから、それで条約改正云々と云ふやうに、条約改正の一つの交渉の餌見た《ママ》やうに聞いて居りますが。[18]

ずいぶん生々しいいい方だが、河合浩蔵は日比谷中央官庁集中計画に従事した直接の当事者であり、彼らにこうした認識があったことを疑う余地はない。当時明治憲法制定の関係で君主の権限が強い国家形態をもつドイツへの関心が高まっていた時勢も、ドイツ人建築家の招聘に関係したかもしれない。いずれにせよ東京の近代化に向けた都市改造（市区改正）の必要があり、同様の事例が進行中のベルリンに関心が向けられた。そこでドイツの建築家を招聘することになったが、それは条約改正についての交渉材料とも意識されていた、ということだろう。招聘されたヘルマン・エンデとヴィルヘルム・ベックマン、およびそのもとで働く建築家一〇名あまりは、精力的にこの作業に取り組み、東西には現在の東銀座から赤坂日枝神社まで、南北には日比谷公園の南、内幸町から皇居前広場にいたる地域を覆う、壮大な官庁街の計画を立案した。計画内容は巨大な三角形のバロック式庭園を中心として、周囲に国会、官庁建築、裁判所、博覧会場などが配置された、一種の公園都市だった。こうした粗大ともいえる計画がそのまま進むわけもなく、翌年来日したドイツ人都市計画家、ジェームス・ホープレヒトによって、日本の財政事情を考慮し計画は大幅縮小され、規模にしておよそ一〇分の一以下、六〇〇m四方（日比谷公園のほぼ二倍）に切り詰められた。いずれにせよ事業の規模とその重要性のわりに計画立案が拙速に進められた感があるが、これも条約改正交渉の兼ね合いで急かされる状況下のものだった。先述のとおり井上馨は条約改正の失敗により外務卿を辞任し、後ろ盾を失うことでこの計画は頓挫した。既に建設が進行中だった司法省と裁判所のみを完成させ、司法省は法務省旧本館として現存する。残りの計画はストップした。特に司法省と裁判所が先行していた背景には、日本の法制度整備の進行を可視化する狙いがあっただろう。なお、条約改正は日露戦争における日本の勝利の後にようやく達成された。結局のところ当時の国際情勢において実質的な意味をもつのは軍事力だった。

初期の西洋式建築の導入プロセス

明治政府のなかで海外渡航経験があり、また殖産興業政策のもとで経済的近代化を積極的に押し進める進歩派の中心勢力となった長州閥の政治家が、西洋式建築の導入を強力に推進し、またそれを支える建築家を育成する教育システムを整備した。こうして西洋式建築実現の基礎が固められた。幾多の障害があったが、それらは問答無用の勢いで一気に乗り越えられた。

なにしろ銀座煉瓦街の計画段階では、まともなレンガの製造さえまだ実現していなかった[19]。小菅に煉瓦製造所があったが品質が十分でなく、一八七二年にウォートルスが自ら指導してレンガ生産用のホフマン窯を築いてようやく軌道に乗ったという[20]。ウォートルスは大阪造幣寮の工事でもレンガ窯を建造しており、現場の必要に即応する機転が利く技術者であったらしい。またレンガを積むには接着用のセメントが必要になるが、政府は官営深川セメント製造所を設立した。これも一度は生産に失敗しており、欧米に渡航してその技術を学んだ工部省技官・宇都宮三郎が同製造所の再整備を行い一八七五年にようやく国産化に成功した。これら材料供給のメドが立つのと銀座煉瓦街の工事着手はほぼ同時のことで、ある意味では事業計画そのものが無謀だった。しかし国家の決意は強固だった。

西洋式建築の素材は日本にはもともと存在しないものだった。だからそれを生産することが必要になった。もちろん工部寮工学校校舎の場合のようにそれを輸入することも出来なくはないが、レンガは重量が重く、また一個の建築を作るにはかなりの量を運ぶ必要がある。またセメントは乾燥状態を保たないと劣化した。多くの建築材料は海運には向かない性格があり、その国産化が必要だった。貴重な外貨の浪費を防ぐ意味もあり、国産化は殖産興業政策の一環と位置付けられた。一歩一歩着実にステップを踏みながら建築の条件を整えていくことが事業の円滑な遂行のために本来必要だろうが、井上馨らはことを強引に推し進め、なにもかも一緒くたに実現した。ともかく西洋式建築を実際に大規模に作ってしまうこと。素材の国産化が実現すれば、以後の西洋式建築の建設はかなり容易になった。

小菅煉瓦製造所は、銀座煉瓦街など明治初期の大規模な工事が終わるとレンガの需要が減って経営不振に陥ったが、製造所自体を政府が買い上げ、後に小菅刑務所となる東京集治監で囚人の労力を用いて経営された。また日比谷中央官庁集中計画にあたり来日したドイツ人レンガ製造技師の指導をうけて、井上馨の子分格の存在であり、また希代の実業家でもあった渋沢栄一が自らの郷里、埼玉県深谷に大規模な日本煉瓦製造株式会社を創業した。セメントについては、深川セメント製造所の技術を移転して、セメント製造工場の創業が各地に見られた。先述の宇都宮三郎は士族出身であったが、家禄を失い困窮していた旧士族を救済する士族授産の手だてとして、レンガ製造所やセメント製造工場の創業を各地で支援した。その流れを汲む企業は今も少なくない。これらは殖産興業政策の典型的事例となった。レンガとセメントで壁を築き、木造の屋根を掛ければレンガ造の建築はひとまず建てることが出来た。こうして西洋式建築を実現する条件が整い、さらなる西洋式建築の普及を促した。好循環のサイクルが回りはじめた。

誰が西洋式建築を必要としたか

重ねて明記すべきことは、西洋式建築の導入が国家による上からの近代化の一部だったことだ。ここまで本格的に西洋式建築を実現する動機をもつものは国家以外に当時いなかった。明治政府にとって不平等条約の改正は最重要課題であり、そのために西洋式建築の導入が行われた。そして西洋式建築は日本社会の近代化の物的基盤として意識されてもいた。当時の政府指導者に、それがどれだけ巨大なプロジェクトとなるか想像がついていたとは思えない。最終的には日本の建築の全体がこの事業の影響をこうむることになった。もしかしたら彼らは、それほど多くはない数の西洋式建築を作れば十分と考えていて、ここまでの波及はまったく想定していなかったのかもしれない。しかしいずれにせよ、ここでその最初の一歩が踏み出された。実際の事業の遂行にあたっては政府内に多少の意見の相違もあったが、結局は長州閥を中心とする、欧米から学ぶことに積極的な勢力が事業を牽引した。工部大学校で教育をうけた建築家がこの事業を引き継いでいくようになれば、長州閥がこの初期段階において果たしたような属人的な関係の影響は薄れていくことになる。しかしまさにその初期段階においては、井上馨の独断専行に見られるある種の無謀さこそがことを可能にした。彼らがイギリスに出発してから最初の日本の建築家があらわれるまで、一六年に過ぎない。

なぜ西洋式建築の導入が必要で、具体的にどのようにしてそれを行ったのか、という本章冒頭の問いに対する答をまとめておこう。端的にいえば、国家が自らの近代化の基礎として、そしてとりわけ不平等条約改正との関係で日本が文明国である証しとして、西洋式建築の導入を必要とした。条約改正を急ぐ明治政府の切迫感のもとで、いくつかの国家直営の事業を強引に進めることで多くの障害が突破され、その地歩を得て以後の西洋式建築の建設は容易になった。不平等条約改正が西洋式建築の動機となったのはそれほど長い期間のことではない。しかしすくなくとも鹿鳴館外交に象徴される最初期においては、条約改正がもっとも強い動機だった。西洋式建築の導入によって条約改正が実現する、という当時の期待は今から考えれば奇妙にも思えるが、そういう期待があればこそ西洋式建築の導入は強力に推進された。

日本はイギリスから西洋式建築を学ぶことになったが、その理由もこの経緯に求められる。そこで発端となったのは、幕末以来の、イギリスおよびジャーディン・マセソン商会と五人の長州藩士の浅からぬ縁だった。その縁で五人はイギリスに留学し貴重な海外滞在経験を得て、維新後、明治政府内でそれぞれ重要な地位についた。とりわけ伊藤博文は最有力の政治家として殖産興業政策の推進に努め、技術を司る工部省の設立に係わったが、そこで雇用する技術者を育成する教育機関を設立するにあたり、その縁にあらためて頼った。その教育機関、工部大学校が多くの工学分野の教育を一括したパッケージとして構想されたために、結果的に日本における建築家の教育はイギリスに倣うことになった。もちろんイギリスは当時最有力の覇権国であり、また最先端の工業先進国でもあったから、その限りで工部大学校がイギリスをよりどころとしたことに不思議はない。しかし、こと建築については、当時のイギリスがあきらかな優位性を持っていたとはいいがたい。おそらくそのために、後にどの国の建築に学ぶべきかという指向において多少の揺らぎが見られた。例えば日比谷中央官庁集中計画に見られるようにドイツ指向があらわれ、あるいは皇室に関係する建築にフランス指向があらわれ、もう少し後には民間の都市建築でアメリカ指向があらわれた。そして、イギリスに学んだことの結果として、個人の主体性を重んじるイギリス的な建築家像と、国家に奉ずる性格の強いドイツ的な建築家像のあいだで、葛藤が生じた。このことについては後に詳しく見る。

いずれにせよ、西洋式建築の導入にむけての初期のプロセスがこうして起動した。それはひとつの変化というよりは、さまざまな変化だった。いくつかの持続的変化を見分けることが出来るだろう。まず素材と技術に関する持続的変化が起動した。とりわけレンガと石の組積造による西洋式建築を実現するための、材料の生産とその技術の習得がはじまった。素材と技術の持続的変化はしばらくのあいだ西洋式建築の導入プロセスにおける一種の律速段階となる。そして建築家という職能が日本に誕生した。まず御雇い外国人が初期の西洋式建築の導入を担い、ついで国家の教育機関で建築家が育成されて、建築家は活動を始めた。この人材とその育成もまた持続的変化のひとつとなる。また建築の施工組織に関する持続的変化が起動した。建築は単なる要素技術の寄せ集めではなく、それを取りまとめて工事全体を進行させる施工組織が重要な役割を果たすが、レンガ造の西洋式建築の施工組織は、伝統的な日本建築における大工を中心とした施工組織とはかなり違ったものにならざるを得なかった。そもそも当時、本格的な西洋式建築を見たことがある日本人はほとんどいなかったのだから、その建設現場で働く職人は自分たちが作っているものが何なのかイメージ出来なかっただろう。ただいわれるがままに工事を進め、そうしてなんとか完成にこぎつけた。そのような暗中模索によって鹿鳴館のような水準の建築が実現出来たことは実に驚くべきことだ。そして最後に、西洋式建築が実際に完成すれば、そこで実際に仕事をし、商売を行い、生活が営まれて、生活文化の持続的変化が起動した。銀座煉瓦街は相当な規模で実現したが、そこでは伝統的な商習慣と西洋式建築のあいだで折り合いがつけられねばならなかった。それは限られた場であったが、新しい街並みは新しい文化を呼び込んでひとびとを惹き付けた。こうした建築を取り囲む外的条件の持続的変化が西洋式建築の導入にともなって起動した。変化はここからカスケード状に拡がっていくことになる。

第二章　非体系的な西洋式建築の導入

前章で見た国家による体系的な西洋式建築の導入とは区別される、明治維新前後の西洋式建築の事例を見てみよう。部分的には国家の西洋式建築に先行するものだが、その後の建築の近代化の歴史には繫がっていない。それらはいわば先行事例として浮いており、明治中頃には在来式日本建築のなかに溶け込み、見えなくなった。

開国後の産業建築

幕府および有力藩が作った産業建築がいくつかある。欧米の砲艦外交に対抗することが意識された状況でまず求められたのは、造船、銃砲、火薬などの製造に関わる軍事関連の産業建築だった。いわゆる建築以外にも、函館の五稜郭や反射炉など多くの西洋に学んだ建造物の例があった。

幕府は長崎製鉄所（一八六一年、現存せず）を建設した。一八五五年に幕府は海軍伝習所を長崎に設けて、オランダ人将校から軍事操船技術を学んでいたが、それに付随する造船と修理を行う施設として建設された。三〇台近い機械がオランダから購入され、その設置・試運転・日本人への技術訓練をオランダ人技術者が丸抱えで行った。建築の設計もオランダで行われ[1]、オランダ人の指導のもと日本の職人が施工した。日本の瓦職人がレンガを焼き、木材、石材も現地調達されたが、鋳鉄柱、ガラス窓などはオランダから持ち込まれた。

同様のことがフランスの援助を得て横須賀で取り組まれた。ただし規模ははるかに大きく、幕府によって始められた横須賀製鉄所（一部現存）の建設は、明治維新をまたいで明治政府に受け継がれ、一八七一年に完成した。フランス人技術者がフランスの流儀で建設を指導し、幕府の技術者がそれをサポートして、日本の職人が施工した。現在も残る巨大な石造ドックに見えるように、造船が主要な目的だったが、製鉄、鋳造、製鋼、製缶など鉄製品全般を製造した。建築の構造は木造の柱梁構造で、西洋的なトラス式の屋根構造で掛け渡し、柱間をレンガで充塡して壁とし、屋根は瓦葺きだった。大量に必要になったレンガはフランスの規格と同様のものが所内で製造された。レンガ積みの接着にはセメントが必要になるが、これは輸入に頼らざるをえず経費を圧迫し、代用品として富士山周辺の火山灰と石灰、砂を混ぜた石灰ポゾラン・コンクリートが用いられた。[2]最終的には建築材料の相当部分を国産でまかなうことが出来たとされている。横須賀製鉄所の技術者は官営富岡製糸場（一八七二年、国宝）の建設にも携わった。

幕府だけが西洋式建築に取り組んだわけではない。薩摩藩は西洋の技術書などを参考にして欧米の技術の習得を試み、反射炉、ガラス工場、陶磁器工場、機械工場、火薬工場、化学工場をはじめとした工業施設群である集成館を整備していた。それら建物のほとんどは在来式日本建築によるものだったが、一八六五年に完成した機械工場は壁を石積みで作り、トラス式の屋根構造を掛けた一種の西洋式建築だった。薩摩藩はこれ以外にも、すこし後に集成館内に紡績所、奄美大島に製糖工場を建設しているが、この設計は後に大阪造幣局や銀座煉瓦街を手掛けるウォートルスによるものであった。

開国後の居留地の建築

鎖国体制が解かれるのにあわせて作られた、開港場および外国人居留地の建築は、いわゆる洋館建築の走りとなった。函館、長崎、横浜、神戸、新潟の五港が開港場となり、その他、東京築地と大阪川口に居留地が設定された。これらは治外法権の場となり、商人を中心とした外国人を施主として、その意向にもとづいて西洋式建築が建てられた。

初期の居留地の西洋式建築は、外国人の図面や指示に従って、日本人の大工が日本建築の技術によって作ったものだった。主だった特徴は建物外周部のヴェランダ、寄棟屋根、それを支える列柱による開放的なつくりで、コロニアル建築の一種になる。長崎のグラバー邸（一八六三年）は風通しの良い丘の上に位置し、港を見下ろすパノラマを最大限生かす、伸びやかなプランニングと変化に富む外観が独特のたたずまいを見せている。長崎だけでなく、居留地ならどこでも、日本建築の技術によって西洋のデザインを模した木造漆喰塗り壁の洋館建築が作られた。

しだいに多少の西洋式の技術の導入が見られるようになった。既に長崎では長崎製鉄所でレンガ造が試みられていたわけだが、組積造の壁、トラス式屋根構造を用いた住宅があらわれた。欧米人の指導だけでなく、イギリス人商人とともに中国人が日本に渡ってきて施工にたずさわり、日本人は彼らと協働しながら技術を習得していった。[3] そのなかで石を積んだ組積造の壁の背後に補強として木造の柱梁構造を控えさせる構造形式があらわれた。平瓦を木造の骨組みの外側に張るナマコ壁は土蔵などに用いられる外壁の仕上げだが、それにいくらか似た構法であり、石が積み上げられた壁は漆喰塗りの壁に比べてより本格的に見えた。石だけで地震に耐えうる壁を作るのは困難だが、木造の構造を付加することで西洋風の石積みの壁の見た目を簡易に実現するものだ。

大浦天主堂（1864年）

住宅ばかりが作られていたわけではない。とりわけ長崎には国宝に指定され、世界文化遺産「長崎と天草地方の潜伏キリシタン関連遺産」の一部でもある大浦天主堂（一八六四年）がある。明治以降キリスト教の禁止が解かれ、信者が増加したことにより手狭になったため一八七九年に規模を増して改築され、創建当初の姿は現在とは異なる。創建当初は正面両袖部および側面はナマコ壁だった。[4] 改築に伴いこの外壁はレンガ造漆喰塗りにあらためられた。形式的には三廊式[5]（改築後は五廊式）の標準的なゴシック聖堂に倣ったもので、堂内の木製の列柱、リブ・ボールトは改築後も創建当初の姿を残している。小振りではあるがキリスト教建築の空間的性格をはっきり示すものだ。

地の利に優れた横浜・神戸での貿易が本格的なものになるにつれて、長崎の居留地は停滞した。函館と新潟では居留地は発達しなかった。大阪の川口居留地は水深の関係で用をなさず、神戸の居留地にその座を奪われた。神戸の居留地では欧米の建築家が来日して活動し、他の地域よりも型通りの様式をそつなくこなす純度の高い西洋式建築がつくられた。築地の居留地は物流のルートから外れていたため商社は立地せず、むしろ外国公館、教会やミッション・スクールが集中したが、現存するものはない。築地を避けた商社は横浜居留地に集積していた。商社の気風もあってか横浜居留地における西洋式建築は、幾分派手好みの見栄えに傾いた傾向があるようにも見えるし、あまり定型にこだわらず実用本意であったようにも見える。日本の技術と西洋のデザインが混ざり合い、様式を意識してはいても型は崩されていた。相当数が建設されたが、居留地返還後の開発により、現存する遺構は神奈川芸術劇場敷地内に部分的に残る一ヵ所のみだ。

北海道の開拓使と関係したアメリカの影響

北海道開発を担う政府の開拓使が、アメリカ由来の下見板張りの木造建築を導入した。すこし重ねながら下から順に板材を水平に張っていく下見板張りは、日本にも昔からあった壁の仕様だが、それをペンキ塗りで仕上げ、壁を大きく用いる建築のスタイルが、開拓使およびそれと関係するところから普及した。札幌市時計台（一八七八年）を想像すればだいたい間違いない。開拓使は北海道の気候に合った農業と酪農の指導を仰ぐためアメリカから顧問団を招聘し、札幌農学校を創設するなどして広範な技術の普及をはかった。そこで導入された技術のひとつが水力による製材であり、そうして生産された板材で作られる、高度な大工技術がなくても建設可能ないわゆるバルーン・フレーム構法だった。[6] 柱や梁は必ずしも必要とせず、板材を刻んで組み合わせ、釘を打ち付けるだけで構造を成立させて、壁を下見板張りとした。原野に入って屯田兵村を作るのにこれほど適した方法もなかっただろう。

擬洋風建築

そしてそれらの先行事例を参照した、いわゆる擬洋風建築がある。擬洋風建築という名称は、洋風

築地ホテル館（1868年）

を擬したということだろうが、擬似的という言葉から連想されるようなネガティブなものではない。本格的な西洋式建築の実現が難しいなかで、日本建築の技術を基礎として、見よう見まねで洋風を模した建築がつくられた。

　まずその最も早い例は築地ホテル館（一八六八年、現存せず）だ。幕末の江戸に外国人が出入りすることが許されるようになると、イギリスは幕府にホテル建設を要望した。これを受けて幕府は土地を供与し、営業利益を経営者に与える条件で民間に経営者を募った。そこで名乗りを上げたのが、横浜でアメリカ人建築家と組んで西洋式建築を手掛けていた棟梁・二代目清水喜助で、彼は建物を施工しそのホテルを経営した。基本的な設計は外国の求めもあって横浜で協働していた建築家にまかせているが、細部は清水の独自のスタイルを見せて、外部をナマコ壁で覆い屋根の上に塔を建てた一種奇怪な大建築が建設された。全体の姿は一八世紀のオーストリア人建築家・フィッシャー・フォン・エルラッハの『歴史的建築の構想』（一七二一年）に収められた東洋建築の姿を思い起こさせる。[7] それは布教に赴き東方に接した宣教師の報告を想像をまじえて絵に起こしたもので、オリエンタリズムのイメージを反映したものだ。清水のスタイルには西洋人の視線から見て面白いと感じる意匠が随所にあらわれ、横浜居留地にいた西洋人の派手好みの傾向を取り入れていた。築地ホテル館は銀座煉瓦街建設の原因ともなった大火で早々に失われたが、錦絵にも描かれたその強烈なデザインは以降の擬洋風建築に大きな影響を及ぼした。その後、三井組ハウスなど、二代目清水喜助はこの路線で独特の建築を作り、明治初期に一流派をなした。

同様に横浜で西洋式建築を学んだものとして林忠恕《ただひろ》がいる。横浜居留地から派手好みの指向を引き継いだ清水に対して、彼は実用本意な指向を受け継いだようだ。その経験を買われ大蔵省営繕寮に雇用され、幕府の作事方に勤めていた技術者らとともに、多くの明治初期の官庁建築を設計している。当時大蔵省営繕寮には既述のウォートルスがおり、その下で、ウォートルスが手掛けるものよりは簡便な庁舎を多数手掛けた。建物の長手を正面にした瓦葺き漆喰塗り壁の本体があり、その中央ないし両端部に入り口を配して、それをすこし前に張り出して屋根でアクセントをつけるのが常套手段だった。敷地の限定により対称を崩す必要があれば無理はせず、スタイルというほどでもない簡易な作法で、しかしそれだけに広く模倣された。

この二つを両端として、そのあいだで擬洋風建築が日本各地でつくられた。基本的には林忠恕の簡素な手法を応用し、そこに清水喜助流の目を惹く意匠がところどころ盛り込まれた。線対称をベースとして、中央ないし両端の車寄せを強調して西洋風の様式的細部が盛り込まれた。様式といっても厳密なものではなく、また本来のプロポーションにこだわることもなかった。西洋式建築を真似ること自体が重要なのではなく、むしろおおらかに文明開化の気風に応えることを旨としていたようにも見える。例えば長野県に現存する開智学校（一八七六年、国宝）は、かわいらしい彫刻をふんだんに盛り込んだ愛すべき擬洋風の好例だ。明治の新体制下に生まれた子供のための教育の場を作ろう、とい

開智学校（1876年）

う大工の心意気がうかがわれる。擬洋風建築に注目した村松貞次郎は『日本近代建築史再考』で、それらを国家の「官の系譜」に対する「民の系譜」にあるものとして扱った。[8] 擬洋風建築にひとびとの思いの自発的発露が見られるからだろう。

　だが同時に、こうした擬洋風建築の背後に、しばしば土木県令などと呼ばれた強権的な県令（県知事）の存在があることも忘れることは出来ない。彼らは土地に根付いて統治を行っていた近世の大名に代わり、中央集権的な明治政府から派遣されて地方を近代化することを職務としていた。意欲的な擬洋風の事例が多い山梨県には藤村紫朗、筑摩県（現在の長野県南部）には永山盛輝、そして山形県には三島通庸《みちつね》がいた。三島は福島、栃木でも県令を務めており、そこでも擬洋風建築の建設を進めた。学校に限らず、県庁、病院などが擬洋風で建設された。それらはいずれも公共建築であり、明治の近代化の象徴だった。擬洋風建築の特異な外観は近代化を可視化した象徴的な意味があり、ひいては市井のひとびとを啓蒙する効果を帯びた。明治の新しい時代を象徴し、もはやかつてと同じではないぞ、と知らしめる政治的な効果抜きに擬洋風建築を考えることは出来ない。屋根の上に決まって載せられた塔はそういう象徴性が凝集したシンボルだった。その意味で擬洋風建築は上からの近代化の一形態でもあった。とすればそれは、松浦寿輝が『明治の表象空間』で拾い上げたような、江戸の表象体系から明治の表象体系への葛藤的プロセスのなかに位置付けることがむしろ適当であるように思われる。おおむね大日本帝国憲法公布の頃、より正統的な西洋式建築が日本で実現するようになると、擬洋風建築は姿を消していった。

非体系的西洋式建築の系譜の収束

これら非体系的な西洋式建築の事例は、その後の持続的変化には繋がらなかった。産業建築の事例は、国家の体系的西洋式建築の導入の予備段階、あるいは先行形態と捉えることも出来なくはない。開拓使の下見板張りの木造建築も同様だ。しかしそれが具体的にどう受け継がれたかといえば、繋がりははっきりしない。居留地の建築は外国人商人の主導で行われ、国家とは関係なく建てられた。日本の技術で西洋風の意匠を真似る経験が積まれ、擬洋風建築に繋がる技術とデザインの伝播が生じた。そして擬洋風建築は日本各地に広まった。単に愛すべき現象という以上の存在であるのは間違いないが、正統的な西洋式建築が実現した後、例が続かない。[9]

これらの事例が日本の素材と技術に依存した理由は、西洋式建築を欧米同様につくろうとするとまず素材の壁にぶつかるからだった。横須賀造船所のように大規模なプロジェクトは例外的で、普通はひとつの建築のためにレンガを焼くことからはじめるわけにはいかない。その壁を迂回して、非体系的な西洋式建築の事例は現実との折り合いをつけた。その意味でこれらの建築には多かれ少なかれ妥協的な性格があり、その壁を無理矢理突破した国家による体系的な西洋式建築の導入が進むと姿を消す。

しかしだからといって、本格的な西洋式建築に劣るものとしてこれらの事例を見るのも安易だろう。むしろ積極的に、急速に変化するこの時代の社会に結びついてあらわれた創造的な試みとして捉えるべきものだ。これらの建築の多くは既に現存しない。それでもそれがどんなものだったか我々が知り得るのは、錦絵のような資料にその姿が残されているからだ。錦絵が描かれ、絵はがきが作られるということは、それがめずらしくまたおもしろい、一種の名所となっていたからだ。こうした建築は、まだ見ぬ社会がどのようなものになるのか想像をかき立てられたひとびとの好奇心を引き寄せた。どこか厳めしい明治建築に対して、そのつましい可憐さとおおらかな表情は、明治の社会のもうひとつの顔だろう。

実際に工事にあたった職人による、西洋式建築の技術の習得過程について付言しておきたい。この点については建築史家・初田亨の『職人たちの西洋建築』が詳しい[10]。それによると、例えば塗装職人は柿渋を塗る職人から、レンガ積み職人は左官職人から、レンガ製造は瓦職人から、タイル職人は左官職人から、それぞれ分岐することで職能として成立した。道具や技術において類似性がある職種が新しい技術を習得した。もちろん大工、左官、建具、瓦葺き、石工、あるいは土工や鳶職など、もともと日本にあった職種では、彼ら自身が西洋式の仕事を学んだ。大工や左官、建具などはかえって日本の職人のほうが仕事の質が高いと欧米人から評価されたという。彼らは欧米人の指導を受け、あるいは協働した中国人工匠の仕事から学び、技術を習得していった。そうした新しい技術の習得は、未だ経験者の少ない時代にそれぞれの職人の強みとなった[11]。彼らはしばしば渡りの職人として、そうした仕事が必要な現場を広範に移動して、技術の伝播に寄与していた[12]。こうした新しい技術を習得した職人のなかから、西洋式建築の工事を担う建設会社、いわゆる請負会社となるものが出てくる。請負とは、工事全体をまとめて引き受け、そのコストをあらかじめ見積もり、契約によって工事を完成する仕事の形態だ。請負会社の登場によって建築工事は近代化を遂げていくことになった。棟梁一家的な荒っぽい気風は根強いものだったようだが、施工の現場の近代化はしだいに進んだ。例えば大工が請負会社となった例として、二代目清水喜助の清水組（現清水建設）のほかに、鹿島組（現鹿島建設）、戸田組（現戸田建設）、銭高組。石工から請負会社となった例として、飛鳥組（現飛鳥建設）、熊谷組。河川工事を行う川除普請から請負会社となった例として、佐藤組（現佐藤工業）がある。[13] 彼らはいちはやく新しい建築技術を習得し、施工組織のかたちを整えて、近代化の波を乗りこなしていった。[14] 大工は伝統的に設計と施工をまとめて手掛けていたため、請負会社も内部に建築家や建築技術者を雇用していった。清水組は工部大学校の第三回卒業生を早くも初代技師長として雇用している。

第二章　国家と建築家

日本に西洋式建築を導入したのは国家だったが、建築家という職能を誕生させたのもまた国家だった。そのことが国家的段階における建築家のアイデンティティの原型をかたちづくった。

国家による建築家の育成

明治末にいたるまで、建築家の教育は国家が直接運営するたったひとつの教育機関で行われていた。既に創設の経緯を見た工部省の教育機関である工部大学校、そして工部省廃省のため一八八六年にそれを受け継ぎ編制された帝国大学工科大学（現在の東京大学工学部）がそれだ。それ以外の場所で建築家の教育が行われることはなかった。全国各地の大学その他で建築教育が行われている現在とは全く違う状況があった。

工部大学校の第一期卒業生、すなわち日本人建築家の第一世代は、一八七九年卒業の辰野金吾、片山東熊《とうくま》、曾禰《そね》達蔵、佐立七次郎の四人だった。彼らは立身出世の指向が強い旧武士階級の生まれだった。最初の日本人建築家となった彼らは、明治の建築界を主導するパイオニアとしてきわめて重要な役割を果たした。なかでも辰野は明治建築界の大ボスと呼ばれる。国家の顔となる重要な建築を手掛け、また帝国大学教授として建築家の教育を主導した。片山は皇室関係の建築に取り組み、明治建築の集大成となる赤坂離宮を手掛けた。曾禰は三菱が丸の内に開発したオフィス街を手掛け、また辰野の相棒役を務めて建築学のアカデミー、建築学会を支えた。明治を代表する建築を手掛けるだけの実力を備えた建築家が、第一世代から早速あらわれた。

　第一期の四名に続いたのは、翌年第二期が二名、第三期が三名、第四期が四名といった具合で、卒業者数は意外なほど少ない。工部大学校全体の卒業生も毎年三〇人程度だった。実は工部大学校から最初の卒業生が輩出した一八七九年頃から、御雇い外国人を解雇し、日本人技術者によってそれに代える動きがあった。[1]国家を担う技官の養成機関としては生徒数が少ないようにも思えるが、そもそも意図されていたのが御雇い外国人の置き換えだとすれば不自然ではない人数だろう。明治維新以来御雇い外国人が果たしてきた役割を、工部大学校卒業生が引き継いで、彼らが国家の技官となっていった。そもそも当初はジョサイア・コンドルひとりが教師であり、彼がすべての教科を教える私塾同然の状態で教育が行われていた。こうした教育の体制にもあまり多数を教えられない事情はあっただろう。卒業生が早々に教師陣に加わっていき、それぞれ教科を分担して専門性を高めて、教育の規模は大きくなっていった。一八九〇年代後半から卒業者数は漸増していく。工部大学校において卒業生に工部省に就職する義務があったことは既に触れた。帝国大学工科大学に改組されるとそのような義務はなくなったが、帝国大学令にも「帝国大学は国家の須要に応ずる学術技芸を教授し及其蘊奥《うんおう》を攷究するを以て目的とす」と規定されていた。そうした目的のために国家が費用を投じて育成したエリートである以上、国家への貢献が期待されていた。また卒業生自身も、国家に対する一種の負債を内面化し、その責任を全うする自負を抱いた。

　帝国大学以外の教育機関で建築家の教育が始まるのは、工部大学校設立から三〇年以上経た後のことだった。京都帝国大学に建築学科が設置されるのは一九二〇年。私学では一九〇九年に早稲田大学に建築学科が設けられた。その他に、建築教育部門をもつ官立・私立の高等専門学校がいくつか設立されていた。ただしこれら高等専門学校の建築教育の目的は、職人や大工の実務を教える教員の養成、あるいは建築家の指導下で働く図工、技術者の速成的養成とされていた。明治期において高等専門学校の教育は、建築家に求められる幅広い素養を身に付けるものではなかった。高等専門学校における教育内容がそれなりに高度化した大正期以降、さらに独学して建築家になった者も少なくないが、明治期にはまだ見られない。

帝国大学の卒業生の多くが官庁に就職した。造家学科およびそれが改称した建築学科の卒業生について、学士会会員氏名録によって一九〇三年末の所属が確認できるものを集計した研究[2]によると、政府の官僚組織に所属した建築家の割合が五一％を占め、ついで民間企業に所属した建築家が三〇％、教育機関が一四％、自営が五％となっている。当時は国家のための建築は官僚組織内部で設計することが普通で、建築家は技官としてそれに従事していた。つまり国家が必要とする人材を育成する帝国大学の目的は、実態としても相当程度実現していた。

すくなくとも明治の終わりまでは、日本の建築家はいわば先輩後輩の関係で繋がり合っていた。彼らは限られた専門的知識をもつ貴重な人材であり、官僚組織内部ではもちろんのこと、大学、あるいは民間企業へと所属を移動し、あるいは兼務しながらその技能を活かしていた。[3]彼らはそういう状況を互いによく把握して、一種同族的な意識をもつ密なコミュニティのなかにいたようだ。[4]排他的というほどではなかったかもしれないが、当時の記録に一種のセクショナリズムの気配が感じられることがある。帝国大学出身者が建築関係者の最大派閥だったのは当然だが、それとは別に海外で建築を学んで日本で活動した建築家も少数ながらいた。例えば小島憲之（アメリカ・コーネル大学卒業）、山口半六（フランス・エコール・セントラル卒業）、松崎萬長《つむなが》（ドイツ・ベルリン工科大学卒業）、妻木頼黄《よりなか》（工部大学校に入学したが途中退学、コーネル大学卒業）らだ。彼らと帝国大学出身者のあいだには微妙な距離感があった。

国家が建築家に与えた職務

建築家の職務、つまり手掛けるべき西洋式建築自体も、国家とその周辺でのみ求められていた。

西洋式建築を必要としていたのはまずは国家だった。首都に位置する官庁の庁舎だけではない。裁判所、税関、県や市町村の役所庁舎、帝国大学を筆頭とする各種の学校、郵便局、電信局、官営試験所、気象台、鉄道駅、そして軍の陣営・兵営などは、全国各地に必要だった。これら国家のための建築を、官僚組織に所属する建築家が手掛けていた。欧化を進める明治政府の意思は固く、それらの建築は新しい時代の象徴として事情が許すかぎり西洋式建築により建てられた。

国家が建設する西洋式建築に呼応するように、国家の周辺で活動する政商、あるいは黎明期の財閥が、西洋式建築を建設した。なかでもとりわけ銀行に例が多く、また海運会社、保険会社、新聞社、劇場も西洋式建築に積極的だった。明治末に近づく頃には百貨店のような新しい商業建築の形態があらわれてきて、これも同様だった。新聞社と劇場はすこし性格が違うにせよ、銀行や海運、保険などは財閥と関係するもので、それらの事業所の設計は財閥内部の営繕部署、あるいは請負会社に所属する建築家によって行われていた。それが先の卒業後の所属先の集計にいうところの民間企業にあたる。民間企業の西洋式建築は、国家が推進する欧化・近代化政策を前提としたもので、それに倣い、また補完していた。国家が目指すところに協調し、時には勧業政策を巧みに利用することで事業の地歩を得て、そうして日本の資本主義の基礎が築かれた歴史を考えてみれば当然のことだが、この時期に民間で西洋式建築に取り組んだのは国家と深く結びついた黎明期の資本家だった。建築家の民間での活動もそうした場に限られ、社会一般に広がったものではなかった。

一方に直接的に国家が必要とした狭義の国家のための建築があり、他方に間接的に国家の近代化を支える民間が必要とした広義の国家のための建築があったといういい方が出来るなら、狭義の国家のための建築がまず先行し、それに追随して広義の国家のための建築があった。どちらにせよ建築家の職務が国家と深く結びついていたことにかわりはなかった。国家を頂点とするヒエラルキー的秩序のなかで、頂点を占める国家から底面に向けて西洋式建築はゆっくりと浸透していくが、明治期のその浸透は頂点及びその周辺に限られ、建築家の活動領域もその範囲に限られていた。

国家お抱えの建築家

したがって明治期、そしてその後も当分のあいだ、日本の建築家には、国家によって育てられ、国家によって職務を与えられた、国家お抱えの性格があった。建築家が日本で誕生したとき、国家の上からの近代化を担う意識が彼らのアイデンティティに深く刻まれた。国家的段階の建築家の原型がこうしてうまれた。

狭義の国家に奉じた建築家は官僚組織に所属した建築家だった。例えばその代表的存在として官庁営繕組織のトップにあった妻木頼黄は、まさに典型的な国家お抱えの建築家であった。妻木ら官僚組織に所属した建築家はしばしばドイツ派と称される。既述の通り彼は工部大学校で中途まで学び、その後アメリカのコーネル大学で学んでいるが、井上馨が主導した日比谷中央官庁集中計画のためにドイツに留学し、帰国してドイツから来日した建築家エンデとベックマンを日本側で補佐する役割を果たして、その後のスタイルもドイツ的といわれた。

広義の国家に奉じた建築家は民間企業に所属した建築家だった。妻木と好対照の存在として曾禰達蔵がいた。彼は第一期生として工部大学校卒業後、直ちにコンドルを補佐する助教授を務め、一時海軍技師を務めるもほどなく財閥のかたちを整える前の三菱に入社、コンドルが手掛けていた丸の内の三菱二号館、三号館の設計に協力し、四号館以降は自身で手掛けて、まだ閑散とした野原に過ぎなかった丸の内をオフィス街に変貌させた。後には三菱を離れて自身の曾禰中條建築事務所を開設している。明治の政商を代表する三菱に仕え、さらに民間のフリーランスの建築家として独立した曾禰は、イギリス派の代表的な存在だった。イギリス派はホイッグ風の独立自主を指向し、在野の自立した立場で建築家としての職務を行うことを理想としていた。

西洋式建築の需要が国家を中心としていた状況において、そして当時の官尊民卑の風潮において、ドイツ派の地位は盤石だったが、イギリス派の勢力もアカデミーたる建築学会を中心に強固だった。ごく少数の建築家で構成されていた明治の建築家のコミュニティにもかかわらず、そこに党派の対立があった。

明治建築界の大ボスである辰野が、コンドル直系のイギリス派だったことに疑問の余地はない。後に曾禰は辰野が早くから「民間自営の建築技師」となることを希望していたと述解している。[5] これについては事情はそう単純ではなかったという指摘もあるが、[6] いずれにせよ教授を務めた工部大学校が帝国大学に統合された際にはいったん職を辞して辰野建築事務所を開設し、その後帝国大学教授をしばらく務めた後にあらためて辞職した際には、東京に辰野葛西事務所、大阪に辰野片岡事務所を設けて、設計活動に取り組んだ。辰野が教職を離れたとき、即座にフリーランスの建築家として自らの事務所を構えたこと自体はいずれにせよ事実だ。その意味で可能なかぎり「民間自営の建築技師」として辰野は活動した。しかし同時に、彼は日本銀行本店、東京駅の設計を手掛け、また国会議事堂の設計を行うことを強く希望し、国家を代表する建築を手掛け、日本の建築家を体現することに強く執着していた。こうした意味で辰野は、独立自主を指向するイギリス派でありつつも、同時にドイツ派的な国家への強い指向を持つ建築家だったといえるだろう。

日本を離れて考えてみれば、欧米において建築家は、フリーランスの建築家として、自ら主宰する建築設計事務所で建築設計を行うのが基本だ。匿名的な技術者として作業に従事するだけならともかく、建築家としては妻木のように建築家が官僚組織内部で建築設計を行うことはかなり特殊だった。コンドルの出身国・イギリスは自立した建築家の職能形態がもっとも早く確立した国だったが、ドイツ派が倣ったドイツにおいても基本的には同様だった。日比谷中央官庁集中計画で妻木が支えたエンデとベックマンはドイツ官界に高い地位を占めていたが、それでも建築設計に取り組んだのはあくまで自身の建築設計事務所においてだった。欧米においても国家や地方自治体の建築全般にわたる責任を負う建築家が選任され、行政官的な地位を得る場合はあったが、そうした場合でも建築家は顕名的かつ主体的な存在だった。実態的には振れ幅があったにせよ、芸術的側面を持つ建築の構想は著作権を有する個人が主体となり、また近代社会を構成するさまざまな主体のあいだで建築家個人が建築の責任を引き受ける、それが建築家という職能の基本的前提だった。

これに対して日本では、国家が建築家を育て、国家が建築家に職務を与え、建築家は国家お抱えの存在だった。歴史的経緯から生まれた日本の建築家の特殊な実態と、建築家の本来的なありかたへの願望が、葛藤を起こすのは避けがたいことだった。その葛藤がドイツ派とイギリス派の対立の背景にあり、これはかなり長く尾をひく問題となった。

明治の建築家の実情

ただしイギリス派の建築家が民間で自立して活動することを指向したといっても、当時実際に自分自身の建築設計事務所を構えた建築家は、ごく少数の例外的存在だった。つまり、民間で活動する建築家のほとんどは建設会社や企業の営繕部署に所属したのであって、フリーランスではなく、その意味では官僚組織に所属した建築家とそう変わりなかった。伝統的に出入りの大工に設計と施工をまとめて発注してきた日本社会において、建築設計を工事と切り離してわざわざ建築家に依頼する必然性を感じる施主はこの時期にほとんどおらず、フリーランスの建築家の事務所経営は成り立ちがたかった。

またドイツ派の建築家の優位といっても、それは建築家の狭い世界の内側のことであって、彼らは官僚組織内では技官であり、文官に対して地位的に劣位に留め置かれ、職掌的にも強く制限されていた。一八九三年の文官任用令により、文官の技官への優越が制度的に規定されるが、御雇い外国人がそもそもそうであったように、政策の立案・決定は文官の専権事項とし、技官は助言役、脇役の地位にあった[7]。このことは後に、総動員体制編制のなかで盛り上がる建築家のテクノクラシー指向の遠因となる。

そうした現実はあったが、それでも国家は建築家に建築の領域における強いイニシアティブを委任していた。建築家は分担して課題に立ち向かっていった。建築の素材を求めて、石材などの国内産地を求めて網羅的な調査を行い[8]、地質調査を行い[9]、レンガやセメント、木材の強度を試験して確かめた[10]。もちろん建築の技術の発展を指導した。資材と構法の規格標準化を進めた。図面や契約など実務的な形式の整備を行い、コストの削減にも取り組んだ。そうしたさまざまな領域における発展が積み重ねられて建築の水準は底上げされていった。その過程では失敗もあった。例えばレンガ積みは地震に致命的に弱く、初期には大破した建築が少なくない。しかし鉄材による補強が研究された。このように、建築家は単に西洋式建築を設計する専門家というだけでなく、日本の建築のあるべき姿を構想し、研究し、実践する存在として、建築の領域の広範なイニシアティブをとった。国家の上からの近代化の一部である建築の近代化を牽引する存在として建築家は生まれた。

明治の建築家の主体性

本章では明治期の建築家がいかなる存在であったかについて集中的に見てきた。国家的段階の建築家の初期設定はこのようなものだった。

国家が建築家を育て、国家が建築家に職務を与え、国家が建築家に建築の領域におけるイニシアティブを委任した。そうして結局、貴重な専門的技能を持つ建築家はエリートとして遇された。国家のこうした恩恵に対して建築家は国家に対する報恩の意識を内面化して、その職務を全うする自負をアイデンティティの根幹に刻んだ。こうしたアイデンティティは、国家が日本における西洋式建築を導入する主体となった歴史的経緯からもたらされた。その意味で日本近代に特殊なものだ。

そこから国家に対する建築家の従属性が生まれた。それはsubjection（邦訳書の訳語は「主体化＝服従化」）として主体の成立過程を見る政治哲学者・ジュディス・バトラーの議論[11]に典型的に当てはまるものだ。例えば神に対する従属によってキリスト教徒の主体性が成立するように、国家に対する従属によって国家的段階の建築家の主体性は成立した。より一般化して考えてみれば、国家と建築家の主体性の関係、つまり国家に対して従属的に主体が規定され、責任を負い、役割を果たすという構図は、建築家に限ったものではない。つまり、国家と国民のそうした関係がいわゆる国体というものであった。しかし国民一般の国家との結びつきをはるかに超えて、建築家はきわめて現実的に国家に結びついていた。

　国家的段階の建築家のアイデンティティの特殊性は西洋式建築が一般化していくにつれ解消してもいいはずだったが、実際にはその特殊性を脱ぎ捨てるにはほぼ一世紀を要した。国家が建築家を育て、国家が建築家に仕事を与え、国家が建築家に建築の領域におけるイニシアティブを委任する、そういう現実が維持されたからだ。国家による上からの近代化の一領域として建築があり、また下からの近代化に対して上からの近代化の主導性が強い限り、このアイデンティティは形骸化しなかった。

　国家をアイデンティティの根拠とする国家的段階におけるこうした建築家のありかたの特殊性は、従来日本近代建築史のなかで十分注意されてこなかった。この特殊性は、その後のポスト国家的段階における建築家のありかたと対比することではっきり見えてくる。国家的段階に歴史記述が完結するかぎりこの特殊性は暗黙の前提となって意識されてこなかったのだろう。逆に、現在の日本の建築家は、半世紀ほど前の断層面を経て、こうしたアイデンティティを完全に払拭したために、むしろ国家的段階の建築家のアイデンティティを想像することが難しい。しかしそれを忘れると当時の状況は歪んで見えてしまう。以後、この特殊性がいかに日本近現代の建築の歴史に影響するか見ることになるだろう。

第四章　明治期における西洋式建築受容の到達点

明治期に帝国大学で建築家の教育を受けた人数はわずかに一七五人にすぎない。[1]既述の通り海外で学ぶなどして建築家になったものもいたが、それにしても建築家の絶対的な人数は限られていた。したがって建築家が設計し得る西洋式建築の絶対数も限られていた。その他の圧倒的多数の建築は、明治以前と変わらぬ在来式日本建築だった。圧倒的多数の在来式日本建築とごく少数の西洋式建築、それが明治期の建築の実情だ。

しかしその絶対数の少なさから考えれば、急速な進歩があった。最初の工部大学校卒業生が輩出してから三〇年ほどで、モニュメンタルな西洋式建築が実現した。建築家においても、施工にあたった職人においても、着実に経験を蓄積してこの水準を達成した。驚異的な学習速度というほかない。もちろん不格好な建築はいくつも存在した。しかし失敗は次に生かされた。

明治建築の急速な成熟

明治の特筆すべき建築といえば、まずは辰野金吾の日本銀行本店になる。日清戦争の直後、一八九六年に完成した。銀行建築として堅牢さを誇示する、花崗岩による組積造の異様なまでの厳めしさが印象的だ。大理石やライムストーンのような堆積岩が西洋式建築の標準的な石材だが、堆積岩が軟ら

日本銀行本店（1896年）

かく彫刻的な加工がしやすいのに対して、火成岩である花崗岩は比べ物にならないほど硬く、基本的に彫刻には全然向かない素材だ。日本にも大理石の産地はあるが産出量が限られ、質も揃え難いために、困難を承知で花崗岩がここで用いられた。二階以上の平坦な壁面については戦時の物価上昇のためコスト削減を強いられレンガ積みの上に安山岩の平板が張られたが、いずれにしても日本銀行本店は独特のソリッドな印象を与える。正面両翼部がせり出して車寄せを囲む形式は一八世紀フランス風だが、前面は閉鎖的だ。その後ろの中央のドームが不思議なほど控えめで隠れていることと[2]、壁面の抑揚と彫りが浅いことから、全体は箱形の塊という印象を拭えない。とはいえ、仕事は念入りなことは間違いないし、また記念性を感じさせるまとまりもあって、ひとつの画期を示す。当時の日本の国情を反映してかこぢんまりした当初の本館は、一九三二年に長野宇平治により増築された。この増築は辰野のデザインを踏襲しているが、一層分高くつくられてバランスが整い、かえって本館よりも完成度が高いようにも見える。

妻木頼黄の横浜正金銀行本店（一九〇四年、現神奈川県立歴史博物館）には、周辺への対峙のありかた、抑揚のコントロール、様式の使いこなし方などに、優れた均衡が見られる。横浜正金銀行は日本の貿易における金融・為替決済の拠点であり、ある意味では日本銀行に準ずる銀行だ。これもそれほど大きな建築ではないのだが、妻木の造形力の高さがあらわれた代表作といえるだろう。垂直方向の線がやや煩雑なデザインだが、コーナーに配されたエントランスを正面から見るとそうした意図はよくわかる。壁に埋め込まれた薄い柱・ピラスターを多用して様式的細部は控えめで、それが全体のまとまりのよさに繋がり、押し出しの強さと充実感を備えている。似た意味で優れたものとして大阪府立中之島図書館（一九〇四年）を挙げることが出来る。住友財閥家が、雇用していた野口孫市の設計で建設し、大阪府に寄贈したものだ。やや過剰に強調されたエントランス部と妙に短い両翼部が、腰高にまとめられることであまり類のないバランスを見せている。中之島の幅の狭さからその寸詰まりの構成が強いられたのだが、しかしこれはこれで悪くない。建築家の造形力のなすところだろう。どちらも内部空間は貧弱な印象を拭えないが、外観において高い完成度を誇る。

横浜正金銀行本店（1904年）

既に触れた通り、曾禰達蔵は三菱二号館と三号館を師コンドルと共同で設計し、四号館から七号館までは自身で手掛けた。一丁倫敦《ロンドン》ともいわれたその街並みは、ダテではなく、当時の写真にうかがわれるその景観は他にないものだ。銀座煉瓦街のジオラマじみたぎこちなさはそこには見受けられず、近代化する社会が求めたものが具体化していた。歴史的にきわめて重要な建築群だったが、すべて再開発によって失われ現存しない。[3]

赤坂離宮（1909年）

明治の様式建築の到達点を示すのが、一九〇九年に片山東熊が完成させた赤坂離宮（国宝）だ。片山は宮内省に仕え、皇室関係の建築を専ら手掛けた。この建築はフランス流のネオ・バロックを名乗って遜色ない。特徴的な正面の湾曲させた両翼部はやや強引な解決だが、この種のものとしては規模が小さいことをカバーしている。華やかというよりは堅固な印象だが、様式的な細部も充実して高い水準に達している。内部空間はこの時期の日本の西洋式建築として例外的に豪華なもので、後に明治天皇にその贅沢さをたしなめられたのも無理もないところだが、しかし持て余す感じはない。目に見えないところでは、組積造を耐震化することについて徹底的な対処がここで行われた。そもそも組積造は地震の水平力に石と目地の摩擦力と接着力だけで対応する構造であり、本質的な弱さを抱える。それを補強するために壁内部を貫通する鉄骨が用いられた。屋根構造も含め約三〇〇〇トンの鉄骨がアメリカから輸入されたという。[4] この鉄骨量は現在の同じ床面積の純鉄骨造建築の標準的な鉄骨量とそう変わらない。設備面でも最新の技術が取り入れられ、明治建築の成果を名実共に体現する建築となった。

古典様式を用いた西洋式建築の造形的な要点は、なにもデザインを施さなければただの鈍重な量塊となってしまう建築を、適切にコントロールすることで充実した全体像を与えることにある。量塊を部分に分節してそれぞれに適切な抑揚を与え、プロポーションと様式的細部に一貫した手法を用いて部分と全体を関係付けることで、そうしたことが実現する。その方法にはかなりの程度まで定型があるが、微妙な調整によりその印象はおおきく変わる。見慣れないとそのニュアンスはわかりづらいかもしれないが、それでもなんとなくメリハリを欠くように見えたり、あるいはバランスが悪く見えたり、といった違いは感じられるだろう。その適切なコントロールが出来るか出来ないかは造形力によるもので、たった一つの正解があるものではないにせよ、巧拙の差は如実にあらわれる。

日本の建築家が手掛けた様式建築の多くは彫りが浅く、スケールがこぢんまりとして、薄味な印象を与える。辰野金吾の日本銀行本店はそうした例のひとつだろう。妻木頼黄もそのようなキャラクターをある程度共有してはいるが、それでも彼は十分な充実感を与えることが出来た。赤坂離宮には既に日本ならではの細部の装飾が見られるが、それを全体の中に馴染ませる余裕さえうかがうことができる。もちろんこれらは明治の建築のごく一部に過ぎない。既に失われたものも多いが、ちょっと探せばこの時代の建築もあんがい身近に残っている。現在とはずいぶん違う時代の期待を背負った建築の姿をそこに見ることができるはずだ。

明治建築の到達点

総じて西洋式建築を実現する国家の求めに明治の建築家はよく応えた。彼らは以下のようにいっている。

> 我建築界は今や済々たる多士を有す、其技倆必しも泰西の建築家に下るにあらず、見よ最近の大作なる東宮御所の御造営を始とし、輪奐《りんかん》の美を竭《つく》せる大建築は陸続として我が幾多建築士の手腕に由て経営されつゝあるに非ずや、我が建築界は今や如何なる大工事も、如何なる難工事も、之を計画し之を竣功するに於て毫も困扼する所なきに至りたり。[5]

東宮御所とここで呼ばれているのは、赤坂離宮のことだ。いささか自信過剰ではあるが、彼らは欧米の建築家に劣るところはないと豪語してはばかることがなかった。たしかに十分に水準は満たしていた。既に日本の西洋式建築の個性らしきものもあらわれていた。壮大なスケールよりは繊細な完成度、威圧するモニュメントであるよりは点景的なありかた、力強く肉感的な造形よりは精密で端正な表情。当時の日本の身の丈に見合ったスケールがそうさせたともいえるが、その最良の部分は決して貧相なものではない。

それは建築家のみによってなし得たことではない。擬洋風建築によっては到底到達し得ない水準に、明治の西洋式建築の実現に向けた努力が早くも辿り着いた背後には、建築をつくりあげるために必要な、さまざまな職人の技術習得があった。数少ない経験が着実に蓄積されたからこそ、明治建築はこの水準を達成し得た。またその普及も順調だった。全国各地で県庁建築をはじめとして西洋式建築が建ちはじめていた。明治末の段階で日本の西洋式建築は既に一定の段階に達していたといえるだろう。

そうした成果を認めたうえで、しかし明治の西洋式建築の限界について指摘しておかなければならないことがある。つまり、それらは造形物としてたしかに一定の水準を実現していたが、西洋の古典建築を支える体系的な思想が、明治の西洋式建築には欠けていた。なぜそう作るかを問わず、ただひたすらかたちを真似ていた。当時はそれが精一杯だったと理解すべきかもしれないが、明治建築を専門とする建築史家・藤森照信にして「悪くいえば〝ただ作っていた〟と批難されてもしかたがない」[6]といったその思想の薄弱は、かなり後をひく。

そもそも西洋の古典建築には、世界のなかに理想的秩序を建築として物質化し、そうすることでそこに特別な場を象徴的に実現しようとする思想が背景に存在する。いわばカオスのなかにコスモスを作るイデアリスムが、西洋の古典建築の背景にはある。神のための教会であれ、王のための宮殿であれ、その場を聖別する思想が込められている。それは仏教の浄土を図像化した曼荼羅図に近く、さらにそれは仏教寺院の伽藍を組み立てた思想とも通じるものであって、日本の建築文化にそうした思想がないわけではない。だからそれは異質な文化というわけではないのだが、明治建築にそのような思想は不在だ。ただ模範をなぞるように西洋式建築が実現されていた。目に見える実体として国家は西洋式建築を必要としたのであって、それ以上の思想など意に介されなかったのかもしれない。ヨーロッパで古典建築がどのようにあるかそれなりに実見した目で見たとき、明治の様式建築にどこか希薄な印象を受けるのはそのためだろう。

そうした弱さはあるにせよ、国家のための建築を実現するミッションを明治の建築家は完遂することが出来た。既に素材と技術の持続的変化は必要最低限の水準を超えていた。明治の建築家は急速に西洋式建築の作法を自らのものとした。施工組織に関する持続的変化も進展した。建設現場の前近代的な体質はまだまだ抜け切ってはいなかったようだが、個人の成長にくらべて組織の成長に時間が掛かるのは当然だろう。生活文化の持続的変化は、西洋式建築の実現例がまだ限られ、それを享受するひとびとも限られていたが、西洋式建築に触れる経験が積み重なるにつれその素地が育まれた。明治末にかけて、西洋式建築の日本における実践は、ほとんど猪突猛進的に進み、一気に相当の水準を実現した。ある意味で国家が建築家に負託したミッションはこの時点で既にクリアされ、建築家は次のミッションを考えはじめることになる。

第五章　直訳的受容から日本固有の建築へ

明治も終わりが近づく頃、西洋式建築と日本の現実のあいだをすりあわせる動きがはじまった。いわば直訳的に生真面目に西洋式建築を実現する段階は終わり、それを日本にフィットさせねばならなかった。すくなくとも都市において、西洋式建築は日常の風景の一部となっていた。浮世離れした建築のままで良いはずはなかった。既に相応の近代化を遂げた日本の現実にしっかり根を下ろすことが必要だった。小さなことから大きなことまでさまざまな水準で調整は起こった。

特に三つのすりあわせの局面を見ておきたい。ひとつは建築の様式を軸として、日本の将来の建築はいかなるものであるべきかを問う様式論争だ。西洋式建築が日本の市井のひとびとにはまだ疎遠なものであることが意識され、国民的な支持を得る日本固有の建築の様式、つまり〈日本の様式〉がテーマとして浮上した。日本の国民に向けた建築のすりあわせだった。もうひとつは合理主義の確立であり、建築の造形的側面ばかりが意識されてきたそれまでの状況が批判され、技術と合理性を重視する変革がはじまった。美的側面あるいは記念碑的側面に重点をおいた明治建築のありかたを、近代社会の必要に応える工学的建築へと方向転換させる転機となった。こちらは社会の近代化に向けた建築のすりあわせだった。さらに、建築から都市への視野の拡張があり、法規と制度をもって都市形成を規制する都市計画が建築家の新しいテーマとなった。個々の建築を扱う建築設計の視野を超えて、集合的かつ量的に都市空間をコントロールすることが意識された。近代化は都市化を伴うが、都市の無秩序な成長を放置すれば、都市自体が機能不全におちいる。建築家は建築分野のテクノクラートとして都市計画に取り組んだ。都市化に向けた建築のすりあわせだった。

社会の近代化が、建築が対応すべき新しい課題をもたらし、それがここで取り上げる三つのテーマにあらわれていた。これに比べれば明治の建築の課題ははるかに単純だった。それは局所的な取り組みで、周囲の現実に構わず強引に行うことが出来た。しかしもはやそうではない。日本の社会の実情を踏まえて建築をどう作るべきかが問われ、抽象的な理想と具体的な現実のギャップを埋めるすりあわせが行われた。そうして西洋式建築はしだいに社会に浸透していった。

様式論争

帝国議会開設は一八九〇年だったが、以来仮の木造建築でしのいでいた帝国議会議事堂に代えて現在の国会議事堂を建設するプロジェクトが様式論争の発端だった。大蔵省臨時建築部部長の地位にあった妻木頼黄は、官僚組織内部で議事堂の設計を行う手はずを整えていた。

これに対して一九〇八年に辰野金吾をはじめとする東京帝国大学教授三名が提言「議院建築の方法に就《つい》て」を発表して横やりを入れた。論点はいくつかあったがその中心は、議事堂は国家のシンボルとなる建築であり、国民の総力を結集すべきであり、いわゆる設計コンペによって多くの案を募りその中から最良のものを選ぶのが当然で、官僚の独断専行は許されないというものだった。その背景には既述のドイツ派とイギリス派の対立があり、また実のところ自ら議院建築を手掛けることに執着する辰野の野心も関係していた。国家を代表する建築を官僚組織に所属する建築家が専権的に取り扱っていわば私物化することは、建築家の自立性を指向するイギリス派には許しがたい暴挙だった。国際的に見ても、匿名的な官僚建築家が国会議事堂を設計することが異例であるのは間違いなかった。こうした意見に当初妻木は取り合わないが、辰野の意を受けた建築学会は新聞などで盛んに働きかけて議論を盛り上げた。こうして起こった一連の議論を様式論争と呼んでいる。建築学会が一九一〇年に出した以下の意見書の文言は面白い。

　議院建築は明治の聖代を表章し憲政の創始を紀念すべき一大偉業なり。其規模結構は直に我国体を表現し、我民性を発揮し、之を宇内に示して誇るべく之を後昆に伝へて愧づるなかるべき者たらざる可からず。我国体は特殊なり。我民性亦特殊なり。此特殊の性質は我日本国民にして始めて之を融会し、我国民の作成せる芸術にして始めて之を発揮することを得べし。（中略）従来の我木造建築は未だ公共的紀念建築に適するまで発達するに至らず。新たに欧米より輸入せらた《ママ》る洋式建築亦未だ我国民の趣味に同化せらるゝに至らず。[1]（句読点、傍点引用者）

　つまり、日本の国体を象徴する議院建築は、日本人によって設計されるべき一大事業であって、伝統的な日本建築はその必要に応えられず、また西洋式建築も国民に親しまれているとはいえない状況にある、ということだ。だからその様式が問われなければならなかった。日本人によって設計されるべきと特に断っているのは、当時海外の建築家からのプロジェクト参画の申し出が多数あったからだった。建築学会はこれをよく研究する必要がある問題と認識しており、官僚組織だけで取り組んでも難しいだろうから、そこで一定の役割を果たすつもりがある、というのが意見書の趣旨だった。

さらに同年、建築学会は「我国将来の建築様式を如何にすべきや」と題する討論会を二回にわたり催した。右に引用した意見書の問題意識を背景として、議院建築の様式をどうすべきかという問題をひとつの切り口としつつ、よりひろく日本の建築の将来像について議論することが討論会のテーマとなった。述べられた意見は素朴なものではあったが、討論は盛況だった。意見はおおきく三つの立場に分かれ、それぞれ、日本固有の建築様式を創造すべしという立場、もはや西洋の古典様式も日本のものとなっており従来通りで良いという立場、それから様式はそもそも必要ではなく議論自体に意味がないとする立場だった。比較的多かったのは日本の伝統をもとにした新しい建築の様式、つまり〈日本の様式〉を創造すべきとする意見であり、彼ら自身がそれまで推進してきたはずの西洋式建築を推すものがむしろ少なかったのは面白い。彼らが〈日本の様式〉を創造することに積極的な姿勢を見せた理由は、日本の建築家として西洋式建築を日本固有のものへと発展させたいという気概にあったが、それは西洋式建築が未だ一般国民の感覚から遠いという彼らの現状認識を背景としていた。

とりわけ日本の建築史学の泰斗であり、議院建築問題を論説によって盛り上げた伊東忠太は、強力に日本固有の様式創造を唱えた。彼の主張の背景には、当時国際的に普及していたスペンサー主義的な社会進化論と、イギリスの建築史家・ジェイムズ・ファーガソンの『世界建築史』の様式論があった。[2]古典様式は古代ギリシャで木造神殿が石造に置き換えられることで成立したものだが、そのように様式が元来進化し発展するものであるならば、日本の木造建築もまた近代的な建築技術によって新しい様式へと進化するのが当然であり、建築家はそれに挑戦すべきだというのが伊東忠太の進化主義の主張だった。[3]後に伊東は自ら設計を手掛けた建築で実際にそれを試みた。大倉集古館（一九二七年）、震災記念堂（一九三〇年、現東京都慰霊堂本堂）、築地本願寺（一九三四年）がその例になる。

〈日本の様式〉とナショナル・ロマンティシズム

様式論争の帰結として重要なことは、二つある。まずひとつは〈日本の様式〉というテーマがここで広く共有されたことだ。それまで規範的な意味をもっていた西洋由来の様式に距離が置かれ、それに代わる将来の建築の様式を自ら創造していきたいという意欲がここで表面化した。彼らは明治初めの建築家とは全く異なる境地に立っていた。〈日本の様式〉という埋められるべき空白がそこにあることが共通認識となって、そこに充塡すべき様式はいかなるものかが問われた。

こうしたテーマ設定は実は日本だけのものではなかった。国際的に見ても当時、古典様式に代わりゴシックに代表される中世の様式を参照するロマン主義が隆盛していた。既成概念を批判する近代啓蒙主義思想が、過去の規範としての古典様式への懐疑としてあらわれた。またゴシック建築の構造合理性はある程度近代合理主義と親和的でもあった。そして近代国家の成立の時代であって、国民の共同体を象徴することが建築に求められ、遠いギリシャ・ローマ由来の古典様式を離れて、土着の建築様式としてのゴシックが参照された。その展開は西欧では既に一八世紀から一九世紀にかけてあらわれ、イギリスの国会議事堂であるウェストミンスター宮殿に見られるゴシック・リバイバル、[4] フランスのウジェーヌ・ヴィオレ＝ル＝デュクに代表されるゴシックの再興、[5] ドイツにおけるロマン主義は新古典主義とゴシックのあいだで揺れてやや複雑な展開をしたが、[6] ともかく各国で古典様式から離れて自分たちの固有の様式を求めるロマン主義の模索があった。

こうしたロマン主義は建築だけでなく、文学から絵画、音楽など広範な芸術分野であらわれていた。西欧のロマン主義は日本のそれにほぼ一世紀先行するものだが、東欧や北欧におけるロマン主義は、日本とあまり変わらない時期に隆盛した。そこでの参照先は必ずしもゴシックではなかったが、民族的なシンボルをデザインに取り入れることでやはり国民統合の象徴となる様式が模索された。これら、とりわけ国家とその国民の固有のまとまりを描き出し、シンボリックに国家の表現を求めるロマン主義を、ナショナル・ロマンティシズムと呼ぶ[7]。もともとは「国民精神再興」を唱えて国民的な連帯の共同性を喚起するドイツの歴史哲学者・ヨハン・ゴットフリート・ヘルダーに代表される思想であり、民族や風土の意識を際立たせ、それを共有する国民の自己意識を立ち上げ、それを表現しようとする文化運動であった。〈日本の様式〉を求める動きは、こうした意味で近代に広く見られるナショナル・ロマンティシズムの一例といえる。

そもそも日本人に建築家の教育を施した最初の教師、ジョサイア・コンドル自身が一九世紀イギリスのゴシック・リバイバルのもとで育った建築家であり、だからこそ彼の鹿鳴館は東洋風の細部を盛り込んだ独自の折衷的様式を試みていた。エンデとベックマンの日比谷中央官庁集中計画における国会議事堂の案にも日本の伝統建築の造形を折衷したエキゾティックな案が存在し、これもまたそうした時代の反映だろう。コンドルの教育もゴシック・リバイバルの流れを汲むものだったが、彼の教育を受けた日本の建築家はむしろ古典様式を指向した。そうして、いわば様式論争の時期に彼らは一周まわってコンドルの視点に回帰していた。

先に引用した建築学会の提言「議院建築の方法に就て」に「洋式建築亦未だ我国民の趣味に同化せらるゝに至らず」という文言があった。つまり、建築家は自らが手掛けてきた西洋式建築が、一般の国民にはいまだ疎遠なものであると認識していた。西洋式建築は結局のところ外来の文物であり、上からの近代化によるいわばお上のものだった。市井のひとびとの生活から離れたところにあるもので、街角で実物に触れていた都市住民にすら縁遠く、地方のひとびととの隔絶はいわずもがなだった。そうした認識から、建築を日本国民により近いものとしたい、という意識があらわれた。日本の建築が日本国民にとって自然なものと感じられ、これがわれわれの建築であり、これがわれわれの都市だ、と実感されるようになること。日本の伝統を反映し、日本国民の美意識にかなう、近代日本にふさわしい新しい建築様式を実現すること。そういう〈日本の様式〉が、日本の建築を基礎付けるようになってほしい。こうした希望が建築家のあいだに共有されるようになった。例えば音楽における滝廉太郎や山田耕筰らの歌を、それと並行するものとして見ることが出来る。彼らは西洋音楽を基礎としつつ、日本語と日本人の叙情的な好みに合う旋律の音楽をつくり出した。それらは小学校で教えられ、広く親しまれた。彼らがドイツ・ロマン派に学んだ音楽家だったことは偶然とはいえない。ドイツ・ロマン派自体もちょうど同じようにドイツ的なものを求めて具体化したのだった。音楽において実現したことを、建築も求めていた。

しかし明治初期に西洋式建築の実現を建築家に求めた国家が具体的かつ現実的な存在であったのに対して、〈日本の様式〉が意識している日本国民とは本当のところ誰のことなのかはあいまいだった。というよりも、そもそもドイツ・ロマン派がドイツという統一国家が成立する以前に生まれたように、ロマン主義は一般に、現実には存在しないなにものかをめぐって想像上で展開するものだ。それはアメリカの政治学者・ベネディクト・アンダーソンが国民国家を「想像の共同体」と規定したこととも繋がる。[8] 建築におけるナショナル・ロマンティシズムがその表現の受け手として想定している国民も、日本国籍をもつ国民というよりは、想像上の国民だった。

明治初めに与えられた西洋式建築の実現というミッションは、既に明治末にはおおむね完了し、もはや国家は建築に対してかつてほどの熱意と関心を向けていなかった。おそらく国家はこの成果にそれほど不満はなく、次なるミッションが国家から建築家に示される状況にはなかった。そもそも西洋式建築は、建築家の内発的なテーマというよりは、国家が建築家に与えたミッションであって、その求めが薄れてしまえば、遅かれ早かれ西洋式建築の必然性は問い直されざるを得なかった。その負圧からナショナル・ロマンティシズムは立ち上がった。良い建築とはどんなものか、新しい建築とはどんなものか、それを実現するためになにを問うべきか、国民を参照先として〈日本の様式〉が考えられるようになった。

様式論争は、しばしば日本の建築におけるナショナリズムの立ち上がりと位置付けられてきた。[9] しかしナショナリズムという言葉はかなり粗く、とりわけ日本近代史においてナショナリズムは戦争責任の問題と関係せざるを得ない。それはやむを得ないことだが、そうした事情により国家的段階における国家の意味が混濁することは避けなければならない。本書は〈日本の様式〉を、一九一〇年の様式論争にはじまって、さまざまな日本近代建築史上の出来事を派生させながら、少なくとも一九五〇年代中頃のいわゆる伝統論争まで持続するものと捉え、その一連の流れを日本におけるナショナル・ロマンティシズムとして捉える。そこで日本国民に建築が自然なものとして受け止められるようになり、ある円満な調和を実現することが一貫して模索されていた。それはファシズムに究極的には収斂するような、日本のナショナリズムとして捉えられるものではない。ナショナル・ロマンティシズムという用語はやや煩わしいが、このテーマの位置をより適切に定位し、国家的段階の国家のもつ意味を見定める枠組みとなるはずだ。

西洋由来の様式という定型を使いこなして建築を設計する建築家、というそれまでのありかたからの脱皮がはじまった。様式のドグマは揺らいだ。討論会で三つの立場があった。三つ目の立場、つまり様式の必要性自体をみとめず、議論することに意味はないとした立場は、横河民輔によって主張された。討論会の前提をまるごとひっくり返す主張だが、必ずしも暴論とはいえない。この討論会は様式を建築の必須の基礎として暗黙に前提していたが、そのような前提はもはや過去のものとなりつつあった。アメリカでは様式よりも技術を優先する傾向が既に強くなっており、横河の主張はそうした趨勢に沿っていた。横河ほど挑発的ないい方はしていないが、以後最重要の人物となる構造学者・佐野利器《としかた》の立場も実質的には横河に近かった。横河と佐野は建築の将来的な発展における技術の主導的な役割を確信し、建築の展望は様式に拘泥しても開かれないと割り切っていた。実際にも、様式論争自体は〈日本の様式〉の具体像を描くには至らなかった。そうしてデザインが宙に浮くなかで、彼らは建築の技術に注目して、その後の展開を牽引していく。

建築論の役割

そしてもうひとつ、同じぐらい重要なことがある。建築論という領域がここで生まれたことだ。それはまだまだ素朴なものだった。しかしともかく建築を方向付ける思想、美学が問われ、それらをめぐる議論の場が生まれた。直訳的に西洋式建築を実現すればよかった段階を越えて、建築家それぞれが主体的に建築のありかたを問い、意見を述べるようになった。藤森照信がいった「悪くいえば〝ただ作っていた〟と批難されてもしかたがない」空疎さを、埋める議論がはじまった。様式論争の発端は、直接的には国家を代表する建築としての国会議事堂を官僚建築家が拙速に進めつつあることだった。だが本質的な問題は、西洋の様式によって作ればそれで良いのか、ということだった。

討論会の議論を見れば、彼らの様式についての理解はまだ素朴なものだった。おおむね彼らは様式を単なる造形上のお約束として捉えるだけで、創造と発展を支える持続的な基礎としてリスペクトする意識は見られない。だがともかく自らの主張を言葉に託して、将来の建築に向けてのヴィジョンを互いに確かめ、共に向き合っている問題を確認する議論が行われた。彼らは議論に新鮮な意義を感じていた。単に個々の建築の良い悪いをいうだけでなく、建築を社会と文化のひろがりへと繋げて考える視野が開かれた。

議論を通して問題を深めることは、たしかに官僚建築家には出来ないことだった。それが国会議事堂がその特殊なデザインにもかかわらず意図が不明で、誰が設計の主体であるかもはっきりしない、という奇妙な事態に結果した。建築学会の提言「議院建築の方法に就て」の求めにいちおう応じて、設計コンペが行われた。コンペ勝者は宮内省に所属する官僚建築家のグループだった。そのグループから一名を引き抜き、大蔵省臨時議院建築局が実施にむけた設計を行った。そうして一九三六年に完成したのが現在の国会議事堂だ。コンペで選ばれた案はいわゆるネオ・ルネサンス様式のものだったが、実現したデザインはそれをかなり強引に単純化し、様式性をほとんど消し去っていた。中央部に塔を立てて両翼に両院の議事堂を対称に配する形式は踏襲しているが、細部は大胆に省略された。必ずしも程度の低いデザインではなく、彫りの深さで重厚さを見せ、独特な威厳を示す。しかしこの様式的細部の省略はかなり異例な造形であり、誰かが意図をもってこの特徴的なデザインを決めたはずだ。だが担当者である大熊喜邦は「当選案はこれを参考にとゞめ新たに設計を樹て」[10]と述べるのみだった。官僚建築家の密室的な建築設計のありかたと、建築学会を舞台とした議論を比較してみれば、官僚建築家の限界は明らかだった。国家の象徴として、こうしたことは本来的ではない。

様式論争をきっかけとして論争的な建築論の場が生まれ、批評が活発に交わされるようになった。そうした議論は互いの立場の違いを際立たせ、専門家集団内部に多様性を呼び込んでいった。その起点としても様式論争は重要な出来事だった。

合理主義の確立

辰野金吾が東京帝国大学を辞職するのは一九〇二年のことだが、それ以降、建築学科は建築史と意匠教育が相当な比重を占めて、技術教育を圧迫するやや極端な状態にあった。建築史の伊東忠太と関野貞《ただし》および意匠学の塚本靖が長老として君臨し、同じく黎明期から技術を教えた中村達太郎の教育は旧態依然とした内容の薄さで、彼ら長老格のもとでまだ二〇代の構造学者・佐野利器と内田祥三《よしかず》が肩身を狭くしながら構造学の立ち上げに取り組む、というのが当時の教授陣の構成だった。[11] 建築を造形芸術として捉える枠組みのもとで、技術は手段として低く見られていた。

こうしたなかで、佐野利器が「建築家の覚悟」と題する論文、いや檄文を、討論会「我国将来の建築様式を如何にすべきや」の翌年、一九一一年に発表した。[12] いかにも腹に据えかねるといわんばかりの調子で佐野はこう切り出す。「西洋のアーキテクトは如何なる事を研究し如何なる事に力を注がふとも日本の建築家は其訳語であるが故から直に歩調を合せねばならぬ理由はない」。つまり日本の建築家が西洋の建築家と同じである必然性はなく、日本の建築家はどうあるべきかあらためて問いたいという。そしてその問いへの回答は日本の実情に求めるほかないとしたうえで、今や建築に要求されているのは実利的な建築であり、様式が云々といった「無意味の贅事に浮身をやつして居られる時ではない」と主張した。

西洋のアーキテクトは何で有らうとも日本は日本の現状に照して余は此の結論に到達するのである、科学は日に月に進歩する、「如何にして最も強固に最も便益ある建築物を最も廉価に作り得べきか」の問題解決が日本の建築家の主要なる職務でなければならぬ、如何にして国家を装飾すべきかは現在の問題ではないのである、[13]

　また建築家の地位もその働きが国家の要求によく応えるからこそ与えられるものであり、そのためには科学を基本とする技術の研究がまず必要であって、「贅事的芸術問題」に意を注ぐヒマなどあるはずがない。「況んや、舶来趣味の直輸入をやである」。論文の結論は以下のとおり。

国民未だオーダーのプロポーションを味ふ事に馴れずと認めたならば、是なくしては家を作り得ざる自己を恥づべきが正に忠実なる国家の建築家ではあるまいか。要するに建築家たるものゝ寸時も忌る《ママ》べからざる研究事項は国家当然の要求たる建築科学の発達であつて、建築家が社会的地位を得べき唯一の進路も亦是である事を思ふ事切である。[14]

　様式のことなど国民はわからないというなら、それなしで建築を建てることが出来ない自らを恥じるのが国家の建築家であるはずで、建築家は、国家が必要とする建築科学の発達に専念すべきであり、そうでなくては建築家の社会的地位など望みうるはずもない、というわけだ。建築家は国家に資する建築を実現する責任があり、それ以外の雑念は無用である、という佐野の迷いのなさは衷心からのものだろう。

この論文は建築学会の定期刊行物である『建築雑誌』に掲載された。佐野の立論はいかにも乱暴だが、近代合理主義の偶像破壊の迫力がある。いわば佐野は公衆の面前で長老たる伊東や関野を面罵したようなものだった。彼らはこれをどう受け止めたか。建築史家・稲垣栄三は後に「時代が佐野のいったとおりに動いたその日から、建築史学者は、それまで保ってきた指導者・代弁者としての役割を失うのである。伊東は、その後も現実の問題に対する情熱を失わなかったが、そのいうところは説得力にも気迫にも乏しかった。関野は古社寺の研究に韜晦し、現在の建築については二度と口をひらこうとしなかった」[15]と記した。

佐野がこう言い募るだけの歪みが当時の建築の状況にはあった。明治初期の段階においては、建築に用いられる技術はそれほど高度なものではなく、様式を使いこなすための建築史の習得がまず重要だった。しかし技術が発展し、高度なものとなったとき、そのバランスは変わらざるを得なかった。経済性が問われるほどに西洋式建築が普及したとき、建築を造形芸術としてのみ捉えることは現実から乖離していた。その歪みを佐野は批判し、工学的建築を追求することを求めた。

工学的建築への転回

佐野がそれほど強い調子で主張出来た背景には、実際にこの時代に進行していた技術の発展、つまり鉄筋コンクリート構造と鉄骨構造の導入、それによる建築の高層化があった。

最初の純鉄骨造建築とされるのは銀座数寄屋橋にあった秀英舎印刷工場（一八八四年、現存せず）で、フランスから輸入した鉄材を用いて海軍造船技師が設計を行った。その後も軍の建物や工場では鉄骨造建築はあたりまえのように作られていたが、それは多くの場合機械技術者の余技として設計され、建築家が係わることは稀だった。一般の建築で最初の鉄骨造とされるのは横河民輔による三井本館（一九〇二年、現存せず）だが、これはレンガ壁を構造体として併用していた。純鉄骨造としては日本橋丸善（一九〇九年、現存せず）が佐野利器の設計で完成し、壁はレンガ積みだがいわゆるカーテン・ウォールだった。カーテン・ウォールでは、階ごとにすべての荷重が鉄骨の構造体で負担され、壁は上の階の荷重を負担しない。だから外壁の窓を大きく出来るし形状もかなり自由になり、壁自体が薄くなることで建築物は軽量化され、高層化が可能になった。このような変化はアメリカ、シカゴで一九世紀後半にはじまり世界に広まりつつあり、先の様式論争で横河が念頭に置いていたのはこの技術による建築の変化だった。その波が日本にも到達していた。高層化といっても、今から考えればそれほど高いものではなく、せいぜい五階以上一〇階以下といった程度にすぎないが、それでも近代社会が求める都市空間の高密度化を実現するものだった。鉄筋コンクリート造は一九〇四年に海軍技師・真島健三郎によって佐世保港にボイラー機関室と倉庫が作られたのが最初の事例とされ、本格的な建築としては三井物産横浜支店（一九一一年、設計遠藤於菟《おと》、酒井祐之助、構造佐野利器）があり、以降ひろく普及した。鉄骨造は一九二三年の関東大震災の被害が大きく、以後しばらくは鉄筋コンクリート造が理想的な建築構造と考えられるようになった。

鉄筋コンクリートについてここで説明しておく。鉄筋コンクリートはコンクリートを鉄筋、つまり鉄の棒材によって補強する複合的な構造素材だ。目指す柱・梁・壁・床などの構造体のかたちに作った型枠のなかに、鉄筋を籠状あるいは網状に組み立て、そこにセメント、砂、砂利と水を所定の配合で混ぜて泥状にしたコンクリートを流し込んで、コンクリートが硬化した後に型枠を外すことで鉄筋コンクリート造建築は作られる。コンクリートは圧縮に対する強度が高く、その内部に仕込まれた鉄筋が引張り方向の強度を負担して、全体として地震に強い構造物となる。また鉄筋コンクリートや鉄骨は不燃素材でもあり、火災に強い建築を実現した。

鉄筋コンクリート造による建築の高層化は、副次的に様式建築の衰退に拍車をかけた。というのも、ある程度以上の高さをもつ大規模な建築の外観は、いずれにせよ全体がたくさんの縦線（柱）と横線（梁）が直交する格子として見えてしまい、そこに様式的装飾を施しても視覚的な効果が上がらないからだ。装飾の重量、コストも無視できるものではなく、敬遠される傾向が強まった。五階程度が様式建築の手法の限界であって、それを超える高層建築は様式性を希薄化させた。こうした工学が牽引する建築の具体的な変化があったからこそ、佐野は先の論文で様式を切り捨てる構えを鮮明にすることが出来たのだった。

そして佐野自身が耐震設計の基礎を確立し、構造設計を発展させた。「家屋耐震構造論」を一九一五年に発表し、建物の質量に一定の加速度を乗じる単純な計算で建物に加わる水平力を定式化し、備えるべき地震の強さに応じた耐震設計を可能にした。これは世界的に見ても当時先端的な手法であって、佐野の功績はおおきい。明治以来、組積造の耐震性を確保するために行われてきた鉄材による補強は所詮は経験に頼る対症療法であった。佐野利器は耐震設計に客観的で定量的な工学的基礎をもたらした。地震国日本で耐震設計の確立は根幹的な意味があった。科学と技術にもとづく工学的建築は、より大規模で快適で安全な建築を実現し、また以前よりはるかに経済的に建設することを可能にした。こうした明快な実績によって、「如何にして最も強固に最も便益ある建築物を最も廉価に作り得べきか」という佐野の主張は裏付けられた。単に一個の建築を良く作るということを超えて、佐野は近代化する日本の社会が求める建築の工学的基礎を築いた。それはまさに国家に奉ずる建築家の面目を施す貢献だったろう。

講演録などをみると佐野のレクチャーには聴衆を沸かせる冗談も多く、決して狭量な人物とは思えないのだが、「建築家の覚悟」のような場面になると視野狭窄気味の断言が前面に押し出される。ある程度まではそれは近代合理主義の批判精神と既成概念を打破する高揚感によるものだろう。だが根本的には佐野の一種ヒステリックな口調は、日本の建築家の存在意義は建築技術の発展をもって国家に貢献すること以外にない、という国家的段階の建築家の強い使命感から来ていた。

「構造派」

しばしば佐野は芸術としての建築への抑圧者であったといわれる。[16] 例えば後にあつかう近代建築の端緒を開いた若い建築家のグループ・分離派建築会は、工学的建築を推進する佐野らを指して、彼ら「分離派」を抑圧する「構造派」[17]と呼んだ。しかし本書は、そうした対立構図は分離派建築会の自意識過剰から生まれた一方的虚像だと見る。佐野が芸術としての建築を抑圧したというよりは、まず芸術としての建築が佐野を抑圧していた。様式ばかりを追い求める建築を過去のものとすべしと佐野は主張し、近代にふさわしい建築の実現を求めた。そうして佐野らが進めた建築の近代化があってこそ、分離派建築会の主張自体も成立し得た。

この文脈で一九一五年に野田俊彦が発表した「建築非芸術論」[18]に触れておこう。野田の主張はつまるところ、建築は実用物であって、今日では芸術的な意味は限りなく薄いから無視して差し支えないというもので、佐野の主張にもまして粗いものだった。佐野を支えた内田祥三が、野田の卒業論文を特に取り上げてその一部を『建築雑誌』に掲載した。それは一九一〇年に伊東忠太が高松政雄の卒業論文の一部を「建築家の修養」[19]として同様に掲載したこととちょうど対応している。「建築家の修養」はいわば建築芸術論であり、それに対抗するかのように野田の論を掲載した内田の意図は明白だ。掲載にあたって内田が付したイントロダクションは微妙なもので、野田の論を極論として内田自身は距離を取るそぶりを見せつつ、それをダシに使って伊東に反撃した。それもあくまで明治建築の歴史的様式指向への批判として提示されたものだった。[20]

無防備な野田の主張に対して多くの批判が集まり、一種の論争になった。批判のひとつとして、後藤慶二のものを見ておきたい。後藤は一方で構造力学の発展に積極的な役割を果たした建築家であったが、他方でまた造形芸術としての建築についても深い見識を示し、またそれを裏付けるデザインの能力を備えていた。彼の反論のひとつ、「過去とも将来とも付かぬ対話」（一九一六年）は、野田の粗い主張の難点を的確に指摘し、また建築の工学的発展に貢献した建築家ならではの達観を示している。すこし長くなるが引用しておきたい。

> 我々が建築を作らうと云ふ場合、そこには無数の法則が存在することを知ります、それ等の無数の法則はすべての点に於て一致するものではないのですから、屢々互に相矛盾撞着することを免かれません、甲の法則に従へば乙の法則に抵触する、乙を採れば丙と容れないと云ふやうなことが常に屢々起生するのです、（中略）その解決の一つは妥協です、すべての方則《ママ》の主張を貫徹

せずに、互に譲歩し合つて置くのです、この手段は必竟姑息不徹底以上に出ることが出来ません、第二の解決は、只一つの法則を残して他は皆捨てゝしまふことです、これは妥協を脱して如何にも徹底的に見えます、然しそれはほんとの徹底ではない、単に問題を回避したに止まります、総てを一つの力の下に統一したのでなくして、多くの法則は抹殺して独断的に一個の法則に即しただけの話です、何でも単純に解決が出来るかはりこの結論は盲目的で偏狭なことを免れますまい。[21]

後藤は、建築に求められる多面的な条件の相互矛盾をどう調整するかという抽象的な課題から考えはじめ、その第一の解決としてそれぞれあまり厳密に考えず妥協をはかる態度があり、第二の解決としてどれか一つの条件のみに着目してそれを徹底し、他を捨象してしまう態度があるとした。「建築非芸術論」は第二の解決にあたり、それが本来考えるべき問題を切り捨て、課題の多面的な条件に応えることを逃避して、虚勢を張るに過ぎないと批判した。その上で、後藤は本来のありかたを次のように示唆する。

終りに第三の解決が来ます、元来こゝに云つた、法則と云ふことは総べて外部的の法則でした、法則を外部に取つて他から律せられやうとする間は撞着から到底脱することは出来ません、（中略）要するにこの欠陥は法則を他から求めて自己を律しやうとするところから起るので、之を超脱しやうとならば自己の内に法則を見出さなければなりません、あらゆる外面の対象を咀嚼して新に自己の内面にオートノミックの法則を樹立しなければならないのです、自分の行手を自ら律するとき始めてほんとの道が開けて来るでせう。[22]

つまり妥協にせよ捨象にせよ、建築の条件を他律的な水準で捉えていることにおいて変わらず、そこにとどまるかぎり矛盾にさいなまれることは避けられない。建築家はそこで自己の内面に自律的な基準を定め、それにもとづいて多面的な条件のなかに、ある建築の姿を見出さなければならない、ということだ。工学と芸術という建築の二つの面について、それが相矛盾するから芸術を捨象して工学の徹底を求める「建築非芸術論」は建築の問題からの逃避であって、建築家は自らの自律的基準を確立し、独自の一貫性を組み立てねばならない。建築家の主体性はそこで問われる、と後藤慶二は主張した。建築に関する議論でこのような水準を示した論者は、当時、後藤慶二以外には見当たらない。後藤の主張はある意味では常識的なものだが、その頃建築の領域で議論されていた素朴な主張に比べれば、はるかに洗練されていた。

ここで佐野の主張、野田の主張、後藤の主張の流れを一連のものとして捉えてみれば、そこに近代という時代を反映した建築の思想が形成されてくる、活発で健康的な建築論の発展プロセスを見ることができるだろう。各々の主張があらわれ議論されるなかから、本質的な問題が浮き彫りになり、それが共有されるべきテーマとなっていった。また議論の背景には固有の歴史的状況があり、それに応じてバイアスがかかっていたが、議論の過程でそのアラが取れて普遍的な問題が捉えられた。残念ながら、後藤は「過去とも将来とも付かぬ対話」のわずか三年後、一九一九年に没した。もう少し長く生きていれば、とりわけ近代建築が日本で具体化してくる一九二〇年代において、彼はさらに指導的な役割を果たしたはずだ。

佐野利器の「建築家の覚悟」は、あくまで歴史的な様式に偏向した当時の状況を批判するものであり、そこから建築は工学的建築に向かっていった。佐野の重要性は建築に合理主義を持ち込み、明治以来の様式建築の流れに楔を打ったことにある。国家のための建築は、国家のためのモニュメントから、国家の必要に応える建築へと向きを転じた。その延長線上に日本の近代建築が成立する素地が用意された。

上からの都市化と下からの都市化

近世に成立した江戸の都市を近代化することは急務だった。既に日比谷中央官庁集中計画に関係して証言を見たとおり、明治の早い時期から東京の都市改造、市区改正の議論が始まっていた。港湾の整備と運河の整理、橋梁と街路の整備拡張、そして頻発する大火を止める市街地の不燃化などが課題となった。建築家は建築の専門性を基盤として、都市への関わりを強めていき、都市計画とその手段としての法制度の成立に参画した。

とりわけ東京では、国家から見た首都としての東京と、東京に住む市民から見た生活の場としての東京の二つの側面が拮抗した。国家はいわば上からの都市化を推進しようとしたが、近世的生活文化に馴染んだ市民はそれに同調せず下からの都市化で対抗した。明治維新直後の地租改正（一八七三年）と納税額をもとにした選挙権・被選挙権の付与（一八七八年）がここで重要な意味を持った。まず地租改正は土地所有者に地価に応じた納税を課したが、それにともなって土地の所有権が制度的に確立した。封建制において土地の権利は永続的である保証がなかったが、地租改正によりはじめて土地の所有権は排他的かつ永続的になった。[23] 大日本帝国憲法は「日本臣民ハ其ノ所有権ヲ侵サル、コトナシ」[24]と定め、土地の所有者は敷地境界線の内側においてかなり自由に裁量出来ることが保証された。そして納税額をもとにして選挙権・被選挙権が付与された。当然、土地所有者はその意思を反映する議会内の勢力を成立させて、彼らの利害を都市政策に反映させた。国家およびそれが任命した知事と、土地所有者の意思を反映する東京市会（現在の都議会にあたる）はしばしば対立し、首都としての東京と生活の場としての東京は拮抗した。例えば明治政府の意を受けて知事が防火規制を強化しようとすると、議会はコストを理由に反対し、多くの場合そうした規制は撤回、縮小あるいは有名無実化された。土地所有者は基本的に上からの都市化に対して反動的だった。両者の綱引きで都市政策は左右され、市区改正は難航した。

最終的な市区改正の内容は、道路整備や橋梁の付け替えなど交通インフラの整備にとどまらざるを得なかった。[25]事業実施にこぎ着けたのが一八八九年、完成をみたのはようやく一九一七年だった。上からの近代化の視野で完結する西洋式建築とはまるで話は違い、都市計画は上からの近代化と下からの近代化が真正面からぶつかり合う領域だった。

テクノクラートとしての建築家

一九一九年に都市計画法（旧法）と市街地建築物法が制定された。両法は東京のみを対象としたものではなく、国内各都市の逼迫した都市問題を睨みながら法律で都市計画制度を確立するものだった。法律である以上、地元の土地所有者の意思に左右される地方議会ではなく国会で制定出来たため、政府の意向は反映されやすかった。この立法プロセスに建築家は主導的な役割を果たした。建築家が都市計画にかかわるのは欧米では当然のことであり、その都市計画制度を参考にしながら、佐野利器と内田祥三、そしてとりわけ辰野金吾の大阪事務所を共同主宰した片岡安が議論を進め、内務大臣・後藤新平に構想を持ち込んで賛意を得た。さらに内務官僚・池田宏、後に大阪市長になって画期的な都市事業を興した関一《せきはじめ》などを巻き込んで、都市計画の法制度は生まれた。

もともと内務省は近代化にともなう歪みの是正、例えば都市と地方の格差、景気の波に晒されて頻発した労働問題やスラム問題などに取り組んでおり、都市計画法と市街地建築物法はそうした社会政策の枠組みのなかに位置付けられた。内務官僚は都市研究会を組織して、そこでの研究成果を政策に繋げた。都市研究会の活動は、一五年戦争期の総動員体制を支えるいわゆる革新官僚につながるものだが、統制的な指向はまだ薄く、統計調査などを基礎として社会問題を客観的に捉え、政策立案を行う社会工学的な性格があった。こうした性格は佐野らの合理主義、工学指向と近く、建築家は合理的政策立案を行う技術官僚、すなわちテクノクラートに接近していった。

都市計画法は東京、大阪、京都、横浜、神戸、名古屋の六都市でまず施行され、後に適用対象は順次拡大された。適用都市では都市計画委員会が設置され、内務省から都市計画を担う官僚が派遣されて計画を仕切った。市街地建築物法もおおむね歩調を合わせて施行された。

都市への視野の拡張

佐野は大所高所から法案を見る立場だったが、規制の細部を詰める役割を担った内田祥三は理想と現実の板挟みに直面した。法規においては、本来あるべき姿も重要だが、それ以上に現実に実施可能な規制でなければならないからだ。

分かりやすい例を挙げておこう。木造モルタル塗りと呼ばれる仕様の建物が今も厖大に存在する。

木造の建物で外壁、軒裏、雨戸の戸袋あたりが継ぎ目のないすこしざらざらした仕上げになっているものがそれだ。セメントを主体とした左官仕上げを防火層とするもので、木造建築に防火性能を与える簡易な仕様として木造モルタル塗りは市街地建築物法に盛り込まれ、広く普及した。しかし耐候性は低く、壁の内側に湿気をこもらせて木造の構造体を腐らせる懸念もあった。防火性能だけを考えればすべてを鉄筋コンクリート造にするのが理想だが、そんなことが出来るはずもなかった。結局、やむにやまれぬ選択として木造モルタル塗りを許容せざるを得なかった。内田自身が後に「できれば木造モルタル塗構造はやめてしまったほうがいい。ああいうのは推奨すべきではない」[26]と述べている。当時の状況で正しい判断だったとしても、内心もどかしい思いがあった。上からの近代化の立場に立ちつつ、社会の現実とのあいだで妥協するほかなかった。より一般的にいっても、都市計画は、建築を設計することとは異質な問題だった。建築家が一個の建築を設計するだけであれば、敷地とその周囲を見て設計がなにをもたらすか具体的に確認することが出来る。しかしこの法律は、見たこともない場所に影響を及ぼす。まったく違う次元にその責任はあった。

都市へと視野を拡げることは建築家の視点を鍛えることにもなった。都市の美観を整えることを目指す都市美運動がこの頃盛り上がりを見せた[27]。都市と建築のあいだを関係付けながら、建築を考え、都市を考える視野が開かれた。都市計画の目的が都市を維持し、よりよいものとしていくことだとしたら、そこに単体の建築を超える都市空間の質を問う観点がともなうのは当然だった。

しかしここで少し先回りしてしまえば、この都市美運動のような意識が十分根付くことはなかった。都市計画は形式的規制の制度へと偏っていった。その背景には、上からの近代化が目指す都市の姿と下からの近代化が求める都市の姿に大きな隔たりがあり、そのあいだで都市のあるべき姿が具体像を結び得ない難しさがあった。上からの都市化と下からの都市化が共有する部分はあまりに少なく、そのあいだで最大公約数的で価値中立的な形式的規制が運用された。

とはいえ、都市計画法と市街地建築物法という近代国家の法体系が成立したことはひとつの成果だった。その対象は都市部に限られていたが、建築が守るべき法的基準を定め、そのことによって都市の面的な環境をコントロールする法制度が生まれた。それは実際に都市の近代化を支えた。都市構造の近代化は進み、大火ははっきり減った。結果論的にいえば、一九一九年というのは良いタイミングだった。これより早ければ、例えば防火性能を広く求めることは技術的に難しかった。建築の素材及び技術の状況がまだそれに対応する準備が整っていなかったからだ。そしてこれより遅ければ、戦争が迫り、それどころではなくなったはずだ。

これらの制度が関東大震災に間に合ったことも幸いだった。法制定の四年後に関東大震災が江戸の風情を残していた東京の下町を壊滅させた。そこからの再建がこれら近代的な法制度に則って行われた。もちろんそれは悲惨な災害であり、江戸のなごりが永遠に失われたことに痛切な思いを抱いたものもいた。しかしただ旧に復するだけの復旧ではなく、近代化にむけた復興が行われた。震災後の帝都復興計画は後藤新平を中心としてまとめられた。彼を総裁とする帝都復興院の計画局長は池田宏、建築局長を佐野利器が務め、「後藤の大風呂敷」と揶揄された壮大な計画が立案された。そのあからさまな上からの都市化は下からの都市化と対立し、当然強硬な反対に晒された。政府の財政事情からも現実的な線が探られて、事業規模は大幅に縮小された。それでも、被災市街地の区画整理が行われ、それにともなう減歩（区画整理により再割り当てされる敷地面積を一定割合で減らすこと）によって都市整備用地を確保し、そうして自動車交通の増大に備えた道路の拡幅、小学校や公園などが実現した。このとき実現しなかった環状道路と放射状道路による東京の幹線道路網の相当部分は、将来に委ねられ骨格的には今でも生きている。道路構造については土木分野が先導し、区画整理による換地の手法では内務省の耕地整理の経験が生かされたが、それでも佐野利器を先頭として建築家は主導的な役割を果たした。

大正期から昭和初めにいたる西洋式建築と当時の現実とのすりあわせの状況をまとめてみる。まず様式論争を経て、古典様式の規範性が疑問に付されて〈日本の様式〉に向けた動きがはじまった。そこから派生して建築論を通して建築のありかたを議論することがはじまった。〈日本の様式〉をめぐるナショナル・ロマンティシズムがあらわれ、以後たびたび問われる重要なテーマとなった。佐野利器の「建築家の覚悟」は、国家のためのモニュメントから近代化する社会のための工学的建築への転回を訴えた。近代日本の物的基盤である建築の耐震性・耐火性の向上がはかられた。都市計画法および市街地建築物法の制定は、都市への建築家の視野の拡張をもたらした。それは一方で法規と制度を通して国家の建築のありかたに関わる職能の拡張であり、他方で建築から都市への建築家の視野の拡張であった。もはや西洋式建築だけが建築家のフィールドではない。日本の建築の全般的状況に対する責任が意識されるようになった。

多くの面で明治における西洋式建築のありかたが過去のものとなった。日本の近代化は急速に進み、維新当時と比べれば格段の進歩を遂げていた。それに呼応するように建築の近代化が進んだ。西洋式建築は国家から遠いところでも建てられはじめ、建築家の活動の裾野も広がった。そういうなかで建築の問題は時代の多様な現実と絡み合って急速に複雑化していった。

第六章　近代化の進行と下からの近代化の立ち上がり

明治維新から半世紀ほどたった頃、第一次世界大戦にともなういわゆる大戦景気の時期に、日本の工業は目覚ましく成長した。戦前と戦後で工業生産額が五倍になったという。一九〇四年に勃発した日露戦争による軍需が後押しして製鉄を筆頭とする重工業が立ち上がったところを、大戦景気がさらに成長させた。欧米諸国が一九一四年に第一次世界大戦に突入して輸出を行う余力を失い、空白になった国内・国外の市場を占有し、工業生産力の増強と資本の蓄積が進んだ。大戦景気の後にはたびたび経済恐慌があり、工場労働者はそのしわ寄せをうけ労働運動が活発化し、社会主義思想が広まることにもなった。重工業化にともなう広範な社会変動が進行した。

素材の近代化と普及

工業の発展は建築の素材に直接影響し、建築の近代化を支えた。とりわけ鉄鋼と板ガラスの国産化が重要で、これにより基幹的で汎用的な建築の素材の国内生産が達成された。昭和初めになると、商業建築、公共建築、学校、集合住宅などを鉄筋コンクリート造で建てることが一般的になってくる。輸入に頼ることの多かった仕上げ材も相当程度国内でまかなえるようになった。[1] 耐震性が重要視されるようになるにつれ、レンガの役割は終わった。レンガの需要のピークは一九〇七年ごろだったという。[2] セメントはレンガ積みの接着材から鉄筋コンクリートの材料へと位置付けを変えて、いっそう需要が増大した。

官営八幡製鉄所は一九〇一年に操業開始した。筑豊炭田に近い北九州の沿岸部に立地し、大陸から輸入された鉄鉱石による鉄鋼の一貫生産を実現した。日露戦争にともなう鉄の需要の拡大に勢いを得て生産を軌道に乗せた。以降、順調に生産規模を拡大し、近代日本の増大する鉄鋼需要に応えた。八幡製鉄所の設置が決まった一八九七年の時点で八幡村の人口は一七一五人にすぎなかったが、大戦景気のまっただ中、一九一七年には市制施行して八幡市となり人口は八万五〇〇〇人近くになっていた。[3] 日本で最初の近代産業都市だろう。

板ガラスの国産化がまだ実現していなかったのはやや意外かもしれないが、一九〇九年にようやく工業的な大量生産が実現した。ガラス自体の生産は明治以前に遡るが、窓用板ガラスの生産はなかなか実現しなかった。ほとんどすべてを輸入に頼る状態で、国会で貿易収支上の課題として議論されたほどだった。[4] 三菱財閥がここに乗り出し工業生産を成功させた。[5] 大戦景気で輸入が途絶した時期に需要をまるごと引き受けて事業を安定させ、アジア圏への輸出を行うまでに成長した。

こうした基幹的な素材ばかりではなく、さまざまな素材が国内で生産されるようになった。例えば鋼製窓枠、亜鉛引き鉄板（トタン）、タイル、テラコッタ、フローリング、各種床材、塗料、合板やボード類、洋瓦、金属サイディング、左官用の下地・仕上げ材、テラゾーなどの人造石、ガラス類、防水材料などの国内生産が進んだ。西洋式建築によって生まれた需要が広く建材産業を発展させていた。伝統的な建材も改良され、使いやすいものになった。こうしたことの結果として、明治の建築においても見劣りするところのあった内部の仕上げに格段の質の向上が見られた。内部空間のテクスチャーが多彩な華やかさを帯びて、西洋式建築は単なる施設以上のものとなり、商業施設などを飾った。

都市化と建築の近代化の進行

東京市内の建設量の推移は、市街地建築物法にもとづき竣工建物の届け出をとりまとめた警察統計によって、一九二一年以降把握出来る。[6] 年間に新築された建築の延床面積の合計は、関東大震災前後の一九二一年から一九二五年においておおむね数十万㎡程度で、震災復興による増加は見えない。区画整理事業のため本格的な建築の新築が差し止められた地域があったからかもしれない。その間多くのひとびとが震災バラックに身を寄せていたはずだが、これは統計には捉えられていない。一九二六年から一九二九年にかけて、世界恐慌前の三年間の建設量は急成長し、一九二九年には以前と一桁違う四〇〇万㎡に達した。世界恐慌の時期に建設量は落ち込んだが、ふたたび景気が回復した一九三三年以降は東京市域の拡張もあり、新築延床面積は一〇〇〇万㎡前後となる。この猛烈な建築量の増加はこの時期の都市化の勢いを示すものであり、また関東大震災を経て建築の更新が急速に進んだ状況を窺わせる。商業建築や事務所ビル、興行施設などで着実に耐火建築が増えたが、それでも全建築の九割ほどを依然として木造が占め、在来式日本建築が大多数を占める当時の建築の状況が確認出来る。一九三八年以降は統計が一部欠落して比較が出来ないが、戦時下の資材統制で建設量は急減したはずだ。同じ時期の大阪は大大阪とも呼ばれ、東京を凌ぐ都市化を遂げていた。関東大震災後に首都圏から大阪へ人口が流入したこと、市域の拡張などもあって大阪市は日本最大の人口を擁する都市となり、首都としての重しがないだけに民間の活動が都市形成の主役となる活況を呈していた。残念ながら大阪の建設量の統計は公刊されていない。

より具体的な状況については、経済史の分野が詳しい。まず大戦景気をきっかけとして、都市への人口移動と郊外化が進行し都市膨張が起きた。そうしたなかで都心部では、近世以来の問屋が集積する市街地が、企業のオフィスが集積するビジネス街へと変貌し、「都市圏内部の「郊外住宅地」と「中心街」との分化が進み、職住分離や夜間人口の周縁移動が進展」[7]した。関東大震災の復興過程で浅草から銀座へ繁華街の中心が移動し、下町的な賑わいからモダンな街路への都市の基調の変化が起こった。景気の波で雇用は揺さぶられ、職と住居の流動性が高まり、地縁コミュニティが希薄化した。近代的交通ネットワークが整備され、郊外と都心部のあいだを繋いでひとびとの移動を支えた。鉄道とトラックによる陸運が発達し、水運は縮小した。建設業の近代化が進み、鉄筋コンクリート造や鉄骨造の普及が進んだ。建設会社は建築家を内部に抱えて新しい技術を導入し、施工を円滑に進める体制を整えた。[8]郊外では小規模な工務店が住宅生産を担っていた。

土地所有において、資本の蓄積が進むにつれて寡占化が進行した。東京では近世の大名屋敷などが華族や高級官僚、あるいは資本家へと払い下げられていたが、彼らはそれを手始めに継続的に家屋や土地を買い集めていった。[9]多くの場合、それらの土地は隣接したものではなく、細切れに分散した土地がごく少数の大地主によって所有されていた。彼らは貸家経営を行う家主にそうした土地を貸し、地主自身は土地経営に直接的には関与しなかった。[10]所有する土地が散在していたために、土地所有者は街区の環境を整えることで土地の価値を向上させる意欲を持たなかった。[11]東京に限らず戦前の都市部において自己所有の住宅は少数で、在来式日本建築のアパート・長屋・貸家・貸間など借家ずまいがごく一般的だった。

建築家の増大と大正期の成果

大戦景気以降の建設量の増大に応えるように建築家の教育は拡大していった。既述のように明治末に早稲田大学に建築学科が創設され、それを皮切りに建築家の教育を行う大学は増加していった。世界恐慌の時期には若い建築家が職にあぶれて苦労することにもなるのだが、明治初期とは比べ物にならない高い水準の教育を施された建築家が、広く社会に拡散して活動した。明治期の建築家の同族集団的な意識は消え失せ、建築家はかつてほど特別な存在ではなくなった。

西洋式建築の需要において国家が占める割合はまだかなり大きかったが、それでも民間の需要もたしかなものとなった。国家を頂点とするヒエラルキーの底面に向けた西洋式建築の浸透が進み、既に述べたように百貨店のような商業建築、劇場や映画館などの興行場、事務所ビルなどが都市に集積していた。劇場は別として、それらはいずれも近代になって生まれた建物用途であり、比較的自由な造形が試みられた。様式建築に見劣りしない外観の充実が求められたためか、今日の目で見ても見応えのあるものが多い。

後藤慶二の設計による豊多摩監獄（一九一五年、表門のみ現存）は、明治建築とは異なる性格を持つ大正建築の典型例として、とりわけ建築史家・長谷川堯の『神殿か獄舎か』で特別な評価を与えられた。三五歳にして亡くなった後藤の数少ない実作だ。仕上げのない剝き出しのレンガが服役者自身によってうずたかく積み上げられ、一種中世風の表情がある。既に見た彼の思想を体現するように、監獄という空間をいかに造形するかの構想と、構造技術の率直な適用のあいだで、建築のありかたが見極められてこの監獄は作られた。格式や重苦しさで囚人を威嚇する様子はなく、どこか近代建築初期

豊多摩監獄（1915年）

のオランダ、アムステルダム派にも通ずるおおらかな姿をとった。治安維持法による思想犯が多数収監された監獄だった。長谷川堯はこの建築に「大正の「人格」[12]」を見た。たしかに囚人の心のようすがを造形しようとする建築家の意思をうかがうことが出来るだろう。日本では数少ない、モダニズム前夜の一時期にのみ見られるヒューマニズムの雰囲気を帯びた建築の例だ。

　大阪市中央公会堂は、設計コンペで選出された岡田信一郎の案をもとに、辰野片岡事務所が実施案を取りまとめて一九一八年に実現した。部分の要素は様式的だが、全体の取り合わせ方は独特のものであり、豪快さと造形的な巧みさが全体像をかたちづくる。公会堂らしい華やかさを見せる外観の表情、当時としては大規模で軽快な内部空間、比較的平板な様式表現を引き立たせる色彩の扱い、いずれも岡田信一郎の優れたデザイン能力を示している。この中央公会堂と、既述の野口孫市の大阪府立中之島図書館、辰野亡きあと片岡安が手掛けた大阪市役所（一九二一年、現存せず）、辰野を顧問として設計が行われた日銀大阪支店（一九〇三年）が大阪市の中心部、中之島に並び建ち、御堂筋沿いのビル群とともに大大阪と呼ばれた時代の象徴的な都市景観をかたちづくった。現在では街並みの規制が崩されて見る影も無いが、この頃から高度経済成長期にかけての御堂筋の都市景観の充実ぶりは特筆すべき水準にあった。

　岡田信一郎は皇居に面して建つ明治生命館（一九三四年）の建築家でもある。建築史家・桐敷真次郎はこの建築を「様式習熟の歴史に終止符を打った

大阪市中央公会堂（1918年）

明治生命館（1934年）

作品」[13]と位置付けたが、たしかに成熟を感じさせる。堅実さを旨としつつ十分な抑揚を持つ外観と、適度に抽象化された内部のデザインは両面ともに見事だが、大阪市中央公会堂の華やかな表情と並べて見るならば、皇居に向かう位置を占めるこの建築の表現に抑制と配慮をうかがうことも出来るだろう。建築単体としての完成度だけでなく、周辺の状況を踏まえた都市的な配慮をそこに見るとすれば、これまた当時の建築家の成熟を物語るものだ。

明治神宮宝物殿（1921年）

明治神宮宝物殿（一九二一年）は、様式論争以来の〈日本の様式〉が問われた初期の事例だ。その名のとおり明治天皇と昭憲皇太后を祭神とする明治神宮を創建するにあたり付属して設けられた宝物殿で、その案を募る設計コンペの要項は耐震耐火建築を条件としつつ、社殿との調和を求め、つまるところ〈日本の様式〉を鉄筋コンクリート造で実現することを要求していた。大江新太郎による実現案は、コンペ一等案よりは三等一席を得た後藤慶二案に近く、しかし宝物殿の機能を考慮して東大寺正倉院の高床式校倉造りの造形を借りて鉄筋コンクリート造とした後藤案を、より大胆に発展させたものだった。[14] 日本建築が一般に柱梁の構造フレームを基調として屋根が載る形式であるのに対して、校倉造りは壁を基調として屋根が載る。部材を組み立てて作られる木造建築と一体成形により作られる鉄筋コンクリート造建築はその成り立ちがそもそも違うため、日本建築を鉄筋コンクリートで模造すると違和感が

帝国ホテル（1923年）

拭えないことは広く意識されていた。そこを解決するために見出されたのが校倉造りの壁を主体とした形式だった。床の水平面を地面から持ち上げ、壁の面を強調し、屋根を伏せた姿は独特の貫禄があり、左右に翼部をせり出して囲むかたちは堂々たるものだ。

一九二三年の関東大震災直前に、フランク・ロイド・ライトによる帝国ホテル（現存せず、一部明治村に移築）が完成した。近代建築をリードした世界的建築家の造形力を遺憾なく発揮したもので、もはや様式では捉えきれない建築家独自のスタイルが前面に出ている。レンガを基調としながらも大谷石の粗いテクスチャーと彫刻のしやすさを活かして細部を充実させ、線対称の単純な構成のなかにライト特有の流動的な空間が変幻自在に展開した。帝国ホテルについて、当時これをどう評価すべきか建築家のあいだにかなり意見の相違があったことは興味深い。様式建築として見ればまったくの勝手気ままでとりつくしまもなかったが、近代建築として見ても装飾過多に見えて、妥当な評価は困難だったようだ。近代建築史上きわめて重要なこの建築が、一九六七年に解体されたのは、とりわけ大きな損失だった。ライトは一九二一年に自由学園明日館、一九二四年に山邑邸（現ヨドコウ迎賓館）も実現させている。とりわけ山邑邸はライトのもう一つの側面としての、親密な空間を見せてくれる。

渡辺節の日本興業銀行本店（一九二三年、現存せず）が完成したのも震災直前だ。アメリカの影響が強い地上七階建ての高層のビル建築だが、とりわけ営業室内部の優雅な扁平ボールトはぜひともこの目で見たかったと思わせるものだ。構造設計は新進気鋭の構造学者、内藤多仲によるもので、彼が追求した耐震壁による耐震設計によって震災の被害はほとんどなかった。このときアメリカのフラー社が施工と構造設計を担当した丸の内ビルディングは大きな被害を受け、地震国日本で発達した耐震工学の優位性を確認することにもなった。

その丸の内ビルディング（一九二三年、現存せず）は三菱地所とアメリカの建設会社フラー社によって設計された。丸ビルの名で親しまれたオフィスビルだが、行幸通りに面した丸の内の最重要の敷地に位置し、地上九階建て、戦前のオフィスビルとしては日本最大の規模を誇った。この建築で重要なことは、施工の機械化の威力を知らしめたことだ。最短の施工期間で建設することで賃料収入を稼ぐアメリカ流の考え方が持ち込まれた。二年半の工期でこれを建設することは当時の常識では考えられないことだった。惜しみない資材と杭打ち機やクレーンなどの建設機械の投入によりそれを実現し、その絶大な効果に接して建設会社は技術導入を積極化させた。アメリカ流のオフィス環境、それを支える設備、ビルのなかに整備された各種の飲食店や商店、あらゆるものが新しい時代を感じさせた。

関東大震災からの復興と都市型居住のプロトタイプをつくり出すことを旨とした同潤会の活動も重要だ。同潤会は内務省の都市研究会を背景として、都市型アパートと郊外の低層住宅を建設した。同潤会アパートの総称で知られた鉄筋コンクリート造の都市型アパートは、都市居住の模範を示した。

ヨーロッパの同時代の集合住宅の事例を参考にして、一九二五年から一九三四年までに一五ヵ所、二五〇八戸[15]を建設した。同潤会自体が建設した規模は限定的ともいえるが、これを原型とする自治体の公営住宅建設が行われ、さらに一五年戦争後に大規模な団地開発に取り組んだ日本住宅公団に繋がる。同潤会アパートは残念ながら既にすべてが解体されて失われた。同潤会の低層住宅には、被災者に住宅供給を行う仮設住宅（二一六〇戸）と、関東大震災以降加速した郊外化に対して模範を示す各種住宅地開発（五三八九戸）とがあった。戸数を見てもその規模が同潤会アパートよりもおおきいことがわかるだろう。それとは知られていないが現在も東京周辺にはこれを原型とする住宅地が相当数残っている。[16]

大戦景気から世界恐慌に至る時期は、日本の近代化がひとつの峠を越えた時期と見ることが出来る。工業の発展を背景として、素材と技術、施工組織の持続的変化が進展し、多彩な建築がつくられるようになった。建築を取り囲む外的条件は格段の進歩を遂げた。西洋式建築がさらに普及して新しい都市景観を形成した。都心部は近世の都市構造から近代の都市構造へと脱皮し、都市周辺部には郊外化の波が拡がった。個々の建築にはより自由に様式を用いて造形をまとめあげていく傾向が見られた。都心部であれ郊外であれ、近代の住宅はどうあるべきか、同潤会がその模範を示した。その室内には日本のライフスタイルに合わせた細やかな工夫が見られる。新しい生活の姿への憧れはあったが、古い習慣と調和させることも必要だった。試行錯誤しながら社会と文化の持続的変化が進んだ。

「新しい商館建築」

ここで明治末頃に時間を巻き戻して、下からの近代化の立ち上がりを確認しておこう。既に都市景観の一部となっていた西洋式建築に影響されて、在来式日本建築をベースとして彼らなりに西洋風のデザインを取り入れる動きがあらわれた。ただし建築家の関与は少なく、市井のひとびとの自発的な西洋の文物の摂取であった。

　武田五一が「近来東京市に建築せられつゝある商館建築の形式に就て」[17]というちょっと不思議なエッセイを書いている。「我国の建築物特に近来雨後の筍同様、電車道が出来て未だ往来が沼の様になつて居る間から、青白い顔を出して東京の新しい建築物を見ると、苟も建築学を知て居るものゝ目から見て、不思議な感に打たれずには居られない」と切り出すこの文章は、明治末に市街地にあらわれた西洋式建築のデザインで飾り立てた商業建築を対象としている。それらは武田の目には様式的一貫性を欠き、中途半端に和洋折衷的で、目新しさを求めるばかりでどこか俗悪だった。武田は、そういう「不格好な」建築を嫌悪しているのだが、しかし気になって仕方がないようでもある。その「新しい商館建築」の特徴は、木造漆喰塗り、色は緑の掛かった明るいグレー、細部の装飾は古典様式一辺倒で柱頭のアカンサスの飾りがやたらに目立つ。安っぽい材料で貧弱に見えるし、すぐに汚れてみっともない。中途半端な西洋風をやるよりは、昔ながらの町屋でやるか、さもなければ日本の伝統的な建築を参照してみてはどうか、といっている。

　一般の人が、余り眼馴れない形式で、早く安く出来るものを求める、此注文に応ずる一番都合のよいものは、西洋風の建物で、漆喰塗りの普請である、軒並塗り込めの低い土蔵造りの所へ、西洋風派出《ママ》な高い家を作れば、一寸人目を引くには違いない、其上に早く造るには充分なる熟慮の余地なき故、勢い雑誌挿絵又は絵はがきの模写となるは致方もない、[18]

新橋博品館（1899年）

そうやってイヤミをいうならいっそ一刀両断に切り捨てれば良いものを、雑誌誌面で延々二〇ページ、二一の建物について寸評し、二八の建物について写真を添えて、その熱意はなかなかのものだ。

そのなかに例えば伊藤為吉が設計した新橋博品館（一八九九年、現存せず）があるが、武田は「一日も早く片付けてもらいたい形をして居る」と手厳しい。文中には建築家の名は一切なく、まさに「雨後の筍」のような匿名の現象であるかの扱いだ。伊藤為吉はいわゆる建築教育は受けておらず、渡米した際にサンフランシスコの建築設計事務所で図工として働いた経験をもって「米国建築師」と自称した[19]。新橋博品館はたしかに奇怪なデザインだ。正面左右に塔を立ち上げて対称を作りながら、左側の塔はより高く、途中をくびれさせたところに時計をはめ込んだロシア正教教会のタマネギ型ドームのような屋根を載せ、右側の塔は四角錐の上になにかつまみのようなものが載っていた。内部の図面や写真などは残されていないが、三階建てで、階のあいだはスロープで繋がれて来館者はそれに沿ってゆるゆると回遊的に商品を見て回ることができ[20]、場内に珈琲店、しる粉店、理髪店、写真場を設けていた[21]。外観からしておそらく中央に吹き抜けがあり、高窓から光が落ちていたはずだ。いかにもアウトサイダーの建築家が時代の空気を吸い込んで思い切りよく造形した不思議建築だ。

これら「新しい商館建築」こそ、下からの近代化としてあらわれてきた西洋風の在来式日本建築だった。武田はその自由奔放さに違和感を抑えきれない。武田の評はそれぞれ読むかぎり的を外したものではない。しかしそこまで目を吊り上げなくてもいいはずだ。そこに人目を惹こうという山っ気はあるだろうが、それを否定するのも大人げない。その施主は近頃建つ立派な西洋式建築にも目が慣れて、どんな格好のものを作ればいいのかなんとなくわかる気がしたのだろう。うまく真似して見たこともない自分の店を作りたい、それだけのことだったのではないか。銀座煉瓦街の南の端、今も玩具を売る博品館がある場所で、今は高速道路になった堀に掛かる橋越しに見える新橋博品館はちょっと面白い景観のアクセントとなっていた。東京新名所の絵はがきの類に新橋博品館が幾度も取り上げられていることを見ても、ひとびとがそれを文明開化の東京の景観として喜んだのは間違いない。

「看板建築」

そしてまた、武田のいう「新しい商館建築」のすぐかたわらに、いわゆる看板建築があった。看板建築とは道路に面した正面の壁、ファサードの全体が看板化して個性をあらわす中小商店建築を指して、後に付けられた名だ。建築史家・藤森照信が一九七〇年代にこれを研究対象として取り上げ、人口に膾炙した。看板建築とはなんであるか明確にしたのが一九七五年の論考「看板建築の概念について」だ。

表現はファサードに集中する。デザイン要素はアーチ等ヨーロッパ歴史様式系と表現派系の洋風、外来要素を基調とし、時に、和風の勾欄、破風や麻葉紋等が折衷される。しかし、和と洋とその折衷という区分は意味をなさない。なぜなら、純粋に洋風の場合ですら、各要素の「数量的なものと位置的なもの」は無視され、洋風様式本来の統一原理と秩序は失われている。[22]

看板建築の多くはおおむね関東大震災以後のもので、小規模な家族経営の中小の商店だ。これもまた下からの近代化の建築の姿だった。ここで事情がちょっと違うのは、藤森の看板建築に対する視線が、武田の「新しい商館建築」に対する視線より温かいことだ。こうした建築を建築史の対象と見なしてこなかった建築学会で、藤森はこれら市井のひとびとの建築を明確に定義し、それが晒されるであろう故なき冷淡な視線から守る学術的な概念を作った。「看板建築の概念について」などと表題もやや堅苦しく構え、つとめて簡潔に定義しているのはそのためだろう。例えば上記引用のなかで、「数量的なものと位置的なもの」といっているのは、様式のプロポーションと構成のことだが、造形の一貫性のなさを欠点として捉えるのではなく、むしろ看板建築の特徴として位置付け、アカデミックな議論の対象としようとした。

看板建築は、その名の通り看板化した正面の壁に特徴がある。セメント系の左官仕上げに目地を刻んで石積みの壁を模したり、板金職人が工夫を凝らしたうろこ状の銅板張りとしたり、あるいはタイルを装飾的に貼ったものが典型的だ。これらは日本建築にもともとあった仕上げではない。西洋式建築を作るための素材と技術がひろく普及するようになって、この時期に市井のひとびとの手元に到達し、それが下からの近代化の建築を出現させた。

こうした仕上げが広範に見られるようになるもうひとつの背景として、市街地建築物法が関係しているとされる。[23] 市街地建築物法は防火地域に建つ木造建築の外壁の仕様として、火災の延焼を防ぐために、外壁を一定の厚さのセメント・コンクリートを塗って仕上げることを求めていた。つまり木造モルタル塗りだ。セメント系仕上げ材による看板建築の普及は法規に促されていた。またとりわけ東京に見られる銅板張りの看板建築はこの法規の規定を満たしていないが、それを使えたのは震災直後の一九二三年から一九三〇年まで、特例的に規定が緩和されていた時期だった。壁については緩和があったが、軒などについて金属板仕上げなどとする規定が維持されたために、それと仕上げを揃えて銅板張りの壁が広く用いられることになったとされる。つまり既に昔ながらの町屋のスタイルで再建することを、この時代の法規は許さなかったのだ。

看板建築は巨大な看板と化した壁面で在来式日本建築の本体を隠している。その意匠はさまざまで、西洋風のデザインばかりではないが、伝統的な和風とは異質なものだ。今でもすこし古い商店街を歩けば、屋号を高く掲げて晴れやかな表情の看板建築を見つけることはそう難しいことではないはずだ。

高度な大工の技術

これら下からの近代化の建築の背景に、この時代の素材や法規の新しい状況があったとしても、そうした建築を作ることが実際に可能であったのは、それを作った大工を筆頭とする職人の技術によるところがおおきい。

看板建築の特徴的なデザインはおおむね左官や板金などの職人の独壇場だった。多少の細工は必要だったにせよ、大工の貢献はそれをバックアップする程度だった。しかし武田がいう「新しい商館建築」はそう単純なものではない。規模がおおきいだけでなく、過剰なまでに複雑な意匠が凝らされ、組積造だからこそそのかたちを木造の柱梁構造で強引に再現した。複雑な形状を立体的に把握し、その形状をかたちづくる部材の寸法を割り出し、妙な角度でぶつかり合う取り合い部を納める、高度な幾何学がそのために必要だった。

ここで役に立ったのが、日本の伝統的な大工の技術体系の粋ともいえる規矩術《きく》だった。規矩術は、伝統的な日本建築の納まりを曲尺《かねじゃく》と呼ばれるL字形の定規を使って導出する手法で、神社仏閣を扱う宮大工たちは、複雑なかたちを精度よく組み立てる技術を持っていた。明治以降、例えばアーチ、多角錐の屋根、ドーム、あるいは螺旋階段のような日本建築にはない形状を作る必要に迫られて、そうした伝統的な技術がさらに発展していた。[24] 西洋風のデザインを図解して示す建築雛形本が明治期には多数公刊され、[25] 一種のスタイル・ブックとして用いられていた。面白いのはそれら雛形本が図解しているものがいわゆる洋館風のものであって、西洋式建築そのものではないことだ。例えば、たしかに西洋風の玄関だがそこに載る屋根は日本瓦であり、その正面は西洋式建築のペディメントのように見えて入母屋造りであり、柱頭の装飾はアカンサスではなくシュロだったりする。これは錯誤というよりは、むしろそうしたものを求める実際の需要があったのだろう。

しかしそれらは、結局のところ部分的なデザインであって、その背後にあるはずの西洋式建築の様式的体系はまったく捨象されていた。そもそも規矩術は細部の高度化であって、全体の空間組織とはあまり関係がない。全体の姿は考慮の外だった。武田が訝しむ理由は確かにあり、その造形が無邪気で遊戯的なものであったのは事実だろう。

生活改善運動

市井のひとびとの生活に近代化は着実に浸透していた。服装や食事に西洋式が取り入れられ、学校、工場、オフィスなどでは机と椅子を用いた椅子式が普通になっていた。そうして公的・社会的な場面における近代化が進行するなかで、私的生活における近代化の遅れが課題として意識された。内務省と文部省が訓令を発し、一九二〇年に生活改善同盟会が組織され、生活改善運動が動き始めた。衣食住および社会儀礼における改善を旨とし、そのための調査・研究を行い、その成果を新聞や雑誌などで広報し、また実物展示を行う生活改善展覧会を開催して好評を博した。

こうした生活改善運動のなかで、建築とかかわるのは「住」すなわち住宅の改善だが、佐野利器をはじめとして建築家は住宅改善調査委員会を組織して啓蒙活動に取り組んだ。建築学会もこの議論に加わり、建築学会大会で「建築と文化生活」をテーマとして講演会を行っている。[26]そこで主に訴えられたのは、座式から椅子式への移行、間取りの接客本意から家族本意への転換、住宅の無駄を省き衛生や防災等の実用性を重視することの三点であった。合理的で簡素で活動的な生活を実現し、そうして結局、国民生活の経済的安定に資することが目的とされた。上からの近代化の私的生活への介入だった。それは単なる文化事業などではなく、国家の生産力を支える国民を善導することで国力の増進を期する当時の社会福祉政策の一部だった。

官主導のこうした動きと並行して、民間における住宅に関する関心の高まりがあった。西村伊作の『楽しき住家』[27]は文化学院の創設者としても知られる著者の自邸についての本だが、これもその文脈にある。西村は和歌山県新宮の裕福な旧家に生まれ、アメリカ帰りの医師であった叔父の大石誠之助の導きで欧米の文化に関心をもつようになり、洋書を参考にバンガロー風の住宅を設計し、自ら住んだ。大石はその後社会主義思想に傾斜して、大逆事件で処刑される人物だ。そのあおりで官憲の監視が厳しくなるなか、西村は東京の知識人・文化人を自宅に招き、親交を結んだ。文化学院を創設することになるのもその縁だった。住宅を軸としながら芸術と生活が調和した新しいライフスタイルを提示する書籍を彼は都合五冊も出版して、好評を博した。彼が設計したバンガローのひとつは現在も西村記念館として残り、国の重要文化財に指定されている。

あるいはアメリカから材料を輸入して住宅を建設するハウスメーカー・あめりか屋を母体として運営された住宅改良会の活動がある。[28] 住宅改良会はその機関誌『住宅』の発行を通じて住宅の啓蒙活動を行った。とりわけいわゆる二重生活、つまり外出時は洋装で家のなかでは和装という生活を解消する洋風の住宅を提案していた。あめりか屋の事業に繋げる実利も期待されていたが、それだけではなく広く事例を集めた誌面を作り、図面を配布し、設計コンペを行った。生活改善同盟会を母体とした生活改善展覧会に出展したほか、百貨店などでの展覧会も開催した。百貨店での展覧会を通しての啓蒙活動は、家庭や婦人、子供などテーマを拡げつつ、主婦層にむけて提案を行う上で効果的だった。

さらに、関西の建築家の組織である日本建築協会が主催して一九二二年に大阪府箕面で開催された住宅改造博覧会は、二五棟の住宅を実際に建設して展示に供し、会期後にそれを分譲した。上記あめりか屋を含め、建設会社、設計事務所などが参加し、多くの来場者を集め、進歩的な住宅を実際に体験する機会となった。分譲された住宅のうちいくつかは現存している。同様のことは同年上野公園で行われた平和記念東京博覧会場内でも行われた。一時的な展示ばかりでなく、田園調布や駒込六義園西側の大和郷《やまとむら》など、良好な郊外住宅地を実際に開発する事業もこの頃はじまった。

同じ頃、いわゆる「住宅図集」の出版数が急増した[29]。住宅を建てる一般の読者向けに、どのような間取りがよいか、どこが注意を要するか、といった要点を指南するものだ。その内容は住宅改善運動と連動しており、ほとんどの住宅図集は折衷ないし洋風を推奨していた。『主婦之友』や『婦人之友』といった婦人雑誌における住宅関連記事も同様だ[30]。新中間層とよばれたホワイトカラーの家族が自らの家を郊外に建てようとしたとき、たいていは保守的な大工に、そうした印刷物を用いて希望する間取りとその仕様を説明した。

生活改善同盟会は国家の見地から、国民の住環境の近代化を進めることで、国力の涵養を意図した上からの近代化だった。これに対して、西村伊作の活動や住宅改良会のような例は、新しい生活の姿を求める下からの近代化だった。住宅をめぐる官と民の絡み合いは、後の総動員体制につながっていくものでもある。その意味で歴史的な評価はやや複雑なものとならざるを得ない。住宅にまで国家の視線が注がれる点でこれは上からの近代化のさらなる浸透だったが、しかし下からの近代化は古い慣習を脱ぎ捨てる一種の自己実現を指向していた。こうして上からの近代化と下からの近代化が輻輳するなかで、富永健一がいうところの社会的－文化的近代化が進行した。

「新しい商館建築」や看板建築は下からの近代化に他ならない。その背景には素材と技術の持続的変化により新しい素材が広く入手可能になったことがあり、また建築に関する近代的な法制度があった。市井のひとびとは、街で見かける西洋式建築のデザインを自由に摂取して思い思いにそれらの建築を作っていった。上からの近代化が体系的な教育を受けた建築家によって本格的な西洋式建築を実現したのに対して、下からの近代化は近世以来の高度な技術をもった大工が西洋風の在来式日本建築をアドリブ的に実現したものだった。以後この流れは途切れず、ひとつの持続的変化となる。

　こうした下からの近代化の建築を、植民地化された非西洋社会において宗主国と現地の言語が混ざって生まれた合成言語、クレオール語のようなものとして理解することが出来るだろう。出自が違うものがまぜこぜになって、正統な文法は崩され、独特の表現が生まれて定着した。武田五一のように正統的文法を知るものからすれば、それは不格好でデタラメに見えるが、しかしそれはそれとしてある現実に根ざした建築だった。考えてみればその頃、建築家自身も規範的な様式から距離を取りはじめていた。それぞれの立脚点はもちろん違うが、向いていた方向はあんがい近かった。

　住宅においては上からの近代化と下からの近代化が交錯した。上からの近代化は私的生活にまで及び、住宅の近代化を国力の基盤をかためる手段と意識して国家は生活改善運動に取り組んだ。しかし市井のひとびとは、もっぱら自らの新しい生活スタイルを求めていた。彼らにとっても旧来の日本の住宅は現実にそぐわないものとなっていたし、西洋風の生活への率直な憧れもあった。そのあいだで住宅の近代化が進んだ。国家はひとびとを国民として見るが、ひとびとは個々の生き方を模索していた。私生活は基本的に保守的なもので、富永健一がいう社会的－文化的近代化はゆっくり進行した。そうして日本人は一方で室内では靴を脱いで布団を床に敷き続け、他方で椅子と机は取り入れていき、キッチンまわりはまったく変貌した。日本近代のライフスタイルはこの時期に形成されたといって良いだろう。

　様式論争において、西洋式建築はひとびとの趣味に合っていない、と建築家は意識していた。しかしこうして見ると実情は複雑だ。ひとびとは、国家のやることとして西洋式建築を距離感を持って見ていたし、だから疎遠なものという印象もあっただろうが、他方でそのデザインに好奇心を抱いて、機会を得れば積極的に摂取した。その取り入れ方は気ままなものだったが、外来のものであって日本にはそぐわないと拒否していたわけでは決してない。状況は都市と地方ではかなり違ったはずだし、社会階層によっても態度はばらついていたはずだが、西洋式建築は未だに国民の感覚に馴染んでいないと心配したのは、取り越し苦労とまではいわないまでも、現実からちょっとズレていた。様式論争がナショナル・ロマンティシズムであるかぎり、そこで意識されていた国民が虚構的なイメージであることはそれほど不思議なことではない。

　昭和初期の都市部ではカフェの流行が見られ、繁華街をたのしむひとびとのたまり場となった。誰でもコーヒー代さえ払えばそこで時間を過ごすことが出来た。当時の小説にカフェでくだを巻く場面は付きものだが、彼らはそうして近代の空気を呼吸してひとときを過ごした。[31] 百貨店が大衆化していくのもこの時代のことだ。初期には様式建築を踏襲していた百貨店が、アール・デコやモダニズムのスタイルを取り入れていく。銀座のような繁華街にこうした新しい空間が生まれてひとびとを引き寄せた。モボ・モガの時代であり、彼らの経験した近代は上からの近代化とは別の、下からの近代化の産物だった。モダニティがここにある具体的な姿をあらわした。戦争の時代が忍び寄り、世相はしだいにけわしくなっていくが、だからこそそうした場に出かけることは気休めになっただろう。国家の意思は、遠からず国民を戦地へ送り、勤労奉仕を強い、あるいは植民地に入植させた。下からの近代化の建築は、いきなり低調になったわけではなかったが、それでもしだいに時局の趨勢に抗うことは難しくなった。

第七章　近代建築の受容と建築家の指向の分岐

近代建築の国際的な状況

二〇世紀初めの近代建築の形成期に日本は間に合った。日本の工業化は建築の素材と技術に関する条件を既に国際的水準に近いものとしていた。社会の近代化も一定の段階に到達していた。生活文化の近代化は都市と地方でかなりの格差があったが、都市では近代化した生活を営む層が分厚く育っていた。そうした状況を背景として、日本の近代建築は出発した。

とりわけこの時期に目立つのが、ヨーロッパの近代建築運動をなぞるように、独自の建築に対する考え方を打ち出してグループを組織する動きだ。若い建築家がそうしたグループを形成し、自らの建築に関する主張をマニフェストとして掲げて存在感を示した。近代建築形成期のさまざまなスタイルが、海外の雑誌など印刷メディアや海外渡航者の報告などを介して日本に入ってきていた。白黒のコントラストの強い写真や短時間見学しただけの印象にもとづく報告など、それほど深く実情を伝えるわけではないメディアによって、それらの新しい動向に関する情報はもたらされていた。そのためか、造形的特徴が誇張され[1]、細かいニュアンスは捨象される傾向にあった。とりわけ初期のグループには、若い建築家が新しいデザインに浮かれているような軽さも見受けられる。

そんななかで気骨ある存在となったのは、社会主義思想を背景として建築を考える建築家だった。

プロレタリア文学は社会主義思想と文学運動のあいだに生まれ、イデオロギーと自我の葛藤からその思想を鍛えていったが、建築でも似たところがあった。ヨーロッパで近代建築が生まれた当初から、近代建築と社会主義思想は切っても切れない関係にあり、様式建築の権威主義的な性格に対して、近代建築は平等なひとびとによって構成される市民社会のための建築をその理念として掲げていた。単にかたちの善し悪しを超えて建築を問い直し、経済合理性や機能性にとどまらない総合的な視野から建築を発展させようと志し、そこで建築家の主体性が問われた。しかしそのイデオロギー的性格は体制から見れば不穏なものだった。治安維持法により社会主義思想への圧迫が強まるなかで、彼らの運動は抑圧され思うように発展していくことは出来なかった。

建築生産の条件が既に変容していたが、それに見合ったデザインの指針はまだ見えていなかった。そこに近代建築が方向を示した。近代建築は個人の創造性の役割を積極的に捉えており、そうした性格は意欲的な建築家にとって魅力的だった。新しい建築の条件に即して近代建築を具体化していく革新的な運動に参画することが志された。そうした指向は、反面で保守的な建築家には受け入れがたく、彼らは異端視された。

欧米における近代建築は、既に一九世紀末に原型がかたちづくられていた。一般にそのもっとも早い例とされるのがイギリスのアーツ・アンド・クラフツ運動だ。その主導者、ウィリアム・モリスはマルクスに影響されつつ独特の社会主義思想を抱き、産業革命以降の工業製品の画一化とそれにともなう職人的な手仕事の疎外への反動として、洗練された優美なデザインを打ち出し、一八八〇年代には既にその名を広く知られていた。アーツ・アンド・クラフツ運動は多くの後続者を生み、なかでもグラスゴーの若い建築家・チャールズ・レニー・マッキントッシュが、そのスタイルを建築に繋げた。その過程にはグラスゴー万博（一九〇一年）への日本の工芸品の出展を含む、当時マッキントッシュの身近にあった日本美術の影響があった。[2] 一九世紀後半以降、グラフィカルな構成と植物などをモチーフにした装飾文様を多用する日本の工芸美術は、ヨーロッパの芸術家のあいだで一種のブームを引き起こしてジャポニスムと呼ばれていたが、その建築版と理解出来るだろう。マッキントッシュがウィーンの芸術家のグループであるゼツェッション（和訳として分離派、一八九七年に結成）主催の展覧会に招待されて展示を行ったこと、またそれに関連する出版物を介して、マッキントッシュの確立したスタイルはヨーロッパ中に伝播した。[3] ゼツェッションの他に、ドイツのユーゲント・シュティール、イタリアのリバティ様式、そしてフランスやベルギーのアール・ヌーヴォーなどが互いに影響を与え合っていた。少々ややこしいのだが、こうした流れは、日本の近代建築の端緒を開いた建築家のグループ、分離派建築会よりも、むしろ先行する世代の建築家に影響を与えていた。

他方で、表現主義と呼ばれる造形スタイルが第一次世界大戦後のドイツにあらわれていた。芸術一般において表現主義とは、まずは印象派（im-pressionism）に対する表現主義（ex-pressionism）であり、印象派の求めた自然な感覚的印象の再現に対する意味で、反自然的指向とより情動的な表現が見られた。建築における表現主義の性格はそれほど明確ではないが、おおむね粘土彫刻のような塑像的造形、色彩と形態の情動的効果への特別な関心、そして全体に幻想的で反合理主義的な指向があった。表現主義の建築家・ブルーノ・タウトは後に見るように日本の近代建築の状況に影響を与えた。分離派建築会の造形的な傾向はむしろ表現主義に近いものであり、日本で近代建築を指向した初期の建築家の多くにも表現主義の影響が見られる。

これら二つの動きが、産業革命、合理主義、あるいは近代化の趨勢に対抗し、その意味で反動的な性格があるのに対して、モダニズムはそうした趨勢を積極的に反映しようとする思想・美学だった。モダニズムは素材、技術、科学、合理性を表現に率直にあらわし、旧来の古典的な美学に代わる近代特有の美学を確立することを目指した。そのルーツのひとつとしてロシア構成主義があり、科学と合理主義の可能性をダイレクトに表現にあらわすデザインが急速に発展した。その背景にはもちろん社会主義思想があり、それを表面上どこまで強調するかはさまざまだったが、権力者や富裕層だけのものではない建築のありかたを模索した。またイタリアを中心とした未来派があり、近代社会の速度とダイナミズム、強力な生産力がもたらす構造物の偉容を建築表現に結びつけようとした。それは極端な場合にはいくらかダダイズムに近くなり、現実の必要を美的意匠で誤魔化すことなく直接的に具体化したものこそが美的だとする新即物主義にもなるが、より穏健になれば産業と協調しながら質の高いデザインと機能性を両立させようとする動きともなる。おおむね一九二〇年代後半以降、モダニズムは包括的な建築理論としてまとまりを見せて、実際の建築においても充実した成果を生んだ。産業的に生産される素材とその特徴を生かした簡素なデザイン、規格化された構法、機能主義的な建築の組み立て、構造技術と構法の発展によって拡張されたかたちの可能性、そして合理主義と規則性を規範とする美学。こうしたものが絡み合って、近代建築の中核的なイデオロギーとしてのモダニズムは形成された。ゼツェッションや表現主義が一時の流行として風化していくなか、モダニズムは世界中に普及し、第二次世界大戦前には主導的な位置を確立した。

近代建築形成期の代表的な傾向としてここでは以上三つの傾向を見ておくにとどめる。既に見てきたなかにも、いくつかこれらと関係するものがあった。例えば、後藤慶二の豊多摩監獄の造形は表現主義に近い。また武田五一は最も早くゼツェッションを日本に紹介した人物だった。国会議事堂の装飾を剝ぎ取った造形はその設計に関与した武田のゼツェッションやアール・デコへの指向からきたものと推定することも出来なくはない。なによりも様式建築からしだいに距離を取っていく当時の建築の状況自体が、日本が近代建築を受容する素地を用意していた。そうした幅広い状況のなかで、一群の若い建築家が近代建築に向かった。

分離派建築会

一九二〇年に活動をはじめた分離派建築会は日本における近代建築の嚆矢とされる。その年の春に東京帝国大学建築学科を卒業した石本喜久治、瀧澤眞弓、堀口捨己《すてみ》、森田慶一、矢田茂、山田守の六名を結成時のメンバーとして、一九二八年までに一〇回の展覧会を行い、三冊の作品集を刊行した。

一九二〇年は特別な年だった。工部大学校で最初の日本人建築家を教育したジョサイア・コンドルがこの年に亡くなった。辰野金吾が亡くなったのはその前年で、片山東熊が亡くなったのは一九一七年、妻木頼黄が亡くなったのはさらにその前年だった。西洋式建築実現に取り組んだ日本人建築家の第一世代が相次いで亡き人となり、一時代の終わりが実感されていた。またこの年はモダニズムの巨匠・ル・コルビュジェが自身のヴィジョンを示した雑誌『エスプリ・ヌーヴォー』を刊行しはじめた年であり、その前年にはもうひとりの巨匠ワルター・グロピウスを校長としてモダニズムの拠点となったバウハウスが開校した。そういう同時代性のなかで、分離派建築会は日本の近代建築の一歩を踏み出している。

「我々は起つ。過去建築圏より分離し、総の建築をして真に意義あらしめる新建築圏を創造せんがために」[4]と彼らは最初の作品集『分離派建築会宣言と作品』で宣言している。彼らはそれまでの西洋式建築の流れから分離したところに自らの建築を位置付けた。そして「建築は芸術でなければ《ママ》なりません。そしてその芸術とは私は表現であると思ひます」[5]と述べて、工学的建築との立場の違いを明確にした。さらに「こうした本能的な欲求によってこそ作家自身が意識しようとしないとに係らず個性が表はれ全人格が表はれ来るのだと思ひます」[6]として、芸術家としての建築家像を打ち出した。分離派建築会の活動期間において、メンバーの作風はおおむね表現主義の影響下にあり、特有の霧が立ちこめたような幻想的な雰囲気が支配的だった。表現主義の内向性は、当時の彼らのややジレッタントな気風にぴったり合っていただろう。

日本における建築家のありかたについて本書は既に、ドイツ派的な国家に奉ずる建築家とイギリス派のフリーランスの建築家の二つの建築家像が明治期に成立したことを見て、さらにそれが佐野利器に牽引されて技術者的性格を強めていく過程を見てきた。分離派建築会はそのどれとも異なる新しいタイプの建築家像、すなわち芸術家としての建築家を目指した。近代建築の発展に建築家が果たす創造的な役割を彼らは強く意識していた。多かれ少なかれかれらは主流派に対抗する存在であって、国家に奉ずるお堅い建築家像から距離を取ろうとしていた。

しかし分離派建築会の重要性は、一九二八年に終わるその活動期間だけ見ても見えてこない。むしろその後の彼らの活躍が分離派建築会を歴史的に意味深いものにした部分がある。

堀口捨己は大学で教鞭をとりつつ、一貫してフリーランスの建築家として活動した。平和記念東京博覧会平和塔および動力・機械館（一九二二年、現存せず）などのパビリオンで実作におけるデビューを飾り、岡田邸（一九三三年、現存せず）、大島測候所（一九三八年、現存せず）が代表的な堀口の戦前の作品になる。平和塔にはゼツェッションの影響がうかがわれ、とりわけダルムシュタットの芸術家村の塔に類似する。岡田邸は和風とモダニズムの結合を目指した作品で、後に見るようにモダニズム受容の形態として重要な意味がある。大島測候所はフランク・ロイド・ライト、あるいはその影響を受けたウィレム・デュドックのスタイルを思わせる。作品の上でも理論の上でも、堀口は戦前のモダニズムを牽引する役割を果たした。

石本喜久治は竹中工務店に所属して表現主義の雰囲気を持つ東京朝日新聞社（一九二七年、現存せず）を手掛けた後、自身の事務所を設立し、昭和初期のモダニズムの代表作である白木屋本店（第一期一九二八年、第二期一九三一年、現存せず）など多くの建築を矢継ぎ早に実現した。戦前に規模のおおきい建築をモダニズムで実現したフリーランスの建築家は少なく、当時格別の活躍を見せた建築家だ。商業的な建築のデザインも巧みにこなし、新しい素材を積極的に取り入れたアール・デコ風の華やかな細部を得意とした。その意味で石本喜久治は近代建築を民間の下からの近代化に繋いだ建築家といえるだろう。

山田守は逓信省に所属して東京中央電信局（一九二五年、現存せず）をはじめとする多くの電話局庁舎に取り組み、東京逓信病院（一九三七年、現存せず）など病院建築も手掛けている。関東大震災後に復興局土木部嘱託を務め、復興橋梁のデザインを行い、お茶の水の聖橋（一九二七年）はその例だ。細部の装飾で飾ることなく、幾何学的形態を大胆に用いた彫刻的造形自体のまとまりによってデザインを成立させるスタイルを確立した。長らく官僚建築家として活動しているが、決して組織に埋もれた匿名的な存在ではなかった。彼の逓信省電気試験所大阪出張所（一九二九年、現存せず）は、モダニズムの普及に大きな役割を果たした一九三二年にアメリカで刊行された書籍・『インターナショナル・スタイル』にアジア圏から唯一取り上げられている。[7] 山田は民間で活動した石本の向こうを張り、官僚組織内でモダニズムを牽引したもうひとりの先駆者だった。

森田慶一は建築家としての活動よりも建築論の研究によって知られる。京都大学で教鞭をとる傍ら、様式建築の聖典ともいうべきヴィトルヴィウスの『建築書』[8]の翻訳をはじめとして、西洋の建築の思想と理論の研究に取り組んだ。ヴィトルヴィウスはローマ帝国の建築家であり、その『建築書』は古典建築の規範を幅広く記述した著作だった。ルネサンス期にこの著作は再発見されて、古典様式復興の基本文献と位置付けられた。森田の翻訳は日本の建築論に古典的基礎をもたらす仕事だった。

分離派建築会には途中から蔵田周忠《ちかただ》、山口文象《ぶんぞう》、大内秀一郎が加わり、なかでも山口文象は特筆すべき建築家だが、後に見る創宇社建築会の中心となるため、そこで扱うことにする。

分離派建築会の展覧会は多くの文化人を集め、新しい動きとして好意的な評価も受けたが、建築家からの評価は厳しかった。造形への偏重、構造の軽視、機能の抽象性などが主な批判のポイントだったが、より本質的には、東京帝国大学を卒業したばかりの若い谷口吉郎の批判が急所を突いていた。

建築硬化症の産物たる嬰退的な耽美主義の蠢動だ。建築を叫ぶもそれは建築を自己の逃避所とし、其の中に立て籠り、其の小世界に自我を誇大に主張せんとする井蛙的な建築芸術至上主義の傀儡だ。至上主義は建築を一つの玩具と化しそれを遊戯化せんとする安佚である。斯の如く自己満足の中に自己を停滞せしめることは明かに建築の積極発展を逃避するものだ。[9]

分離派建築会が開催した展覧会の出品作品をそれ自体として見れば、ドイツの表現主義建築の類例に倣った習作というところだろう。分離派建築会の刊行物に掲載された論考もまた、素朴でなにか青臭い。しばしば分離派建築会は文学における白樺派に比されることがあるが、白樺派には理想と現実のギャップのあいだに自らの主体性を位置付ける厳しさがいちおうあった。しかし分離派建築会には作品にせよ主張にせよそうしたものは希薄だ。「建築非芸術論」の野田俊彦は分離派建築会の作品を紙の上の道楽に過ぎないと批判したが、それはある程度当たっているだろう。

新興建築運動の連鎖

分離派建築会の後を追いかけるように、近代建築を指向する建築家の動きがいくつもあらわれてきた。分離派建築会はこの時代の必然を反映していて、だからそれに続く運動も連鎖的に立ち上がってきたのだろう。それらの建築家の運動は互いに影響を与え合い、離合集散して、複雑な動きを見せた。

マヴォ

画家・村山知義は、一九二二年にドイツに留学し、ベルリンの画廊シュトゥルムに足しげく通い、一九二三年の一月に帰国後、そこで触れたロシア構成主義や表現主義に影響を受けて絵画制作に向かった。村山を含め五名の芸術家が集まって同年夏にマヴォは組織されている。基本的には画家の集まりであって絵画が活動の主体であり、そこに構成主義の影響もあって空間的な創作が彼らの視野に入っていた。同年九月の関東大震災以後、復興バラックのショーウィンドウ、看板、壁面装飾を手掛けたことからはじまり、一九二四年の四月に行われた帝都復興創案展覧会に参加した。また映画館葵館（一九二四年、現存せず）の壁画装飾を手掛け、山の手美容院（一九二九年、現存せず）では建築家と協働して設計自体にたずさわった。当時はさまざまなルートからロシア構成主義が日本に紹介されていたが、村山はその一翼を担い、その思想を建築に繋いだ。後には舞台芸術に注力し、社会主義の演劇運動に向かった。

創宇社建築会

一九二三年の関東大震災直後、逓信省営繕課で働いていた図工たちが結成したグループが創宇社建築会だった。その中心は分離派建築会に遅れて加わっていた山口文象で、彼を含めメンバーはいずれも高等専門学校卒業の学歴であった。早速一一月に第一回創宇社建築制作展覧会を開催し、その後一九三〇年までに八回の展覧会を行い、二回の新建築思潮講演会と題するシンポジウムを開催した。

逓信省は日本の近代建築において特別な官庁だった。郵便、電信、電話、そして電気事業を所管するが、とりわけ郵便事業は郵便局、電信電話事業は電信局・電話局を全国各地に多数整備する必要があり、また職員と家族のための逓信病院を設けていた。これら建築は省内で設計が行われ、似たような建築の設計を繰り返し行うため、その経験を蓄積して設計の質を高めていく気風が培われていた。電話交換機などの高価な機器を収納するために堅牢さが建築に求められ、比較的手厚い予算が建築に割かれるとともに、技官が集中する省の性格もあって合理主義が徹底されていた。[10] 分離派建築会の後見人的なところのあった岩元禄、分離派建築会メンバーの山田守、また東京中央郵便局（一九三一年、一部保存、現ＪＰタワー）や大阪中央郵便局（一九三九年、現存せず）で知られる吉田鉄郎などを擁して、逓信省は戦前のモダニズムを先導した。それらの建築は特に逓信建築と呼ばれている。

山口文象自身は、山田守が関東大震災の復興に取り組む政府の部局、復興局土木部の嘱託となった際に一緒に移籍し、早々に逓信省を離れている。復興局では隅田川に掛かる清洲橋（一九二八年）をはじめとする橋梁のデザインを手掛け、また日本電力の嘱託技師を兼務して黒部川第二発電所（一九三六年）の建築を設計した。こうしたエンジニアリングに近いデザインに表現主義が入り込む余地はなく、機能主義的なモダニズムによる。一九二六年に石本喜久治に引き抜かれて竹中工務店で朝日新聞社、独立した石本の事務所でも白木屋本店の設計をサポートした。

創宇社建築会の当初の方向性は分離派建築会と似ていたが、しだいに創宇社建築会独自の指向があらわれ、山口と同様に創宇社建築会メンバーもモダニズムに近づいていった。表現主義の恣意的な造形に疑問が生じて、より社会的意義のある課題に向けて具体的で現実的な提案を試みるべきではないかと考えるようになったという。こうした転回の背景には逓信建築の設計に係わり、そのリアリティに接した彼らの実感があったのだろう。

彼らの学歴が、官僚組織の職制下において、大学で教育を受けた建築家の監督の下で図面を清書し、現場の監督にあたる図工の立場に彼らを押し込めていた。設計を全体としてまとめる権限はなく、細分化された業務を担当するにとどまっていた。こうしたなかで建築家と図工を分かつ階級問題への意識が彼らのなかで明確になってきた。山口は「だんだんわれわれの社会的な地位[11]」に意識的になり、分離派建築会にならった表現主義から離れ、「建築はああいうロマンチックなものでいいかどうか[12]」考えるようになったという。

その考えをまとめてくれたのは、その当時唯物論研究会が私の二二、三のときにできまして、それは服部之総《しそう》、戸坂潤、三枝博音《さいぐさひろと》などが指導者でした。仲間も私もこの会のゼミナーに通い続け教えられるところが多かったわけですが、このような雰囲気の内に仲間もだんだん思想的方向がはっきりしはじめ（中略）分離派と違ったものに発展してゆきました。[13]

社会主義思想を前面に出すと当局の圧力が加わるため、唯物論の研究をお題目として掲げた唯物論研究会が発足したのは一九三二年[14]であり、山口文象が二二歳になるのは一九二四年で、この山口の証言はおそらく別の社会主義系の集まりと混同したものと思われるが、ともあれそうした機会を得て山口らは社会主義思想に目覚めるとともに、モダニズムへと転回していった。村山知義は演劇を通して日本プロレタリア芸術連盟と関係しており、それが離合集散しながら一九二八年に全日本無産者芸術連盟（ナップ）に合同し、さらに蔵原惟人《これひと》を中心として運動を広めるべく日本プロレタリア文化連盟（コップ）結成に向かう。創宇社建築会メンバーは村山を毛嫌いしていたらしいが、山口は彼と親交を結び、この村山との関係が山口の共産党との関係のはじまりだったかもしれない。創宇社建築会のメンバーが、建築設計の現場に内在していた階級問題を意識化しつつ建築家としての主体性を確立しようとしていたことは、労働者の立場から芸術の意味が問われたプロレタリア文化運動と重なるものだったろう。山口はあるとき「レールなしに走る機関車」[15]という例えを用いているが、社会から乖離して自己完結してしまう単なる美的スタイルとしてのモダニズムではない、社会と深く結びついて機能するものとしての建築へと、山口の指向は向かった。

一九二五年の治安維持法制定と前後して共産党への締め付けが強化され、二七年テーゼにより共産党の活動方針も剣呑なものとなった。こうした状況下で山口は共産党との関わりを深めていった。その性質上、活動実態ははっきりしないが、山口はベルリンに一九三〇年に向かった。ドイツ共産党と関係を持ちつつ、ワルター・グロピウスのもとで山口は最先端のモダニズムを実地に経験してその思想を固めた。帰国早々に日本歯科医学専門学校（一九三四年、現存せず）を実現し、それは規模としても質としても山口の実力を証明する。生徒がドーム状の天井の窓から手術台を見下ろす半球臨床講義室など目を見張る新鮮さがある。彼の帰国後の共産党との関わりについては不明だ。創宇社建築会のメンバーであった今泉善一は共産党の活動資金工作のため一九三二年に赤色銀行ギャング事件を指揮し、主犯として逮捕された[16]。

新興建築家聯盟など

既述の帝都復興創案展覧会には、分離派建築会、マヴォ、創宇社建築会の他に、東京帝国大学卒のラトー建築会、早稲田大学卒のメテオール建築会などが参加している。これらはその後の活動が見えないが、単にこの展覧会のために結成されたグループだったのかもしれない。彼らも作品の傾向としては表現主義だったが、しだいに表現主義からモダニズムへと傾向は転じていく。一九二七年に分離派建築会の石本喜久治らが関西の建築家を集めて日本インターナショナル建築会を発足させ、さらにその他いくつかの団体が創宇社建築会のメンバーを中心として合同して[17]、一九三〇年に新興建築家聯盟が組織された。第一回大会の名簿に既に七四名の会員が登録されていたというから相当おおきなグループだ。だが、この運動は短命に終わった。というのも、その第一回大会について読売新聞が「建築で「赤」の宣伝／凡ゆる方面に拡がるナップの活動／「歳末闘争」を当局厳戒」との見出しで報じ、[18]これがもとでメンバーに圧力が加わって脱退者が相次ぎ、この運動は崩壊したからだ。ドイツのバウハウスでもこの年に二代目校長・ハンネス・マイヤーが社会主義思想を理由として罷免され、先行きに暗雲が立ちこめていた。新興建築家聯盟はナップに結びつくほど政治的性格の強い団体ではなく、報道はおそらくナップへの当局の警戒を報じる巻き添えを喰っただけだと思われるが、多くの参加メンバーは社会主義者と見なされることを嫌い、また事なかれ主義の圧力に屈した。山口文象がドイツに出国したのは新興建築家聯盟の崩壊の直後だった。

新興建築家聯盟に参集したモダニズムを指向する若い建築家は、この挫折に苦汁をなめる思いだった。とりわけ組織のまとめ役だった創宇社建築会のメンバーには、実際に社会主義思想に立脚した意図があり、それがあえなく崩壊したことは敗北に違いなかった。彼らを中心として一九三二年に日本青年建築家聯盟があらためて結成、後に聯盟という名称が当局の関心を呼ぶことを避けるため建築科学研究会に改称した。社会主義の立場から発言・批評を行う論客となる西山夘三《うぞう》を含む、京都帝国大学の学生が一九三〇年にＤＥＺＡＭを結成し、彼らとの関わりのなかで建築科学研究会は一九三三年に再び青年建築家クラブと改称した。青年建築家クラブには後に都市計画学発展の中心人物となる高山英華《えいか》が所属しており、[19]高山も含めそのメンバーの多くが社会主義思想のシンパだった。一九三三年はプロレタリア文学者・小林多喜二が拷問死した年だ。一九三四年に青年建築家クラブも特高警察による捜査を受けた。[20]強まる当局の圧力のもと、やむなく彼らは雌伏していく。彼らがまず目指したのはモダニズムを盛り上げることであり、そこでどれほど政治性が意味を持ったのかはよくわからない。だがこの時代の知識人層における社会主義思想の浸透は過小評価出来ないもので、表にあらわすかどうかは別として、シリアスに社会を考えるなら無縁でいられるものではなかった。

なお新興建築家聯盟参加者への圧力の主は、佐野利器と内田祥三らしい[21]。本書が通説より割り引いて評価する佐野の分離派建築会に対する抑圧とは違って、これはおそらく事実だろう。佐野にとって、建築家が社会主義になびく不埒な連中と見なされることは重大な問題だった。佐野や内田は官民の人事に強い影響力を持ち、立場の弱い若い建築家の職を左右することも難しいことではなかった。

建築に限らず、関東大震災後に大正期新興美術運動[22]と総称される美術、文学、詩のさまざまな運動があらわれた。この時期の建築における運動はそれらより広い芸術領域における動きと同期したものだ。震災復興は新しい挑戦の機会をもたらしていた。ある種のリセットの感覚とともに、こうした動きが一気に開花し、そうした機運と共鳴しつつ日本の近代建築は形成されていた。運動は決して順調なものではなく、なによりその思想が実作に繋がることは稀だったが、そこから日本のモダニズムの黎明期を切り開く世代が輩出した。

今和次郎のバラック装飾社

表現主義、モダニズムといった若い建築家の動きに対して、考現学で知られる今《こん》和次郎は一定の距離を取っていた。今和次郎は東京美術学校図案科出身で早稲田大学教授となり、日本の民俗学の祖・柳田国男とともに日本の地方の実情を調査・研究していた。都市と地方のギャップを意識的に考え、とりわけ農村や漁村の生活を克明に記録しながら、その厳しい現実を把握することに関心を集中させていた。そうした目からすれば、近代建築をめぐる運動に地に足がつかない浮わついたものを感じたのも当然だったかもしれない。その温度差があらわれたのが、関東大震災後に今和次郎が取り組んだバラック装飾社をめぐる論争だった。

今度の災害に際して、在来から特別な主張をもつてゐる私達は、因習からはなれた美しい建物の為めに、街頭に働く事を申し合せました。バラツク時代の東京、それが私達の芸術の試験を受けるいゝ機会だと信じます。バラツクを美しくする仕事一切――商店、工場、レストラン、カフヱ、住宅、諸会社その他の建物内外の装飾

こう書いたビラを撒いてバラック装飾社は仕事をはじめている。マヴォにも同じような活動があるが、今らはバラックの外壁にド派手な色彩とプリミティブなタッチで麒麟やら怪獣やらのペンキ壁画を描いて、暗い空気のたれこめるバラックの街を飾った。これに対して今と交際のあった分離派建築会メンバーは驚嘆し、芸術を騙る品位の無いふるまいだと批判した。もちろん今にもかねてからの「特別な主張」がある。（分離派建築会の）「所謂建築美は（中略）物質乃至自然讃美と、またそれを伝ふて流るゝ人間の美の魂の讃美である」と分離派建築会の立場を認めつつ、次のように反論した。

「装飾」とはかゝる透明な働きの美の仕事にのみ居るものに非ず、人生や、世相などを含んだ複雑なるものゝリズミカルな表現を空間に於てやる仕事でもある。（中略）かゝる表現は建築本来の追求する美（仮りに）と矛盾するとて、人生の上から取り捨てることが出来るであらうか。[23]

近代建築を云々するような高尚な芸術も結構だが、ひとびとの生活を活気付ける装飾を否定するの

は狭量だろうとたしなめたわけだ。ここで今は、建築家が長らく解さなかった下からの近代化の建築の側に立っている。分離派建築会からの批判は武田五一が「新しい商館建築」に示した違和感と相似であり、今のバラック装飾社は後の藤森照信の「看板建築」擁護に近い。今はかなり知的な人物だ。彼のバラック装飾社は、単なる表現意欲に流されたのでも、気休めになされたものでもない。建築になにが出来るのか、限界を冷静に見定めながら、五体投地して実践する覚悟がそこにあった。

私的な領域における多様なスタイルの展開

ゼツェッションやアール・ヌーヴォーはその出自からして住宅などの私的な建築、あるいは商業的な建築における装飾の様式であり、ある程度までは下からの近代化と親和性があった。ある程度までは、とわざわざことわるのは、それが資本主義発展の利益を享受した社会階層のためのものだったからだ。それにしても当時決してマイナーなスタイルではなかった。住宅のスタイルとして、また繁華街に並ぶ流行りの店舗やカフェ・レストランのスタイルとして普及した。

とりわけ武田五一は、既に触れたようにゼツェッションの紹介者だった。彼の京都府立図書館（一九〇九年、ファサードのみ現存）はゼツェッションのかなり早い例といえるだろう。ちょっと変わった例として、今でも商店街でしばしば見られるスズランをかたどった街灯は、武田五一が手掛けたものを原型としている。[24] 他にも橋梁、噴水、パブリック・ファニチャーなど手広く手掛け、厳めしいフォーマルなデザインではなく、モダンな雰囲気で上品に都市生活の背景を整えるデザインを得意とした。武田五一の招きで京都高等工芸学校（現京都工芸繊維大学）の教授となった本野精吾もまた武田の方向に近く、西陣織物館（一九一四年、現京都市考古史料館）の表情はゼツェッションに近い。さらに藤井厚二もまた武田五一に招かれて京都帝国大学教授となり、自邸である聴竹居（一九二八年）では、日本の気候風土と生活文化にデザインで応え、和風ともアール・デコともつかないかなり個性的なスタイルを生み出した。マッキントッシュがそのスタイルを作り上げる過程に日本美術の影響があったことについて先に触れたが、聴竹居にはそれがめぐりめぐってここに戻ってきた、という感じがある。

その他アール・ヌーヴォーによるものとしては、現在は東京都庭園美術館となった旧朝香宮邸（一九三三年）が特筆すべきものだ。宮内省内匠寮の権藤要吉が建築設計を行い、内装をフランスのデザイナー・アンリ・ラパンが手掛けた。ルネ・ラリックのガラスレリーフをはじめとする室内装飾もさることながら、優美でモダンな華族の生活を偲ばせる、ほかに例の無い建築だ。

いくらか似た意味をもつこの時期の特徴的なスタイルとして、スパニッシュ・コロニアル様式とチューダー様式の邸宅がある。スパニッシュ・コロニアル様式は赤瓦の屋根の下に漆喰スタッコ塗り壁。チューダー様式は、塔や煙突で変化を付けた屋根の下に木造の構造フレームを現して、スタッコで壁を塗るハーフ・ティンバー式の壁。どちらも非都市的で田舎の地主の邸宅といった雰囲気がある。公的生活に都市的な古典様式が選ばれ、私的生活に非都市的でくだけたスタイルが選択されたのは、一種ふさわしい選択だったろう。現存するものが比較的多く、渡辺仁による徳川義親邸（一九三四年、長野県に移築）や髙橋貞太郎による前田侯爵邸洋館（一九二九年）、ウィリアム・メレル・ヴォーリズによる旧下村正太郎邸（一九三二年）などがある。

住宅ではないが佐藤功一の早稲田大学大隈記念講堂（一九二七年）は、住宅と違ってやや城塞風の

早稲田大学大隈記念講堂（1927年）

チューダー様式といえるだろう。だが同時に北欧におけるナショナル・ロマンティシズムの建築における代表的事例とされるラグナー・エストベリのストックホルム市庁舎（一九二三年）を思わせるところもあった。この時期の多くの建築家がストックホルム市庁舎に絶大な関心を持っていた。[25]それは様式論争以来の〈日本の様式〉への関心に対応するもので、まさにスウェーデンの様式として、古典様式によるのではなく、さりとて近代建築でもなく、地に足が着いた建築の模範として意識されていた。大隈記念講堂は、ストックホルム市庁舎と同様に、平坦な正面を塔と組み合わせることで全体像をまとめ、また大学キャンパス内のさまざまな角度から見られることを意識し、アイストップとしての景観的効果を発揮している。都市美運動にいち早く加わった建築家の仕事としても意義深いものだ。[26]

私的な建築の様式としては、もちろんなにより和風が一般的だった。とりわけ明治の元勲をはじめとする有力者の邸宅において、近世の武家屋敷とは異質な近代和風が独特の発展を遂げ、さらにそこから派生して新興数寄屋とよばれるスタイルが吉田五十八《いそや》により確立された。床座の視線の高さを基本とする伝統的な数寄屋の作法を崩し、椅子座の生活に合わせて天井を高くし、また全体にスケールを大きくしながら、適宜柱を壁に隠して整えたものだ。吉田自身の設計はなかなか真似しがたい繊細なものだが、根強い需要が和風には存在し、近代の生活に合う和風建築の範例として通俗化されつつ広く模倣された。

　規模の大きい邸宅では、日常の住まいとして和風の屋敷を構え、隣接して応接の場として洋館を用意することがしばしば見られた。代表的なものとしてジョサイア・コンドルによる洋館のある旧岩崎久弥邸（一八九六年、現都立旧岩崎邸庭園）がある。また都市近郊の戸建て住宅、いわゆる文化住宅では、大部分が和風で作られ、その玄関脇に洋風の応接間を付け足すようなことが行われていた。それらにおいて洋風と和風の相互の関係に建築的な工夫は見られず、二つのスタイルがただ隣接し、大邸宅ならある程度それぞれのあいだに距離を取って出来るだけ没交渉にし、小住宅であれば一枚のドアを隔ててぶっきらぼうにただ隣接していた。

　そうしたなかで、堀口捨己は、この木に竹を接ぐような洋風と和風の関係に、一定の建築的手法を確立することを試みた。吉川邸（一九三〇年、現存せず）、岡田邸（一九三三年、現存せず）がそのよく知られる例だ。和風の空間と洋風の空間をバラバラに扱うのではなく建築的な解決を見出し、そうして和風と洋風のキャラクターを互いに際立たせながら、ひとつの庭に囲まれた一個の家としてまとまりある全体をかたちづくるものだった。洋風と和風の性質を混ぜたり分離したりするのではなく、それぞれ尊重しつつ同時に成立させる一種のメタレベルの手法が問題だった。

　一九二三年に彼はヨーロッパをめぐり、実際に建築を見て歩くなかで、日本の建築家がかえりみるべき固有の課題として数寄屋建築の美学を再発見した[27]。そこからモダニズムと日本建築をメタレベルで調和させることが堀口のテーマになった。これはそもそもは堀口の個人的なテーマであったが、それが「日本的なもの」として主題化されると、〈日本の様式〉の問題とからみ合ってモダニズムを指向する建築家に共有されるテーマへと発展した。いくつかの論考を通して堀口の考えは発展していくが、要約すればその理路は次のようなものだ。まず堀口は千利休の草庵茶室のような「非都市的」な日本の伝統美を、佐野利器らの工学的建築とは区別される建築の境地として捉えて、日本の神社などとともに、簡素ながらも精神性の高い「観照生活」を支える空間的構成として位置付けた。そこに堀口は「日本的なもの」の核心を見たわけだが、単に日本の伝統美を模倣するのではなく、日本の伝統とモダニズムのせめぎあいのなかでその都度の建築にあるべき姿を見出すべき、という「様式なき様式」観に行き着いた。おおむねモダニズムによってデザインされた若狭邸（一九三九年、現存せず）の解説で堀口は、「この住宅と日本の茶室は同じ理念で設計出来ることを身をもつて感じたのであつた。（中略）これは何も求めて其如きを匠んだのではない。只建築的構成の理念が全く等しいための結果こふならざるをえないのである」[28]といっている。つまりモダニズムであり同時にまた数寄屋建築であるような「様式なき様式」が、若狭邸の様式だった。若狭邸は現存しないが、残された写真から堀口の捉えたモダニズムと日本建築の調和がどのようなものだったか、うかがうことが出来る。

村野藤吾の例外的性格

すこし遡ると村野藤吾が、一九一九年の「様式の上にあれ」という論考で、堀口捨己の「様式なき様式」といくらか似た主張をしていた。

われらの様式はもはや過去の事実のうちに見出しうべきものでなくして、われら自身のうちにあるところの、近代文化の恵沢が資格づける思想と、能力のうちに潜在して、これが将来われわれの生涯における建築的手段のうちに自由に表われるものである。（中略）念々刹那にこそ様式の創造があろう。（中略）かく考えくれば、われらは現代における建築行為の上になんらの目的をも認めることができない。われらの念々刹那の行為はすなわち転成にして、この転成の上にわれらの知力の全幅を挙げて物の本質にたいする窮極と交渉しようとするのである。[29]

「厳格なるプレゼンチスト」である村野は、近代合理主義を根拠として建築を捉え、過去の定型としての様式をただなぞることを否定する。右の引用に先立って「様式上の現象は無常であらねばならぬ」と述べ、それが「刹那」や「転成」というやや仏教的な用語に繋がるわけだが、いわば瞬間瞬間の判断に集中する現在主義者だった。堀口が日本の伝統に深く潜ってその精髄を摑もうとしたのに対して、村野は近代のリアリズムの徹底に向かった。

村野は大阪の渡辺節の事務所に所属し、先に触れた日本興業銀行本店をはじめとしてダイビル本館（一九二五年、現存しないが一部復元）、綿業会館（一九三一年）など評価の高い建築を担当していた。渡辺節は大大阪時代の活気ある実業界を背景として、アメリカ流の事務所ビルを得意とし、そこで村野は様式を自在に操る柔軟さを身に付けた。独立した後は古典様式を用いることはなかったが、変幻自在の「プレゼンチスト」としてさまざまなスタイルを駆使し、施主の求めに応えた。

村野が独立してすぐ手掛けたのが、森五商店（一九三一年、現近三ビルヂング）だ。なんということもないオフィスビルに見えるかもしれないが、近寄って見れば細部の上品さが際立つ。角のほんの少しの丸面取りと頂部の鋭い陰を付けた処理が効いていて、節度を持って街路景観の一部として控える品位がある。そごう百貨店（一九三五年、現存せず）は大阪御堂筋沿いにウィリアム・ヴォーリズの大丸本店（一九二二年、ファサードのみ保存）と並んでいた百貨店だが、大丸が豊富な装飾的細部で飾られた建築であるのに対して、村野のそごうは縦の白いルーバーで覆われたモダンなものだ。この時期としてはかなり新しい感覚でデザインされており、スタイルとしては一種のアール・デコだがモダニズムの非対称な構成で全体を活気付けている。宇部市の渡辺翁記念会館（一九三七年）も村野の初期の名作だ。ゆるく湾曲した面を幾重にも重ねた正面は、ホールの音響効果と観客動線から導かれたかたちだが、それが過剰なほどモニュメンタルな外部空間をつくり出している。村野は早稲田大学の出身だが、その教授、佐藤武夫は日本における音響工学の嚆矢であり、その助言を受けたこのホールの音響はかつて国内有数のものとして知られていた。渡辺翁記念会館が、宇部市の発展を支えたセメント工業の宇部興産グループがその創立者の死後、市民会館を建設して宇部市に寄贈したものであったように、村野の施主は多くが民間企業ないし資本家だった。その意味で村野は石本喜久治と同様に、近代建築を下からの近代化において実践した建築家だったといえるだろう。

帝冠様式

西洋式建築の上に和風の屋根を載せて、そのことで日本の伝統との繋がりをあらわす様式が、戦争の気配が忍び寄る一九二〇年代後半にあらわれた。後にこの様式を総称して帝冠様式と呼ぶようになった。その代表的な例として、神奈川県庁舎（一九二八年）、名古屋市庁舎（一九三三年）、大礼記念京都美術館（一九三三年、現京都市京セラ美術館）、軍人会館（一九三四年、現九段会館、一部保存）、東京帝室博物館（一九三七年、現東京国立博物館本館）、愛知県庁舎（一九三八年）、静岡県庁舎（一九三七年）などが挙げられる。伊東忠太や佐野利器のような当時の建築界の重鎮らが審査員を務める設計コンペでしばしば「日本趣味」が求められ、それに応じるなかで帝冠様式は生まれた。右に挙げた例からもわかる通り、一九二〇年代後半から一九三〇年代に特有のもので、その後は満州における事例に限られる。だが、もとを辿るとこの様式の発端は、様式論争がたたかわされた帝国議事堂の設計コンペ後に、その一等当選案とおぼしき建物の上に和風の瓦葺き入母屋屋根を載せた案を下田菊太郎が示し、その際これを帝冠併合式と称して、〈日本の様式〉の提案としたことだった。[30] 帝冠様式は、様式論争以来の文脈上にあらわれたものだった。

東京帝室博物館（1937年）

　様式論争でもっとも支持を集めていた主張は〈日本の様式〉の創造を求めるものだったが、具体的なデザインが共有されるには至らず、その間に工学的建築の発展を牽引する佐野利器が状況をリードしていた。帝冠様式は、様式の議論など無用とした佐野利器と〈日本の様式〉を求めた伊東忠太の、二人の重鎮の指向の交点で発生したように見える。指向の交点、とは妙ないい方かもしれないが、つまり帝冠様式そのものは彼ら二人の本来の立場からははずれていたにせよ、そのあいだの妥協点としてあり得たものに見えるのだ。というのも「建築非芸術論」の野田俊彦は、日本的意匠を模造して西洋式建築に付加するようなデザインは、合理主義のもとで一切認められないと主張していた。[31]野田ほどはっきりしたものでなくともその背後にいた佐野に同様の感覚があったことを想像することは難しくない。また伊東は当時発表こそしなかったが一九二一年に書いた論文で下田菊太郎の帝冠併合式を「畸形」として強く批判していた。[32]西洋式建築と日本建築の二つの様式のキメラである帝冠併合式は伊東にとって安易なものであり、伊東の進化主義はこの課題をより発展的に乗り越えることを目指していた。こうした意味で佐野にとっても伊東にとっても、帝冠様式は積極的に正当化しにくかったはずだが、過渡期の模索としてか、彼らは帝冠様式を受け容れた。佐野と伊東は帝冠様式による多くの建築の実現を直接支え、彼らの影響下で帝冠様式は実現している。ナショナル・ロマンティシズムの問題、つまり日本国民に建築が自然なものとして受けとめられるようになるための模索において、行き当たった様式表現が帝冠様式だった。和風の屋根を載せることで日本の伝統を連想させる帝冠様式は〈日本の様式〉として圧倒的にわかりやすく、それに勝るものはついに出てこなかった。

これに対してモダニズムを指向する建築家は猛然と反発し、帝冠様式を厳しく批判した。とりわけル・コルビュジェのもとでモダニズムを学び、帰国して論客として鳴らした前川國男は、東京帝室博物館コンペがその要項で日本趣味によることを規定し、事実上帝冠様式を求めていたのに反発して、落選を覚悟の上でモダニズムにもとづく提案を行い、「負ければ賊軍」と題した檄文とともにその提案を雑誌に発表した。[33]「闘将」と後に渾名される前川の舌鋒は激しいもので、その姿勢に多くの若い建築家が奮起したといわれる。官軍に対する賊軍としてモダニズムを位置付ける「負ければ賊軍」

は、帝冠様式を推す主流派に対するモダニズムを推す反主流派、という構図を際立たせた。前川は提案で、コンペに付されていた参考平面を無視して機能主義的な平面による提案を行い、モダニズムの威力を示した。平面（Plan）とは、いわゆる平面図に描かれる、建物内の室や廊下の配置によって建築の全体像を定める計画（Plan）のことだ。それまで建築の平面はかなり定型的だったが、モダニズムは平面を柔軟に組み立てることで、定型を打破して建築の可能性を押し広げた。モダニズムを指向する若い建築家は、本来水平な陸屋根で済むところに必要のない勾配屋根を敢えて載せる帝冠様式は不合理であり、そのようなものは「国辱的建築」[34]だとこぞって批判した。合理主義を打ち出しながら「建築家の覚悟」を問うて出発した佐野利器は、帝冠様式が不合理といわれれば内心こたえただろう。主流派からの明確な反論は見られない。

後に帝冠様式は大日本帝国のファシズムの様式として捉えられ、戦争責任を問う文脈で否定的に評価された[35]。そうした捉えかたに対して、帝冠様式のファシズム的性格を否定する建築史家・井上章一の『戦時下日本の建築家――アート・キッチュ・ジャパネスク』[36]と『夢と魅惑の全体主義』[37]がある。本書もそうした理解をしたうえで、むしろ様式論争以来のナショナル・ロマンティシズムの文脈に帝冠様式を位置付けたい。日本を象徴する屋根がファシズムの国威発揚を連想させるとしても、ファシズムの文化的・政治的優越主義にかかわる性格は帝冠様式にはない。漠然とした体制への迎合の気配はあるにせよ、それは建築家のあいだでのみ通用したものであって、その様式が一般に歓迎された形跡もない。ただ、ある建築の姿が日本国民に、これはわれわれのものだ、という自然な感覚をもたらし、建築が社会のなかにしっくりと馴染みよく調和する、そういった〈日本の様式〉を実現したい、という希望を帯びたナショナル・ロマンティシズムにおいて、西洋式建築と国民の感覚とのあいだの未だ埋められていないギャップを日本建築の屋根で充塡したのが帝冠様式だった。他にそのギャップを埋める様式を見出せなかったことによる消極的選択が帝冠様式を生んだ面はあったが、誰でも日本的だと一目で分かるキッチュさにこそ説得力があった。

〈日本＝モダニズム神話〉とタウトの日本滞在

帝冠様式を推す主流派とモダニズムを指向する反主流派の二極化した構図から、むしろモダニズムこそ日本の伝統と親和性があり、〈日本の様式〉としてふさわしい、とするかなり強引な主張があらわれた。これを〈日本＝モダニズム神話〉と呼ぶことにする。いうまでもないことだが日本の伝統とモダニズムはまったく違うものだ。素材も技術もデザインも思想も、もちろん歴史的背景も、まるで異なる。しかしこのとき強引にもその二つに共通点があり、親和的だから、モダニズムは帝冠様式のようなフェイクの様式よりもよほど〈日本の様式〉としてふさわしい、という捩じれた主張がなされた。

〈日本＝モダニズム神話〉が生まれるちょうどその頃、一九三三年に表現主義の代表的な建築家であるブルーノ・タウトが来日し、三年半ほど日本に滞在して、多くの伝統的な日本建築を見て回り、絶賛ともいうべき評価をした。タウトの名声は圧倒的な効果を持ち、彼が日本建築を評価したことで、日本建築とモダニズムには親和性があるという見方が広まった、としばしばいわれる。しかしまた実際にはさほどの影響はなかったという見方もある。どうだったか確かめることは難しい[38]。本書としては、社会一般にはその影響はさほどでもなかったが、タウトの日本建築評価を利用して、岸田日出刀をはじめとするモダニズムを指向する建築家がモダニズムの勢力を盛り上げるためメディア上で盛んにプロモートした、[39]というあたりが実際に近いと考える。

タウトの来日は、関西の建築家が結成した日本インターナショナル建築会の導きによって実現した。その代表、上野伊三郎は京都で活動した建築家だが、ウィーン大学に留学し、ゼツェッションの代表的な建築家であるヨーゼフ・ホフマンの事務所で働いた。そうしたつてから日本インターナショナル建築会には多くの外国人会員がいて、タウトはその一員だった。この年にアドルフ・ヒトラー率いるナチスが政権を掌握し、ナチスは社会主義への圧力を強めることが確実であったため、ソビエト連邦と関係があったタウトは日本インターナショナル建築会を頼ってドイツを離れ来日した。[40]タウトは来日の翌日に早くも桂離宮を訪問し、それを激賞した。また伊勢神宮についても手放しといって良いほど高い評価をした。来日の翌年、一九三四年には『ニッポン』が、さらに一九三六年には『日本文化私観』が翻訳刊行され、すみやかにタウトの日本建築への賞賛は伝えられた。

タウトによる桂離宮と伊勢神宮への高い評価をもって、日本の伝統にモダニズムに通ずるものがあると国際的建築家が認めた、と喧伝された。タウトのテクストを強引にモダニズムに引き寄せて読み、またバランスを省みず一部を切り出すことによって、牽強付会的な解釈が行われた。[41]結局のところ、モダニズムの先進国ドイツから来た著名な建築家が日本建築を評価した、ということが重要で、それにより〈日本＝モダニズム神話〉は補強された。タウトは表現主義の建築家であって、根本的にはモダニズムとは指向が違うが、そんなことは気にもされなかった。タウトの著作の翻訳に問題があることはしばしば指摘されるが、[42]それだけにとどまらず、タウトを受け止める日本側には強いバイアスが存在した。

実際にタウトが日本建築を評価したのは、その簡素さと清真さについてだった。それは西洋の建築がやたらに豪華に建築を装飾し、また形式性を誇示して威圧するのと対照的であり、この洗練に世界中の建築家は目を向けるべきだとした。例えば、桂離宮は皇族の宮殿であるが、ヨーロッパの宮殿が豪華かつ重厚であるのに対して、それはきわめて簡素であった。伊勢神宮は神のための場だが、ヨーロッパの教会が荘厳かつ華麗であるのに対して、それはきわめて清真であった。そうした簡素さと清真さのなかに、実に細やかな美意識が高度な調和を達成しているのが日本建築の美点である、というのがタウトの見方だ。その簡素さと清真さはモダニズムに近い、とはタウトはいっていないのだが、そこは強引に結びつけられた。多くの点でタウトの見方は岡倉天心の「茶の本」に近いが[43]、岡倉と違ってタウトは草庵茶室の趣味性は好まず、むしろいわゆる奇麗数寄や伊勢神宮の明晰さを好んだことに独自性があるといえるだろう。

そうしたタウトの認識にもかかわらず、バイアスのかかったタウトの名の利用は続いた。モダニズムの視点から茶室を中心とする日本建築を再評価することを試みた『国際建築』誌の特集「日本建築再検」のなかに、岸田日出刀の推薦でタウトの論考「予は日本の建築を如何に観るか」[44]が採録された時には、タウトは自らのテクストの扱われ方に強い違和感を覚え、異議を表明する論考を即座に書き上げてそれが次号に掲載された[45]。タウトはその特集に、自分が強調してきた日本の美点とはまったく逆の骨董趣味的なものへの堕落を見て取り、そうした試みは無益だと批判した。特集はまさに堀口や岸田が組み立てた〈日本＝モダニズム神話〉を前提としており、このタウトの異議は、タウトの見方と〈日本＝モダニズム神話〉が異質であることをはっきり示しているが、そうした食い違いは無視された。万事がそのような調子だった。

ナショナル・ロマンティシズムとしての〈日本の様式〉とその限界

建築史家・藤岡洋保は、当時モダニズムを指向する建築家が考えていたモダニズムと日本の伝統の共通点を、平面・構造の簡素明快さ、素材の美の尊重、無装飾、非相称、周囲の環境（自然）との調和、規格の存在（畳の規格）としてまとめている。[46] これらの点で、モダニズムと日本の伝統は共通しており、したがってモダニズムこそが日本的なのだという強引な主張がなされた。だがこれらの論点は総じて曖昧なものだった。例えば、モダニズムの簡素さというのは、そういっていえないことはないが、実物を見ればそれほど自明のことではない。せいぜい西洋の様式建築のゴテゴテした彫刻的装飾と対比したときに、相対的にそういえるという程度のものだ。素材の美、自然との調和といったことも同様で、モダニズムが素材の美を追求したとはいえないし、モダニズムが環境と調和しているといえるかも微妙だろう。

そうしたなかで、堀口捨己は論考「建築に於ける日本的なもの」（一九三四年）ですこし水準の違う着眼点を示した。

> 我々の祖先は個々の部材や其一部分を見ないで組立てられた全体の形を見た。各材の地膚とそれ等の比例の宜しさのみで満足した。此事は神殿を作るやうになつた発達した神社に就ても見られる所である。これは彫刻と絵画色彩を持つ建築とは全く異つた建築理念を発展させる。材料の組合せ、比例上の構成だけで成立する建築は茶室の如き建築に見る反左右相称《シンメトリ》主義に迄導く。此如き無装飾、非相称の美を建築の上で表はし出したのは西欧では最近の事である。[47]（傍点引用者）

床・壁・天井を、その組み立てられた「全体の形」において捉え、そこに柱梁や長押の構造材が刻む線、そしてそこに窓その他の要素が配置されることで全体としてあらわれる非対称な構成（composition：複数のものを組み合わせて配置すること）を、堀口はここで日本の伝統の特徴として見出している。そしてそれを西欧の近代美術における当時最先端の表現、例えばピエト・モンドリアンの抽象画に見られるような非対称な構成に結びつけた。これは先の共通点より明確な共通点といえるだろう。床の間まわりや違い棚、茶室室内の窓の扱いなどに典型的な非対称の構成を、モダニズムの構成に近いものとして見ることは可能だ。ロシア構成主義、デ・ステイル、バウハウスのようなモダニズムにはたしかにその種の非対称の構成がある。堀口がどのように茶室の美的構成を捉えていたかについては、彼が後に編集した『茶室』[48]によくあらわれている。その表紙に用いられた茶室、春草廬内部の写真は、三次元化されたモンドリアン、あるいはフレデリック・キースラーのCity in Space（一九二五年）を思わせる。

日本建築に見られる非対称の構成は、たしかに対称性を強調する西洋式建築には見られないものだが、モダニズムにはそれがある。一九二九年に岸田日出刀が著した写真集『過去の構成』[49]は、そのタイトルに構成という言葉があるように、部分的にしろ既にこうした着眼を示していた。モダニズムの目で日本建築を巧みな構図で捉え、その美的構成を抽出して写真に定着し、全体としては日本建築を「遠い過去」のものとしてではなく、「現代人としての自分を何等かの点で啓発してくれる造形上なり構成上の精髄[50]」を示すものとして捉えるものだった。岸田が写真で示唆したものを、堀口は論理化した。

藤岡洋保は、それまで法隆寺を筆頭とする寺院建築に重点をおいて語られてきた日本建築を、モダニズムを指向する建築家が神社や茶室へと視線を転じつつ、モダニズムをフィルターとして日本建築の美点を抽出したのだから、彼らがそこにモダニズムとの共通点を見出したのは必然であったと指摘している。[51] 岸田が「現代人としての自分」の眼から「過去の構成」を見たのはその指摘通りのケースだろう。しかし同時に、先に引用した堀口の着眼については、単に日本建築へのモダニズムの投影というだけでなく、日本の工芸品や絵画、版画などが一九世紀後半以降の近代芸術に与えた影響、ジャポニスムという実体があった。既述のマッキントッシュへの日本美術の影響もそうだが、フランク・ロイド・ライトが収集していた浮世絵から得た美的インスピレーションなど、その影響は小さくなく、モダニズムの美学もまたその影響の下流にあるものだった。そのようなジャポニスムを介してモダニズムのなかに日本の美的感覚が流れ込んでいたとすれば、モダニズムを通してそれを見たことが

堀口捨己編『日本の美術』第83号『茶室』（1973年）

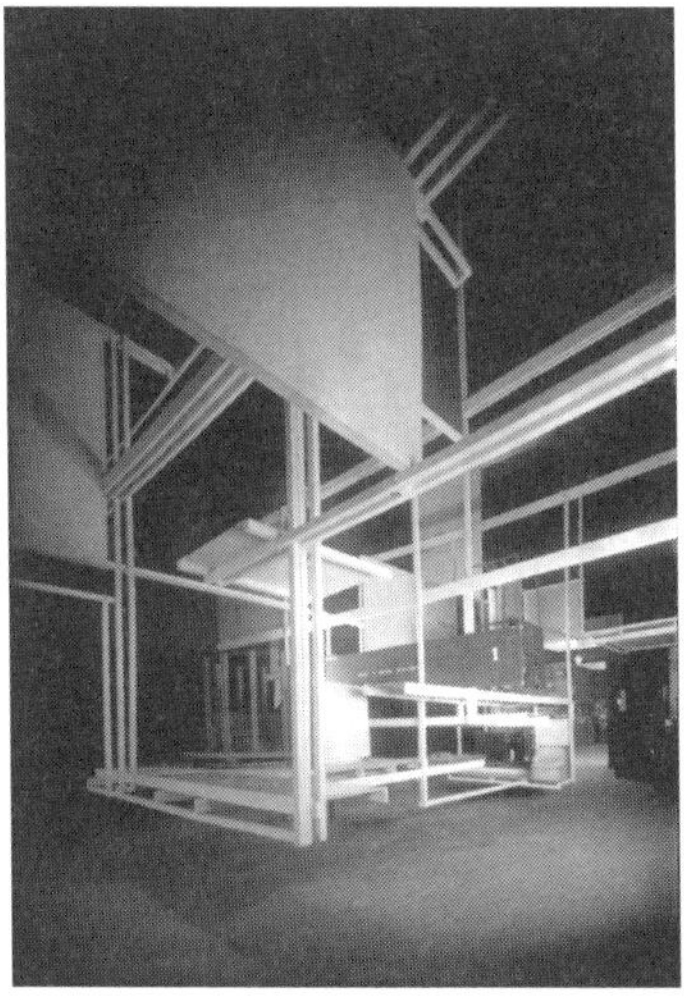
City in Space（1925年）

きっかけであったにせよ、単なるフィルターの効果という以上のリアリティを、堀口の着眼に認めることが出来るはずだ。

ただし付言しておかなければならないが、堀口自身は先に引用した彼の着眼を、それほど重要とは思っていなかったのかもしれない。引用部分は文中に埋もれて、堀口がこの論点を強く打ち出そうとしている様子はない。だがここでこの堀口の言葉に注目したいのは、一般に様式について部分に執着して全体を見ない把握に終始していた当時の建築家のなかで、まさに堀口自身が「全体の形」といっているように、彼が部分と全体の関係を捉える構成の美学を見出し、モダニズムと日本建築のメタレベルをたしかに考えていたことを裏付けているからだ。日本建築とモダニズムに通底するものを見出し、そのことで独自のモダニズムを確立しようとする意思がそこにあったのだろう。

結局のところ、西洋式建築の屋根を載せた帝冠様式は屋根という部分の模造にとどまり、建築全体としてはキメラのようなものだった。そして屋根を載せると日本的になるというのも、屋根は余計な装飾だから非合理的だというのも、屋根という部分だけを見ている点でそれほどかわらない。建築を体系的論理として受け止めることが稀だった日本の西洋式建築受容の偏りが、そうした部分への固執に結果したといえるかも知れない。そうしたなかで「我々の祖先は個々の部材や其一部分を見ないで組立てられた全体の形を見た」と堀口は述べた。屋根のような部分でなく「全体の形」において考える視点が、堀口の〈日本＝モダニズム神話〉にはあった。昭和初期の近代建築を牽引した存在として堀口はたしかに卓越していた。時局は既に戦時体制へと向かいつつあり、資材統制により建設量が抑制されたために、実際の建築でそのヴィジョンが展開された例は少ない。しかし戦後のモダニズムに

〈日本＝モダニズム神話〉はあらためて回帰してくることになる。

その上で、〈日本＝モダニズム神話〉も、帝冠様式と同様に、ある建築の姿が日本国民に、これはわれわれのものだ、という自然な感覚をもたらすことを求めるナショナル・ロマンティシズムの文脈上にあることを確認する必要がある。日本を連想させる屋根を載せる帝冠様式がナショナル・ロマンティシズムに根ざすことはわかりやすいが、日本の伝統的な美学と親和性があることをもってモダニズムは〈日本の様式〉としてふさわしいと正当化する〈日本＝モダニズム神話〉も、そのレトリックが頭でっかちなだけで、基本的に同様なのだ。帝冠様式を推す主流派の建築家と〈日本＝モダニズム神話〉を主張する反主流派の建築家のあいだにはたしかに対抗的な関係があったが、同時にそれは同じ根から発するふたつの系統であった。

すこし後のことになるが、日本の伝統を根拠として現在を正当化しようとする〈日本＝モダニズム神話〉のような指向に対して、やや意外な方向から強烈な批判があった。タウトの『日本文化私観』を直接の批判対象として、同じ題名で書かれた文学者・坂口安吾の「日本文化私観」（一九四二年）だ。

タウトは日本を発見しなければならなかったが、我々は日本を発見するまでもなく、現に日本人なのだ。我々は古代文化を見失っているかも知れぬが、日本を見失う筈はない。日本精神とは何ぞや、そういうことを我々自身が論じる必要はないのである。説明づけられた精神から日本が生れる筈もなく、又、日本精神というものが説明づけられる筈もない。[52]

　ここで批判されているのはタウトだけではない。〈日本＝モダニズム神話〉にも、〈日本の様式〉をめぐるナショナル・ロマンティシズム全体にも、この批判は及ぶ。それらはいずれも発見されるべき日本を虚焦点とするものであり、そのようなナショナル・ロマンティシズム全体に対して、安吾の批判は向けられていた。生活の実質を執拗に問い、即物的な物言いで誤魔化しを許さぬ坂口安吾のリアリズムは、こうした虚焦点のアリバイ化を全面的に批判した[53]。

　建築界における〈日本＝モダニズム神話〉は、当時の文化状況においてそれほど特殊なものではなかった。堀口捨己の「建築に於ける日本的なもの」は、もともと一九三四年の『思想』誌の「日本精神」特集に掲載された論文だが、この特集の巻頭論文である歴史学者・津田左右吉の「日本精神について」は、この時期に多くの分野で見られたいわゆる日本精神論、つまり「任意に過去の時代の或る事象を取り出し、さうしてそれだけを全体の民族生活と其の歴史とから切り離して考へ、そこに日本精神の何ものかを認めようとする[54]」風潮にむけられた批判だった。以下は坂口安吾の「日本文化私観」の主張を先取りするものといえるだろう。

　もし現代生活の内面に動いてゐる精神を日本精神として認めず、過去にのみそれを求めようとするならば、それは精神といふものを現実の生活から離れて存在し、如何なる時代にも同じやうにはたらくものと考へるからであるが、生活から離れてゐるかゝる精神といふものがもしあるとしても、それは現実の生活を指導する何等の力の無いものである[55]。

ナショナル・ロマンティシズムの虚焦点としての国民は「現実の生活から離れて存在」するものだ。そういう虚焦点があたかも実在するかのように想定し、そうして現実から遊離していく思想に、現実を変革する能力があるはずがない、というのが津田の批判の要点だ。

> 勿論、民族としての生活が現代に於いて重要なるものである限り、民族生活もしくは民族精神に或る誇りを有つこと、従つてそれを美化して観ることに、少からざる意味はある。かくして美化せられたものを遠い過去にまで反映させ、民族史はかゝる誇るべき生活と精神とを以て貫通する如くに思ひなすことさへも、必しも無意味では無い。けれども、それは寧ろ詩的な芸術的な気分からである。それを其のまゝ現実の問題にあてはめたり、又はそれを歴史的事実と見なしたり、或はまた強ひてそれを合理化しようとして恣意な解釈を加へたりするやうなことがあるならば、それは恐らくは「日本精神」を正しく導いてゆく所以ではあるまい。[56]

「我々の祖先は個々の部材や其一部分を見ないで組立てられた全体の形を見た」と、まるで見てきたかのように述べる堀口のレトリックは、津田が批判している「恣意な解釈」そのものだ。堀口の把握の水準の高さはたしかに評価されるべきだが、日本建築とモダニズムを強引に接続してモダニズムを正当化する〈日本＝モダニズム神話〉には根本的な危うさがあった。このようなレトリックを弄する必要は帝冠様式にはなかった。帝冠様式は屋根を載せることで精神というよりはかたちの上で自らを正当化出来たが、それにモダニズムが対抗するにはあやしげなレトリックが必要だった。あるいは堀口は、津田の批判に対してまさに芸術の問題を問うていると居直ったかもしれない。しかしモダニズムはあくまで現実の問題だ。モダニズムの美学的側面を議論することは可能だが、モダニズムそのものは美学に還元出来ない。

『思想』の「日本精神」特集には、津田が批判した日本精神論の代表的な論者・長谷川如是閑《にょぜかん》も論考を寄せている。長谷川は評価の分かれる思想家だが、一方でファシズムを批判し、他方でナショナル・ロマンティシズムの枠におさまるところに彼の主張の位置を見ることが出来る。堀口の主張は長谷川に近いもので、特集の中で浮いていたわけではない。津田左右吉の主張がむしろ特筆すべきものであった。津田がまさに予見していたとおり、日本精神論の論客達は厳しさを増す時局に抵抗することなく、軍部が主導した日本のファシズムをただ追認し、ときに弁護さえすることになった。日本精神論の延長線上に日本浪曼派があらわれ、一九四二年にはこの時代の知識人が体制への追従に流されていく状況のショーケースとなった座談「近代の超克」[57]が行われた。思想統制は厳しさを増して、体制への迎合と転向があちこちに見られた。堀口捨己は、自身が立てた「建築における日本的なもの」という問いに一定の答えを見出すや、それに執着して自縄自縛に陥り、あまつさえヒトラー賛美を口走りさえする胡乱さに至った。[58]

ここまで一九二〇年代以降の状況を見てきた。分離派建築会発足以来、近代建築を指向する若い建築家が続々とあらわれた。基本的にはヨーロッパの近代建築運動に同期して、それまでの西洋式建築とは異なる建築が求められていた。ヨーロッパの近代建築運動と同様に、近代建築を指向する建築家はグループを結成し、自らの主張を明らかにするマニフェストを掲げて存在感を示した。彼らの表現の傾向は表現主義からモダニズムへとしだいに軸足を移していくが、それもヨーロッパの趨勢を追うものだった。創宇社建築会をはじめとして、社会主義思想の影響を受けながら若い建築家は社会と建築の関係について議論を深めていたが、社会主義思想弾圧が激しくなるにつれ運動は封じ込められた。

　主流派の建築家のデザインはゆっくりと様式の希薄化が進む過程にあったが、そのなかから西洋式建築に日本の屋根を載せる帝冠様式があらわれた。帝冠様式はモダニズムを指向する建築家には受け入れがたいものであり、彼らはモダニズムと日本の伝統のあいだに共通点を見る強引な〈日本＝モダニズム神話〉で対抗した。帝冠様式には造形的な無理があり、〈日本＝モダニズム神話〉にはレトリックの無理があった。どちらも、日本国民に自然なものと感じられる〈日本の様式〉を確立したい、という建築家のナショナル・ロマンティシズムに根ざすものではあったが、ロマンティシズムに本質的な虚構性からは逃れられなかった。建築のあるべき姿を展望しようとするときに、虚焦点としての日本が意識される構図は、国家的段階で繰り返された。

　素材と技術において日本は国際的な水準に迫り、日本のモダニズムは国際的な展開とほぼ同期していた。山田守の仕事が『インターナショナル・スタイル』に取り上げられたように、日本の建築家は、国際的なモダニズムの発展に参画している実感を持つことが出来た。建築家のありかた自体が、様式的定型を応用する保守的なものから、新しい可能性を開拓する創造的なものへと変化していた。社会の嗜好もモダンなものを求めるようになり、生活文化の近代化は新中間層を中心として進んでいた。堀口捨己の住宅の多くは資産家が妾のために用意したものだったが、そのことはさまざまな意味で象徴的なことだ。もはや洋式と和式は混ざり合って、多様なスタイルが見比べられながら、生活文化は近代化の途上にあった。[59]

きわめて活発に建築家が議論し新しいスタイルを試して多様化が進んだ豊かな時期だった。そして従うにせよ反発するにせよその背景には佐野利器がいた。「辰野の時代はまだ建築界そのものの幅が狭かった。それだけに彼を中心とする組織は強固であり、単一性が強かった。佐野はその単一社会から数多くの枝を発生させた。東京大学の先輩・後輩、師・教え子という一本だけの幹ではなく、官庁にあるいは私立大学に地下茎のように広がって、それぞれの幹を生ぜしめた」[60]という建築史家・村松貞次郎の記述は、そうした状況を端的にあらわす。しかしその「数多くの枝」、「それぞれの幹」の繁茂は、佐野自身によって一気に束ねられることになる。いよいよ戦争の時代に突入する。

第八章　総動員体制とテクノクラシー

一九三一年満州事変勃発、一九三二年満州国建国、一九三三年国際連盟脱退、一九三七年盧溝橋事件による日中戦争への発展、一九三八年国家総動員法の成立、一九四〇年日独伊三国同盟締結と大政翼賛会結成、そして一九四一年の太平洋戦争開戦。戦争はエスカレートしていった。その過程で総動員体制が編制された。国家総動員法のもとで、国民と植民地のひとびとを人的資源と位置付け、それを域内の物的資源および資本に結びつけ、そうして生産された戦略物資を戦線に投入することで、国家の戦力を最大化する全体主義の体制だ。徴兵はもちろんだが、統制の対象は金融、労働力、資材、食料、物価、土地と幅広い。国家は企業の経営に介入し、はてはその合併と集約を進めた。政治においても大政翼賛会が組織され、あらゆる領域で挙国一致が唱えられた。

こうした社会体制の再編成の原型となる発想はテイラー・システムであり、生産工程の合理化と効率の最大化を科学的管理手法により徹底することだった。それを社会主義国家の計画経済に結びつけたソビエト連邦が、一九二〇年代後半から急速な経済発展を果たしたことで、各国で同様の動きが起こった。日本の場合はとりわけドイツの軍人政治家・エーリヒ・ルーデンドルフの『総力戦』、あるいは科学的統制経済の優位を説くアメリカの経済学者・ソースティン・ヴェブレンの『技術者と価格体制』などが参考にされて、景気の波に揺さぶられる市場経済を脱却し、統計と計画にもとづく統制経済へ移行する政策がいわゆる革新官僚によって進められた。[1] 満州国で関東軍と満鉄調査部が一九三三年に満洲国経済建設綱要を立案しているが、既にそこには「無統制なる資本主義経済の弊害に鑑み之に所要の国家的統制を加へ資本の効果を活用し以て国民経済全体の健全且溌剌たる発展を図らんとす」[2]と謳われていた。満州におけるこうした政策が、日本国内に持ち込まれた。一九四〇年以降、いわゆる新体制運動によって総動員体制への社会の再編制は徹底された。

佐野利器はこうした動きを先導する役割を果たした。しかも単に建築家としてではなく、一九三四年以降、各省庁および地方の技官の全体を束ねる団体である日本工人倶楽部およびそれが改組した日本技術協会の会長を務め、[3] その先頭に立って活動した。土木、建築を所管する内務省、電信・電話・発電を所管する逓信省、鉄道省、商工省などの技官が集まるこの組織は、もともとは文官に対する技官の劣位を制度的に定めた文官任用令の改正運動に代表される、技官の役割の拡大を求める政治運動だったが、総動員体制の形成過程で、科学にもとづき合理的な計画を司るテクノクラート（技術官僚）が主導する政治、テクノクラシーを目指す運動組織へと変容していった。

総動員体制を確立するための運動に技官たちは積極的に参画し、国家運営により深く携わることを目指した。いわば工学的建築ならぬ工学的国家への指向であり、そのまさに中心に佐野はいた。この技術者の政治運動を牽引したイデオローグが土木技官・宮本武之輔だが、この運動についてこう述べている。

今や、国家主義、民族主義と云つたやうな思潮が非常に盛んになつて参りました。従つて本会も今から数年前、組織を変へまして、それ迄理事の合議制でありましたのを新に会長を推戴する、会名も日本技術協会と改め会の指導精神として新に掲げたモットーは、技術を中心として国論を指導する、つまり吾々技術者の立場からして此の日本の国論を指導して行く、さうして国家の発展、民族の進展隆盛に貢献したいと言ふ風な非常に国家主義的な指導精神に転向して参つたのであります。[4]

国家主義の隆盛する時勢に応じて技術者の立場で国論を導くことを目指すのが日本技術協会であり、その会長を佐野利器は務めた。佐野がこうした立場につくことになったのは関東大震災復興において、あるいは都市計画法・市街地建築物法制定において、行政と工学をまたいで積み上げてきた実績によるものと思われる。日本技術協会の刊行物『技術日本』の巻頭言で佐野はたびたび檄を発しているが、例えば一九三七年一〇月号では「国民精神総動員」と題して以下のように記している。

時局は如何に拡大すとも、又如何なる新事態を重加すとも、一括して之を完全に克服し、やがて光輝ある戦果を納め、いやが上に国威を発揚し、国力の一大発展を招来せむが為に、茲に国民精神総動員が公式並に非公式の形に於て令せられたのである。其の求むる所は、国民総体の一致協力、身心の緊張であり、一面に生産を倍加しながら他面には困苦欠乏に堪え勤倹力行して以て国力の充実を計り銃後の守を固うすることである。我等は無駄には一睡も貪らざらむ、無駄には一粒も喰はざらむ、技術を以て世に奉ずるもの正に国力充実の第一線に立つて総動員の具体的指揮に当るの覚悟を要する。[5]

日本技術協会のテクノクラシー確立に向けた野心は、近衛内閣新体制運動の一環として成就した。一九四一年に科学技術新体制確立要綱が閣議決定され、翌年には総動員体制の本部である企画院に並ぶ組織として技術院が発足する。当初から佐野は、逓信省にいた山田守をはじめとする官僚建築家をこの運動に巻き込んでいたが、彼はさらに民間の建築家も含めた組織化に向かった。一九四二年に佐野を委員長として、建築学会、日本建築協会、日本建築士会、建築業協会が協議を行い、連名で国防国家建設のための建築新体制要綱を決定した。建築における新体制運動だった。さらに民間の建築家も含めた挙国一致の組織として日本建築士公用団と日本建築設計監理統制組合が編制された[6]。結局日本の建築家の全体が総動員体制に組み込まれた。軍需に資材が集中的に投入される統制経済のもとで建築量そのものが急収縮し、右の二つの組織はほとんど実務上の機能を果たしていないようだが、こうして建築家は国家のヒエラルキーにあらためて組み込まれた。

建築学会もこの時期、佐野当人あるいはその直系の人物を立て続けに会長として、こうした動きに協調した。その様子はその刊行物である『建築雑誌』の掲載記事のタイトルにうかがうことが出来る。一九三八年一〇月山田守他「非常時局下建築技術者所感」、一二月大倉三郎「時局下建築家の進路」、一九四〇年九月熊谷兼雄「我国に於ける住宅問題管見」、一九四一年四月伊藤滋「新日本に於ける建築の体制」、一〇月佐野利器「戦線の拡散」、一九四二年一月内藤多仲「皇紀二千六百二年戦勝の新年を迎へて」、二月小林政一「戦時下に於ける吾等の覚悟」、三月松井清足「建築家は如何にして職域奉公す可きか」、七月山田守「大東亜建築文化建設を担当する日本建築家の綜合的自覚」。とりわけこの年の九月号は大東亜建築特集を組んで、いわば体制への恭順を確かめる踏み絵の様相を呈した。思いつく限りの建築家が並んで国威発揚一色に染まった。もういちいちタイトルを示す必要もないだろう。それぞれの言葉を実際に追ってみれば幾人かの屈折した言葉にその複雑な心境を察することが出来るにせよ、意外な人物が戦時体制に向けた熱意を表明していることに驚かされるかもしれない。

日本工作文化聯盟

二・二六事件の年、一九三六年に組織された日本工作文化聯盟は、思想統制が強まっていくなかで、モダニズムの命脈を繋ごうとしたものと理解出来るだろう。ドイツの近代建築黎明期を牽引したドイツ工作連盟は、建築だけではなく工芸から工業まで視野を拡げ、近代化する産業社会におけるデザインの役割を確立し、その発展に成果をあげた組織だが、日本工作文化聯盟はそれに範をとり、工芸、建築、都市を視野におさめ、モダニズムを基調としてデザインにおける創意を関心の中核としていた。黒田清伯爵を会長とし、理事長が堀口捨己、岸田日出刀、佐藤武夫、市浦健及び編集者の小池新二が中心的存在だった。雑誌『現代建築』を刊行し、その優れたエディトリアル・デザインでも知られる。

この組織の背景に、危険分子と見なされがちな社会主義指向の強い建築家を外すことで、モダニズムを指向する建築家の勢力と言論の場をなんとか確保する、妥協的な意図があったのはまず間違いない。[7]この組織が形成されると、外された側にいた西山夘三はただちに「「日本工作文化聯盟」批判」[8]を発表して、組織の綱領の具体性の欠如、思想の抽象性、理論的な底の浅さなどをあげつらい、所詮はエリート建築家のやることでその発展に期待することは出来ないと断言した。活動が立ち上がる段階で早くもこうした批判に西山が踏み込んだのは、参加メンバーの選別がこの組織の迎合的な性格を如実にあらわしていたからだろう。実質的に中心にいたのは岸田だと思われるが、彼は一九三七年に

「ナチス独逸の建築一色化とは」[9]という微妙な論考を書いている。ナチスは建築総監・アルベルト・シュペーアに建築に関する権限を集約していたが、それは同時にモダニズムへの抑圧をともなうものでもあり、岸田としては受け入れがたかった。そうしたドイツと相似の構図が日本にもこの頃はっきりあらわれていた。岸田は佐野の体制と遠からず近からずの関係を保ち、ときにはとぼけたふるまいでお茶を濁して、体制内でモダニズムの延命策を模索していた。[10]

　一九三七年にパリ万国博覧会が開催され、坂倉準三が日本館を設計して、特筆すべき好評を博した。建設に至る経緯はやや複雑で、次のようなものだった。[11] 以前から万国博覧会における日本館は、伝統的な日本建築を模した実物大建築を現地に持ち込むことが行われ、本物の日本建築に接する機会はどこでも歓迎されていた。パリ万国博覧会でもそれに準じることが想定されていたが予算の都合でそれは断念され、日本館建設を主導する国際文化振興会理事・黒田清伯爵は、岸田を中心とする建築家に代替案の検討を依頼した。前川國男がモダニズムを基調とした設計案をまとめるが、伝統的な日本建築に固執する日本側当局と折り合わず、妥協案があらためて作成されてプロジェクトは息を繋いだが、博覧会側からの追加条件としてフランスの材料と労働者を用いる要請がなされ、ふたたび計画は宙に浮いた。その収拾策として、パリのル・コルビュジェの事務所を辞めて帰国したばかりの坂倉準三に設計がゆだねられ、坂倉はとんぼ帰りでフランスに渡り、ル・コルビュジェの事務所を作業場として現地で設計を取りまとめた。設計過程ではル・コルビュジェの直接の助言もあったとされる。[12]

　こうした経緯から、ル・コルビュジェ風のいわゆるアーキテクチュラル・プロムナードで全体が構成され、技術としては鉄骨造によるモダニズム、細部に日本風の要素を盛り込んだパリ万博日本館が実現した。アーキテクチュラル・プロムナードとは、日本語に訳せば建築的遊歩道ということになる

パリ万国博覧会日本館（1937年）

が、建築のなかを廊下やスロープなどが切れ目なくめぐり、そこを歩くなかで体感される空間の連続的展開や機能の連結によって建築をまとめる、ル・コルビュジェが得意とした手法だ。日本建築において縁側が部屋を繋ぎつつ室内と室外を関係付けるように、坂倉はそれぞれの展示空間を繋ぎつつ内部と外部の関係をつくり出した。モダニズム特有の軽快なヴォリュームの構成によって全体は取りまとめられ、細部に石垣やナマコ壁から発想された日本的デザイン・ボキャブラリーが加味されて、特筆すべき水準のデザインが生まれた。博覧会場のパビリオンのなかから特に優秀なものを選ぶ建築コンクールで、日本館は金賞を受賞した。フランス建築界の重鎮オーギュスト・ペレが、博覧会側の推薦から漏れていた日本館を特に見出して選んだものと伝えられている。坂倉の日本館は岸田らの〈日本＝モダニズム神話〉とはほとんど関係がないものだが、なにはともあれ日本とモダニズムを結びつけた建築が世界的な水準で独自性を発揮した。

いわばひょうたんから駒というべきこの成果を、その成立を支えた人物たちによって組織された日本工作文化聯盟は『現代建築』の創刊号でおおきく取り上げてアピールした。坂倉は日本国内にはひとつも実作がない、フランスでの修業から帰ってきたばかりの建築家であり、そのデザインも日本的というよりはル・コルビュジェの影響が強かったが、この成果は日本のモダニズムの水準の高さを示すものと位置付けられた。それは建築家の創造性に与えられた国際的な評価でもあって、技術指向の強い佐野利器らには手が届かない種類の成功だった。思いもよらぬかたちで国威発揚に貢献するこの成果は、日本工作文化聯盟にとって願ってもない追い風だった。

日本工作文化聯盟は一時は約六〇〇人の会員数を誇る大組織となったが、『現代建築』は雑誌統制令により一九四〇年には廃刊となり、日本工作文化聯盟の活動も収束した。今から見ればこの活動には、つかの間許された戦後モダニズムの準備運動といった感じがある。誌面には戦後活躍する多くの建築家が登場し、実作には乏しくともモダニズムの路線を堅持して意気高く、デザインの可能性を展望していた。

満州における建築家の活動

満州国の運営は、日本から実務官僚、とりわけいわゆる革新官僚が赴任して進められた。民間企業も早速資源を求めて進出した。満州事変以前から南満州鉄道株式会社の周囲で日本の建築家や建設会社は活動しており、満州国の建築も当初彼らによって担われた。しかし、ほどなくそうした体制はあらためられて、佐野利器に近い笠原敏郎を長とする満州国国務院営繕需品局営繕処が建設事業を統括する体制が固められた[13]。岸田日出刀もたびたび満州国を訪れ、日本工作文化聯盟周辺の建築家が建築あるいは都市計画に関与する機会を模索していたが、既に佐野はぬかりなく現地組織に影響力を行使して盤石の体制を築いていた。満州国国務院には最大で二六〇人の建築技術者が在籍していたという[14]。しかしそれにもまして満州国における業務の量は厖大で、人材は不足しており、そうした事情からか岸田の努力が実を結ぶこともあった。

坂倉準三が、満州国の新首都、新京の南湖住宅地計画（一九三九年）を提案することが出来たのも、岸田がたぐり寄せたチャンスのひとつだった。またしてもル・コルビュジェの影響が色濃く、その「輝く都市」計画の低層版とでもいうべきこの計画は、新京市長に岸田が意見を求められ坂倉に提案させたものだが、笠原敏郎ににべもなく拒否されたらしい。[15]そもそも理論や手法がいくら先進的でも現地を見もせず立案した計画が機能するはずがないのだが、おそらく岸田から見ればそれは問題ではなく、まず状況に割って入る糸口を得たこと自体が重要だったのだろう。この提案も『現代建築』誌上で早速紹介されて、さらに大規模な提案の機会がある見込みであるとほのめかされた。

他方で、坂倉の提案を反古にした現地の組織が順調に仕事をしていたかといえばそうでもなく、どこまで自分たちの計画が実現するものか見当もつかないまま職務についていた。新京をはじめとして多くの壮大な都市計画が立案された。ただでさえ新都市をまるごと計画する経験など持たない建築家は、大陸の途方もないスケールに当惑せざるをえなかった。日本の建築家が島国のスケール感で理屈をこねても大陸では意味をなさないという類の吐露は当時しばしば見られた。[16]新京は今の長春だが、そうした都市計画にもとづいて建設された建築の多くが現存し、そこには帝冠様式のその後の姿が見える。そもそも中国建築は組積造の壁に屋根を載せるもので、帝冠様式ゆずりの形式は五族協和のシンボルとして通用した。

満州国建国以後の新しい占領地にも、日本の資本は生産拠点を建設した。そうした場に日本国内から建築家、建設会社も進出した。特に戦略物資の生産に係わる重工業が大陸の資源を求めて乗り込み、その工場、事務所、社宅などの建設が大規模に行われた。既に国内の建築量は激減しており、大陸における建築プロジェクトに建築家と建設会社は飛びついた。「負ければ賊軍」と主流派に啖呵を切った前川國男も上海などで建築を手掛けている。結局、主流派・反主流派ともに戦時体制の内部に自らの位置を見いだした。例えば堀口捨己、村野藤吾のようにそうした時流に乗らなかったものもいたが、彼らがそうした理由もそれほど単純ではないようだ。

丹下健三と西山夘三

坂倉準三が新京南湖住宅地計画を検討していたとき、その作業を手伝っていた若者の一人が丹下健三だった。

彼はちょうどその頃、「MICHELANGELO頌」[17]と題した一種の散文詩を発表している。坂倉準三にル・コルビュジェの偉大さを吹き込まれた丹下の高揚感がこの文章にあらわれている。レオナルド・ダ・ヴィンチのような理性的な芸術ではなく、暗いパトスを含むミケランジェロの芸術を称揚し、それに比較すべき存在としてル・コルビュジェを位置付けることで、建築への焦がれる熱情をうたいあげた。ただし文体は混濁し、丹下の思考の展開を追いかけることは難しい。ここにあらわれているのは、日本浪曼派に影響されて丹下のなかで育まれた独特のロマンティシズムだった。

批評家・橋川文三は『日本浪曼派批判序説』で、日本浪曼派の中心人物、保田與重郎についてこう述べている。

保田の思想と文章の発想を支えている有力な基盤として、三つの体系的構造が考えられる。マルクス主義、国学、ドイツ・ロマン派の三要因がそれである。そして、これらの異質の思想が保田の中に統一の契機を見出したとすれば、そのインテグリティを成立させているものは「イロニイ」という思想にほかならないと私は考えている。[18]

日本近代思想史において、マルクス主義は強力な全体性を持った思想体系としてあらわれ、日本の知識人に近代的主体というテーマを突きつけた。そこからイデオロギーと自我のあいだで引き裂かれる矛盾と、体制の圧力に強いられた転向が、重大な思想上のテーマとなった。ドイツ・ロマン派は、一八世紀末のドイツ哲学の理念の高邁さとその時代の現実の行き詰まりのあいだで、むしろ現実に対する無関心を敢えて装ってそこから意識を引き剝がし、宙に浮いた熱情の高揚感にむけた芸術表現に向かった。このどうにもならない現実を括弧にくくり、敢えて壮大な高揚へ飛躍する態度が、橋川がいう「イロニイ」だ。日本浪曼派は、マルクス主義に影響を受けた知識人たちが被った抑圧的な現実から意識を引き剝がし、万葉集をてがかりとしながら上古の日本の美にむけて、陶酔の色濃い異様な表現で一世を風靡した。その結果として、日本浪曼派は外形的には国粋主義への陶酔そのものとなり、批判精神であるよりはファシズムの美化となった。

丹下にもこの時代の青年らしい思想遍歴があったようだが、「MICHELANGELO 頌」にはその末に辿り着いた日本浪曼派の影響があらわれている。統制経済下で本格的な建築の設計を行う機会は当分期待出来なかった。二六歳の丹下健三にとって時局は歯がゆいものだったに違いない。日本浪曼派的「イロニイ」が、その閉塞した現実から意識を引き剝がし、ル・コルビュジェへのいかにも大仰な賛美に向かわせたのだろう。決して美文とはいえない。支離滅裂とまではいわないにしても、連想にまかせて大げさな言葉が並ぶ。朗々と賛美の詩文を捧げているのだが、実のところこのとき丹下はミケランジェロもル・コルビュジェも実際には見ていない。ここにたしかなものは丹下の建築への悲願だけだ。同じくこの頃日本浪曼派に接近していた詩人・建築家の立原道造が、少なくともその作品において少しも日本浪曼派的でないのと対照的に、丹下のハマり具合は耽溺的だ。

　同じ文脈で、丹下の名を一躍広めることになった大東亜建設記念営造計画（一九四二年）を見ることが出来る。「大東亜共栄圏確立の雄渾なる意図を表象するに足る記念営造計画案」を募集した実現を前提としない設計コンペの一等案だ。敷地は自由であったが丹下は富士山麓を選んだ。巨大な屋根に九本の堅男木《かつおぎ》状の天窓を付けて伊勢神宮外宮に倣う本殿を中心とし、ル・コルビュジェのソビエト・パレス案を思わせる配置で忠霊神域をつくる計画だった。

> 「海行かば水漬く屍、山行かば草むす屍、かへりみはせじ大君のへにこそ死なめ」大君のへに大東亜の国土に帰一しかへりみないこの崇高なる精神に対して矮少なる西欧的支配欲のかたちであつた塔を以て表象し、内にその霊を靖めることは皇国の光栄ある伝統をけがすものと言はねばならぬ。我々は日本の営造の伝統した精神の指し示す道を行く。人を威圧せず何人をも抱き入れる自然と営造との渾一が作りなす「雄渾」なるかたちこそ我々が指し向ふべき世界的規模の「雄渾」であり「森厳」である。[19]

　計画趣旨文からの引用だが、ドキッとさせる詩文は万葉集から取られた詞をもとに国民精神総動員強調週間のテーマ曲として作曲された「海ゆかば」の歌詞だ。出征兵士を送る歌として愛好された。我が身を顧みず戦地に赴く兵士の精神を記念するモニュメントとして、西洋的な威圧し睥睨する塔ではなく、日本の神社神域に範を採って富士山麓の自然に溶け合う神域を丹下は描き出した。藤森照信がこの計画についていうように、「量塊の記念碑性」ではない「場の記念碑性」が丹下の目指したところだった[20]。

図面は大和絵風に彩色されているが、デザインの密度はそれほどでもない。しかし大東亜共栄圏の建設を記念するというややうわずり気味のテーマに応える、特異な荘重さがある。帝冠様式でもなく、モダニズムでもなく、そしてパリ万博日本館の小振りで軽快な表現の対極にある、神がかり的モニュメンタリティの表現だった。壮大なスケールは大東亜共栄圏のスケールを前提としたものであり、そのスケールにたじろぐことのない建築家の器の大きさが既にあらわれている。この案をもって建築における日本浪曼派の表現と見ることに無理はないはずだ。この丹下の日本浪曼派的な指向もまたナショナル・ロマンティシズムが極端に亢進したものといえるだろうが、まったく丹下独自のものだった。伊勢神宮の太古の姿の復元図や家形埴輪のかたちを参照して、自らの直感をたよりに日本の古形を造形力でつかみ出し、大東亜建設を記念するモニュメントを描いた。この大東亜建設記念営造計画に引き続き、在盤谷《バンコク》日本文化会館コンペにおいても丹下は一等を勝ち取り、新進気鋭の建築家として広く知られるようになった。

「イロニイ」は、本来的に実践家であるはずの建築家の態度としては成り立ちがたいものだ。この二つのコンペの後、丹下は造形への意欲を一旦懐に納めて、学究的な都市研究に向かって終戦までの時を大学で過ごした。振り子の振れ幅は大きかった。現実から遊離する日本浪曼派から、現実を統計的・量的に把握し統御しようとする一種の社会工学に転じた。丹下は後にこの時期取り組んでいたテーマを「いまで言うアーバン・デザイン」だったといっている。「ギリシャのアゴラとか、ローマ時代のフォーラムとか、ルネサンスのものを含めた、広場を中心にした全体の建築構成の仕方」を勉強し、また「都市の中の人の動き」、「生まれ故郷から東京に移動するのにどういう広がりを持っているか、日々の通勤みたいなものも、確率曲線を数式で表」すような研究に取り組んでいた。[21]「人の動きをつかまえれば街の形あるいは構造がわかる」はずで、それはアーバンデザインの基礎となるはずだった。丹下自身の自己解説は以上のようなものだが、中島直人によればそれだけでもないようだ。[22]丹下が大学に戻ったのは都市計画学の高山英華が臨時召集を受けて不在のあいだで、高山が戻ってきてからはそのもとで「東京都改造計画」に取り組んだ。「東京都改造計画」は「東京を「大東亜共栄圏の中心都市」として、日本的風格を持ち、商工業を主体としない都市へ向けた改造案」であり、内務省が決定した帝都改造計画要綱にもとづいて立案されていた。空襲により焼失した地域の復興をこの計画に準拠して行いながら、商工業を他地域へ分散させて、帝都東京を改造する、という発想はにわかに信じがたい。戦中のこの計画について高山も丹下も口をつぐんだ。[23]だが戦後の彼らの歩みから見て、高山自身は当時の都市計画の枠組みだけで都市の向かうべき方向を描く無謀さを悟り、都市計画の基礎固めを行うアカデミックな方向へ向かい、丹下はこれに対してむしろ、諸分野の要求を都市の実体に具体化するのは結局建築家・都市計画家だと覚悟したと見てよさそうだ。[24]

西山夘三も、丹下のこうした野心に近い方向に進んでいた。[25]彼は社会主義思想を基礎としながら、大工によって個別バラバラに生産されてきた住宅を規格化し、計画的に生産する国家的体制を整えることで、国民生活の基盤をたしかなものとすることを構想した。既に西山は低所得者住宅の丹念な実態調査から住宅に対する指針としていわゆる「食寝分離」を提起する成果を上げていた。そうした初心は貧困層に対する西山の社会主義的な関心からくるものだろうが、それほど時をおかずその指向はナチスもその一変種であるところの国家社会主義に接近し、この時期の彼の思考の集大成である『国民住居論攷』には、彼がいかに総動員体制の内部に自らの居場所を見出したかがあらわになっている。西山は「わが建築界はかかる研究事業を遂行する機関を要望する当然の権利を持っているし、それを実現することは「国家の建築家」としてのわれわれの義務の一つである」[26]とまでいってのけ、単体の建築に拘泥する建築家はもはや時代遅れで、国家の建築を統制・牽引するテクノクラートとしての役割を建築家は果たすべきだとした。ハードコアの社会主義者であった西山夘三にまで「国家の建築家」といわせてしまうところに、時局の空気を想像すべきだろう。[27]西山のこうした転身は、マルクス主義経済学から総動員体制の経済理論としての生産力理論に向かった経済学者・大河内一男のそれに重なるものだ。[28]

こうして一九二〇年以降の建築家の多様な分岐は、「国家の建築家」にふたたび収斂した。分離派建築会以来、国家と建築家の距離がすこしずつひろがり、建築家の国家への従属性が薄れて、建築家の主体性が活かされる状況が到来するかに見えたが、国家の非常事態においてあっけなくその流れは巻き戻された。

佐野、丹下、西山に見えるのは受動的な収斂ではなく、国家の建築家を体現しようとする積極的な意思だ。佐野利器は、国家の建築家としての責任を全うするために、国家機構のテクノクラートとして建築家の役割を具体化することを求め、建築家を総動員体制に組み込んでいく道を先導した。そうして国家の建築家が当然の責務を果たすべきであると、彼は確信を持っていた。「建築家の覚悟」を書いてから三〇年、「建築家が社会的地位を得べき唯一の進路」を彼は進んだ。

丹下健三は、彼特有のパラノイア的な性格に衝き動かされていた。そもそも丹下の初心にあったのは芸術至上主義に近いものだったはずだが、時局に強いられた不全感をアイロニカルに乗り越える表現に導かれて、日本浪曼派的境地に彼は押し出されていった。その高揚感を維持したまま丹下は都市に関心を向けた。国家の極端なかたちを思い描きながら、そこでの建築家のありかたを展望した。丹下のこうした発想はただの夢想には終わらず、戦後の丹下の都市構想へ繋がっていく。

西山夘三も、佐野とはまったく別の経路からではあるが、テクノクラートとして自らを意識した。社会主義から国家社会主義への転向を経て、総動員体制のテクノクラートを志すに至る軌跡は、この時代の知識人の一つの典型だ。彼のテクノクラートへの指向は、戦争が長期化する前提に立てば国力を維持する条件を見出す役割を自ら引き受けるほかない、という状況判断から出てきたのだろう。[29]だが、丹下の場合とは違って終戦とともにその現実的な条件は宙に浮いた。

彼らはいずれも、「国家の建築家」であることを覚悟していた。ある意味では西山は論文を書いただけだし、丹下は図面を描いただけだ。実際の建築が出来たわけではなく、戦時下に不遇をかこつなかの手すさびに過ぎないといえないことはない。だがそこに見える国家的段階の建築家の極端な姿を直視する必要はある。

「国家の建築家」の責任

しかしそれにしてもなぜ一九二〇年以降の建築家の多様な分岐はこうもやすやすと収斂したのだろうか。それぞれの建築家にそれぞれの困難があったはずで、それを安易に平板化してしまうことは不当なことだろう。だが、それぞれ個別の事情がありました、で済ますわけにもいかない。

その究極的な原因は、国家的段階の建築家が国家への従属性からついに抜け出すことが出来なかったことにあるだろう。彼らは国家に建築の領域におけるイニシアティブを委任され、その職務を全うする自負をアイデンティティに刻んだ存在であった。一九二〇年以降、総動員体制編制までは、この縛りがつかのま緩んだ時期だった。その時期の建築家は、直接的な意味において国家に奉ずるのでなくとも、より良い建築を作ることを通して社会に貢献し、間接的にその責任を果たし得ると考えることが出来た。事実そうであって、この時期の建築家の分岐と多様化は日本の社会を豊かなものとした。日本社会の急速な近代化にともなうさまざまな課題に建築は柔軟に対応し得た。だが事態が切迫してくると、そのような悠長な責任の果たし方は通用しなくなった。有為の人材は国家に貢献することが当然とされ、国家のヒエラルキーのなかに彼らは帰った。subjection、国家に対する主体化＝服従化の呪縛を断ち切ることは出来なかった。この国家と建築家の関係は、国家と国民においても同様だった、と一般化してしまうのはたやすいが、ここはその手前で踏みとどまるべきだろう。建築家が戦争において貢献し得ることは多くなかったが、だからこそスローガンはやたらに大げさになり、時に日本浪曼派にも近いうわずりを見せた。どんなに困難な状況に陥ったとしても、そのために外国に亡命した日本の建築家はただの一人もいない。おそらくそれは彼らには考えられないことだった。ドイツの建築家、とりわけモダニズムを牽引した建築家の多くがナチスの圧力に追われ、最終的にアメリカに亡命したのとは対照的だ。日本の建築家は日本という国家を離れて建築家たり得なかった、というのは言い過ぎだろうか。

日本近代建築史の通説は、佐野利器ら主流派を反動と位置付け、それに対するモダニズムを指向した反主流派を革新と位置付けることで、前者を否定的に、後者を肯定的に評価する一種の紋切り型を維持してきた。しかし実情はそのようなドラマティックなものではない。もちろん佐野ら主流派は、総動員体制に建築の領域を組み込む動きを主導し、より主体的な責任がある。だがこの時期に主流派と反主流派の明確な境目はない。山田守は官僚組織のなかにあってかなり早くから佐野と行動を共にしていた。市浦健は、おそらく佐野の差配で建築新体制の重要な一部である住宅営団の指導的な立場に据えられていたが、同時に彼は日本工作文化聯盟を支えた。社会主義のイデオローグであった西山ですら、総動員体制のなかに自らの役割を見出した。結局のところ、体制への恭順を確かめる踏み絵を示されれば皆がそれを踏んだ。

建築作品として評価しうるものが少ない戦時下に坂倉準三と丹下健三は登場した。彼らのキャリアにおいてこの時期はまだ序章に過ぎない。日本が近代建築を受容した文脈のすこし外側から、彼らの仕事ははじまっている。

パリ万博日本館は当時の日本の近代建築において問われていたテーマから離れて、より自由なスタイルで日本を扱うことで、特筆すべき建築を実現した。坂倉はル・コルビュジェ直系の建築家であり、そのデザインもまたそうだった。興味深いのは坂倉が戦中に、軍、政財界との独自のコネクションから自らの仕事を得て活動していたことだ[30]。坂倉の戦後の活動にも財界との関係がうかがわれるものが多い。坂倉の場合には、国家とそれに従属する建築家というありかたよりも、有力者との人脈的関係のほうが重要だったようにも見える[31]。それはル・コルビュジェ当人が、有力者との特別な人脈関係を築くために陰に陽に奮闘していたことに重なる。

丹下は大東亜建設記念営造計画案の強烈なモニュメンタリティで広く知られるようになったが、それはそもそも実施を前提としたコンペではなかった。在盤谷日本文化会館は、中立国タイに設ける日本の文化外交の拠点の設計案を募るコンペであり、少なくとも一時は実施に向けて設計が進められていたようだが、戦争の激化によりプロジェクトはストップした。[32] 丹下がこの二つのコンペで提示したスタイルは、直接的には戦後の丹下に繋がっていない。どちらも日本の近代建築において問われてきたテーマには遠かった。むしろ戦後に丹下は構造フレームを日本的な構成に見立てるスタイルを通して〈日本＝モダニズム神話〉に接近していくことになる。

一九二〇年代から一九三〇年代後半にかけて、近代建築を指向する建築家は国際的な近代建築の動向へのキャッチアップを意識していたが、それ以後にあらわれた坂倉と丹下にはそうした意識は見られない。彼らはむしろ日本の近代建築の独自性を追求した。彼らは自ずから創造的な主体であった。彼らのこうしたありかたは、戦前の近代建築の文脈を断ち切り、戦後の建築家の原型となっていく。

戦中を代表する建築が、一つは国外で建設されたものであり、他方は実現しなかった案であることは、総力戦体制下で収縮した建築の状況を反映している。鉄もセメントも貴重な戦略物資として扱われ、まともな建築は建たなかった。いわば兵糧攻めにされて建築家は国家に帰順したといえなくもない。多くの建築家の目の前にあったのは乏しい資材でその場しのぎの建築をなんとか成り立たせるだけの仕事だった。銃後のひとびとの住生活がどのようなものだったかについてここで敢えて述べることはしない。戦時下を回顧する手記などに見られる彼らの生活はもちろん厳しいものだが、総動員体制の犠牲になりつつもささやかな光を求める日常もあったようだ。戦争末期にはそれすらも奪われた。

第九章　戦災復興と近代建築の隆盛

一五年戦争の敗戦によって大日本帝国の時代が終わり、連合軍とその総司令部であるＧＨＱによる占領がはじまった。もちろんそれは重大な出来事だ。しかしそれ以前に、ひとびとの生存が危うかった。空襲や艦砲射撃によって大都市、工業地域など国土の基幹部分が破壊され、国民の生活基盤が崩壊していた。国内の罹災面積は六三〇㎢、罹災戸数は二三〇万戸とされる[1]。住宅の二割以上が失われていた。東京都の罹災家屋の割合は五九％、大阪市で五四％。七〇％以上の家屋が罹災する徹底的破壊を受けた都市が二三都市に上った[2]。

戦災復興はまさしく焦眉の問題だった。終戦は八月だったが、混乱のなか体制を整える間もなく冬がやってくる。罹災者越冬対策の一環として簡易住宅三〇万戸を建設する罹災都市応急簡易住宅建設要綱が急遽策定され、中長期的には四二〇万戸の住宅供給が必要とされた。したがって資金・資材・労働力などのリソースを効率的に住宅供給に結びつける、計画的で集約的な建設が必要だった。

こうした事情から総動員体制の組織が、そのまま戦災復興事業を進める組織となった。戦災復興の計画策定機関である戦災復興院と経済安定本部が、総動員体制の司令塔であった企画院や満鉄調査部のメンバーを中核としていたことに、そのことは端的にあらわれている。経済学者・野口悠紀雄がいうように、総力戦のために社会組織を再編成して生まれた「一九四〇年体制」は、戦後の社会体制の原型となって、相当部分が現在まで連続している。[3]

もちろん政治学者・丸山真男が「超国家主義の論理と心理」において「日本軍国主義に終止符が打たれた八・一五の日はまた同時に、超国家主義の全体系の基盤たる国体がその絶対性を喪失し今や始めて自由なる主体となった日本国民にその運命を委ねた日でもあったのである」[4]と書いたように、たしかに終戦は歴史的な転機であって、建築家もまた新しい時代の到来を強く意識したはずだ。しかしながら彼らは静かに自らを省みて「終止符」を打つ余裕もないまま、戦災復興という国家プロジェクトに取りかかった。終戦直後を振り返って高山英華はこう述べている。

> 負けちゃってですね。そのあと呆然としちゃったわけなんです。何かしなければならないというので、僕としては考えが180度回転したような形でね。今考えると、もう少し良心的には連続性があつて休んでいた方が筋だと思うのですが。それは故《ママ》かというと、住宅問題と都市計画という専問《ママ》の然らしむめ《ママ》るところがかなりあつた。その二つの問題が、私がやっていた仕事だものですから、直ぐに戦災復興計画や住宅政策に飛びついたわけです。[5]

むしろ建築家は責任感をいよいよ募らせていたかもしれない。なにしろ、結局のところさしたる貢献の機会がない戦争が終わり、復興のための建設という貢献の機会がやってきたのだから。物資の欠乏は当座の仕事を厳しく制約していたが、予測された建築需要は厖大なものであり、ともかくありとあらゆる建設が待ち望まれていた。

戦中から戦後へのこうした連続性のもとで国家的段階は持続した。建築家は建築の領域におけるイニシアティブを担う意識を堅持しており、その責任を果たすべき機会が訪れていた。戦災復興は正真正銘の国家プロジェクトであって、その事業に建築家は自らの職務を見出した。国家的段階は終戦以後、二五年ほど持続した。その過程で建築家の戦争責任について反省と総括を求める声はたびたび上がったが、そうした反省は後でも出来ることとされ、結局はけじめを付けられることはなかった。[6]

とはいえ戦前の主流派の重鎮たちは、これを機に表舞台からしりぞいた。終戦時に六五歳だった佐野利器は、満州などから引き揚げてきた技術者の斡旋と官庁業務の受託を行う復興建設技術協会の長を務めたが、これは戦中の自らの動きの後始末にも見える。東京裁判で戦争犯罪人として裁かれた建築家はいなかったが、内田祥三は大政翼賛会総務を務めたことから公職追放の対象となった。[7]追放解除後は東京大学名誉教授など公職を歴任し隠然たる権威があったようだが、[8]その後の活動はめだったものではない。

結果的にかつての反主流派が主流を占めた。分離派建築会の創設メンバーも終戦の年には五〇歳になり、そのあとに続いた世代も底堅い中堅層として育っていた。厳しい状況下でモダニズムの火を絶やさないようぎりぎりまで頑張ったかいがあったといえるかもしれない。モダニズムは戦後建築の基本方針として広く共有された。

おおむね一九三七年以降、総動員体制による建築資材統制によって国内の建築生産は停滞していたが、戦後も住宅建設に資材が集中的に振り向けられねばならず、ままならぬ状況は一九五〇年の統制解除まで続いた。つまり終戦を挟んで一三年ほど建築は素材の欠乏により制約された。

戦災復興院嘱託の立場で建築家が被災都市の復興都市計画の立案に参画した。都市計画の立案に関わった経験のある建築家は限られていたから、それほど多い人数ではないが、重要な経験となった。

広島の復興都市計画は、とりわけおおきな成果を上げた。原子爆弾により焦土と化した広島市街地の広島平和記念都市建設計画は一九五二年に決定され、平和記念公園、広島城蹟を中心とした中央公園、河岸の整備、一〇〇メートル道路を中心とする道路計画などがそこに含まれていた。この計画に丹下健三が関与した。丹下の提案がそのまま都市計画として制定されたわけではないが、その貢献の度合いは他の事例に比べるとかなりおおきい。[9]

東京の復興都市計画は、東京都の都市計画課長だった石川栄耀が主導した。石川は、広幅員道路、広場、緑地帯、公園などの生活空間の改善、衛星都市への分散による過密の軽減などを期した計画を立案した。だが計画策定に時間が掛かったためにＧＨＱによる財政緊縮政策、いわゆるドッジ・ラインの影響を受けることになり、結果として大幅な計画縮小を余儀なくされた。[10] 壮大な都市計画は敗戦国にふさわしくないとするＧＨＱの意向が働いたといわれる。それでも個別には成果があり、その代表的なものとして新宿歌舞伎町、池袋東口、麻布十番、錦糸町と五反田の駅前街区が挙げられる。ひとびとの生活のいきづく街路空間を実現することに石川は意識的であり、その意図は現在もそれらの場所から読み取ることが出来る。

戦災復興院は敗戦の年の年末には戦災地復興計画基本方針を定め、そのもとで各地の自治体の官僚都市計画家が取り組んだ復興都市計画が重要な成果を上げた。東京の場合よりも迅速に計画が策定されたためにドッジ・ラインに先んじてそれらは実行され、今でも都市基盤の一部となっている。名古屋の久屋大通と若宮大通、仙台の定禅寺通など広幅員道路が多くの都市で実現したのはその例だ。

モダニズムの建築家の国際会議であるＣＩＡＭは、近代都市計画の理論と方法に関する議論を積み重ねていたが、日本の建築家はそうした議論に憧れを抱きつつも、ながらく手が届かなかった。戦中の大陸でのわずかな都市計画の経験の後に、戦後の復興都市計画という機会を得て、日本の建築家はようやく都市スケールの構想に取り組むことが出来た。丹下健三は広島の都市計画をＣＩＡＭの第八回会議（一九五一年）で発表し、高い評価を得た。単体の建築を超えて都市をより良いものとすることに貢献出来る、という実感を建築家は抱いた。以後、とりわけ終戦から一九七〇年の大阪万博にかけて、都市構想が重要なテーマとなる。

ＮＡＵと近代建築論争

ポツダム宣言は「日本国国民を欺瞞し之をして世界征服の挙に出づるの過誤を犯さしめたる者の権力及勢力は永久に除去せられざるべからず」[11]と謳っていた。したがって一五年戦争を主導した多くの有力者が公職から追放され、政府や民間企業の要職につくことを禁じられた。対象者の数は二〇万人に上った。逆に戦時下に抑圧された社会主義運動は息を吹き返した。日本社会党は、終戦直後の衆議院議員選挙こそ第三党にとどまったが、新憲法下で初の選挙となった一九四七年の衆議院議員選挙では最大多数を占め、政権与党となる躍進を遂げた。多くの日本人が社会主義に好意的になった時期だった。こうしたなかで左派の建築家は活発な活動を展開した。

既述の通り、一九三〇年に多数の建築家が参加した新興建築家聯盟が崩壊し、その残党である青年建築家クラブも一九三四年に活動を収束させていた。左派の建築運動の断絶から既に一〇年以上のブランクがあり、その間の建築家の経験はさまざまだった。共産党の資金工作のため銀行強盗事件を首謀して戦時下をほぼ獄中で過ごした今泉善一は極端な例だが、徴兵されて過去の左翼運動との関わりを咎められて兵営で過酷な懲罰を受け、あるいは捨て駒同様に戦線に投入されたものもいた。非転向を貫いたものは稀であり、多かれ少なかれ状況への適応があった。

まず創宇社建築会の系統を継ぐ日本民主建築会が生まれ、社会主義にあらためて回帰した西山夘三を中心とした関西建築文化連盟が生まれ、左派の建築家がその姿を現した。また社会主義に傾いていたわけではないが終戦後に民主化に向けた建築のありかたを模索した建築家のグループとして、官僚から大学研究者まで連携して戦後の復興を構想する国土会が生まれ、日本工作文化聯盟の系統を継いだ日本建築文化連盟が結成されるとそこに合流した。かつて青年建築家クラブのメンバーだった高山英華は東京大学助教授となっており、日本建築文化連盟代表を務めた。これらの団体が合同して、一九四七年に新日本建築家集団、NAUが結成された。

NAUも社会主義思想を指向する建築家とモダニズムを指向する建築家が相乗りして成立した。戦前の運動にもそうした構図はあったが、政治色の強い執行部とそれに鼻白む一般会員という状況が再現された。高山英華はもはや社会主義の支持者ではなかったが、戦前の運動の縁があり、またモダニズムを指向する建築家を取りまとめる立場にあったから、寄り合い所帯であったこの運動のまとめ役となり、NAUの委員長を務めた。

この時期に、NAU組織内のギャップを露呈する論争が起こっている。建築批評家・浜口隆一の『ヒューマニズムの建築』[12]と関連して行われたいわゆる近代建築論争だ。[13]同書の主張は次のようなものだった。氏族社会から国家が生まれ近代にいたる人類史的段階、浜口がいうところの「国家の段階」[14]において、建築は支配階級の権威を表象するものであって、その権威をあらわす大建築を実現するために建築家は生まれた。社会下層のひとびとの住居や生産施設は下級建築とされ、それらを建築家は自らの仕事の対象と見なしてこなかった。戦前の日本は「国家の段階」に位置付けられ、戦前戦中の帝冠様式や丹下の大東亜建設記念営造計画はそういう権威を表象する建築とされた。しかし戦後の日本は「国家の段階」を脱し、人民とデモクラシーの社会のためのモダニズムが求められる近代を迎え、建築家は広くひとびとのための建築に積極的に取り組むことになる。今や建築には機能的であることが求められ、質が高く、美しい建築であらねばならない、というのが『ヒューマニズムの建築』の主張だ。歴史をかなり強引に単純化してモダニズムを正当化するものといっていいだろう。これに対して左派の建築家から批判が起こった。実際のモダニズムは社会の資本家階級に奉仕するものであって、浜口は知らずそのお先棒を担いでいるに過ぎず、結局人民を見下す尊大さを払拭していない、という批判だった。戦前の西山の日本工作文化聯盟批判にも似たイデオロギー的紋切り型だった[15]。たしかに浜口の主張はご都合主義的ではある。だがモダニズムが主流を担う状況が到来したときに、モダニズムの発展の必要を確認しようとする浜口の意図を汲んでも良かったはずだが、左派はそうしたレトリックを聞き流すことができず、噛み付いた。

　現在から見ると左派のモダニズムへの批判はわかり難いかもしれない。『ヒューマニズムの建築』はモダニズムの機能主義、つまり機能的に建築を作ることを当然の指針としていた。機能主義はそれ自体として文句の付けようがない指針のようだが、機能とは要するに効率の問題であり、それを最優先にすることはいわば資本家の経営の視点からものごとを見ることであって、その反面で人間をないがしろにするものだ、ということが左派の論点だった。また機能主義は、建築の機能にもとづき建築は設計されるべきだとする規範だが、そこには美学的なニュアンスが付随していた。つまり、建築の成り立ちやかたちが建築の機能に即していればいるほど建築は美しくなるとするデザイン上の指針でもあった。このようなモダニズムの美学は社会主義思想からすれば不純なものであった。

しだいに社会主義のイデオロギー的色彩が濃いNAU執行部の方針への一般会員の不満が目立つようになり、運動には軋みが生じはじめた。しかしそんななかでNAUの活動で後の展開に繋がる、共同設計の取り組みが始まった。共同設計の意義は、建築家が対等な立場で民主的な議論を通じて建築設計を行うことにあった。これは遡れば創宇社建築会以来の建築家と図工の階級問題に根を持つものだった。一九五〇年から始まる八幡製鉄労働会館の設計はNAU内部に設けられた設計委員会によって進められた。その他にもNAUの各地方支部で少なからぬ数の共同設計が行われた。当時はもちろん手書きの図面の時代であり、一枚の図面を囲んで設計をする他なかった。日常の仕事を終えた後にどこかに集まって共同設計は行われていた。顔を突き合わせて議論を重ね、設計の方針を合議で決める、とても効率の悪い作業プロセスになり、図面を早く欲しい発注者側の共感を得ることは難しかったようだ。それでも設計業務のあるべき姿を見出すために、共同設計に意義が感じられていた。

終戦から一九五〇年代前半まで

終戦から一〇年ほどのあいだの特筆すべき建築を見ておこう。

谷口吉郎は藤村記念堂を一九四七年に完成させた。岐阜の古い宿場町、馬籠の旧街道筋に面した島崎藤村の生家跡地を改修して、一種の文学公園とするものだ。藤村の生家は宿場の本陣であり、建物は既に焼失していたが、谷口はその跡地を砂敷きの庭として残している。街道からその庭の平穏を守るように壁を立てて、庭の北辺に簡素な廊下状の本堂を木造民家の作法でしつらえた。谷口は戦前からモダニズムを牽引する建築家のひとりだったが、藤村記念堂にはそんな気配はまったくない。現地の村人がその建設を望み、彼ら自身による自主施工を前提としたプロジェクトであって、奇を衒うことのないおちつきと、清廉な情緒がかたちづくられた。終戦直後の物資欠乏もそこにあらわれているのだろうが、これで満ち足りていた。訪れれば、一歩進みゆくたびに繊細に調整された間合いのコントロールで自然に足が止まる、見事な建築だ。

堀口捨己は名古屋の料理旅館、八勝館の御幸の間（一九五〇年）を手掛けた。戦後始まった国体（国民体育大会）が愛知県で開催されるにあたり、昭和天皇夫妻の宿泊施設としてしつらえられたものだ。桂離宮に範をとったいわゆる和風建築だが、それにしても線の細い繊細なデザインが徹底された。敷地の傾斜を生かして床は庭からひとの背丈ほども持ち上げられ、庭を展望する開放的なガラス戸が周囲を囲い、室内には異様な浮遊感がある。相当な広間だが和風のボキャブラリーを駆使して緩むことがない。技巧的な空間の演出といい、細部に施された豪華な素材のあしらいといい、この時期の建築に課された厳しい条件とは隔絶したところで成立した建築だ。

神奈川県立近代美術館旧鎌倉館（一九五一年、現鎌倉文華館鶴岡ミュージアム）はモダニズムの戦後もっとも早い成果のひとつといえるだろう。戦災復興期の厳しい経済状況のなかで美術評論家・土方定一を中心とした文化人が、公共の文化施設を設ける気運を盛り上げて実現した。コンペにより選定された建築家はパリ万博日本館の坂倉準三だった。四角いドーナツ状の美術館を細い鉄骨で軽々と持ち上げてピロティとし、中心に中庭を設け、鶴岡八幡宮境内の蓮池に張り出すように建つ。このなりたちはル・コルビュジエのムンダネウム構想を思わせるもので、ル・コルビュジエ自身がまだ実現していなかったアイディアを、坂倉はひと足先に実現した。軽快な鉄骨構造と簡素なパネルの壁が、戦後すぐの建築とは思えない快活な雰囲気を帯びている。この軽快な構造は厳しいコストを反映したものでもあったが、リスクをともなった。最近行われた改修工事の記録を見れば、この建築のなりたちがほとんど倉庫同然のものであり、厳しい制約のなかでこのモダニズムの名作が実現したことがよくわかる。なお上野の国立西洋美術館（一九五九年）はル・コルビュジェ自身が手掛けたムンダネウムの実現例になる。

同じ年にアントニン・レーモンドがリーダーズ・ダイジェスト東京支社（一九五一年、現存せず）を実現している。帝国ホテルを手掛けるフランク・ロイド・ライトのスタッフとしてレーモンドは来日し、そのまま日本で建築家として活動した。その事務所は戦前、前川國男や吉村順三など多くの建築家が修業する場となった。レーモンドは日本の同時代の建築家とは一風異なるアプローチで独自の近代建築を作っていた。戦中はアメリカで活動したが、戦後あらためて日本に戻り、多くの優れた建築を実現させている。リーダーズ・ダイジェスト東京支社は鉄筋コンクリート造による二階建てのオフィスだが、中心に耐震性能を集中的に受け持つ壁を並べ、そのかわりに窓側は細い鉄の柱のみで支えることで広々とした敷地におおきく開放する特異な構造形式をとっていた。現在であれば驚くほどの構造ではないのだが、理論上はともかく施工上のリスクを考えると当時の日本の常識では考えられないものだった。また仕上げ材料や設備の面でも、アメリカの高い水準を見せつけ、目指すべき目標となった。技術を突き詰めることで建築の可能性を拡張するレーモンドの果敢な挑戦は、多くの建築家の共感を得た。

以上はいずれも特筆すべき例をピックアップしたものであり、制約の厳しいこの時期の建築の状況を反映したものとはいえない。より一般的な時代状況に迫ろうとするなら住宅不足に対する建築家の取り組みに目を向ける必要がある。ここでは池辺陽《きよし》の立体最小限住宅（一九五〇年、現存せず）、増沢洵の最小限住宅（一九五二年、現存せず）、広瀬鎌二のSH－1（一九五三年、現存せず）、清家清の「私の家」（一九五四年）を取り上げておく。そもそもある程度自由度をもって住宅を設計出来るようになるのは一九五〇年以降であり、それ以前のもので多少面白いものは、第一〇章で触れる規格化した工業化住宅の先駆例があるに過ぎない。厳しい条件の中で最大限の効果を上げようとする最小限住宅の初期の試みとして知られるのが池辺陽の立体最小限住宅で、吹き抜けを介して一階二階を繋ぎ、家族が一定の生活水準を確保して住むことが出来るコンパクトな住宅のプロトタイプをまず示した。これを超える水準を見せたのがレーモンドの事務所にいた増沢洵の最小限住宅だった。基本的な条件は池辺と同様だが、構法的にもデザイン的にも単純化と合理化を徹底し、その上で貧しい条件においてもなんとか美しいものを作りたいという強い意思が感じられる。さらに広瀬鎌二のSH－1になると、資材状況が改善してきたことがうかがえる。きわめて華奢なものだが鉄骨を用いて、その材料の性能と特性を絞り尽くすようにして造られた。すこし先行してアメリカ西海岸で展開したケース・スタディー・ハウスと呼ばれる住宅群から影響を受けつつ、簡素でカジュアルなスタイルが徹底されている。清家清の「私の家」になると、いわゆる建築作品を作る余裕が生まれていたことがうかがわれる。五×一〇mの長方形平屋、三方に鉄筋コンクリートの壁を立て、一方は庭に向けてガラス建具のみで開放、屋根はフラットルーフによるワンルームだった。そこでのライフスタイルは欧米流の下足式で、玄関はなく、土間状の床に移動式の畳が置かれていた。これより前に挙げた三つの住宅に畳は用いられていない。新しい時代のライフスタイルを求めるところもあっただろうし、畳敷きの部屋を寝室と居間に共用しては生活の基本的水準が確保されているとはいえないと考えられてもいたからだろう。

清家清はそうした慣習的な畳のイメージを逆手に取って、敢えて畳を単なる床材のバリエーションとして用い、新しいライフスタイルの実験を試みた。

　戦後の住宅不足に対して国家が直接介入する公共事業として、大規模に公営住宅が建設された。その象徴となるのが一九五一年度公営住宅標準設計のひとつ、いわゆる五一C型だ。これ自体はいわば間取りであって、この一戸の単位を並べて一棟の鉄筋コンクリート造アパートを造り、それを並べて団地が造られた。床面積一二坪というから家族向けとしてはかなり狭い。部屋構成は今風にいうならば2K、つまり畳敷き和室二室＋ごく小さなダイニング付きキッチン＋諸室で、廊下を省いて部屋を直接行き来するようにしているが、部屋の位置関係を調整して、狭くとも支障なく暮らせるよう工夫がなされていた。当時の切迫した住宅不足のため、効率的に最大の量を建設することが求められていた。東京大学の吉武泰水研究室が作成したこの標準設計をもとに、一九五五年発足の日本住宅公団と地方自治体の住宅供給公社が主体となって、厖大な戸数が建設された。

　量が供給されるということは、さまざまな意味を持つ。まず建設において、各地方で一定の技術を要する鉄筋コンクリート造の建物が建てられることになった。技術的にまだ未熟だった地方の中小規模の建設会社が、この建設に携わる経験から近代建築の技術を習得した。[16] また生活において、地面から離れたアパートの一室で
い住宅設備にひとびとは触
地域でこうした鉄筋コン
る場合もあった。それで
を後押しした。都市へ移

ニティとは異なるタイプの団地コミュニティが生まれた[17]。時代を下るにしたがい標準設計はしだいに一戸あたりの床面積を増やしてその水準を上げていった。

一九五四年に広島の世界平和記念聖堂が完成している。設計コンペが行われたが一等当選該当者なしという結果となり、その審査委員長を務めた当の村野藤吾が結局自身で設計する建築家選定の経緯が物議をかもしたが、ともあれ出来上がった教会堂は見事なものだ。粗く仕上げられた鉄筋コンクリートの構造フレームのなかにコンクリート・ブロックを変化をつけながら充塡した外壁が印象的で、貧しい素材だが村野らしい温かみを感じさせる。三廊式の本格的なバジリカ式聖堂であり、ざっくりとしたテクスチャーで仕上げられた内部空間は深い陰影をたたえている。スケールもゆったりと大きく、おおらかな礼拝空間だ。おそらく余裕があれば内部にもう少しディティールを与えたかったのではないかと思われるが、寄付されたステンドグラスと壁画に要素を限った現状も決して物足りないものではない。

丹下健三は戦後モダニズムのチャンピオンというべき建築家だが、ここではまず広島平和記念公園（一九五五年）と香川県庁舎（一九五八年）を見ておく。丹下が広島の復興都市計画に深く係わったことについては既に触れた。その画竜点睛というべきものが広島平和記念公園とそこに建つ広島平和記念資料館だ。自身が線を引いた広島市街を貫く一〇〇メートル道路にむけて原爆ドームから垂線を下ろし、それが広島平和記念公園全体をかたちづくる強力な軸線となった。その軸線をまたぐゲートとしてピロティで持ち上げられた陳列館（現本館）を据え、その正面に原爆死没者慰霊碑、東に本館（現東館）、西に公会堂[18]（現広島国際会議場）が線対称に配置された。毎年八月六日に行われる平和記念式典では、ひとびとがこの軸線に沿って参列し、慰霊碑の向こうにちょうど原爆ドームが見えて、そ

広島平和記念公園（1955年）

の上空で爆発した原子爆弾に思いをいたすことになる。教会堂がキリスト教徒のための空間であるのと同じように、広島平和記念公園は広島に集うひとびとのための空間であり、丹下の建築は舞台装置のように式典の儀式性を高めている。このような効果を意図して個々の建築のデザインは調整され、建物内部の機能的条件よりは公園に参集するひとびとの「都市のスケール」にもとづいて設計が行われた。ゲートとして持ち上げられた陳列館の本体は淡々としたルーバーで覆われ、むしろ目立つのはピロティに剝き出しになったコンクリートの列柱だろう。列柱が単純に並んでいるように見えるが、中央をポーチ状に強調して慰霊碑に向かうひとを迎える表情を作っている。本館については桂離宮の構成とプロポーションが参照されているといわれる。たしかに腰高な一階とその上の扁平な主階のバランス、そして柱梁の見せ方は、桂離宮から屋根を取り去ったかたちを思い起こさせる。本館は後に改築されて面影を残すのみだが、当初の研ぎすまされた姿はとても鉄筋コンクリート造の建物とは見えないほどに華奢だった。リーダーズ・ダイジェスト東京支社にも似た、耐震壁の集中的配置によって可能になった外部に面する柱の細さだった。

香川県庁舎でも、日本建築を鉄筋コンクリートで模すような造形が試みられている。低層の議会棟が道路に面して、その背後に高層棟が控える構成を取り、議会棟はここでもピロティで持ち上げられて、やはりゲートのようだ。そのファサードにあらわされた柱と梁には木組みのような技巧的な出入りの調整がなされて緊張感がある。その背後の高層棟は階ごとにバルコニーと手摺の水平線が巡り、その下に梁の小口がこまかく並んで、下から見上げると五重塔の張り出した屋根とその下に並ぶ化粧垂木のような印象を与える。バルコニーを廻したオフィス部分が八層、その上に屋上庭園があってバルコニーを反復するような帯状の屋根が外周部をめぐる。この屋上は市民に開放されて、まだこれほど高い建築物がなかった高松の街を見下ろす展望台となって人気を博したという。バルコニーの下に並ぶ梁は細すぎて構造合理的とはいえないだろうが、それでも敢えて丹下は木造建築のようななりたちをこの高層棟に与えた。過剰といえばそうに違いないが、その姿には品格がある。

広島平和記念資料館本館における桂離宮の参照、香川県庁舎における木造を模倣する造形は、戦前のモダニストが主張した〈日本＝モダニズム神話〉の延長線上にあるものだ。ただし鉄筋コンクリートの構造をそのまま露出すればどうしても鈍重になる。その印象をくつがえすために日本建築を参照し、その造形が装飾同然のものになろうとも敢えてそれを選ぶのがこの時期の丹下だった。丹下は〈日本＝モダニズム神話〉の延長線上で、丸柱の社寺建築ではなく角柱の数寄屋建築の造形を鉄筋コンクリート造で模造し、そこに適切な分節を与えることでひとつの範例を生み出した。広島平和記念資料館本館と香川県庁舎は丹下のこの時期の仕事のなかでも研ぎすまされた例だが、例えば倉吉市庁舎（一九五七年）の場合にはいくらか強引さが薄められて、木造の組み立てを模造する造形はより簡素になった。この丹下の鉄筋コンクリートの扱いが模倣されて一世を風靡し、量産型丹下スタイルとでもいうべき厖大な数の建築が日本中に作られた。柱と梁をコンクリートの素地のままとし、その縦横の線に囲まれた内側の壁を塗装で仕上げ、なんとなく木造の架構に似た姿を作っているものまでその類と見れば、どこの街にも一つや二つはあるはずだ。かくして戦前の〈日本＝モダニズム神話〉は、丹下を経由してこの時期に普及した。

大江宏は、明治神宮宝物殿を手掛けた大江新太郎を父に持つ建築家だが、法政大学五五年館（一九五五年、現存せず）および五八年館（一九五八年、現存せず）でモダニズムの一つの典型を実現した。鉄筋コンクリートの構造体にガラス・カーテン・ウォールの外皮の組み合わせは前川國男が既に日本相互銀行で実現していたが、大江はそれを障子を思わせる整然としたスクリーンに仕上げた。その軽快な外観に対して、内部は落ち着いた陰影深い空間で、学校建築として傑出する。興味深いのは、丹下をはじめとする他の建築家が数寄屋系の繊細な〈日本＝モダニズム神話〉に乗ったのに対して、大江が一貫して格調を示す書院系の雰囲気を帯びていたことだ。毅然としたその表情は独特のものだ。

終戦後一〇年は、終戦直後の素材の制約がしだいに緩んでいくなかで、建築家がその制約と格闘しつつモダニズムを発展させた清貧の時期だった。藤村記念堂、神奈川県立近代美術館旧鎌倉館、最小限住宅の初期の試み、世界平和記念聖堂、法政大学五五年館および五八年館には、とりわけ厳しい条件のなかでなにが実現出来るかを追求する姿勢がある。これに対して、八勝館とリーダーズ・ダイジェスト東京支社は時代の状況から見れば例外的に恵まれた条件で実現した。ある空間を実現するために素材の面でも技術の面でも設計が突き詰められて、時代の制約を感じさせない。五一C型は最少のリソースで最大の効用を生み出すモダニズムの徹底であって、建てることにおいても実際にそこで生活することにおいても、近代建築の普及を進めた。丹下の広島と香川の仕事は、どちらもモニュメンタルな性格が強い。広島の平和記念公園の配置がもたらす儀礼的な効果、地方都市の街並みに屹立する香川県庁舎の端正な姿、どちらもその場のひとびとの心をかき立てるものだった。単に美しいというだけでなく、暗い戦争の時代が終わった晴れやかさを感じさせ、建設に邁進する時代の勢いを体現するものだった。

レッドパージと伝統論争

一九四九年の中華人民共和国建国に刺激されて、GHQは日本を東アジアの共産化を押しとどめる拠点と位置付け、左派勢力を一転して圧迫しはじめた。一九五〇年には皇居前広場で共産党支持者が警官隊と衝突する人民広場事件が起こり、また朝鮮戦争の勃発が事態の緊張感を高めた。冷戦体制が形成される過程でおこったこの手のひらを返すような動きがレッドパージだ。アメリカの自由主義陣営に取り込まれていく日本の状況に手を打つべく、ソビエト連邦も日本共産党に揺さぶりをかけた。日本共産党の一部は武装闘争路線を採り、いくつかの事件の結果として支持を失った。一九五一年にはサンフランシスコ講和条約と日米安保条約が結ばれた。主権が回復されるとともに公職追放処分が解除され、戦前戦中の日本で権勢を誇った多くの有力者が社会に復帰した。こうした国際情勢の変化のもとで、国内の政治状況はいわゆる五五年体制へと向かった。終戦後の五年ほどは民主化を旗印に左派勢力が闊歩したが、一九五〇年以降その流れは逆転して右派勢力が盛り返した。

一九五〇年にＮＡＵ本部の活動が停止した。それも大局的に見ればこうした情勢の反映だった。五五年体制はときに「一と二分の一政党制」と呼ばれる。つまり二大政党のあいだで政権交代が繰り返される二大政党制ではなく、右派の与党に対しておよそ半分ほどの勢力の左派の野党が対峙して膠着する構図が定着した。しかしそれは左派への支持がそれなりに無視出来ない厚みを持っていたことも意味していた。少数派と片付けることが出来ない勢力として、左派勢力は異議申し立てを行って議論を提起し、広く連帯を求めたが、それでも乗り越えがたい壁が厳然と存在した。ＮＡＵから大学教員は手を引き、一般の建築家は朝鮮戦争による特需で実務に帰っていった。ＮＡＵ本部の活動が停止すると、事務局あるいは機関誌『ｎａｕｍ』の編集に携わっていたひとびとが、建築系雑誌メディアの編集者に転身し、メディアを介して建築の状況をリードした。

その典型が伝統論争だった。発端は日本のモダニズムのありかたを巡る議論だった。一方で、清家清の「私の家」の移動式畳のように、あるいは彫刻家・イサム・ノグチの提灯の技法を用いた照明器具ＡＫＡＲＩのように、アメリカナイズされた新しいライフスタイルのもとで日本のデザイン・ボキャブラリーがスマートに咀嚼されたジャパニーズ・モダンと呼ばれる傾向があらわれていた。また同時に、例えばニューヨーク近代美術館（ＭｏＭＡ）の中庭に書院建築を模して吉村順三が松風荘（一九五四年、後にフィラデルフィアに移設）を実際に建て、併せてＭｏＭＡが「日本の建築展」を開催して人気を博したように、アメリカからの伝統的な日本建築に対する直接的な関心も高まっていた。こうした関心の背景には進駐軍の一員として日本を体験し、帰国した米軍兵士たちの存在があったといわれる。自由主義陣営に組み込まれるなかで日本に関心が集まり[19]、そのなかでジャパニーズ・モダンが前景化した。こうした傾向に対して建築家は複雑な反応を見せた。それはまずは日本のモダニズムがスタイルとして消費されることへの違和感であり、またあいかわらずフジヤマ・ゲイシャ的な紋切り型が国外から評価されることへの違和感であった。そういうていの良い評価で日本の伝統美をかたづけてしまって良いわけがないだろうという違和感が広くあらわれた。ここにあらためて、日本の伝統がテーマとして浮上した。これは戦前からのナショナル・ロマンティシズムの問題の回帰だったが、単純な回帰ではない。モダニズムを発展させていくことを前提として、ではどんなモダニズムなのかという具体像が問題だった。

モダニズムが急速に普及していく状況のもとで、日本のモダニズムは日本の現実ときちんと結びついているか。日本の伝統と結びついているか。そしてひとびとの現実と結びついているか、という結局はナショナル・ロマンティシズムと同形の反省があらわれた。モダニズムの立派な市庁舎が出来て、そのロビーのベンチにおばあさんが靴を脱いで正座で座り手続きを待つ、そんな日常的な光景のなかに見えるズレにこそ問われるべきことがあった。社会主義思想におけるリアリズム、とりわけ民族を参照枠としながら、まだまだ日本の生活実態とモダニズムのあいだに不調和があることを直視して、日本固有の状況に深く根付いたモダニズムの発展が目指されるべきではないか、と問われた。建築のあるべき姿を展望しようとするときに、とりわけ日本が意識される構図があらためて回帰した。

こうした当時の状況を背景として、ＮＡＵ周辺から世に出て建築専門誌『新建築』の編集長を務めていた川添登が伝統論争を仕掛けた。自ら筆名を使って挑発的な論を書き、建築家にテーマを示して論考を求め、座談やシンポジウムを企画した。[20]『新建築』には当時NAU周辺出身の編集者が参集しており、川添以外の編集者もさまざまな雑誌で筆名を用いて議論を盛り上げた。ただし川添自身は丹下健三を暗黙の焦点としていて、そのために論点は切り詰められた。丹下のモダニズムがスタイルとして行き詰まり固定化しつつあることを見抜き、そこを突くのが川添の狙いであって、そのために「縄文対弥生」と要約される構図に問題は単純化された。縄文と弥生の二項対立は、そもそもは画家・岡本太郎の論考「四次元との対話――縄文土器論」[21]に端を発する。縄文式土器はダイナミックで空間的であり、弥生式土器はスタティックで平面的であるとするならば、今までの日本の伝統への視線は後者に偏りすぎていた、というのが岡本の主張だった。この主張は岡本がイサム・ノグチに対して仕掛けた批判だともいわれる。[22]岡本の火焔式土器的造形に対し、ノグチの埴輪的造形という図式だ。川添は、貴族の住まいである桂離宮を下敷きにしてスタティックにまとまる広島平和記念資料館本館を弥生に擬しつつ、それに対してより民衆的なものに根ざしたダイナミックな縄文的なモダニズムがあるはずではないか、と投げかけた。

川添登に促されて丹下健三は伝統をテーマとする論考を多く書いたが、なかでも重要なのは「現代建築の創造と日本建築の伝統」[23]だ。そこで丹下は、縄文以来の竪穴式住居から農家や町屋に連なる「下層住居の系譜」と、弥生以来の高床の切妻型の住居から伊勢神宮、寝殿造りに連なる「上層住居の系譜」を岡本の二項対立に重ねるように位置付けた上で、その二つの系譜が桂離宮に代表される数寄屋建築において統合されたが、その統合は消極的な叙情性に流されたものであり、全体を建築として統一する意思を欠いていた、と否定的に評価した。そして、そのようなもののあわれ的な叙情性に流される不徹底は日本の伝統文化に底流する文化的消極性と技術的停滞性からくるものであって、ジャパニーズ・モダンもその同じ叙情性に流されたものにほかならず、そのような自覚されず我々のうちにある伝統の消極性を、積極的に克服する大胆な創造の姿勢こそが必要なのだ、と丹下は主張した。この丹下の主張は戦前からの〈日本＝モダニズム神話〉に対して、一転して独自の立場をあらわすものだった。戦前以来の〈日本＝モダニズム神話〉は、数寄屋建築に至る過程を肯定的に捉え、そこに日本の伝統的美学を見出し、それをモダニズムと親和性があるものとして捉えるものだった。丹下はこれに対して、数寄屋建築を叙情に流された否定されるべきものとして捉え、モダニズムはそれを克服していかなければならないとした。

ただしこの認識について丹下は揺れた。この主張は独立したものとして読めば理解が可能だが、この論文が発表された誌面の直後に広島平和記念資料館が掲載されているのを見ると、首を傾げざるを得ない。その本館が桂離宮を参照していることは当時もよく知られていて[24]、丹下がいうところの大胆な創造の姿勢にそれが適うものなのか戸惑うほかない。またそれ以上に、伝統論争収束後に『桂』[25]のために書いた論文で丹下は「現代建築の創造と日本建築の伝統」の主張を翻し、むしろ桂離宮に特殊な縄文と弥生の弁証法的な発展を認め、肯定的に捉え直した。桂離宮のための書籍に付す解説で、わざわざそれを否定的に書けば意味不明になるのは当然ではあるが、この揺れ自体が丹下のこの時期の思考の葛藤を示しているのだろう。ともあれここでは、伝統をめぐる丹下のもっとも先鋭化した、そしておそらくもっとも論理として筋の通った主張が、〈日本＝モダニズム神話〉を克服しようとするものだったことを確認したい。丹下は伝統と対決し、それを創造によって克服する意欲を示していた。

そして丹下の「現代建築の創造と日本建築の伝統」を受けて、おそらくこれもまた川添に促されて、白井晟一が「縄文的なるもの――江川氏旧韮山館について」[26]を書いた。白井はここで、縄文と弥生のようなカテゴリーにもとづく伝統理解が生じることをやむを得ないものと理解を示しつつ、しかしそうではないものとして「縄文的なるもの」を今一度考えてはどうかという。縄文のイメージの具体像として当時眼を向けられつつあった民家一般の姿[27]ではなく、とりわけ「野武士」が構えた異様な「気魂」があらわれた遺構としての江川氏旧韮山館を特にとりあげて、その「茅山が動いてきたような茫莫たる屋根と大地から生え出た大木の柱群」、そして「洪水になだれうつごとき荒荒しい架構の格闘と、これにおおわれた大洞窟にも似る空間」の力強い迫力を「縄文的なるもの」として提示した。そして、もうわかったようなものとしてカテゴリー化した縄文や弥生を捉えるのではなく、そうした定型を断ち切ったところで個々の伝統と向き合い、「われわれの現実において感得し、同時にその中に創造の主体となる自己を投入」するほかないだろう、と白井は主張した。

伝統論争の当初のテーマは、こぎれいなジャパニーズ・モダンのようなものではない、もっとひとびとの生活に深く根ざしたモダニズムのありかたがあるはずだ、ということだ。川添登はこうした問題をとりわけ丹下に投げかけて、そのスタイルを問い質した。丹下はこれに対し、弥生＝繊細な数寄屋建築と縄文＝野太い民家建築という二項対立的構図を引き受けつつ、弥生的な伝統観に傾く戦前以来の〈日本＝モダニズム神話〉のバイアスに対して、その極致とされてきた桂離宮を不徹底なものとみなし、その伝統を克服する大胆な創造が近代建築の発展に必要だとした。白井はその線に乗りながら、そもそもそのような典型化された二項対立の前提が既に創造的主体の視野を狭めるものであって、創造的主体が対峙すべき伝統はそのような典型に見出されるべきものではなく、むしろそうした紋切り型を切断すべきだと主張した。いわば丹下は創造の単独性を訴え、白井は伝統に単独性を見ることからはじめるべきとした。そのように議論が展開し、伝統論争は当初のテーマから逸れて作家独自の表現論へと流れた。

ところで、伝統論争の二項対立、縄文と弥生は、戦前に津田左右吉が「日本精神について」で批判した「任意に過去の時代の或る事象を取り出し、さうしてそれだけを全体の民族生活と其の歴史とから切り離して考へ、そこに日本精神の何ものかを認めようとする」ものそのものだ。ここで縄文と弥生と呼ばれているものは、先史時代とは無関係の虚構だ。仮にその時代の遺物が一九五〇年代の建築のデザインに造形上の示唆を与えることがあり得るとしても、それを正当化することなどあるはずがない。ナショナル・ロマンティシズムが作動するときには常にこの種の虚焦点があらわれ、そうして偽のアリバイとなって問題を現実から遊離させる。実際にも議論は現実に根を下ろすことなく、結局は一種の決断主義的表現論に流れた。その意味で丹下も白井もナショナル・ロマンティシズムに流されていた。それは「現実の生活を指導する何等の力の無いもの」となり、伝統論争の問題はすり替えられた。そもそも丹下と白井にとっては、伝統やモダニズムそのものよりも、自分自身の表現論に議論を昇華することが重要だったのかもしれない。

丹下はこの白井の論考に対する直接の応答はしなかった。しかし伝統論争がなにももたらさなかったわけではない。丹下はその作品において、弥生から縄文への転回を見せた。まず今治市庁舎・公会堂（一九五八年）、ついで倉敷市庁舎（一九六〇年、現倉敷市立美術館）で、ル・コルビュジェのチャンディガール都市計画の諸施設にも似たマッシブな鉄筋コンクリートの表現を試みた。鉄筋コンクリートを木造の柱梁を模した線状の材として扱うのではなく、自由に造形出来る彫塑的量塊として扱い、荒々しい素材感を強調しながら、よりダイナミックな造形が追求された。これを伝統論争の直接の影響と見るのは過剰な単純化ではあるようだが、[28] 丹下自身もこのスタイルの変化を弥生から縄文に向かったものと説明した。[29] その転回は構造的な挑戦をともない、大スパンの架構によって緊張感のある空間が実現された。弥生的な丹下においては繊細な柱梁構造の骨組み的造形が強調されて、内部空間と外部空間の性格はそれほど変わらないが、縄文的な丹下においては建築が壁で組み立てられた塊として重量感を帯びてあらわれ、内部空間は一種洞窟的な性格を帯びた。構造体が力強さを強調し、広島平和記念資料館や香川県庁舎の緻密で整然とした方向とはあきらかに異なる表現があらわれた。

丹下はあくまで創造的主体として自らを位置付ける立場を貫いた。伝統に対する態度についてもそうであって、伝統との調和を創造の目的とすることを拒否し、伝統と対決しながらそれを克服する創造を目指す、という主張を繰り返した。〈日本＝モダニズム神話〉のナショナル・ロマンティシズムと広島平和記念資料館や香川県庁舎の造形スタイルは密接な関係があるが、丹下はそこにとどまらず、伝統との調和ではなく克服に向かった。丹下はしだいにダイナミックな構造表現に傾斜していき、〈日本＝モダニズム神話〉から離れていく。ここに丹下に独特な国家的段階の建築家像があらわれた。それは日本と円満に調和することを創造の目的とすることを拒否し、それと対決し克服する創造を目指す建築家だった。いわば日本＝モダニズムではなく日本 vs モダニズム。これはまずは表現の水準における主張だが、しかしその限りで、丹下は国家への従属というよりは、国家に対決する建築家であろうとした。こうした緊張した意識は他の国家的段階の建築家には見られない。「国民的建築家」あるいは「世界のタンゲ」と呼ばれた丹下健三は、単に優れた建築作品の建築家であったからそう呼ばれたわけではない。彼の建築家としての果敢な姿勢が、日本の伝統との緊張した関係をテコとして、日本のモダニズムを牽引したことは特に意識されるべきことだろう。

建研連と五期会

一九五三年に国立国会図書館のコンペが行われ、このコンペの規定が大きな問題になった。「入選設計及びその設計図書は、国立国会図書館の所属に帰するものとし（中略）工事実施は原則として入選した設計図書によるが、入選図書であってもその設計を変更し又は採用しないこともある。この場合異議を申立はできない」[30]とあり、建築家の著作権を無視するこの規定に対して修正を求める運動が起こった。規定に疑義を呈する吉阪隆正の質疑書に対して当局は規定を変えるつもりがない旨返答し、これに反発して著名建築家が著作権擁護の運動を行った。コンペへの応募拒否の署名活動も行われて実に三〇〇筆が集まった。その結果として参加者が限られ、コンペの意味が問われかねない事態に立ち至ったが、なおも当局は規定修正を拒否し、ただし実際の運用で著作権を尊重する旨の妥協策を内示した。著名建築家がそれを受け入れて応募拒否運動は収束し、結果としてコンペに勝利した前川國男が設計を担った。しかしこの署名運動を支えたNAU傘下団体の所懇（建築事務所員懇談会）に所属する民間の建築設計事務所スタッフたちは、著名建築家が密室で行った妥協に納得せず、これが先行世代とは異なる独自の意識を彼らが持つきっかけとなった[31]。

NAU本部の活動が停止しても、各地方支部の活動は継続し、また右の署名運動における所懇の働きのように傘下の組織は活動を続けていた。こうした団体の横の連携のため、建研連（建築研究団体連絡会）が一九五四年に生まれた。本来であればNAU本部が復活すればよさそうなものだが、統一的なヒエラルキーのもと一致団結することに無理があり、それぞれの団体の問題意識と立場の違いを認めた上で、連絡会というかたちで相互の関係を再構築するほかなかったのだろう。[32] 一元的な指導体制が分裂にいたることは、労働運動や学生運動では珍しいことではなかった。

建研連も共同設計に取り組んだ。戦後の労働運動の中枢的組織である総評（日本労働組合総評議会）の本部となる総評会館（一九五五年、現存せず）の共同設計だ。それほど大きくない建物だが、共同設計には建研連の他に、大手ゼネコン職員による日本建設産業職員労働組合協議会、建設省内の建築技術者による全建設省労働組合などが加わって、総勢二〇〇人が参加したという。[33] 短い設計期間しか与えられず、一度は設計条件の白紙撤回などもあって、完成した建物の質も特筆すべきものとはいいがたい。[34]

総評会館の共同設計には以前とは違う性格があった。NAUが取り組んだ共同設計は設計の民主化を追求するものであり、共同で設計を行うこと自体に意義が感じられていた。これに対して総評会館の共同設計では、設計事務所で働いていたスタッフの設計組織のありかたに関する日常的な問題意識を背景として、共同することによって設計行為がどのように変化するのか、よりリアルな問題として問われた。

後に日本最大の組織設計事務所となる日建設計を代表する建築家・林昌二も総評会館の設計に加わっていた。一九五〇年代には組織設計事務所はまだ黎明期にあり、そこで建築設計に取り組む彼にとっても、総評会館の共同設計は身近で切実な問題意識と結びついていた。

当時の建築設計の業態についてここで整理しておこう。まずごく普通の意味での建築家、フリーランスの建築家はその建築家の名のもとで建築設計を行う事務所を経営し、その事務所の規模はそれほど大きくなく、通常は構造設計や設備設計を専門とする協力事務所と協働して設計を行う。[35]国際的に見ても標準的な建築家の業務形態だ。ときにアトリエ設計事務所などと呼ばれることもあるように、ある建築家のデザインの個性を軸として、それをスタッフがサポートして設計を進める。これに対してこの頃、組織設計事務所と呼ばれる業態が成長してくる。組織で設計を行う以上、デザインの個性よりは総合力が強みだった。内部に相当数の建築家を抱え、意匠設計、構造設計、設備設計などもその組織内部で行い、基本的に大型のプロジェクトを手掛けた。組織設計事務所は建設会社と同様にあくまで企業として活動し、個々のプロジェクトを担当する建築家は当然いるが、対外的にその建築家の名で活動するわけではない。組織設計事務所は、いわば共同設計の組織だった。建設会社内部の設計部門は以前から一定の地盤を築いており、会社の規模に応じてではあるが多数の建築家をかかえていた。企画から建設に至る全体で評価される建設会社では設計単独が評価されることは少なく、個性的な設計を競う性格も強くない。そして官僚組織に所属する建築家も相当な人数がいたが、彼らの仕事は既に定型的で保守的なものとなっていた。

林昌二が所属した日建設計の歴史はそれ自体なかなか興味深いものだ。大阪中之島の大阪府立中之島図書館が明治末に住友家の寄付によって創設されたことについては既に触れた。その建築家・野口孫市はまだ財閥のかたちを整える前の住友家の営繕部署に所属していた。その営繕部署が後に長谷部竹腰建築事務所として独立したが、総動員体制下の企業統制政策のもとで住友財閥の不動産関係事業が統合されて住友土地工務となり、さらに戦後、ＧＨＱによる財閥解体で住友の名を外して、日本建設産業株式会社になった。それを母体として住友商事が生まれ、建築設計監理部門が残ったのが日建設計工務であり、後に日建設計に社名変更して現在に至る。日本近代史に揉まれた沿革といって良いだろう。日建設計工務の発足は一九五〇年、林が入社したのは一九五三年だから発足からわずか三年目だった。現在の日建設計は数千人規模の職員を抱える大企業だが、このころは神田小川町の古びた紙問屋の裏階段を上がった三階が仕事場で、場所がないから林は入社当初給湯室で製図させられたという。

総評会館の共同設計に加わったとき、林は入社して二年目だった。当時、まだ組織設計事務所という業態はそれほどかたちの定まったものではなく、林にとって共同設計は組織事務所の可能性を試すものであった。彼は後にこう述懐している。

総評会館の設計会議というのは、これは（引用者注：国会図書館コンペ問題とともに）もう一つ面白い事件でした。総評は当時、世の中全体の仕組みを変えようという動きの中心勢力でしたから、建物を建てるに当たっては、普通のやり方で設計や工事を発注してはいけないと申し入れました。それで、やりたい人はみんな集まれということになったわけです。全員平等で設計をしようといっても、そんなことはできるわけないのですが、当時の雰囲気としてはそれをぜひ実現しなければいけないということになった。夜中に集まって議論を徹夜でえんえんと続けたわけです。直接の結果はよくなかったかもしれないけど、こういう動きはそのあとになんらかの影響を残しているのではないかと思います。そのときの記録の中に、非作家性の宣言というのがあります。ともかく無名性でいこうではないか、誰か偉い人が入ってきてやるのはお断りだということで、その宣言が当時の『新建築』に載っていますが、文責は磯崎新（一九三一〜）。とにかく声明一つ出すのにもたいへんな議論をした。非作家性ということは、この世代には心のどこかに残っているのではないかと思うのです。[36]

共同設計には多くの問題が投影されていた。まずそれまでの建築設計事務所には、ボス建築家の独断で設計を進める以上、多かれ少なかれ無理を建築家の個性として押し通すところがあった。そうしたエゴと非合理を脱却してより良い設計を行うことが共同設計の目標のひとつだった。林が非作家性や無名性についていっているのはそういう意味からだ。ボス建築家個人の天才に期待することには限界があり、客観的な根拠と論理をもって、建築設計を安定的かつ効率的に進めるありかたとして、共同設計は意識されていた。

またこの時代に建築は大規模化と複合用途化を進めていた。建築史家・伊藤ていじと二人の都市計画家・宮沢美智雄と川上秀光が、連名で一九五八年に書いた「都市再開発の展望とフリーアーキテクトの運命」[37]は、巨大資本が都市に「マンモス化」した建築を出現させている当時の状況を俯瞰している。そうした建築は単に規模がおおきいだけでなく、しばしば事務所、映画館、ホテル、商業施設、飲食街、駐車場などさまざまな用途をひとつの建物に複合させていた。そこで必要になる複雑な設計はフリーランスの建築家の小規模な設計事務所の手に負えず、多くの建築家を内部にかかえる建設会社が設計を担っていた。こうしたフリーランスの建築家の実情に対して、新しい建築設計のありかたが必要であるという認識が広く持たれ、それが共同設計に投影されていた。

また設計事務所の組織の古い体質も問題とされていた。当時の設計事務所には徒弟制的性格があって、しばしば給与や待遇は劣悪だった。いずれ独立して自分も設計事務所を構える覚悟ならともかく、そういうつもりがないスタッフにとって将来に希望が持てるものではなかった。有名建築家になることだけが建築家のあり方ではなく、もっと違う建築家のあり方があるはずで、共同設計にはこうした期待もかけられていた。

つまり、それまでの建築設計の業態の問題が意識されるなかで、共同設計はそれを変革するモデルとして意識されていた。一九五六年に発足した五期会も、建築家の設計組織とその体制の改革をテーマとしていた。ボス建築家による「ワンマン・コントロール」の打破が唱えられ、新しい建築家像を見出そうとしていた。五期会という名は、辰野金吾・伊東忠太の第一世代、佐野利器・内田祥三の第二世代、岸田日出刀・前川國男の第三世代、丹下健三・大江宏の第四世代に続く、第五世代の建築家という意味で名付けられたものだ。先行する世代の建築家に対して、彼らと自分たちは異なるのだという意識が持たれていた。五期会は会員数六〇名ほどでＮＡＵのように大規模ではなかったし、社会主義に傾く政治性もなかったが、それでも寄り合い所帯的な性格は五期会にもあった。そのうち目立つメンバーは前川國男の事務所のスタッフだった大高正人、事実上設計事務所として機能していた丹下研究室の大谷幸夫や磯崎新などであり、彼らは先行世代を乗り越える新しい世代の建築家として自らを意識し、五期会に参集していた。だが彼らとは違う系統もあり、それは現に官庁や民間企業の営繕部署に所属し、あるいは組織設計事務所に勤務していた建築家だった。前者をいずれ建築家として一本立ちする「自立体制ブロック」、後者を将来もスタッフとして働き続ける「事務所ブロック」と呼んで、その指向の違いは五期会のなかで互いにはっきり意識されていた。[38]

建築家の設計組織とその体制の改革、という五期会のテーマに対して、「事務所ブロック」の意識は総評会館の共同設計とほとんど同じだったろう。だが「自立体制ブロック」はあくまで作家的な建築家として自らを意識し、先行世代の「ワンマン・コントロール」的建築家像を組織的な建築家像によって乗り越えることを意識していた。例えば磯崎新はそれを乗り越えるための論理を求め、美学者・中井正一の「委員会の論理」[39]を参照していたという。[40]「委員会の論理」は集団的意思決定の発展の条件と可能性を論理的に確かめる論考だが、ビューロクラティックな閉塞に陥らず、組織的であることと創造的であることが両立する可能性が求められていたことがうかがわれる。総評会館の設計を経て磯崎は、デザインにおける共同設計の有効性に疑念を抱いたようだが、[41]なおそうした関心は維持されていた。

五期会は一九六〇年に活動を停止した。五期会に参加したメンバーのその後の活動には、たしかに五期会精神とでもいうべき性格が見られる。横山公男らの合作社（後に連合設計社）、林雅子、山田初江、中原暢子らの林・山田・中原設計同人、原広司、香山寿夫、槇貞吉、宮内康らのＲＡＳ設計同人など、五期会の周辺から共同設計の組織が生まれ、一つの系譜をなした。また大高正人、大谷幸夫、磯崎新らの活動に、林昌二がいう「非作家性」を読み取ることも可能だろう。だがその具体化はしばらく待たねばならない。ＮＡＵ以来の建築運動の時代は、終戦から一五年、五期会でひとつの区切りを迎えた。

五期会の頃、前川國男の事務所内にミド同人というグループが生まれている。共同設計と技術情報のシンクタンク的な役割を担ったが、このグループ形成のきっかけは五期会に参加した大高らの、前川に対する下克上的な動きだったといわれる。[42]この経緯は証言がさまざまではっきりしないが、ありえることだろう。またこれにすこし先行して前川はテクノロジカル・アプローチという指針を示している。その意図は、建築家が盛んに議論していたデザインやイデオロギーから距離を取り、まずは建築の質を基礎付ける技術をたしかなものとすることだった。無理と個性を混同するような「ワンマン・コントロール」的建築家の悪弊を排する必要を、前川も意識していた。こうしたことは前川なりのこの時代の建築の変化に対する反応だったはずだ。共同設計を巡る問題意識は、決して特定の世代に限られたものではなく、この時代の建築の現実を背景とした切実なものだった。

一九五〇年代後半から七〇年まで

高度経済成長期は一般に一九五四年から一九七三年に至る一九年間とされる。朝鮮戦争による特需がきっかけとなり、そこから空前の好景気がかなり長期間持続した。一九五六年に経済白書が「もはや「戦後」ではない」と書いたように、復興需要とも朝鮮特需とも異なる、自律的な経済成長の軌道に日本社会は乗った。

一九五〇年に建築資材の統制が解除されるまで建設が抑制されていた反動もあって、一気に建設量が増加した。後に詳しく見るが、高度経済成長期に年間の新築着工建築床面積は八倍強、名目工事費ベースでは実に五〇倍弱になった。建設業界は好景気に沸いた。この前のめり気味の状況のなかで、日本の近代建築はアグレッシブな挑戦に向かい、戦後モダニズムはピークを迎えた。傑作が数多く生まれたというだけでなく、表現の幅が広がった。全般的に見れば、建築家はそのプロジェクトの固有の条件と性格を建築のデザインに強く反映することで、特殊解のような建築を実現することに向かった。モダニズムは一般に合理性の名のもとに画一的な建築に収斂する傾向があるが、この時期の優れた建築から見えるのはむしろ多様化だった。建築家の個性的な造形のために手間のかかる仕上げも厭わない恵まれた条件のプロジェクトが増え、建築家自身もその個性を意欲的にあらわして、建築家の

東光園（1964年）

作風がそれぞれ際立った。

そうした勢いのある状況下で登場した建築家のひとりが、菊竹清訓《きよのり》だ。スカイハウス（一九五八年）、出雲大社庁の舎（一九六三年、現存せず）、東光園（一九六四年）、徳雲寺納骨堂（一九六五年）はいずれも特筆すべき建築だ。後に菊竹は「世界中でもっともはやくモダニズムをつき破ってしまった」[43]と評されたが、それは誇張ではなく、上記のいずれの建築も普通の成り立ちはしていない。建築家の自邸スカイハウスでは、四枚の壁柱によって斜面地の上空高く持ち上げられた正方形平面のワンルームが家の本体となり、後にはその下にカプセル状の子供室が吊り下げられた（一九六二年）。出雲大社庁の舎では、奥行きの浅い建物の長手両端に階段を格納した鉄筋コンクリートの塊が据えられて、そのあいだに長さ四〇メートルのＰＳ鉄筋コンクリート梁[44]を掛け渡し、その梁にガラスを挟んだルーバーを立て掛けて室内を覆った。温泉地のホテル、東光園では、五本セットの組み柱が六ヵ所に立てられて、一階から三階は通常のいわゆる柱梁構造だが、四階は吹きさらしとされ、七階床レベルに巨大な梁を通して五階と六階はそこから吊り下げられていた。徳雲寺納骨堂はいくらか庁の舎と似ているが、長手両端の壁柱のあいだに床を長く渡し、その上からコの字を伏せたような覆いをかぶせて、その内部を納骨の空間とした。上から垂れ下がる壁に視線は遮られて、下を見るとそこに蓮池が広がる。そこまで特殊な成り立ちが求められているとは思えないところに菊竹は敢えて驚くべき解決を見出して、結果的にはそうして出来た建築に異様な説得力があった。ほとんど不合理であり、「狂気」じみてさえいるのだが、マジシャンのような解決は見事だった。

篠原一男は菊竹とはまた違った意味で特異な建築家だ。から傘の家（一九六一年）、白の家（一九六六年）がこの時期の代表的な仕事として挙げられるだろう。「住宅は美しくなければいけない。空間には響きを取り戻さなくてはいけない」[45]という言葉がよく知られる。ただ使いやすく居心地が良いだけでない、芸術としての住宅を篠原は追求した。から傘の家と白の家は一見よく似ていて、どちらも正方形平面にピラミッド状の方形屋根をかぶせている。から傘の家は外壁から柱のない中心へと向かう屋根裏の合掌材がそのまま室内に露出されて、そのワンルーム的な性格を強調し、不純な要素がすべて取り除かれて純粋になった民家という感じがある。白の家はこれに対して天井を張ってより抽象化された室内空間が作られ、そこに差し込む光の陰影とただ一点だけ生々しさを投げ込んだような杉丸太の柱に要素は切り詰められた。これ以上削りようがないところまで要素を絞って簡明で緊張感ある室内空間を作ること。それだけに集中する篠原のストイックさは、後の日本の建築家の住宅に大きな影響を与えた。

松村正恒の日土《ひづち》小学校（一九五八年）は愛媛県の山奥に立つ木造の小学校だ。松村はフランク・ロイド・ライトをサポートした土浦亀城《かめき》のもとで実務経験を積んだ。モダニズムを彼なりに咀嚼して戦前戦中には東京と満州で設計に従事し、終戦後に出生地である愛媛県に戻って八幡浜市役所の土木課

国立代々木競技場（1964年）

建築係に勤務した。そうして地方の役所の保守的な組織のなかで孤独に自らのモダニズムを発展させ、ついに高い評価を得た。日土小学校に見えるのは、地方ならではの豊かな自然環境を活かすこと、木造の構造の独自の改良、採光や通風などを改善する細部の工夫の積み重ねの成果だ。[46] 都市部を中心に活動することが多かった日本の建築家のなかで、彼は特別な位置を占めている。川添登らが彼を「地方の建築家」として特にとりあげたのは、意味のあることだったろう。それは単に建築家の多様性というだけのことではなく、地方ならではの環境から生まれる建築の特別な質があることを教えてくれる。

前川國男は堅実な仕事を積み上げた。神奈川県立音楽堂（一九五四年）のホワイエと階段、東京文化会館（一九六一年）の大振りな屋根の下に広がるロビー空間は前川らしい建築空間の例といえるだろう。決して豪華ではないのだが人が集まると不思議に映える。水平的に伸びやかな空間の落ち着きはなんということもないようでいて、やはり独特なものだ。この重心の低い前川の空間の性格は後に

東京カテドラル（1964年）

埼玉県立博物館（一九七一年、現埼玉県立歴史と民俗の博物館）や熊本県立美術館（一九七六年）に発展した。地面のレベルと呼応しながら、時に掘り込まれて沈み込み、時に周囲を見下ろす高さに上がる、立体的な展開がそこに生まれているが、それでも大屋根の下の水平的な展開という性格は維持された。この時期の建築家の先鋭化に比べれば穏当で、前川が設定したベースラインは日本の公共建築の水準を支えるものだった。

丹下健三は一九六四年の国立代々木競技場と東京カテドラルでそのキャリアの頂点を見せた。東京オリンピックのために建設された国立代々木競技場は二つの体育館からなり、第一体育館は競泳、第二体育館はバスケットボールの会場となった。第一体育館は、両端を地面にアンカーしたケーブルを二本の支柱のあいだに掛けて、懸垂されたケーブルとスタンドの縁のあいだに優美な曲面の屋根を掛けた。これに対して第二体育館は支柱は一本で、そこから螺旋を描いて垂れ下がる鋼管とスタンドの縁のあいだに屋根が掛かる。この成り立ちはまずは構造技術の問題だが、それは同時に、自然採光、空調、音響、そして観客が出入りする動線が、その形状によって自ずと成り立つように計画されたもので、デザインの総合性においてきわめて高い水準にあった。ケーブルによる懸垂構造は構造材料を効率的に使うことが出来るため、この大空間を無骨な構造体で力任せに支えるのではない、繊細でありながらダイナミックな空間を実現させた。橋梁でいうところの吊り橋に近い構造形式だが、建築には例が少ない。アメリカでエーロ・サーリネンが一九五八年にインガルス・ホッケーリンクで似た構造形式を試みているが、そこでは屋根頂部がアーチ状の鉄筋コンクリート梁でそこから屋根面をケーブルで懸垂しており、国立代々木競技場は逆に屋根頂部をケーブルとして屋根面を鉄骨梁で固めた[47]。長大な部分でケーブルを用いるほうが効果的であることは間違いないし、台風などで屋根面が揺さぶられることを考えれば国立代々木競技場のやり方しかなかった。屋根のシルエットは遠景で見ると鴟尾《しび》を載せた日本の寺院建築の屋根を思わせ、その曲面は日本建築の屋根の反りにも見える。隣接する明治神宮の参道に軸線を揃えて第一体育館は配置され、第二体育館は広場を挟んでそれと呼応する位置に据えられている。この屋根と軸線による場の組織化には、丹下の戦中の出世作、大東亜建設記念営造計画と似た点が多くある。全く違うものでありながらも、そこに丹下の一貫性をうかがうことが出来る。

東京カテドラルも、国立代々木競技場と同様にいわば屋根しかない建築だ。シェル構造と総称される、立体的な形状それ自体の効果で効率的に大空間を覆う構造形式があるが、丹下は既にいくつかのプロジェクトでそれを試みていた。いわゆるドームもシェル構造の一形式で、泡のように薄い皮膜により最小限の材料で最大の面積に屋根を掛けることが出来る。ただしそのかたちはそれほど自由にならず、空間的効果も単調になりがちだ。東京カテドラルで用いられたのはＨＰシェルと呼ばれる形式で、かたちの決め方によって曲率を調整出来、また同時にその形状は直線をねじりながら並べて出来る線織面となる、特殊な幾何学的性質がある。前者の性質はかたちの自由度を増し、後者の性質は施工しやすさに寄与する。丹下はこの形式を巧みに使いこなした。ほぼ菱形の床面と頂部の十字架型の天窓のあいだを滑らかに繋ぐ四つに分割されたシェル構造によって教会堂の空間を覆い、天窓から劇的な光が舞い降りてくる礼拝の空間が作られた。シェル構造特有の軽快な印象はそれほどなく、どちらかといえば岩窟のような表情の空間で、そこに垂直性と凝集感が均衡する絶妙なバランスを実現した。この形状には豊かな音響効果があって、この教会堂のオルガンの響きは特筆すべきものだ。

国立代々木競技場と東京カテドラルは、どちらも構造形式と機能的必然性が巧みに統合されたデザインであり、その力学に裏付けられたかたちは、理屈を知らずとも見るものに力強さを感じさせる。同様に構造形式を駆使した菊竹には常にエキセントリックな性格があるが、丹下はむしろ王道を行く風格があった。とりわけ国立代々木競技場はその屋根が日本建築のニュアンスを帯びて、日本の造形文化に根ざした近代建築の表現の一つの極点を見せた。これらの作品は、伝統論争における縄文と弥生という二項対立を完全に突き抜けた水準に到達している。丹下の縄文的表現の代表は倉敷市庁舎だとしても、それは結局のところ箱型の建築だった。高度な構造技術を用いることで、火焔式土器のダイナミックさに比すべき建築造形を国立代々木競技場で丹下はものにした。終戦後のどん底から復興し、先進国の一角を占めるようになった日本の姿をあらためて世界に知らしめる舞台としての東京オリンピックで、丹下健三の建築は、その国家的な意欲を引き受けるシンボルとなった。国民的建築家をこの時期の丹下は体現していた。

日生劇場を含む日本生命日比谷ビル（一九六三年）はいかにも村野藤吾らしい建築だ。劇場内部の鍾乳洞を思わせる有機的な造形とアコヤガイの真珠色の貝殻をはめ込んだきらびやかな壁天井のテクスチャー、外壁のビシャン仕上げの花崗岩とやや中世風の窓廻りのディティール、隣接する帝国ホテルに面して過剰に押し出さずに街路のコーナーをかためる節度、いずれも当時のモダニズムとは一線を画している。劇場を訪れる観客の高揚感に馴染むであろうこの濃厚な表現も、高度経済成長期の一つの顔であるに違いない。千代田生命ビル（一九六六年、現目黒区総合庁舎）の外観はうってかわってスッキリと整えられているが、地形を生かして道路から見えない位置に池がとられ、それを囲むように建物は配置されている。オフィス空間はごく普通だが、とりわけ「村野階段」と称される特徴的な階段に向けて進む南側エントランスホールは民間のオフィスとしては類のない優雅さを見せる。村野は和風も抜群にうまかった。都ホテル京都佳水園（一九五九年、現ウェスティン都ホテル）がその代表となる。多くの建築家が和風を手掛けたが、堀口捨己、吉田五十八、谷口吉郎でさえなんとなく芯が硬い。村野は数寄屋建築をやわらかく作ることが出来た例外的な建築家だった。

日建設計の林昌二も実作で頭角を現した。銀座三越のはす向かいに建つ円筒形の建築、三愛ビル（一九六三年）は、国内でもっとも地価が高い土地に立地し、企業のショールームをテナントとして入居させるビルまるごと看板のような建築だった。中心にエレベーターと階段を格納した円柱状の構造体を据え、その周囲にドーナツ状に床を張り出して曲面のガラスで巻いた。地上に見える部分の上から三分の一は文字通りの看板だが、その下のガラス面もまた銀座の通りに向けた事実上のショーウィンドウだった。かなり特殊な建築の機能構成だが、それを徹底的に練り上げたディティールで実現し、ただのイロモノに終わってはいない。毎日新聞の本社ビルであるパレスサイドビル（一九六六年）は、リーダーズ・ダイジェスト東京支社の建て替えプロジェクトだった。広々とした敷地を優雅に使う旧建物が世情にあわなくなり、より大規模な建築が必要とされた。後に詳しく扱う日本初の超高層ビルである霞が関ビルとそれほど変わらない敷地面積で、パレスサイドビルはたかだか地上九階の建物であるにもかかわらず、その床面積は二割ほど小さいに過ぎない。効率が突き詰められた設計だった。建物機能としても、地下に新聞印刷工場、地下鉄駅、地下一階と一階に飲食街、残りがオフィスという、典型的な「マンモス化」したビルだった。外観では漏斗のような雨樋がかわいらしいアクセントになっているが、そんな部分にもメンテナンスをしやすくする工夫が込められているのが林昌二らしい。

パレスサイドビル（1966年）

吉村順三は戦前のアントニン・レーモンドの事務所を支えた建築家で、ニューヨークＭｏＭＡの庭に書院建築を建てたのが彼だった。レーモンドのモダニズムと日本建築の美点を融合させて、一九六〇年代に多くの木造モダニズムの住宅の名品を作っているが、なかでもよく知られるのが軽井沢の家（一九六二年）だ。一階を鉄筋コンクリートで作って軽井沢特有の湿気を避け、その上に張り出して林のなかに木造の家本体が浮かべられた。軽井沢の緑に飛び込むような大型の窓は全開放できるようにしつらえられ、軽快な片流れ屋根の下の室内は床壁天井の全てが木で仕上げられて、これこそ別荘というまとまりを見せる。皇居新宮殿（一九六八年、ただし着工後宮内庁と意見が対立して辞任）は一般参賀で皇族が立つガラス張りの廊下を含む建物だが、あの薄い屋根は吉村ならではだろう。この種の建築の慣例からすれば屋根はどっかりと重く威厳を示すものとなるはずだが、入母屋の格式を生かしつつ低く薄く抑えて、新時代の天皇の姿が生まれた。幅広い仕事を吉村は手掛けたが、モダニズムの健全な面が常にそこで一貫していた。

吉阪隆正の代表作として大学セミナーハウス（一九六五年）がある。四角錐の隕石がひっくりかえしに地面に突き刺さったかのような強烈な造形の本館がなにより強い印象を残すが、地形を生かした宿舎群によって組み立てられたランドスケープにも吉阪の性格がよくあらわれている。力強い造形と表情豊かな細部があいまった自由闊達で人間くさい建築だ。階段まわりの変化に富む空間の展開はこの建築家の真骨頂で、人が出会い、すれ違い、たたずむ場を巧みに作った。吉阪の事務所であるU研究室はもうひとつの共同設計の中心地であり、そこから多くの建築家が育った。

伝統論争で丹下健三に「縄文的なるもの」を突きつけた白井晟一は、親和銀行本店（一九六七年、六九年、七五年、現十八親和銀行佐世保本店）で独自の境地を見せた。モダニズムに凝り固まった眼でそれを見れば、ほとんど意味不明だろう。村野の重厚さともまた違う白井独特のスタイルで、我流といっても言い過ぎではない。例えば、行き先のない装飾のような階段、支えるもののない構造など白井がその空間に必要と思えばまったく躊躇がない。ほとんど成金趣味すれすれの高価な素材を惜しみなく使い、ディティールも技術的な必然性よりは個人的な好みに従う。しかし、その意味不明がなにか異様な緊張感をもって見るものに迫ってくるのが白井の建築だ。かつて江川氏旧韮山館の「気魂」に眼を向けた白井の求めたものがそこにあるのだろう。

対極的な存在として高橋靗一《ていいち》を見ることができる。高橋は戦後すぐ逓信省に入省し、一九六〇年に自身の事務所、第一工房を設立した。内田祥三の息子で、同じく逓信省出身で東京大学で教鞭をとっていた内田祥哉《よしちか》と共同で、高橋は佐賀県立博物館（一九七〇年）を手掛けた。現場で打設した鉄筋コンクリート造の十字形のエントランス・廊下と工場製作のプレキャスト・コンクリート部材による展示室の組み合わせで全体が構成されており、構法の挑戦が強烈な姿の建築を生んだ。高橋靗一はよく知られた建築家だが、彼の事務所名には個人の名は掲げられず、敢えて付けられた第一工房という名称にはその作家性への意識があらわれていた。「作家性を求めるということは、僕の考えにはなかった。（中略）建築にはそういうものはないよ。だって、そこに住む人、使う人は全部違うんだから、何流も何スタイルもないだろう。あるのはモダニズムのみ」であり、アノニマスな集団として建築設計を進めていくことが意図されていた。[48] ただし彼は「運動」めいた同時代の動きに対しては距離感があり、その意識において一線を画していた。たしかに高橋にも非作家性の指向があり、良識と理性に従うモダニズムを高橋靗一は実践した。

　ここで挙げた建築家の作風の多彩さは、それ以前とはまったく違うものだ。一九二〇年以降の建築家の振れ幅も相当なものだが、それでも彼らのあいだにはおおまかなまとまりが見分けられ、そこに世代の物差しをあてがえば状況を見通せる程度のわかりやすさがあった。しかし一九五五年以降の建築家の多様さは建築家それぞれがその個性を追求し発展させていった結果だ。ゴールデン・シクスティーズは一九六〇年代アメリカのモダニズム絶頂期を指す言葉だが、まさにモダニズムのピークを日本の建築界も謳歌していた。

未来都市の提案

一九六〇年代の建築で特筆すべき点のひとつは、未来都市の提案が数多くあらわれたことだ。いわゆる都市計画というよりは、ほとんどSF的なヴィジョナリーな提案だった。時にそれは非現実的に見えたが、その壮大なヴィジョンを生む野心は高度経済成長期の日本の勢いに追い風を受けていた。その早い例は菊竹清訓の塔状都市（一九五八年）だ。しかしそうした提案が出てくる素地は、戦前からの高山英華の都市計画学と、それを建築に繋ぐ丹下健三の都市研究から生まれていた。

高山と丹下が戦中に「東京都改造計画」に取り組んでいたことについては既に触れた。高山は戦後、密度・配置・動きを押さえて都市の実態を捉える学術的な基礎を確立して、戦前の都市計画とは異なる水準に都市計画学を発展させた。丹下もそれに並走し、学術的な都市研究に取り組んだ[49]。丹下は少なくとも戦後しばらくのあいだは社会統制に積極的な考え方を維持していた[50]。市場経済に都市を委ねることに懐疑的で、経済と社会の成長を計画にもとづいて制御することが必要だと考えていた。丹下の考えていた都市計画はその統制のための理論と手法であり、都市のひと、もの、の流れから導かれる都市の構造と、建物内のひと、もの、の流れから導かれる建築の構造を相互に関連付けることがその核心だった。高山英華を中心として東京大学に一九六二年に都市工学科が設立された。建築学科・土木工学科・衛生工学科に分散していた都市に関する学問を集約して、都市計画、交通計画、インフラを総合的に計画する都市計画家を育成する教育が行われた。

丹下研究室の研究に基礎付けられた東京の未来構想が、東京計画1960だった。この構想は七章よりなる小冊子にまとめられ[51]、その多くの部分はデザインではなく、研究成果の解説に割かれている。人口動態、産業別人口、交通機関の輸送容量、都市機能の分散と配置、都市構造の検討、都市軸の機能、地域ゾーニング、建設の計画。これらの研究成果に根拠付けられて、未来の東京の姿は描かれた。皇居を起点に、銀座から東京湾を横断して千葉・市原に向けて海上を伸びる、都市軸上の新都心だった。既存の東京の市街地の混雑から解放され、土地投機に邪魔されず建設可能なユートピア都市だ。国家の中枢機能だけでなく、業務地区、商業地区、住宅地区のすべてが海面の埋め立てによってあらたに造成されて、サイクル・トランスポーテーションと呼ばれる高速道路のシステムによって相互に結ばれる。序章で引用した英雄的な言葉にもうかがえるように、未来都市全体を自らのデザインの対象とする丹下の野心はとてつもないものだ。大学の研究室というよりは一種のシンクタンクのように丹下研究室は機能して、この総合的な未来都市の提案をまとめた。この計画案が一九六一年のＮＨＫの正月番組で放送されたことも面白い。テレビを通して、大胆な構想が日本全国にプレゼンテーションされて、新しい時代を展望させた。

東京計画1960（1961年）

伝統論争の狂言回し役だった川添登が『新建築』編集部から追い出された

ところを、丹下を支える作戦参謀役だった浅田孝がピックアップして、一九六〇年に開催される世界デザイン会議の企画に川添は加わった。川添は若い建築家のグループをでっち上げた。菊竹清訓が既に発表していた塔状都市、海上都市を念頭に、「ああいうので集めて未来都市の提案グループを黒川と榮《え》久《く》庵《あん》なんかと作ろう」[52]と考えたと後に回想している。わずか二ヵ月ほどでパンフレット『メタボリズム　１９６０』[53]を仕上げた。川添をまとめ役として、菊竹清訓、大高正人、丹下研究室出身でハーバード大学で助教授を務めていた槇《まき》文彦、丹下研究室の黒川紀章の五人がメタボリズム・グループのメンバーだ。エディトリアル・デザインを粟津潔が担当して、インダストリアル・デザインの榮《え》久《く》庵《あん》憲司も関わっていた。メタボリズムとは新陳代謝のことだが、都市が古いものを更新し変化していく動態を生物の新陳代謝のアナロジーで捉え、提案はそのプロセスを促進していくためのものと位置付けられた。このパンフレットを介して彼らは国際的な建築メディアで紹介され、メンバーが広く知られるきっかけとなった。

黒川は丹下の東京計画１９６０の設計過程に関わっており、その問題設定をよく把握していた。とりわけ彼の「新東京計画」は丹下の計画を下敷きにした黒川なりの翻案と見て良いだろう。「農村都市」にはヨーロッパの建築家グループ・TEAM X の影響もうかがえる。菊竹の塔状都市はそもそもは池袋のスラム化した密集住宅地を立体化することを主題としていた。巨大な煙突状の構造体を一種の人工地盤と見立て、その表面にカプセル化された住居ユニットを無数に取り付ける構想で、さほど周囲の環境と結びついたものではなかった。だから、といって良いかわからないが、『メタボリズム　１９６０』では相模湾の海上に移した案が提案された。大高と槇の提案は、新宿駅の東西をまたぐエリアに人工地盤を形成して、その上で様々な形態が相互の関係を持ちつつアンサンブルをなすものだ。個々の要素がそれぞれの個性を持ちながら全体像が形成されていく動的な関係を生み出すことがその趣旨だった。不変の構造体と置き換え可能なカプセル的ユニット、というメタボリズムの典型的特徴は菊竹と黒川にのみ見えるもので、大高と槇の案には見られない。むしろ大高と槇の案は多様な形態を許容する「群」がテーマであって、それをグループ・フォームないし群造形と呼んで、彼らはそのアイディアを以後も発展させた。その意味では菊竹と黒川、大高と槇という二組に分けたほうがメタボリズムの意図は理解しやすくなるだろう。

　磯崎新が都市プロジェクトに取り組んだのが、空中都市という共通したタイトルのもとで発表された新宿計画（一九六〇年）、渋谷計画（一九六二年）、丸の内計画（一九六三年）だ。いずれもジョイント・コアと呼ばれる垂直動線を内蔵した構造コアを林立させ、そのあいだを上空でブリッジ状に繋ぐものだ。磯崎も丹下の東京計画１９６０に関わっており、新宿計画は磯崎が東京計画１９６０で担当したオフィス群の別案にも見える。ただし東京計画１９６０では四角柱だったジョイント・コアが円筒になり、直交するグリッドを基調とした整然とした立体都市は、円筒に対してあらゆる方向からブリッジが掛けられて錯綜する立体都市となった。渋谷計画はブリッジというよりは巨大な挿肘木《さしひじき》状の片持ち構造がジョイント・コアから張り出して連結し合い、申し訳程度にユニット化された住居がそこにはめ込まれていた。丸の内計画はスケッチ的なものだが、丸の内の歴史的建造物を壊さずに上空を都市化するものだ。こうした磯崎の都市プロジェクトは、実現されるべき未来都市像の提案では必ずしもなかった。「未来都市は廃墟そのものである」[54]と磯崎はいい、都市問題を建築家が技術的に解決する、という技術楽観論の非現実性が磯崎の前提だった。新宿計画には、その柱にギリシャ神殿の遺跡の崩れかけた石柱がモンタージュされた図があり、またその構造体が崩れて不定形にとけ出していく「孵化過程」が描かれた。渋谷計画は地表面を覆う矮小な都市を睥睨する謎めいたモニュメントとして描かれている。都市計画の一種の偽善性と向き合いながら、その可能性を試すのがこの時期の磯崎だった。

すこし意味合いが違うが、日本の伝統的な都市をリサーチする動きがあったことも見ておきたい。磯崎新と建築史家・伊藤ていじが中心となって、その特徴を分析し、後に『日本の都市空間』[55]（一九六八年）に結実した。日本の都市にヨーロッパともアメリカとも異なる性質があることは一種の常識となっていたが、具体的にどのように異質なのか客観化されてはいなかった。歴史的に形成された日本の都市空間を捉えようとするリサーチには、都市計画とは異なる方法が必要だった。未来都市の提案と対照的だが、都市空間の文化史の趣をもつ成果物はそれ自体面白い。この試みが後に一九七〇年代のデザイン・サーベイと呼ばれる取り組みに繋がった。

丹下健三、メタボリズム・グループ、磯崎新の未来都市の構想は唐突に出てきたわけではない。一九六四年の東京オリンピックに向けて東京の都市改造が進行中だった。羽田空港から日本橋を経由して明治神宮外苑に至る高速道路がわずか五年で完成した。川の上、皇居の地下、ビルの谷間を縫うように這い回る巨大な都市構造物が急速に建造された。国家が威信を懸けてその生産力を差し向けたときに都市においてなにを実現し得るか、そのスケールがそこにまざまざと具体化していた。また、解決されるべき都市問題が目の前に存在した。交通渋滞や満員電車のような交通問題、大気汚染・騒音・水質汚濁・地盤沈下のような公害問題、まだまだ住宅不足も深刻だった。これらの都市問題は毎日のようにメディアを騒がし、それを科学技術が解決するSF的未来予想図が一般の雑誌に取り上げられていた。また実際にも、坂倉準三が渋谷の駅周辺施設を統合する計画に取り組んでいた。その設計により渋谷駅の東西を結び付ける空中歩廊が造られ、三つの鉄道駅と文化施設、百貨店が連絡された。建築家の構想により都市がドラスティックに変化するリアリティは決して空想的なものではなく、こうした状況に促されて、建築家の未来都市の提案は行なわれていた。

坂倉準三はさらに新宿西口広場とロータリー（一九六六年）の設計を手掛けた。かつて西新宿には巨大な浄水場があったのだが、それを撤去して超高層ビル街を建設する下ごしらえだった。丹下健三は山梨文化会館（一九六六年）で構造コアとそれを繋ぐブリッジによる建築を実現した。大高正人は坂出人工土地（一九六八―一九八六年）で、その名の通り人工地盤を含んだかなり実験的な再開発プロジェクトに取り組んだ。また丹下は、一九六四年に「東海道メガロポリス構想」をまとめてこの時代の国土計画の議論に一石を投じて、東京計画1960の構想を全国に敷衍した。政府の一九六二年の全国総合開発計画は、丹下研究室出身の下河辺淳がとりまとめた。丹下が東京計画1960で東京への集中を主張したところを、「国土の均衡ある発展」を掲げた全国総合開発計画は地方との均衡を目指していて、結論は正反対だが、方法論において丹下と共通するところは多かった。

未来都市の構想から生まれたデザインを建築家は建築のスケールで実現していき、その範囲では相応の成果が上がっていた。全国総合開発計画からはじまる国土計画も一定の具体性をもって実行に移されていた。しかし、肝心の未来都市が実現する気配はまったくなかった。磯崎は別として、これらの未来都市構想は究極的には技術が問題を解決するという前提に信頼を置くものだったが、荒唐無稽な提案が真剣に受けとめられることはなかった。そもそも丹下やメタボリズムの建築家にとって、未来都市を提案することは建築家が果たすべき責任と感じられていたが、それが実現するかどうかはまた別問題と割り切られていたふしがある。そうした達観のもとで建築家の構想が上滑りに急膨張していったのだった。実現しない提案は絵に描いた餅に過ぎず、一九六〇年代の都市ブームは退潮していった。丹下にせよメタボリズム・グループにせよ、良い提案であれば国家が受け止め実現するはずと考えていたわけではない。だがそういう提案が意味をなすとすれば、国家が実現に乗り出した場合に限られたはずだ。誰に向けて、誰のためにそれらの提案をしているのか、という基本的な立脚点におけるこの現実乖離は、一九七〇年代に強烈な揺り戻しを引き起こすことになる。

第一〇章　建築生産の産業化と建築家のマイノリティ化

前章では建築家の動向を中心に見てきたが、本章ではその背景にあった日本の建築のより一般的な状況を見ながら、建築生産の産業化が進行することで、ついに国家的段階が終わる過程を見ていく。ここで歴史の流れを見やすくするために第九章と第一〇章を分けているが、扱っている時期はまったく重なっている。その両面の重なりが時代の実相だ。

建設産業の成長

終戦後の四半世紀に日本は急速な経済発展を遂げた。戦災により日本の工業生産力は致命的な打撃を受けたが、はやくも一九五一年に戦前の工業生産高を取り戻した。朝鮮戦争の特需に勢いを得て、以後高い経済成長率を長期にわたり維持した。一九六八年に日本のＧＤＰはアメリカに次ぐ世界第二位の水準に到達した。

統計から高度経済成長期の経済の全般的状況を確認しておく。一九五五年と一九七三年を比較すると、名目ＧＤＰは一三倍になった。[1] 産業別就業人口比率は、第一次産業が三八％から一三％へ急減し、第二次産業は二四％から三七％に、第三次産業は三八％から五〇％に増加した。[2] 都市人口の国民全体に占める割合は、一九五〇年の五三％から一九七五年の七六％に増加した。[3] この変化は地方から都市への人口の移動と都市域の拡大の両面からなるものだ。一〇〇世帯あたりの乗用車保有台数は、統計が始まる一九六六年には九・八台だったが、わずか七年後の一九七三年には四二・三台に急増して[4]、これが都市構造を自動車交通との関係で考える必然性に結果した。第一次産業から第二次産業・第三次産業への経済の重心の移動、都市への人口移動と都市化の進行、そしてモータリゼーションは、この時代の社会変化を端的にあらわす。

高度経済成長期はとりもなおさず建設ブームの時代でもあった。かつて国家を中心としていた近代的な建築生産は、社会全体へと拡がっていき、民間の建築が近代的な建築生産の主要な部分を占めるようになった。一九五一年ごろにはビル・ブームという言葉があらわれて建設量の大幅な増大に社会的注目が集まったが、その後も一直線に建築工事の量は増加し続け、一九五五年から一九七三年のあいだに一年の新築着工床面積は八倍強、名目工事費ベースでは実に五〇倍弱になった。[5] GDPが一三倍となるあいだに新築着工工事費が五〇倍になったということは、建築への投資が経済成長をはるかに上回るペースで進んだことを意味する。建設産業は利益率が高く成長を見込める産業分野と見なされるようになった。一九五五年前後から株式を公開する建設会社が増加し[6]、一般企業並みの組織体制を整えていった。建築の施工組織はながらく前近代的な性格を残していたが、本格的な資本主義社会の産業へと生まれ変わっていった。

工事の内容を見ると、同じ期間に木造建築の新築着工床面積の全体に占める割合は八割から四割に急減し、木造建築が五割を切った。在来式日本建築が建築生産の大半を占める状況は過去のものとなった。木造建築以外は鉄筋コンクリート造、鉄骨鉄筋コンクリート造、および鉄骨造のいずれかで、つまり近代建築が急速に普及した。ただし割合は減ったが、木造建築の建設量自体は一貫して増加し、床面積ベースで四倍になった。全体として建築の素材と技術、施工組織の持続的変化は、技術水準の発展もさることながら、その社会全体への普及においてめざましかった。建築を取り囲む外的条件の変化は全国に波及した。かつて建築の状況は、いわば「近代化した建築」と「まだ近代化していない建築」によって出来ていた。かつての「まだ近代化していない建築」は、定形的であり習慣的ですらあったが、そこには、一定の伝統に結びついた文化的素地があった。しかしその素地はぬぐい去られていく。建築は因習から離れ、自由になり、その反面で、あやふやになっていった。

　そうしたなかで、建築生産の産業化が進行した。建設会社や組織設計事務所が急速に成長し、企業として近代化していく変化が、建築生産の産業化の半面だった。手掛ける建築の多くが近代建築であり、その設計を組織内部の建築家が担っていた。彼らはフリーランスの建築家のイニシアティブなどもはや必要とせず、社会の需要に応える十分な技術を蓄積し、それを独自に発展させる組織体制を整えていた。建築生産の産業化の残りの半面は、そうした建築の需要が、もはやかつてのように国家の周辺から来るものではなく、社会全体にひろがって民間資本を主体とするものとなり、資本の論理がプロジェクトの前提となったことだ。したがって、経営の観点から合理化が追求され、建築の質よりも量が問われる傾向が強まった。建築生産の産業化は、高度経済成長により活性化した民間の建築需要において起こった動きであり、下からの近代化の延長線上にあった。

　ここで沖縄の建築の状況に触れておきたい。沖縄返還は一九七二年だったが、それまで沖縄はアメリカの施政下におかれ、日本の他の地域から経済的に隔絶していた。沖縄でも戦前は木造が主流だったが、米軍基地の整備に建設業が駆り出されることで鉄筋コンクリート造の技術が習得され、台風に対する堅牢さから住宅でもそれが積極的に用いられるようになった。[7] 鉄筋コンクリート造の標準設計が普及して、木造を駆逐した。終戦後しばらくは木造も建てられていたようだが、しだいに大工が減っていき、ついに木造が鉄筋コンクリート造よりもコストが高くなった。その結果は鉄筋コンクリート造が明らかに多い現在の沖縄の景観に見て取ることが出来る。沖縄返還後も木造に需要は戻らず、鉄筋コンクリート造が主流となる状況が定着した。木材生産を県外に依存していた素材の条件と、技術と施工組織のアメリカ施政下における変化、そして強烈な台風に晒される気候条件が、沖縄の建築をおおきく変化させた。

建築基準法の制定と建築家の法的地位

建築基準法が一九五〇年に制定された。一九一九年に都市計画法（旧法、現在の都市計画法は一九六八年制定）とともに制定された市街地建築物法が廃止されて、それにかわり建築に関する技術的基準を定める法律となった。建築基準法によって建築に対する法的規制が、都市に限らず国内のあらゆる建築に及ぶことになった。

建築について法的規制を掛ける趣旨は、市街地建築物法では都市環境を保全することにあった。このため都市に建てられる建築のみが法的規制対象で、それ以外の建築に対する法的規制は存在せず、いわば自己責任にまかされていた。対象となる建築は警察署への届け出が義務付けられ、警察が規制を守らせる取り締まりを担当した。これに対して建築基準法では、法的規制の趣旨は「建築物の敷地、構造、設備及び用途に関する最低の基準を定めて、国民の生命、健康及び財産の保護を図り、もって公共の福祉の増進に資すること」[8]（傍点引用者）だった。このため法は国内のすべての建築を対象とし、建築基準法と同時に制定された建築士法に定められた建築士がこの基準に従い建築の設計を行うこととした。例外はあるが多くの建築について、警察に代わって設けられた自治体の所定の部署に、建築士が建築の設計内容を届け出て、建築基準法に適合していることの確認を求め、また工事の各段階で検査を受けながら建築工事が進められることになった。

大きな変化だが、この変化の背景にはこうした法的規制が可能でありまた必要でもあるような建築をめぐる状況の変化があった。具体的にいうと、まず自営的な建築工事が廃れて、地方でも法に対して責任を負い得る契約をベースとした建築工事が普及していた。また近代化の進行にともない、例えば地方に工場をつくる場合になんの規制もないわけにはいかず、都市部だけ規制すれば済む状況ではなくなっていた。そして警察による取り締まりの枠組みで建築を監督することには限界があり、あらかじめ建築士に一定の技術的基準を担保させることとした。建築技術者がいちおう国内にまんべんなくいる状況があったから出来たことだ。こうした状況があったからこそ建築基準法の制定は可能だった。

ここで法の制定を主導した官僚の意識は、いわゆる建築家が設計するような建築にはなく、むしろごくふつうのひとびとが住む住宅の水準の底上げが意図されていた[9]。

建築士法なる法律については、戦前からの議論の積み重ねがあった。ただしそれは一九五〇年に制定された建築士法とは趣旨の異なるもので、建築家の職能を制度化することを建築家自身が求めたものだった。国家的段階の建築家が、その地位の保障を国家の法律に求めたのは当然といえば当然のことだったろう。そこで建設会社などに勤務するものは建築士と認めない専業規定を定めるべきと彼らは考えていた。国際的には建築家が建設会社から独立し、施主と建設会社のあいだで中立的な立場で責任を果たすことが標準的であり、日本でも同様であるべきという考えだった。しかし日本では古来、大工に設計と施工を任せてきた歴史があり、その流れを汲む日本の建設会社は社内に設計部署を抱えることが普通であった。建設会社、そしてそこで働く建築家は専業規定に反発し、戦前の建築士法制定は頓挫していた。

だから一九五〇年に制定された建築士法をフリーランスの建築家は不完全なものと認識した。ここであからさまになった国家と建築家の意識のズレが、一九五三年の国立国会図書館コンペにおける国家が建築家を尊重しない態度によってさらに強く意識された。似た問題として、この時期に官公庁が建築の設計者選定にあたり入札制度を用いるようになったことへの不満があった。設計の質を問わず、ただ設計料が安いものを選ぶ制度であり、建築の質の向上のために尽力してきた自負を抱く建築家は違和感を覚えた。こうしたことが、国家のために建築家は働き、国家は建築家の地位を裏付ける、という国家的段階の建築家の暗黙の前提が有名無実化していることを痛感させた。日本において建築家という職能は国家の必要に応じて生まれたものだったが、もはや国家にそのような意識はなく、ただ最低限の技術的基準さえ守られれば十分だった。そうして結局、建築家という肩書きは単なる自称に過ぎないものとなった。

建築技術の高度化と合理化

建築基準法は、以前の市街地建築物法から建築の高さを三一ｍまでに制限するいわゆる百尺規制を引き継いでいたが、この制限が緩められた。そうして地上三六階、高さ一四七ｍの日本最初の超高層ビル、霞が関ビル（一九六八年）が実現した。実に不思議な縁だが敷地は日本の建築家教育がはじまった工部大学校の場所だった。

もともと建築の高層化は、床を水平に拡大するのではなく垂直に拡大することで、限られた都市空間に空地《くうち》を確保し、都市環境を保全する趣旨で正当化されていた。過密化していく一方の都市環境において、それは意義あることであるはずだった。だがほどなくその趣旨は逆転した[10]。つまり、建築を高層化して不動産の収益を有利にするために敷地の一部を公開空地とすることが選ばれ、その空地も公共的に開放されるよりは事実上私的に囲い込まれた。超高層ビルはしばしば富の象徴とされるが、実際にもそれは資本の論理に駆動されるプロジェクトであった。

地震国日本において、建築の高層化を実現するための最大の技術的課題は耐震性だった。高いビルに対する地震の影響は、低いビルよりも格段に大きくなる。超高層ビルの耐震設計を行うためには、地震による構造体の挙動をシミュレーションする高度な構造解析が必要になる。この頃実用化されたコンピュータによって超高層ビルの耐震設計が可能になった。また、重い建物は地震の影響が大きく、その程度は高層建築でより大きくなる。このため建築の軽量化が進められた。同じような階が積み重なる超高層ビルでは、部材の標準化が工事を効率化した。部品を工場製作することで現場作業を軽減するプレハブ化、モジュール化、標準化のような、施工の合理化が試みられた。こうして霞が関ビルは新しい技術の実験場となった。ここで開発された技術により取得された特許の数は四〇件近くにのぼるという。建築の高層化をひとつのきっかけとして、建築技術の高度化と合理化が進んだ。

こうした技術は、ごく普通のビルにも応用された。霞が関ビルには国内最初の大型厚肉H形鋼が柱梁に用いられているが、それはどんな建築であれ大空間を作るために有効だった。下の階から支えることなくコンクリートの床を作ることが出来る波形デッキプレートや、高層建築の建設に不可欠なタ

霞が関ビル（1968年）

ワークレーンの普及もここからだった。合理主義と経済原理に後押しされて、建築技術の高度化が進み、規格化された建築生産が浸透して、職人の手仕事的な技術の役割は縮小した。資本の論理のもとで、急速に建築の姿が変わっていった。

霞が関ビルの設計体制は多くの技術的課題を解決するため、かなり特殊なものとなった。その組織、霞が関ビルディング建設委員会には、施主である三井不動産と、設計を担当する山下寿郎設計事務所、建設会社として鹿島建設と三井建設、そして構造や設備、構法、防災、都市計画などの学識経験者が顔を揃えた。このプロジェクトを主導した山下寿郎設計事務所の池田武邦はこう書いている。

> 建築の計設《ママ》に関してはあたかもオール・マイティであるかの如きイメージを抱かせる「建築家」という言葉は少くとも今後は大きく変化してくるのが自然であると私も考えております。と申しますのは、2つの大きな理由が挙げられます。その一つは、建築の生産過程の複雑多岐化と工場生産過程の急速な増加とによる設計のあり方の変化であり、他の一つは設計の内容そのものの分野が広がり、高度になって他の工学部門との有機的関連が必要となると共に設計の分化専門化が進むことによる設計のあり方の変化が必然的に要求されているということです。（中略）1人の建築家の個人的能力だけに依存した形では次第に建築の設計も不可能になってきているということです。[11]

フラットなチームでアイディアを発展させ、集合知的な問題解決の積み重ねで設計が行われた。[12]そうした設計組織のありかたに池田は可能性を見出し、独立して後に日本で二番目の規模の組織設計事務所へと発展する日本設計を創設した。ここで重要なことは、建研連や五期会の共同設計が求めていた設計組織の新しいかたちが、ここにひたすらプラクティカルな必要に応えるために具体化していたことだ。建研連や五期会の共同設計は、おそらくまだその必然性が希薄だった。「1人の建築家の個人的能力だけに依存した」設計事務所ではとても対応出来ない「マンモス化」した建築がこの時代に急速に増えて、それに応えるための組織的設計体制が、建築生産の産業化のなかで確立していった。

建築技術の高度化と合理化は建築の定型化を導いた。例えばこの頃冷暖房の空調設備が普及していく。とりわけ初期の空調設備は技術的制約が多く、設計の初期段階から調整が必要だった。一長一短ある方式を選択するには専門的な知識と経験が必要で、後で考えればいいというわけにはいかなかった。したがって分業と協働が必要になり、システマティックな解決が求められ、結局はコアによる解決が標準化した。階段やエレベーターのような人が垂直に移動する空間、電気・上下水道・空調設備のような設備系統のための空間、水廻りと設備機械室のための空間を、集約的に納め、建築を垂直に貫通させたものがコアだ。耐震性能を担う壁をコアにまとめておけば、四周をカーテン・ウォールとして開放的な室内を作ることもできた。こうしてコアを用いた設計がビルの定型となった。垂直に立つコアで何枚もの床が串刺しにされたビルの定型が出来てしまえば、逆に都市そのものが、剣山のように地面に林立するコアで多数の床を浮かべたものに見えてくる。一九六〇年代の未来都市の提案が、林立するコアのイメージに向かったのは、こうした変化の反映でもあったろう。

近代建築は高度経済成長期以前は特別なもの、いわば一品生産的なものだったが、建築生産の産業化のもとで急速に定型化が進み、敢えていうなら量産化した。もちろんそれぞれのビルはたしかに違っていたが、基本的な成り立ちはお決まりの定型に従っていた。合理性を指針とした近代建築が収斂していった先に、建築が定型化するのは自然ななりゆきだった。それが実際に合理的なのだから、いたずらに定型を外しても不合理になるだけだった。そうして都市がだいたい似たような近代建築で埋め尽くされるようになれば、それらを建てる施主の意識も、特別な自分の建築を作ろうというテンションを緩ませていく。必要な機能を満たすビルであってくれれば良いし、それよりも早く建てて欲しいということにもなる。

固有の条件にそれほど頓着しない量産化した建築の生産において、建築家が特別な貢献が出来る場面はそう多くない。建築の量産化が進むにつれて、建築家の能力を発揮出来る領域は狭まっていく。その果てに、フリーランスの建築家はマイノリティ化し、建設産業の建築家と組織設計事務所の建築家がマジョリティとなった。後者をまとめてこれ以降、組織の建築家と呼ぶことにする。実際に手掛ける建築の数でも、人数でも、組織の建築家はマジョリティを占めた。組織の建築家は、建築の状況の主流となり、建築生産の産業化を邁進した。高度成長期に形成された日本の企業文化にフィットする建築設計の業務形態を組織の建築家は整え、国家的段階を牽引した国家のための建築とは異質な、資本のための建築に向かった。

住宅生産の近代化

住宅生産における変化は比較的ゆっくりと進行したが、基本的な方向性は似ていた。終戦直後の住宅不足を起点として、一部先取り的になるが住宅の状況を見ておこう。

まず都市部における住宅と土地の所有形態の変化があった。戦前までは寡占的な地主が大量の細分化された土地を所有していて、そこに建つ借家が住宅ストックの多数を占めた。そこに住宅不安を抑制する戦時下の総動員体制の一環として、地代家賃統制令が制定され、地主が地代を勝手に上げたり、また賃貸契約を中途解約したり、契約更新しないことは、「正当な事由」がないかぎり認められない制限が掛けられた。この制限は戦後も維持された[13]。このため不利な事業となった借地借家に見切りをつけて、借地人、借家人に土地と建物が売却されていった[14]。こうして細分化された土地の自己所有が一般的になった。また郊外化の進行とともに都市辺縁部の農地が蚕食的に宅地化して切り売りされ、これもまた土地の自己所有の比率を押し上げた。こうした変化を横目で見ながら、一九五〇年代から一九六〇年代にかけて政府の住宅政策は、いわゆる持ち家政策へと向かった。[15]持ち家はまずは戸建て住宅であり、戸建て住宅には建築主の希望のもとで大工が建てるいわゆる注文住宅と、工務店がまとめて住宅建設を行いそれを個人が購入するいわゆる建売住宅があった。特に後者はコスト・メリットを発揮して郊外住宅地を埋めていった。しだいに住宅は作るものから買うものへと変化し、いわば耐久消費財化していく。

超高層ビルにおいてプレハブ化は部分的なパーツの問題だったが、住宅ではプレハブ住宅として一戸の住宅丸ごとがプレハブ化された。その試みは終戦直後の住宅不足の解決のため取り組まれた規格組立式木造住宅から始まっており、建築家は構法的な工夫をこらしたプレハブ住宅の提案を盛んに行っていた。前川國男のプレモスに代表されるこれらの試みは、それほど普及せず、期待されたほどの成果を上げることが出来ないまま収束した。しかし一九六〇年代になると政府が工業化住宅を産業政策として振興し、プレハブ住宅があらためて浮上してきた。最初は鉄骨を構造体とするプレハブ住宅だった。工場生産された室単位のユニットを供給し、それを現場で組み立てて現場での施工を省力化した。ついで木材によるプレハブ住宅が追いかけた。壁床を作る木質パネルを工場生産して、現地で組み立てるものだ。プレハブ住宅はとにかく早く家が欲しい需要を引き受けた。セキスイハイムM1型の開発を大野勝彦が主導したように、建築家がこうした流れに協力した場合もあったがその関係は微妙なものだった。耐久消費財化したプレハブ住宅は広告などでイメージ戦略を駆使し、その存在感を強めていった。

プレハブ住宅メーカーが頭角を現してくると、在来式日本建築を担う大工も企業的な性格を強めてこれに対抗した。大工が中小工務店を経営するようになり、時にはハウスメーカー化した。割賦販売による民間の住宅金融を手掛ける企業があらわれて、工務店を系列化していった。在来式日本建築は、プレハブ化された建材を積極的に取り入れることで近代化し、プレハブ住宅に対抗出来るスペックとコスト、工期を実現していった。外壁のサイディングやキッチンセット、ユニットバスなどがそこで取り入れられた建材の例となる。間取りや内装、住宅設備について柔軟に建築主の要望に応えられる融通無碍な在来式日本建築の技術は、多かれ少なかれ規格化されたプレハブ住宅に対して優位性をもっていた。保守的な地方ではプレハブ住宅は敬遠されがちだったし、都市郊外でもプレハブ住宅は条件が良くなければ対応しきれない面があった。木造の構造体にプレハブ化した建材を組み付ける構法の変化によって、在来式日本建築は建築生産の産業化を遂げて、その姿を変えた。現在の日本の戸建て住宅の多くは、この延長線上にあるものだ。[16]

フリーランスの建築家のイニシアティブの喪失

こうしてさまざまな面で建築生産の産業化が進行していくなかで、フリーランスの建築家の建築の領域におけるイニシアティブは実体を失った。建設会社はフリーランスの建築家のイニシアティブなどもはや必要としていなかった。技術は高度化することで専門分化し、そうした各分野をすりあわせるためにはデザインとエンジニアリングと施工の距離が近いほうが有利だった。鹿島建設会長で参議院議員でもあった鹿島守之助が、設計と施工の分離が、むしろ建築の近代化を阻む障害になっていると主張して、その一本化を制度化することを提案して物議を醸したのもこの頃だ。設計と施工を分離して建築家の職能を確立すべきと考える建築家とは正反対の主張であって、一種の論争が起こっている。

前川國男が提起したテクノロジカル・アプローチは、こうした状況の変化への反応でもあった。だが、その意図は建築生産の産業化によって追い越された。むしろ組織の建築家のほうが技術の高度化を進めていた。フリーランスの建築家は建築の領域において永らく担ってきたイニシアティブを失った。少なくとも超高層建築のようなこの時代の先端的プロジェクトにおいて、建築家はそれを牽引する存在ではなかった。前川國男は霞が関ビルと同時期に東京海上ビルディング（一九七四年）で超高層に挑んだが、丸の内の大地主たる三菱から横やりが入るなどややこみいった経緯があって完成が大幅に遅れてしまう。その原因は前川にあるわけではなく、ここでケチがついたことが後をひいたわけでもないだろうが、結局のところそれ以降、超高層ビルに対するフリーランスの建築家の関与は稀なものとなる。もちろん超高層建築はかなり特殊な設計対象であり、部分的なことにすぎないが、このイニシアティブの喪失は決して小さな変化とはいえなかった。建築史家・長谷川堯が前川について述べた次の発言は当を得ているように思われる。

前川さんなんかが考えていたモダニズムというものが、いわゆる産業主義的なシステムに完全にかすめ取られてしまったんだね。つまり彼が考えていたようなものが行き場を失ってしまった。今の日本の工業化された建築の作り方や設計の方向と、前川さんたちが考えていた建築の近代化や工業化とは実は全然違うものだったんだ。[17]

そうして建築生産の産業化が進むなかで、フリーランスの建築家は自らを差異化することを迫られた。フリーランスの建築家だからこそ出来ることは何なのかが問われた。活躍の場が狭められていくなかで、手掛けた建築がさすが建築家の仕事だと評価されるようでなければ、立つ瀬がなかった。こうした状況において一九五五年以降、フリーランスの建築家の作風は多様化し、先鋭化していったのだった。しかし個性を強調する方向は、その反面で彼らをニッチ的な位置へ追い込んでいくことにもなる。こうして建築生産の一般的な状況からフリーランスの建築家は遊離していった。これもまた国家的段階の条件が解体していく一側面だった。

「日本の建築家」

戦前の一九三八年に建築教育を行う大学は五校、学生定員は合計して一学年あたり一六一人だったが、一九五八年には大学が三九校、学生定員一六五〇人と一〇倍近い規模になり、さらに一九六七年には六八校、四四八八人になった[18]。専門学校、工業高校などの大学以外における建築教育も拡大した。こうした建築教育の急速な規模拡大はベビーブーム世代の大学進学の結果でもあったが、基本的にはビル・ブームに伴う建築技術者の需要拡大を反映していた。民間企業のための人材育成に接近していく教育の実態のなかで、学生側からいわゆるマスプロ教育[19]への不満があらわれ、学生運動のテーマのひとつともなった。戦前までは近代的な建築の需要は国家の周辺にあり、だからこそ建築教育は国家の教育機関で行われ、国家が建築家を育てた。これに対して、高度経済成長期以降、民間の建築の需要が急拡大し、教育規模の拡大がその後を追った。もはや国家が国家のために建築家を育てる意味合いは薄まり、建築家はエリートでもなんでもなくなった。

一九五六年の建築技術者の職種分布の推計によると[20]、建築の設計・監理に従事する建築家のうち、官僚組織に所属する建築家が最大の四割強を占め、ついで建設会社に所属する建築家が二割五分程度、そして民間の設計事務所に所属する建築家がほぼ同数だがこれよりやや少ない。これに対して一九六二年の同じ研究者による調査があり[21]、官僚組織に所属する建築家が二割五分程度、建設会社に所属する建築家が三割程度、設計事務所に所属する建築家が三割強となっている。一般企業の営繕部署に所属する建築家と合わせると、民間で活動する建築家の割合が七割五分近くを占めるようになった。わずか六年でこれほどの変化がありえるものか疑問ではあるが、少なくとも傾向的に、国家の官僚組織に所属する建築家は少なくなり、民間で活動する建築家は増えていった。

五期会に参加し、先行世代の乗り越えを志すその名称を提案したのは建築史家・村松貞次郎だったが、彼が「建設業の建築家――彼らこそ明日の建築界のチャンピオンである」と挑発する論考を一九六一年に書いている[22]。「建築の機能が複雑化し、新しい技術と材料と工法が目まぐるしく交替する今日において、施工の経験に恵まれ、ときとして、その研究部・研究所を持つ建設業の機構とスタッフは、新しい建築の時代における設計と監理にもっとも強力な対応力・戦力を擁している」から、明日の「設計界のチャンピオンを、私は建設業の設計部に想定する[23]」というのがその趣旨だった。村松は明治に誕生した建築家という職能にうさんくささを感じていたようでもあり、高度経済成長期の状況の変化を背景として、建設会社に所属する建築家が今後をリードするだろうという主張を周囲に煙たがられつつ繰り返した。ここまで見てきたようにそれは現実によってある程度裏付けられていたから、それは単なる持論にとどまるものではなかった。「明日の建築界のチャンピオン」などと予言めいた主張をするのは歴史家の態度として危ういが、国家的段階の建築家のアイデンティティが揺らぐなかで村松の主張は響いた。

村松の挑発も面白いが、より核心的な意味を持つのが、一九五六年に書かれた丹下健三の論考「日本の建築家――その内部の現実と外部の現実」[24]だ。丹下は日本の建築家の歴史を振り返りつつ、その実像を捉えようとしている。以下抜粋しながら主張をまとめてみる。

まず近世の日本に建築家という職能が存在しなかったことを丹下は確認している。施主、建築家、施工者が封建的社会機構のなかで互いに癒着的な関係にあった。そして明治維新以後も、国家の官僚組織が建築の企画、予算化、設計、施工の監督・指導を自ら行っていた点で癒着的な関係は変わらず、そのなかで戦前までの官庁営繕の勢力の強さ、本書のいい方でいえば狭義の国家に奉じた建築家の優位が形成された。いわば明治維新以前と以後は本質的に変わらず、建築家は国家と癒着して未分化な「宮仕え的奉公意識」のもとにあったと丹下は指摘している。

また近世からの大工あるいはその棟梁が設計と施工をまとめて担う職能形態があり、明治維新以後の「商業的企業形態」として発展した「請負企業」がある。「とくに大企業においては一般建築事務所の匹敵することのできないほどの大規模な設計組織が存在し」、建築家と施工者が癒着する職能形態がある。

西欧的な建築家として教育をうけた人たちも、ほとんどが、国家と結びつくか、あるいはその権力、権威によって、その立場をかろうじて主張したのであった。そういう状況のなかで、ある人は建築行政監督官となり、また官庁建築技術者となり、あるいは大学教授となった。またある人は、請負の建築技術者となり、またその経営者ともなっていった。あるいはまた、財閥の営繕課的存在となるものもあった。一人の自由なる市民としての建築家などは例外的にしか、その存在は許されなかったといってよい。このようなことは、日本の貧しい社会において、建築家の設計を必要とするような建築は、国家資本か、あるいは財閥によるものであって、一般国民のものは、ほとんど棟梁か大工まかせであったという事情からみて、当然のことであろう。[25]

建築家はその立場こそそれぞれ違っても、国家を頂点とするヒエラルキー的秩序に組み込まれており、その活動は国家の周辺に限られた。国家から離れたところでは大工や棟梁が建築をつくり、国家から自立した建築家は存在しなかった。

そうした状況の中で、分離派建築会以来、近代建築を指向した建築家が登場し、国家からの自立を求めるが、第二次世界大戦に至る過程で彼らは「社会的地盤を喪失していった」。官庁建築技術者は日本資本主義の「国家主義的色彩」が増すなかで力を増し、請負建築技術者は「軍需工場や基地設営の第一線部隊として活潑に生きていた」。建築家は国家権力に対して抵抗することなど許されず、その統制下に「請負企業の従属的存在にさえなりかねない苦難を味わった」。

戦後は復興にともない、建築家はかつてない人数に増えたが、その設計の対象は、国民のための住居や公共的建築よりも、日本の資本主義の「変態的な回復」にともなう「商業的・投機的建築」になった。ごく最近住宅に関する新しい試みがはじまったところだ、というのがこの論考における丹下の認識だ。一九五六年の文章だからまだ高度経済成長期の入り口であって、その後の建築家の活躍はこの論考の視界には入っていない。

日本の建築家の歩みを、歴史的に展望してみるとき、かなり特殊な社会的条件が存在していたことに気づくのである。それは、日本の近代社会には建築家を成熟させる社会的地盤であるところの市民社会が充分に成立していなかったという基本的条件である。国家機関のもとにある官庁建築技術者層が、勢力と幅の広い地盤をもっているということ、請負企業のなかに編入された設計技術者層が、しだいに茫大な組織をもってゆくということ、も、そのような基本的な条件から出てきているとみることができる。[26]

建築家が苦境にある原因は市民社会の未成熟にある、といういい方にはやや責任転嫁的な響きがあるが、ともあれ市民社会とその具体としての社会的分業が、本来の姿で建築家が社会的責任を果たすための基本的条件であり、その条件が整わない日本の歴史が、設計と施工が未分化な現状を規定している、というのが丹下の主張だ。ここで市民社会の対極には国家の強い社会的決定力が想定されている。つまり国家を頂点とするヒエラルキー的秩序が強く状況を規定して、市民社会の水平的な関係が未成熟なままにあり、建築家の本来的な職能分化が進んでいないことが現状の課題だ、というのが丹下の認識だ。こうした歴史の克服のためには、建築家の職能を確立していくため新しい職能団体が必要だ、と主張してこの論考は結ばれている。

この論考は、大枠としては建築家の職能を専業の職能として確立すべきという戦前以来の建築家の主張に則ったものだ。論考表題にある「内部の現実」とは「国家機関のもとにある官庁建築技術者層が、勢力と幅の広い地盤をもっているということ、請負企業のなかに編入された設計技術者層が、しだいに茫大な組織をもってゆくということ」であり、「外部の現実」とは「市民社会が充分に成立していなかった」ことだ。そしてそうした現実に規定されて「日本の建築家は建築家の社会的な役割・責任・立場についての自覚をもつことが、充分にはできず、建築家の職分意識はきわめて稀薄」なままであった、と丹下は捉えている。

丹下は日本の建築家のありかたを歴史的に掘り下げ、国家と結びついた日本の建築家の特殊性を指摘した。多くの点で本書の捉え方に重なるために、ここまで読んできた読者には丹下の認識が自然なものと感じられるかもしれないが、丹下のこの認識は当時、特異なものだった。同時代の多くの建築家がこうした歴史的条件に無関心であったときに、彼はそれをきわめてクリアに捉えていた。丹下の認識のすべてに同意するわけではないが、しかしとりわけ、日本近代において国家と建築家が特殊な強い結びつきをもっていたという丹下の認識は本書と共通する。

丹下健三は国民的建築家を体現した。そういう丹下が国家的段階の建築家の特異な性格をかなりクリアに捉えていたことは、たまたまのこととはいえない。丹下は国家との調和よりは対決を指向し、そこで大胆な創造の主体であろうとし、そうして国家的段階のピークを記す建築をものにした建築家だった。その彼が日本の建築家がおかれている状況を客体化して鋭く捉えていた。そこには必然性があるはずだ。丹下健三の偉大さは単に設計の問題に尽きるものではなく、彼は自らのよって立つところの特殊性を自覚し、見極めていた。こうした丹下の建築家としての緊張したありかたを捉えそこなえば、丹下の内実を見逃し、結局は偶像化に行き着くことになるだろう。昨今の丹下評価の抽象性を見れば、それは決して杞憂ではない。

第一一章　国家的段階の終わり

九章と一〇章に分けて、国家的段階の条件が崩れていく過程を見てきた。まずそれをまとめてみよう。

終戦は大日本帝国を終わらせたが、国家的段階は持続した。戦災復興が峠を越えた頃、建築基準法と国立国会図書館コンペで国家と建築家の意識のズレがあらわになり、その結びつきはほころび始めた。高度経済成長期に近代的な建築の需要は社会全体に広がり、国家は建築の状況の中心ではなくなった。民間の建築需要が急拡大するなかで、建築教育もそれに牽引されて国家から離れた。建築生産の産業化が進行して、建築の大規模化・複合用途化・量産化を進めた。そうした状況は旧来の建築家の設計組織に限界を突きつけ、その変革が意識されるようになった。一方に共同設計の試みがあったがその成果は薄く、結局はそれを実に結びつけたのは組織の建築家だった。組織の建築家はマジョリティとなり、フリーランスの建築家はマイノリティとなった。一品生産的なフリーランスの建築家の建築は、その多彩さを極めたが、量産化が進む一般的な状況からは乖離した。

こうして国家が建築家を育て、国家が建築家に職務を与え、国家が建築家に建築の領域におけるイニシアティブを委任する、という国家的段階の建築家の成立条件は、過去のものとなった。丹下健三が鋭くも認識していたように、建築家が国家に従属する国家的段階の建築家の主体性は特殊なものであり、その特殊性は高度経済成長期を経て解体した。

国家的段階の終わりがなにを意味するものか確認してみよう。重要なことは三つある。

まず、下からの近代化が上からの近代化を追い抜いていった。国家が上からの近代化の一部として西洋式建築を導入したときから建築は上からの近代化が先行する領域だったが、下からの近代化が遅れて立ち上がってきた。高度経済成長期に上からの近代化と下からの近代化は交錯し、後者によって前者は追い抜かれた。この交代劇が完了した時に国家的段階は終わった。国家のための建築の比重は縮小し、資本のための建築の比重が大きくなり、建築生産の産業化が進行した。

また、国家的段階の建築家のアイデンティティは、高度経済成長期にリアリティを失った。戦後しばらくはフリーランスの建築家が建築の領域におけるイニシアティブを確かに掌握していたが、建設会社が十分近代化することで、彼らは建築家のイニシアティブなど必要としなくなった。フリーランスの建築家の建築の質は高かったが、それが波及していくような連続性は失なわれていた。

そして、国家的段階において国家が決定的存在だったが、そういう状況は終わった。国家の存在は国家的段階の建築において一貫して重いものだった。そもそも西洋式建築を導入して建築の近代化を開始したのは国家だったし、建築家を育てて日本近代の建築を発展させるよう委任したのも国家だった。ついで国家は建築を方向付ける参照点となり、とりわけナショナル・ロマンティシズムの文脈上で、日本の国民が参照点となり、また伝統が参照点となり、そうして建築は方向付けられてきた。そうした意味で国家的段階は、国家を軸として建築が考えられていた歴史的段階だった。しかしそれも終わった。

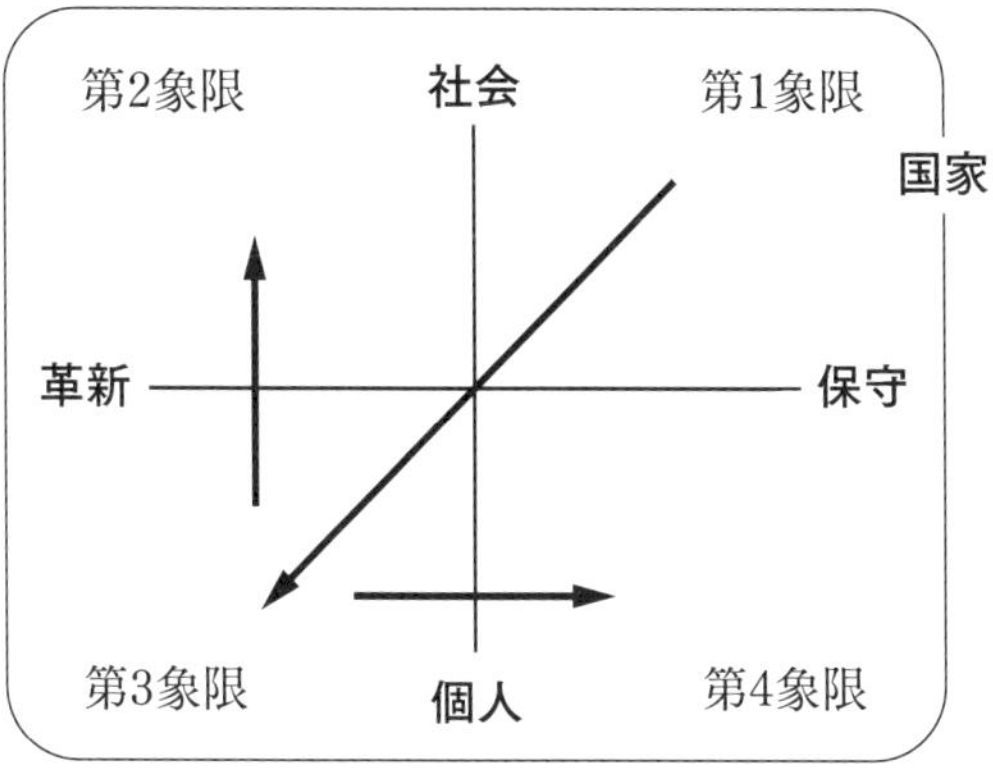

明治末以来の建築家のありかたの分岐をダイアグラム的に、横軸に保守と革新、縦軸に社会と個人をとった四象限で整理することができる。第一象限、すなわち右上には保守的で社会的な指向が位置し、ここから日本の建築家は出発した。彼らにはテクノクラート的な性格があり、地位において官僚でない場合でも国家による上からの近代化を担う存在だった。その対極にある第三象限、すなわち左下には革新的で個人の主体性を重視する指向が位置し、第一象限に反発して近代建築を指向した建築家がそこにあらわれた。彼らは建築家個人の創造性を強く意識し、自らのデザインによって建築を発展させることを志した。第二象限、すなわち左上には革新的で社会的な指向が位置し、第三象限から分岐して社会主義を指向した建築家がここにあらわれた。彼らの活動は戦前、厳しく抑圧されたが、辛くも生き延びて近代建築の流れを戦後に繋いだ。残るのが右下の第四象限だが、保守的で個人の主体性を重視する指向が位置し、日本の歴史的伝統を遡って第三象限から分岐した堀口捨己のような少数の建築家がいた。そうしてこの四象限に分かれた建築家の全体を、すっぽり国家の傘が覆っていた。国家的段階において建築家は分裂していたが、それでも一定のまとまりを持っていた。それぞれの役割を互いに認め合っていたといえば

言い過ぎだろうが、それでも建築家の主体性を分かち持っていた。多かれ少なかれこうした評価は後世からの見方にならざるを得ないが、第一象限の建築家だけでも、第三象限の建築家だけでもなかったことが、日本近代の建築を支える分厚い基礎となった。ダイアグラムを覆う国家の傘が消失したとき、この分岐はそのまとまりを失い、分散していった。これは不可逆な変化であり、二度とこうした状況は訪れない。

国家の代わりに状況を方向付けるものとしてあらわれてきたのは、まずは資本だった。しかしいうまでもなく資本は国家の代わりになるものではない。国家が占めた位置を埋めるものがない、より流動的で拡散的な状況がその次の段階、すなわちポスト国家的段階を規定する。国家に代わる存在が不在だから、国家的段階に続く時期は単にポスト国家的段階と呼ばれる。国家と建築家の結びつきは断ち切られた。国家のための建築のリアリティも揮発した。そこからポスト国家的段階は始まる。

第二部

ポスト国家的段階

第一章　ポスト国家的段階の初期設定

国家的段階を規定した条件が崩れ、ポスト国家的段階がはじまった。実体的な変化は緩やかに進行したはずだが、ある閾値を超えたかのように、一九七〇年ごろ心理的な光景はガラッと変わった。憑き物が落ちたようなものかもしれない。明治一〇〇年といわれ、ある区切りを迎えた予感はあった。[1]国家的段階の建築家像が失効することで建築家全体のまとまりは失われ、状況は拡散的になった。建築生産の産業化を担ったのは組織の建築家、つまり建設会社の建築家と組織設計事務所の建築家で、手掛ける建築の数でも建築家の人数でも彼らがマジョリティだったから、彼らが建築の状況におけるイニシアティブを握ってもおかしくなかった。しかしそこで主体性を担うのは個々のプロジェクトを担当した建築家というよりは、彼らが所属した会社であり、その意思は不明瞭だった。これに対してフリーランスの建築家はマイノリティ化し、一品生産的な特殊解を追求しつづけた。以後も高い評価を得る建築の多くは彼らの設計によるものだったが、特殊解の影響力には限界があった。

国家的段階の展開はおおむね日本国内のドメスティックな状況の内側で完結していたが、ポスト国家的段階の展開は深く国際的な状況と結びついて起こるようになった。国際情勢が日本社会に影響し、海外と日本の建築が双方向的に影響し合うようになった。しだいに日本の建築家が海外で建築を手掛けることも珍しくなくなり、日本の建築家の国際的な存在感は重みを増す。ポスト国家的段階においてもやはり建築を取り囲む外的条件は建築を規定するが、素材や技術、施工組織のような物質的な外的条件の制約は薄れ、社会や文化のような無形の外的条件の影響が強くなる傾向にあった。社会と文化の国際化が進んだことが、国内外の同期性を強めていた。そうした趨勢を意識しながら、まずポスト国家的段階の背景を確認してみよう。

国家的段階は日本の資本主義の揺籃と成長の時期であり、そこで資本は国家と密接に関係し、その枠内で活動していた。高度経済成長を経て、資本は国家から離れていく。経済統制を堅持した社会主義陣営とは対照的に、自由主義陣営では資本が国家から自由になり、国境をまたいで企業が活動し、自由貿易体制のもとで国際分業が進んだ。国家の規制を緩めて市場原理に経済を委ねる、市場原理主義とネオ・リベラリズム的な傾向がしだいに強まっていく。一九八〇年代までは冷戦構造が国際情勢の大枠を決めていた。人類を何百回も滅亡させることが出来る大量の核兵器が鉄のカーテンを挟んで対峙し、アメリカとソビエト連邦の首脳が臆面もなく罵りあうノイローゼ的状況が日常だった。隠然とした心理的ストレスがたれ込めていた。

冷戦の代理戦争であるベトナム戦争（一九六五―一九七五年）においてアメリカは泥沼に陥り、戦略的にも倫理的にも正当化し難い状況に追い込まれた。ベトナム反戦運動がアメリカ国内だけでなく、事実上の米軍の補給基地となった日本でも活発化し、反戦を訴える草の根の市民運動であるべ平連（ベトナムに平和を！市民連合）が支持を集めた。日米安保条約の延長阻止を目指す安保闘争を中心として、全共闘（全学共闘会議）運動に代表される大学闘争が激化し、市民運動・労働運動と連帯して街頭活動を繰り広げた。これら反体制的な動きに対して、国家は強権的な姿を隠さず、衝突は時に凄惨な事件に発展した。アメリカではベトナム反戦運動が人種差別の解消を求める公民権運動と合流して、ヒッピー・ムーブメントに連なり、ポップ・カルチャーとカウンター・カルチャーが開花した。こうした動きは即座に日本にも受容された。高度経済成長は日本の経済状況をおおきく改善しており、アメリカの文化的動向は日本にダイレクトに影響を及ぼすようになっていた。テレビや新聞・雑誌などのマスメディアが急成長して文化受容のプラットフォームとなり、大衆消費社会が形成された。そうしたなかでハイ・カルチャーを頂点とする文化的ヒエラルキーが崩れた。一方でより等身大の、ときに刹那的な、日常性に根ざした消費文化が広まり、他方で偶像破壊的で価値転倒的なラディカリズムが目立った。

　国境は薄くなった。アメリカとの衛星中継がテレビに最初に映し出したシーンは一九六三年のケネディ大統領暗殺事件だった。太平洋をまたぐ海底ケーブルの敷設は一九六四年で、情報化が国家間の距離を縮めた。同年、外貨規制が緩和され、個人の海外旅行が容易になった。ジャンボジェット、ボーイング747の就航は一九七〇年で、航空旅客輸送容量の飛躍的な増加により海外旅行のハードルがさらに低くなった。一九七一年に海外旅行に出かけた日本人が一〇〇万人を超え、一九七九年には四〇〇万人を超えた。世界は小さくなり、グローバル化が本格化した。

　一九七三年と一九七九年の二度にわたるオイル・ショックと一九七二年のローマ・クラブの『成長の限界』[2]が、経済発展の限界を意識させた。オイル・ショックは高度経済成長を終わらせた。第一次オイル・ショックの翌年に日本経済は戦後初めてマイナスの経済成長率を記録し、調整局面を経て経済が以前の水準を取り戻したところを再び第二次オイル・ショックが襲った。オイル・ショックは建築の状況を直撃した。第一次オイル・ショックにより新築着工床面積は三割減少し、第二次オイル・

ショック後も二割減少した。高度経済成長期のピークの建設量は過熱したバブル経済最盛期の建設量に匹敵し、そのあいだはいわば谷間となり、建設コストの上昇だけが続いた。産業の供給力が過剰になり需要不足が意識され、重工業などの第二次産業を基軸とする経済から情報消費を喚起する第三次産業が牽引する経済への移行があった。『成長の限界』は長期的には経済成長が地球環境資源の有限性に制約されることを示し、将来が無際限に明るいとはいえないことを相当の具体性をもって示した。既に公害問題が社会問題となっていたし、生物学者・レーチェル・カーソンの『沈黙の春』[3]が農薬による自然破壊を警告していた。総じて未来への楽観的な見通しは色褪せ、経済発展の負の側面が無視できなくなっていた。

多くの文脈を列挙したが、それはこの時代の状況を共有するためだ。神経質な冷戦、反体制運動、消費資本主義におけるサブカルチャーとラディカリズム、グローバル化の進行、経済成長の行き詰まりと公害問題。既成価値の打倒を求める異議申し立てがあちこちでおこり、明るい未来を描くことが空々しく感じられ、閉塞感がたれこめていた。

建築の領域における異議申し立て

混迷する状況は、建築においてはまずモダニズムの権威の失墜としてあらわれた。モダニズムの拠点として指導的役割を果たしたＣＩＡＭは、とうの昔に活動を停止していた。機能主義の硬直性、都市計画の官僚主義的性格が批判され、ヒューマニズムを理想としたモダニズムが非人間的な環境を生み出している現実が強く意識された。四角い集合住宅が建ち並ぶニュータウンの団地に象徴される、画一的なモダニズムが批判され、建築はもっと豊かなものであるはずだという声が高まった。もちろんモダニズムの良質な部分はそのような画一性とは無縁だったが、それでもその背後にあるイデオロギーには根本的な問題があると考えられるようになった。そうしてモダニズムに対するオルタナティブを求める模索がはじまった。

オルタナティブを求める建築家の国際的な動向をいち早くレポートしたのが、磯崎新が一九六九年から『美術手帖』誌で連載した「建築の解体」[4]だった。そこでモダニズムに反旗を翻した海外の若い建築家のラディカルな活動が紹介された。ポップ・アートの隆盛と同期したポップな表現で建築のイメージを塗り替えたイギリスのアーキグラム、磯崎の盟友でもあり偶像破壊的イデオローグだったハンス・ホライン、アメリカの草の根文化に根ざした建築造形に向かうチャールズ・ムーアなど、同時多発的に起こっていた挑戦があった。「建築の解体」は、ポスト国家的段階に登場してくる新世代の建築家に絶大な影響を与えた。磯崎は一九六〇年代にはその後におけるほど重い存在ではなかった。むしろメタボリズム・グループの黒川紀章のほうがより重要視されていたが、モダニズム批判の糸口が求められはじめると磯崎の存在感は際立った。ポスト国家的段階における磯崎は、世代的には国家的段階の建築家の最後にあって、ポスト国家的段階にあらわれた新世代の建築家に深い影響を及ぼす、ヒンジの位置にいた。

建築の理論に多くの変調が見られた。主だったものを列挙しておこう。近代建築の画一性を批判し、建築の本来的なポテンシャルを大衆的な建築に見出しながら、かたちの重層的な効果に注目したロバート・ヴェンチューリの『建築の多様性と対立性』[5]が一九六六年、同じ著者によるラスヴェガスのロード・サイドの景観の現代的性格に着目した『ラスベガス』[6]が一九七二年、モダニズムに古典性が潜んでいることを指摘してその歴史化に先鞭を付けたレイナー・バンハムの『第一機械時代の理論とデザイン』[7]が一九六〇年、デザインの方法を客観化することを目指したクリストファー・アレグザンダーの『形の合成に関するノート』[8]が一九六四年、それをより実践的にした『パタン・ランゲージ』[9]が一九七七年、近代都市計画を批判し、生活に深く結びついた街路空間の価値を力強く擁護したジェイン・ジェイコブズの『アメリカ大都市の死と生』[10]が一九六一年、風土に根付いたバナキュラーな建築に目を向けたバーナード・ルドフスキーの『建築家なしの建築』[11]が一九六四年に、それぞれ刊行された。いずれも近代建築に対する異議申し立ての思想となった。モダニズムにとって代わる新しい建築のイデオロギーというよりは、モダニズムの視野の外側にある建築の多様な可能性に着目し、その豊かさを積極的に捉えようとするものだった。総じて建築は、モダニズムのエリート主義を離れてある種の大衆性へと転回していった。もともとモダニズムは過去を乗り越える革新と自称していたが、モダニズム自体が歴史化された。この時代の文化状況を背景として、モダニズムを乗り越えようとする建築家の多様な試みがたがが外れたように発散的に展開した。ちなみに明治以来の建築遺構を移築し公開する野外博物館である明治村が一九六五年に開園している。国家的段階の建築が歴史化していく状況の象徴といえるかもしれない。

大阪万博

モダニズムがほとんど奇形的なところにまで行き着いた象徴的なイベントとして、一九七〇年に大阪で開催された日本万国博覧会「エキスポ七〇」を見ることができる。「人類の進歩と調和」をテーマとして掲げ、各国のパビリオン・企業のパビリオンが、科学技術の発展によってもたらされる明るい未来のイメージを会場いっぱいに演出した。総入場者数六四〇〇万人というのはまさに驚異的な数字だ。大阪万博は、一方で日本の経済発展を反映した華々しいイベントだったが、それはあだ花でもあった。本書は大阪万博を、国家的段階の最後の輝きとして肯定的に位置付けるよりは、その行き詰まりの象徴として位置付ける。ポスト国家的段階の始まりを強いてなにかに象徴させるとすれば、大阪万博になるだろう。八束はじめは『思想としての日本近代建築』のあとがきで、「日本の「近代」はそれが「日本」（中略）という参照源を持ちえたという意味で、戦後も継続されたと考えないわけにはいかない。私はその終局点を一九七〇年の大阪の万国博覧会に位置づけている」[12]と書いていた。しかしまさに「日本」という「参照源」が空白になった事態を、その次の段階、ポスト国家的段階と捉える本書は、この見方を反転せざるを得ない。

万博会場は、その計画に携わった建築家にとって一九六〇年代の未来都市構想の実験だった。会場設計は東大の丹下健三と京大の西山夘三の共同で行われたが、具体的なデザインはおおむね丹下のコントロールのもとにあった。丹下の都市交通への強い関心を反映して交通計画は立案され、モノレール、動く歩道、電気自動車など新しい交通システムが実現した。パビリオンにおいても先進的な建築技術による目新しい造形が見られた。会場の中心に据えられたテーマ館「お祭り広場」（一九七〇年、大屋根の一部のみ保存）にはスペース・フレームと呼ばれる理論上無限に延長可能なトラス構造の大屋根が掛けられ、そこにメタボリズムを踏襲するカプセル状の展示室がはめ込まれた。そしてこの大屋根をぶち抜いてテーマ館プロデューサーを務めた岡本太郎の太陽の塔が屹立し、その下の広場では磯崎新が担当した空間演出のための巨大なロボットが動き回っていた。メタボリズム・グループのメンバーはメタボリズムの構想をパビリオンで実現した。菊竹清訓は「お祭り広場」と類似したスペース・フレームを用いた塔状都市としてエキスポ・タワーを実現し、黒川紀章は東芝ＩＨＩ館とタカラ・ビューティリオンで、ユニット化された構造体が反復・増殖するデザインを実現した。その他のパビリオンの多くも、それらを手掛けた建築家の通常の仕事からは考えられないような奔放な造形へと向かい、会場は一種乱痴気騒ぎ的な様相を呈した。それらは大阪万博のテーマである「人類の進歩と調和」を体現するものであったが、しかし冷静に見ればそれらは楽観主義をぎこちなく演出するステージ・セットでもあった。美術評論家・椹木野《さわらぎの》衣《い》がレトロ・フューチャー的なノスタルジーのもとで昨今回顧される大阪万博について述べた、次の指摘は妥当だろう。

> 大阪万博で提示された「未来」は、一定の時間を経た後に首尾よく風化したからノスタルジーになったわけではない。万博のために構成された当初から、それは一九六〇年代のＳＦイメージの再構成や、今世紀初頭の未来派やロシア・アヴァンギャルドの焼き直しでしかありえなかった。逆にいえば、どんなときでも、過去のイメージの再編集でしかありえないはずの「既知の未来」を、いかにして来るべき「未知の未来」として演出するかが、万博最大の課題であったといえるだろう。まさしくそれは、演出の問題であった。[13]

いうまでもないことだが、未来を現在に実現することは不可能だ。まして輝かしい未来を描く進歩主義の空疎さを誰もがうすうす感じていたこの時代に、その輝かしい未来をもっともらしく見せなければならない、という矛盾に建築家は直面し、彼らは能天気になるか、生真面目になるか、この矛盾に股裂きになるかしかなかった。メタボリズム・グループのメンバーはかつてと同様、おおむね能天気だった。彼らのモチベーションはこれを機会にかねてからのイメージを実現したいということに尽きていた。生真面目な建築家はおおむねモダニストであり、未来をかいま見せようといつになく派手な造形に走ったが、身に付かない芸が急に出来るものではなかった。当時の技術の限界から思うように未来を見せられなかったある建築家が「あと一〇年もすれば立派に実現出来ると思います」などといってのけたのは、彼らの鈍感さをよく物語る。

お祭り広場の演出装置に取り組んだ磯崎新は、場を変容させる音響設備、照明設備を会場に仕掛け、煙を吹き出し香りを漂わせるロボットを動き回らせ、それらを自動制御するシステムを組み立てた。その制御室はNASAのアポロ計画の管制室のミニチュア版だった。「「アポロ計画」を制御できるコンピュータが、社会を制御できないはずはないじゃないか」[14]というのが磯崎の考えだった。建築家の通常の発想からすれば建築こそがその場の体験を決定するものだが、それらの演出装置は刻一刻と変化する仮設的な場の体験を生み出すシステムだった。つまり、ハードな建築によるのではないソフトな環境制御による空間体験だ。それもまた槻木がいうところの「演出」だったにせよ、未知の未来というよりは未知の現在だった。

矛盾は輝かしい未来を楽観視するテーマ「人類の進歩と調和」にとどまらない。万博は国家の威信を背負った祝祭でもあり、そこに参加する建築家の態度が問われた。「体制は、それが体制自体の否定を目論まぬ限り、「才能」に対しては極めて寛容である」[15]と宮内康がいったように、建築家やアーティストは国家の祝祭に歓迎されて、その演出に奉じた。宮内らの「建築家七〇行動委員会」[16]をはじめとしてアンチ万博の動きが起こり、結局建築家は国家の威信を言祝ぐモニュメントを作るのか、と批判の声が上がった。パビリオンが浮き足立って集う万博会場には、時代の暗い影を祝祭の賑わいで塗りつぶす無理が露呈していた。磯崎は万博直後にその心境をかなり率直に吐露している。

　いま、戦争遂行者に加担したような、膨大な量の疲労感と、割り切れない、かみきることのできないにがさを味わっている。（中略）具体的な施設の発案者として、あるいはエンジニアーとして、あるいはアーティストとしてそれだけの領域において仕事をしているとしても、いつのまにかその作業の進行も成否もがテクノクラート的思考の枠にはめこまれていく。その進行のメカニズムに抵抗する方法が発見できないのではないかという予感におそわれた瞬間に、ぼくは心情的に脱落しはじめた。[17]

かねてからメタボリズムの技術楽観論に抵抗を感じていた磯崎であればこうした苦みを覚えたのも当然だろう。アンチ万博の動きを主導していたひとびとこそ磯崎にとって近しい存在であり、国家の祝祭に動員された自らの立場に鈍感でいられるはずはなかった。ふたたび宮内康の言葉を引いておこう。

　万博が体制内の仕事であることが問題なのではない。体制内かどうかと言えば、ちっぽけな住宅まで含めて、建築の領域の仕事はすべて体制外のものであったためしはない。問題は、建築が、あるいはデザインが果たして可能なのかということであり、万博参加者は、その問いを最も鋭く問いつめ得る機会を持ち得たにも拘らず、決断の時点でそれを放棄したのである。[18]

宮内の批判は重かった。こんなことに私は加担したくない、というスタンスが、以後重要な意味をもつ。建築家は国家に奉仕する、建築家は社会に奉仕する、建築家は資本に奉仕する、そうした一切に対して、こんなことに私は加担したくない、という拒否のスタンスをとる建築家が、以後あらわれてくる。宮内がいうように、磯崎が覚えたような違和感は、建築に関わる以上、いたるところにあった。建築家の主体性は仕事を断るときにだけ発揮される、というのは建築家のあいだでよくいわれる冗談だが、それが切実な問題となって、こんなことに私は加担したくない、という拒否のスタンスが主体性の表明としてあらわれるようになった。そうして批評性を以後建築家は強く意識するようになる。建築のプロジェクトに対する批評性、建築家の構想の批評性、建築にあらわれる批評性、が常に問われた。建築家は主体的な批評性を発揮して個性的なアプローチを組み立て、それが建築家の作家性そのものになる。「いかにして建築が可能か」という問いは批評性の焦点だった。

一九七〇年の大阪万博は、国家的段階が過去のものであることをありありと示した。国家が主導し、演出する、輝かしい未来の空疎さが露呈した。以後、このような祝祭を実現しようとしても国家にその力はなかった。

そしてそれと軌を一にして、終戦後の四半世紀を通じて快進撃を続けた丹下健三が急速に色褪せた。それも国家的段階が終わったことを示していたのだろう。以後の丹下の建築はいずれもかつての冴えとは比べようもない。丹下の建築に緊張感を与えていた国家は見失われ、もはやかつてのようにはいかなかった。そしてそのような条件を求めてか、丹下は海外での活動に重心を移し、とりわけ植民地の地位をはねのけ独立したばかりの第三世界の国々で、その強権的性格をバックにした仕事を手掛けたが、成果ははかばかしくない。そうして国民的建築家・丹下健三は、国家的段階の終わりとともにその輝きを失った。丹下の失調は、彼個人の不振であるよりは、国家的段階の建築家のありかたがもはや成立しないということだったろう。

国家が埋めていた建築の公共性とその空白

ポスト国家的段階は、建築の状況において国家の存在感が失われたことによってあらわれた。国家に代わるものはなかった。現在の我々は、国家を意識して建築のありかたを考えるなどということがまったくないから、国家的段階の建築における国家の重みこそがむしろ想像しにくい。第一部で国家的段階において国家と建築がいかに結びついていたか、出来るだけ具体的に示したつもりだが、なおその重みを実感することは難しいかもしれない。

その核心には建築の公共性があった。例えば人間について、個人に社会性が求められ、また誰もが守るべき社会規範があるように、建築についても、個々の建築に社会性が求められ、またあらゆる建築が守るべき社会規範がある。迷惑をかける建築は良くない、といった単純なことから、理想の建築はどういうものか、といった高尚なことまで、暗黙の前提として建築の公共性がある。国家的段階においては、建築の公共性は国家によって充塡されていた。「お国のために」は公共性と事実上同義であり、一五年戦争の終戦まで国体と呼ばれていた。戦後になればさすがに国体とはいわないにせよ、その代わりに漠然と社会といわれ、つまるところあいまい化された国家だった。そうして良い建築とはどんなものか、新しい建築とはどんなものか、それを実現するためになにを問うべきか、建築を方向付ける基準は国家的段階において国家によって与えられてきた。

例えば、佐野利器は「建築家の覚悟」で、建築がなにを目指し、なにを実現すべきかは、西洋がどうあろうとも「日本の現状に照して」考えられねばならないと断言した。あるいはナショナル・ロマンティシズムの文脈に連なる様式論争、帝冠様式と〈日本＝モダニズム神話〉、伝統論争において、建築のあるべき姿は常に日本を参照先として問われていた。佐野が総動員体制を形成する運動を仕掛けたとき、報国の意識が彼を導いていたのはもちろんだし、戦後のＮＡＵが求めたのも民主的な新しい国家の建築だった。そうして建築家は国家を念頭に建築を問い、国家を手がかりにして建築は方向付けられてきた。

しかしポスト国家的段階において、国家の存在感は失われ、建築の公共性を充塡するものがなくなった。建築を方向付けるものが失われ、建築の状況はまとまりを失い、拡散した。たしかに建築基準法は一種の公共性を担保するものだったが、良い建築を目指すというよりは、単に「最低の基準」にとどまり、事実上それさえ満たせばなんでもありの形式的規定であった。これに対してひとつひとつの建築を建てる側、例えば民間の資本は、その最低の基準の枠内で、資本の論理を当然の行動基準とした。より高い効率を求め、時代に即した新しい機能を求め、経済合理性を原則とし、公共的利益よりは私的利益を追求した。そうした資本の論理を反映して建築生産の産業化は進行し、組織の建築家はこうした趨勢におおきく方向付けられ、個々の志はどうあれ適応していった。フリーランスの建築家にも同じ条件が課せられて、もちろん唯々諾々と応じた者もいたが、あるものはやや惰性的に社会的責任なるものを念頭において躊躇し、あるいはまた、こんなことに私は加担したくない、とそれを拒否した。

こんなことに私は加担したくない、と拒否した代表が、一九七〇年前後に登場してきた新世代の建築家だ。彼らは先行する世代とのメンタリティの違いにおいて一群のまとまりある存在だった。一九二〇年代の近代建築を指向した建築家にまして彼らは明確に国家から距離を取り、むしろ自分自身にとっての建築の可能性を確かめるため、彼らはまず自らの足元を掘り下げていった。そこに自分なりの建築の根拠を見出さねばなにも始められなかった。その模索が向かった先はさまざまだが、くびきを解き放たれたかのように、多様な方向へちらばっていった。

もはや建築家のあいだで、建築の根拠の共有は困難だった。国家だけではない。モダニズムへの信頼も失われていた。状況を束ねていた上からの近代化が消え失せて、下からの近代化が全面化した。下からの近代化のさまざまな側面がさまざまに繁茂していった。まずは資本のための建築がその大きな勢力となり、フリーランスの建築家たちの足元がおぼつかなくなるなかで、新世代の建築家が登場した。彼らの活動は時代の文化的潮流に乗ってラディカルなものになったが、しばしば空回りもした。こうした状況は椹木野衣が日本の戦後の美術についていう「悪い場所」に近い[19]。状況は流動化し、ぬかるみのようになった。

第二章　発散的な多様化と分断の露呈

一九七〇年代に入り、状況の変化を可視化する出来事が続いた。「都市からの撤退」といわれ、一九六〇年代の未来都市の提案に対する反動が起こった。建築史家がそれまでの日本近代建築史に潜在していたバイアスを批判する「虚構の崩壊」をまとめ、転機を記した。実作においても建築家の世代交替が進んだ。そしていわゆる巨大建築論争、「平和な時代の野武士達」、「私的全体性の模索」が建築家のあいだの分断を可視化した。

都市からの撤退

「都市からの撤退」という言葉が一九七〇年代にしばしば用いられた。この言葉は磯崎新に帰せられることがあるが、初出ははっきりしない。実のところ磯崎自身がそういったのではなく、他人が磯崎の変化を指してそう呼んだのが実際ではないかと思われる。たしかに磯崎は一九六〇年代に都市デザインをめぐり活発な議論を展開していたが、一九七〇年代になると都市に見切りをつけて、建築に関心を集中させた。だが磯崎に限らず、都市からの撤退は時代の気分でもあった。こんなことに私は加担したくない、という態度が広くあらわれ、資本の論理で駆動される都市から距離を取る建築家が多くあらわれた。

まず磯崎の場合を見てみよう。磯崎新の建築家としてのキャリアは一九六〇年代の大分県医師会館（一九六〇年、現存せず）と大分県立大分図書館（一九六六年、現アートプラザ）ではじまるが、なかでも大分図書館に、磯崎がこの時期に都市と建築を重ねて考えていたことがよくあらわれている。大分図書館は中空の梁が空中に突き出した姿が印象的な建築だが、その基本的な成り立ちは二枚の壁に挟まれたロビーのゾーンとそこから両側に伸びるその中空の梁、そしてその下にひろがる書庫・閲覧室によって構成される。ここでこの構成を、既に見た空中都市の渋谷計画と相似なものとして見ることができる。二枚の壁が垂直に立つジョイント・コア、中空の梁が挿肘木状の片持ち構造、そして書庫・閲覧室が繁茂する渋谷の街並みに対応する。図書館の書庫・閲覧室、あるいはとめどなく繁茂する渋谷の街並みの上に、それぞれシンボリックな構造体が覆い被さる、という構図がよく似ていることがわかるだろう。一九六〇年代の磯崎の建築のロジックは都市のロジックと連動していた。当時、磯崎は都市デザイナーと自称し、建築を手掛けつつむしろ都市に重心をおいていた。

一九七〇年代、大阪万博以降、磯崎の重心は都市から建築へと移動した。「テクノクラート的思考」にまみれた都市に見切りを付けて、磯崎は建築に向き直った。建築家と自称するようになり、周囲から離れて自律する建築を考え始めた。だが建築を根拠付ける論理はそれまでの建築家と違っていた。多くの建築家において建築の説明は、その機能と効果が優れている点を述べる一種の効能書きだが、磯崎はまずその建築の前提となる批評的文脈を提示し、その文脈において構想が展開した。磯崎は美術界隈と深い付き合いがあり、この磯崎のアプローチは戦後美術のコンセプチュアルな指向と繋がっていた。批評的なコンセプトが戦後美術を成立させたように、建築の批評的なコンセプトが提示された。そうして結局、磯崎の都市からの撤退とは、都市デザイナー・磯崎新から建築家・磯崎新への移行のことだった。

一九七〇年代に登場してくる新世代の建築家は、おおむね一九四〇年前後生まれを中心とし、大学闘争の時代に建築教育をうけ、建築の体制的性格に敏感にならざるを得なかった、異議申し立ての世代だった。そうした彼らを磯崎の「建築の解体」が鼓舞し、また彼の語り口もおおきな影響を及ぼしていた。だが磯崎と新世代の建築家のあいだに大きなギャップがあったことも事実だ。まずは都市と彼らの距離感を見ておこう。

> 六〇年代末以降の過程は、六〇年代初頭に一斉に都市づいていった建築家たちが次第に都市からの撤退を迫られていく過程であった。（中略）七〇年代に入って、建築家が都市について語ることは少なくなる。都市への幻想が砕かれることによって、建築家は建築へ回帰しはじめたのであった。また、その過程は、建築家にとって、その表現の場が次第に失われてゆく過程であった。ことに若い建築家にとって、仕事の機会はますます少なくなり、極端にいえば、住宅の設計のレヴェルが唯一の表現の場となってゆく過程であった。六〇年代末以降、建築家が都市からの撤退を迫られ、住宅という小宇宙へ封じ込められたのは、あくまで強いられたものであり、かならずしも自ら選びとったものではない。しかし、若い建築家たちは、そのわずかに残された表現の場において、観念の世界へのせいいっぱいの飛翔を試みようとしたのであった。[1]

新世代の建築家が住宅の設計に向かったのは彼らの選択ではなかった、と消極的に捉えるのがどこまで実態を捉えているのか実感するのは難しい。たしかに彼らの境遇は先行世代と比べれば厳しいものだった。高度経済成長期に建築教育の規模が拡大し、多数輩出した建築家がオイル・ショック後の建設量の急減により仕事にあぶれた。だがそんな消極的な理由の一方で、彼らは、こんなことに私は加担したくない、と拒否のスタンスを構え、都市プロジェクト、再開発、大型施設などのために資本と企業の駒となることを拒んだ。オイル・ショック後も例えば西新宿の高層ビル街区のように、都市的な規模のプロジェクトは進んでいた。つまり誰かはそうした仕事を担っていた。しかし新世代の建築家はそれら産業化した建築生産に関わることを潔しとせず、自分自身にとっての建築の可能性を確かめるため、まず自らの足元を掘り下げて住宅のような小さな規模の仕事に向かった。社会の歯車になることの拒否、といえば陳腐ないい方になるが、しかしおおむねそのようなことだったはずだ。国家や資本が求める建築を実現することを自らの晴れ舞台と考える感覚を彼らは持ち合わせていない。だからこそメタボリズムのような「都市への幻想」を彼らは侮蔑した。建築の可能性はもっと違うところにあるはずだった。

　二度（一九七三年、一九七九年）の石油危機（オイルショック）を経験して、時代の雰囲気は重苦しかった。就職するにも求人はなく、建築も建たなかった。議論しかなかった！　というと嘘になるかもしれない。当時、僕ら（中略）は「雛芥子《ひなげし》」という集団名を名乗って活動していた。何をどうする、何かをどうしたい、ということではなかった。漠然と何かしたい……と、何かをしているらしい「遺留品研究所」（中略）「コンペイトウ」（中略）といった少し年長のグループの向こうを張った命名であった。[2]

右の二つの引用文はどちらも布野修司のものだが、彼は全共闘の運動がもっとも激しかった一九六八年に東京大学に入学している。学生が安田講堂を占拠したことに対して機動隊が導入された年だ。三里塚闘争が激しい衝突に至ったのが卒業の頃で、布野は三里塚の鉄塔の図面を描いていた。[3] そんな屈折の多い時代をストレートに引き受けたことがそうさせたのかもしれないが、布野の仕事は通常の学者の枠におさまるものではない。建築計画学が出自だが、むしろ著作では日本近代建築史とアジア建築・都市論が目立ち、評論家としての顔もある。布野自身を含む新世代の建築家・建築研究者は気の合う仲間と梁山泊めいた徒党を組んで、この時代に散っていった。雛芥子や遺留品研究所、コンペイトウといったグループはそうしたものだった。

コンペイトウの活動を例として見ておこう。コンペイトウは東京藝術大学出身の井出建、松山巖、元倉眞琴のグループで、上野のアメ横のリサーチで知られる。この成果は当時、新世代の建築家のアイディア交換所の様相を呈していた雑誌『都市住宅』に紹介されている。[4] 再開発で集約化される前の、まだ闇市の雰囲気を残したアメ横の商店と路地の全体を詳細な一枚の平面図にとりまとめ、路地に面するファサードの立面図を延々描き、そうしてアメ横の雑然とした姿が克明に記録された。そこで売られる商品が分類列記されて、その並べ方、看板やサインなどに至るまで、リサーチは徹底的だった。この手法はデザイン・サーベイに由来する。デザイン・サーベイは日本の伝統的な街並みや集落全体を一つのまとまりとして捉え、建物の内と外の全体を徹底的に実測し、それを図面化することで、そこに形成されてきた環境をまるごと建築の手法で捉えようとした。これに対してコンペイトウは伝統的な街並みとは対極にある俗っぽい現代都市に目を向けた。未来都市よりも伝統的都市よりも、いま現に目の前にある生々しい都市こそを見たかった。戦後の歴史が煮詰められたようなアメ横の路地に、出所も定かでない品物が売られる零細な店舗が蝟集し、店内の通路と路地が等価になって、モノがひとからひとへ受け渡されていた。赤裸々な都市の記録だ。

こうしたリサーチはもちろん面白いものではあるが、誰が頼んだわけでもなく、何の役に立つのかも定かでない。もちろん建築家の仕事に繋がるはずもない。松山巖はその後都市論的な評論で知られることになるからこうした活動もその後に繋がっているが、井出建と元倉眞琴はあくまで建築家だ。かつての建築家とは違う角度で、自分自身が実感を抱きうる足元のリアリティを掘り下げることから建築に接近することが、まずどうしても必要だった。

磯崎新の場合、都市からの撤退は都市から建築への移行を意味していた。端的にいえば都市デザイナーが建築家になったということだ。しかし新世代の建築家の場合は事情は異なる。彼らは、社会と資本が求める建築から距離を置き、小さいが確かなリアリティを求めて住宅に向かい、なんの役に立つか定かでないリサーチに取り組んだ。そして虫瞰的な地べたのリアリティに迫って独自の着眼を見出した。小さくとも彼ら自身が信じられる建築の可能性がまず確かめられねばならなかった。それはマジョリティとしての建築生産の産業化に対する異議申し立てでもあった。建築生産の産業化が根拠とした資本の論理に対して、彼らが掘り下げていった建築の根拠はきわめて個人的なものであったが、彼らは彼らなりに建築の可能性に賭けていた。

虚構の崩壊

オイル・ショック直後の一九七四年に『日本近代建築史再考――虚構の崩壊』[5]（以下『虚構の崩壊』と記す）と題した『新建築』の特集号が刊行された。明治以来の一〇〇年を振り返り、村松貞次郎、近江榮、山口廣、長谷川堯の四人の建築史家が、一〇一の建築作品と建築家、建築論を選び、日本近代建築史を再検証することをうながすものだ。

『虚構の崩壊』の重要性は、まずそれまでの日本近代建築史のバイアスを鋭く批判したことにある。「その作業目的は、一言で申せば日本近代建築史における近代主義の清算であった。〝虚構〟はその近代主義史観の崩壊を自ら宣言するものでもあった」[6]とこの特集を主導した村松貞次郎が書いたように、それまでの日本近代建築史に潜むバイアスを批判し、その実像を問いなおした。具体的には、御雇い外国人建築家やコンドルに学んだ日本人建築家から連なる、正統的な建築家を登場人物とするそれまでの日本近代建築史に対して、それら建築家をまとめて官の系譜と位置付けたうえで、彼らに押しのけられて周縁的な存在とされてきた建築家を見出し、彼らを民の系譜と位置付けた。官の系譜とは、本書のいい方では上からの近代化に従事した建築家だ。これに対して民の系譜と位置付けられたのは、まずは擬洋風建築や看板建築、関東大震災後のバラック建築を建てた大工であり、そしてすこし意味合いは違うが職工学校出身の建築家であり、また佐野利器らの工学的建築の隆盛の陰で地道に質感豊かな建築を作りつづけた建築家だった。それは下からの近代化そのものではないが、それを含み、少なくとも一定の親和性があるものだ。それまでの日本近代建築史の視野の外側にあったもの、また視野のなかにあっても軽く見られてきたもの、そうしたものが『虚構の崩壊』で歴史の前面に呼び出され、そこにこそ日本近代の建築の良質な部分があると主張された。『虚構の崩壊』はそれまでの歴史観に対する建築史家による異議申し立てだった。
『虚構の崩壊』が、民の系譜への着目をうながした理由は、官の系譜がしばしば大義名分論的なイデオロギーに終始する傾向があるのに対して、民の系譜に建築の質を堅実に作る傾向が見られる、と彼らが考えたからだった。官の系譜において執拗にイデオロギーが問われてきたのは事実だろう。そうしてどこか骨張ったしかつめらしい歴史が語られ、その性急な近代化の陰で、建築の質を守り育んだ民の系譜が見逃されてきた、と主張された。官、つまり国家に偏った日本近代建築史、という特殊な性格を見出し、その歪みに目を向ける『虚構の崩壊』の視点は、本書の国家的段階に対する視点に近い。国家的段階の終わりに踵を接するように、早くもこうした着眼があらわれたことに、この特集をとりまとめた建築史家たちの鋭敏さを見たい。

官の系譜と民の系譜の二項対立的構図には、この特集に取り組んだ長谷川堯がすこし前に著した『神殿か獄舎か』[7]の見方が反映している。『神殿か獄舎か』において、「神殿」とは、モニュメンタルな威容で国家の権威を表象する建築を指している。これに対して「獄舎」とは、傍流的な位置をあてがわれてきた建築家の建築に見られる、抑圧されたものたちのための居場所を丁寧に作る表情豊かな建築を指す。長谷川はモダニズムを抑圧者とみたて、なかでも佐野利器と丹下健三を批判し、モダニズムに押しのけられた近代建築初期のさまざまな動きの再評価を促した。「神殿」の系列には辰野金吾の日本銀行本店以来の様式建築、丹下健三の大東亜建設記念営造計画および広島平和記念資料館、そしてメタボリズムが並べられ、これに対して「獄舎」の系列には、とりわけ後藤慶二の豊多摩監獄、そして村野藤吾の日本ルーテル神学大学、東孝光の塔の家、坂本一成《かずなり》の水無瀬の家が挙げられた。「神殿」のモニュメント的性格、崇高を掲げるエリート的表現、超然たる表情、秩序だった全体像に対して、「獄舎」の穴ぐら的性格、疎外のニュアンスを孕む等身大の人間の表現、親密さを漂わせる質感、不整形な全体像が対置された。『神殿か獄舎か』は基本的には建築評論として読まれるべきものだが、「神殿」と「獄舎」の構図が、『虚構の崩壊』において官の系譜と民の系譜の構図となって、日本近代建築史の歴史観へと発展した。

『虚構の崩壊』と『神殿か獄舎か』の歴史観は、一種の疎外論に基調をおいている。「官の系譜」に疎外された「民の系譜」であり、また「神殿」によって周縁化された「獄舎」だ。国家的段階が終わった直後に刊行されたこの二冊の視野は基本的に国家的段階に限られ、その疎外の構図は過去のものとなりつつあった。状況の変化が具体的な像を結ぶにはもう少し時間が必要だった。

一九七〇年代の建築と住宅

一九七〇年代について、まず住宅以外で特筆すべき建築を挙げてみると、この時期がとりわけ一九六〇年代に頭角を現した建築家の飛躍の時期であったことに気づかされる。それ以前から活躍していた建築家の活動は、丹下を筆頭として、それほど目立たない。高度経済成長期の一九六〇年代には新人がそれなりにスケールのおおきい建築に挑戦するチャンスがあり、彼らはその実績を足がかりとして一九七〇年代に飛躍することができた。

まずメタボリズム・グループのメンバーだった黒川紀章が、中銀カプセルタワー（一九七二年）を実現した。鉄筋コンクリートのコアを二本立て、その周囲にキューブ状の個室であるカプセルを一四〇個取り付けた。カプセルはプレハブ化され、トラックで現場に運び込まれた。メタボリズムのカプセル建築のアイディアは、構造、構法、外装性能、コストなどの面で合理的とはいいがたいが、それを度外視してここまで徹底した例はなかなかない。

同じくメタボリズム・グループのメンバーだった槇文彦は、ヒルサイドテラス（一九六九―一九九二年）に取り組み、群造形を実践した。ただしメタボリズムで考えていたテーマ、つまり個々の要素が新陳代謝しつつも動的に全体像を維持するものではない。むしろ建築を群として互いに呼応するように作っていくことで豊かな表情をもつ都市環境を形成し、そうして街路と建物のあいだに半公共的な空間を生み出したことが、ヒルサイドテラスで評価されるべき点だ。そこに個性ある雰囲気が醸し

中銀カプセルタワー（1972年）

出され、目的地に向かってまっすぐ歩くだけでない、遊歩的な街路空間が形成された。こうした配慮は今考えればあたりまえのようだが、この時代には画期的だった。

大高正人はメタボリズム・グループのメンバーのなかでは年長で、また槇とともに堅実な人物でもあった。そのためか社会政策的な意味合いを持つプロジェクトに多く取り組んだ。既述の坂出人工土地もそうだが、他にも広島の基町高層アパート（一九七八年）が挙げられる。いずれも高密度な集合住宅のかたちを大胆に構想しつつ、それを行政と密接にかかわりあって丁寧に作り上げた成果で、大高の独特の位置を示す。

さらに年長の世代の建築家の仕事としては、既述の前川國男の東京海上ビルディングと熊本県立美術館（一九七六年）があり、前川の仕事には老大家の円熟が見える。予想外の大胆な解決に走るケレン味はなく、むしろ与件に対して素直に応えることに集中した。坂倉準三は一九六九年に亡くなり、その後の坂倉の事務所は東京事務所の阪田誠造、大阪事務所の西澤文隆に率いられて、手堅い建築を作った。小さな住宅から、集合住宅、オフィス、高速道路のパーキングエリア、体育施設から文化施設に至る公共建築まで、ほとんどあらゆる種類の建築設計を手掛けたのが面白いところで、プロジェクト担当者が主体的に設計を進める気風を維持した。

高橋靗一の第一工房も派手なデザインに走ることはなかった。彼らの仕事としてはなにより大阪芸術大学キャンパス（一九七四―一九八六年）の評価が高く、メリハリの利いた高橋靗一らしい徹底がある。全体が打ち放しコンクリートでまとめられ、その品質の高さで知られる。ただし他の作品ではそれほど挑戦的ではなく、むしろオーソドックスなアプローチをとった。ざっくばらんで淡々としてなんとなく抜けの良い建築に建築家の個性があらわれた。

この時期に格別の活躍を見せたのが磯崎新だった。とりわけ一九七四年から翌年に掛けて、群馬県立近代美術館、富士見カントリークラブハウス、北九州市立美術館（以上一九七四年）、北九州市立中央図書館（一九七五年）をたてつづけに仕上げた。

群馬県立近代美術館（1974年）

ここで「手法」というキーワードが掲げられた。「手法」は建築をより現代的なものにしていくための磯崎の方法だ。抽象的な幾何学的形態を単位として、その配列によって建築のかたちを決めた。敢えて縛りを加えることで、建築家個人の造形的センスを建築から脱色し、また構造的必然性が導く建築の自然な安定感を消した。例えば群馬県立近代美術館では、幾何学的形態としてあるおおきさの立方体を選び、それを並べるだけで建築の姿を決めている。北九州市立中央図書館と富士見カントリークラブハウスでは半円ボールトが用いられ、北九州市立美術館では正方形断面の筒が用いられた。「手法」は、妙に重量感のない、とらえどころなく漂うような磯崎の建築に独特な空間を生んだ。五期会世代の非作家性への指向を指摘した林昌二の言葉を先に引用しておいたが、たしかに磯崎の「手法」にそのような指向を見ることができる。

磯崎の実作はまだ国内に限られていたが、言論や展覧会では既に国際的な活動がはじまっていた。なかでも特に重要なのは、パリで一九七八年に開催され、世界各所に巡回した「間――日本の時空間」と題する展覧会だ。磯崎は日本の空間的・時間的概念の鍵として「間」をテーマに据え、豊富な事例でその感覚を具体的に示す展覧会をまとめた。そのベースには既述の『日本の都市空間』があったが、武満徹の音楽や田中泯《みん》の舞踏の実演なども盛り込み、芸術表現に引き寄せて、日本の文化をいたずらに神秘化するのではなく客観化しようとした。[8] 単なる異文化紹介ではなく、むしろ西洋起源の建築概念を乗り越えるためのてがかりとして日本の文化をとらえるものだった。これが日本を参照してはいても、ナショナル・ロマンティシズムとはかなり違う性格のものであることに注意しておきたい。端的にいってそれは特定の建築を日本を根拠として正当化するものではなく、むしろ「間」という異文化的概念によって建築の古典性を揺るがすことが意図されていた。


こと住宅においては、ポスト国家的段階に登場した新世代の建築家が猛烈な勢いを見せた。建築メディアを介して、彼らは同じ境遇で仕事に取り組む同志の悪戦苦闘の様子を窺いながら、互いに奮起していた。それぞれの建築家は独自のテーマを掘り下げるために分散していたが、高揚した熱気が彼らのあいだに共有されていた。特徴的な例を挙げ、その多様性を垣間見ておく。

その先駆けとして、すこし遡る時期の塔の家（一九六六年）をまず見る必要がある。坂倉準三の事務所に所属して新宿西口広場の設計を担当した東孝光が独立して、青山の外苑西通りに面するわずか二〇㎡ほどの三角形の敷地に建てた、地下一階地上五階の自邸兼事務所だ。なにもかもコンクリート

カラス城（1972年）

で出来た階段室のような家だった。都市のまっただなかに住む建築家の決意と、自分のための堅固な「砦」を構える切実さがこれを成立させていた。この極限的な都市住宅がありえるなら、もっとラディカルな挑戦が可能なはずだ、と若い建築家は駆り立てられた。例えば山根鋭二のカラス城（一九七二年）、鯨井勇のプーライエ（一九七三年）をこの「砦」の列に並べることが出来る。どちらもごく普通の郊外住宅地に埋もれることを拒否し、やや剣呑な表情を見せるセルフビルドの住宅だ。立て籠るようないかつい表情は、若い建築家のマイノリティ的境遇を象徴するように見える。「都市ゲリラ住居」[9]といいながら登場した安藤忠雄は、セルフビルドとは対極を指向した建築家だが、それでも疎外的な社会状況に抵抗する「砦」としての都市住宅からその仕事をはじめた点で、この列に並ぶ。その代表作、住吉の長屋（一九七六年）は、大阪市南部の戦災を逃れた地区の古い長屋を切

住吉の長屋（1976年）

断して、その一戸分の敷地に差し込まれたように建つ、コンクリート打ち放しの都市住宅だ。きわめてストイックな表情で街路に面し、奥行きの深い長方形の平面を三等分した真ん中を中庭とした。その手前と奥はそれぞれ二階建て、二階をブリッジで繋いだ。中庭にはもちろん雨も降るし風も抜ける。すべての部屋はこの中庭に向いている。きわめて内向的な住宅だ。安藤は打ち放しコンクリートの住宅を数多く手掛けているが、いずれも端正な幾何学で身を整え、コンクリートの密実な肌合いを基調として装飾的な要素を排し、素地の美学を突き詰めた。このスタイルは、後に安藤が海外で紹介されると禅の日本的な美学の表現として受け止められた。それは一種のオリエンタリズムだったろう。しかし安藤自身にはそれを〈日本の様式〉のように捉える意識はなかった。新世代の建築家もそのような意味で日本をテーマとすることはない。

丹下のプロジェクトで冷房設備の設計を担い、その分野のパイオニアとなった個性的なエンジニア・川合健二が、塔の家と同じ一九六六年に自邸をコルゲートパイプと呼ばれる土木材料で作った。

幻庵（1975年）

コルゲートパイプは亜鉛メッキされた円弧状の鉄製品で、ボルトで縫い合わせるだけでかなり大きな筒を作ることが出来る。通常は土中に埋設して下水管などに用いられるこの土木資材を、川合は住宅の外皮に転用した。最少の材料に最大のパフォーマンスを発揮させるエンジニアらしい選択ともいえるが、そのどこか昆虫を思わせる異様な姿はただごとではない。その影響を受けて、同じ材料を用いて石山修武《おさむ》が幻庵（一九七五年）をはじめとする「パイプ計画」の住宅を作りはじめた。ただしエンジニアリングの合理性よりは、ブリコラージュのための素材として選択された。スパナ一本あれば組み立てられるから、住人自身が自分の家を作ることが出来た。幻庵では、コルゲートパイプを外殻としてそこに大小様々な金物パーツが寄せ集められて、林の中の別荘が組み立てられた。正面のベンガラ色の鉄板壁に嵌められた色鮮やかなステンドグラス越しの光が吹き抜けに落ちて、そこに細いスチールの太鼓橋が掛かる。「パイプ計画」の住宅にはヘンリー・ソローの森の小屋にも近い文明批評的な意識が込められ、多くは原野的な場所で作られた。産業化する建築生産に抵抗し、その生産物をハッキングしつつ行われる、自らの生きる場を自ら作る尊厳の営みだった。

反住器（一九七二年）は毛綱毅曠《もづなきこう》の郷里、釧路に建つ建築家の母の家だ。かたちの成り立ちは単純で、立方体の一つの角を囲む三つの面に直角三角形の窓を開けたものを三つ、入れ子状に据えて、それが家になっている。一番大きな立方体と中間の大きさの立方体のあいだと、中間の大きさの立方体と家具である一番小さい立方体のあいだが、生活空間だ。寒い土地だから中間の大きさの立方体の内部が主たる生活の場となり、そこに一番小さな立方体が据え付けられ、そこから窓越しの逆光のなかに一番大きな立方体がシルエットで見える。生活に根ざした間取りなど眼中になく、まず形式が暴力的に形を決める。もちろんそこに本当に住めるか、建築家は息子として神経を配ったに違いないが、美的というよりは異様で、魅力的だった。ピラミッド・パワーはこの時代の流行だったが、そんなマジカルなものを求める意識もこの入れ子状の形式に込められていた。似た指向は渡辺豊和の吉岡邸（一九七四年、現存せず）にも見られる。「一と二分の一」とも称されるこの住宅は、ドーム状の屋根を載せた立方体を単位として、その一個とその半分を繋げたかたちをしている。その単位空間はルネサンスの建築家・アンドレア・パラディオのヴィラ・ロトンダを思い起こさせる強い形式性をもち、ドームの下の空間は住宅ばなれした象徴性がある。住吉の長屋同様、外からはまったくうかがい知れない秘められたものを内に孕む住宅といえるだろう。そもそも「一」はともかく「二分の一」とはなにごとか？　理屈では説明のつかない過剰性がその魅力を生んでいる。建築家独自の世界観をものとして実体化し、それをそのまま生きる場とすること。小さな住宅のなかにある種の過剰なものを投影し、特異な小宇宙をつくり出す試みだった。

篠原一男は以前から内部空間に意識を集中してきた建築家だが、未完の家（一九七〇年）では、住宅のなかになんの機能もない「亀裂」と呼ばれる空間を設け、そこに四・五m角、高さ九mの「広間」を作った。フォトジェニックなこの吹き抜けが、異物として唐突に日常生活の真ん中に差し挟まれた。日常的な弛緩に緊張を導入する仕掛けなのだろう。こうした試みは谷川さんの住宅（一九七四年）と上原通りの住宅（一九七八年）に発展した。谷川さんの住宅は三角屋根が傾斜地の地面すれすれに伏せられて、木の柱と方杖[10]がそれを支える。その下は斜面の土のままで床はない。山崩れで小屋のなかに土砂が流れ込んだような不穏なりたちで、屋根と柱、そしてなんといっても地面がただ生々しくそこにある。上原通りの住宅にも柱と方杖があるがここではそれは鉄筋コンクリートで出来ていて、家のなかに我が物顔で居座っている。生活はその無骨な異物をかいくぐるように行われざるを得ず、暴力的ともいえるが、どこかツリーハウスのようなかわいげもある。篠原はこの時期を通じて、建築が生活と馴染みよくスムーズに調和するのではなく、生活に干渉し、ぎりぎりのところで共存する緊張した建築を求めていた。

篠原の強い影響を受けたひとり、坂本一成は、篠原のこうした方向に抵抗を覚える部分があったようだ。篠原の一刀両断の切れ味、研ぎすまされた緊張から離れて、複数の場を併存させ緩やかに繋げる全体を目指して坂本の住宅は作られている。代田の町家（一九七六年）を見れば、まず周囲の家並みと並ぶ外観においてそうした意識が読み取れる。かたち、スケール、素材などにおいて、周囲を圧するこれ見よがしの建築っぽさは和らげられている。内部も、あちらとこちらの居場所がある距離をもって柔らかく繋がり、そうしてひとつの家が出来ている。篠原も坂本も室内空間に焦点があることは間違いないが、その意図はかなり異質だった。

原広司は新世代の建築家と磯崎新のあいだを繋ぐ位置にいた。一九六二年に宮内康、香山寿夫らとRAS建築研究所名義で共同設計を行っていたが、一九七〇年にそれが解散し、原は個人名で設計活動をはじめた。自邸である原邸（一九七四年）も内向性が強い。長い直方体の端から端まで貫通する吹き抜けがあり、そこを階段が降りて、頭上に一直線のトップライトが設けられた。そこから落ちてくる光のもとに、軸対称に天井までは届かないアール・デコ風のかたちが並んで、そのなかに部屋が格納されている。そうしていわば街路とその両側の街並みのような室内があらわれ、そこで語られたのが「住居に都市を埋蔵する」[11]という印象的な言葉だった。そこには都市へのアンビヴァレントな距離感があらわれている。この原邸の空間は、後に京都駅ビル（一九九七年）の巨大な吹き抜け空間に発展した。毛綱毅曠や渡辺豊和のようなマジカルなものへの指向は原にはないが、それでも小さな住宅に世界を封じ込める意識は共通している。

伊東豊雄の中野本町の家（一九七六年、現存せず）はこの時代の都市住宅の内向性の極点だ。内向的な空間には通常、その集中をつくり出す中心がある。住吉の長屋の中庭、反住器の入れ子状の立方体、吉岡邸のドーム、篠原の「亀裂」、原邸の吹き抜けの対称軸はいずれもそのようなものだ。だが中野本町の家には中心すらない。U字形平面の上辺を直線で繋いだループ状の平屋の住宅で、その真ん中は最初は剝き出しの土、後には草ぼうぼうになって、一部の窓から見える以外は室内と隔絶している。外を向いた窓もごく少数に限られて、カーブしたトンネル状の室内空間は強く閉鎖的だ。そのカーブした空間の外側の壁が高く、内側が低く、天井が斜めになっていることも絶妙な効果があって、その空間は果てがなく輪郭もない幻の気配を帯びた。中心をもたず、しかしあくまで内向的で、ただ空間だけがある。坂本一成の空間ともいくらか近いところのある分散的で並立的な場を作ることを、伊東はとりわけ空間の流動的な性格を意識しながら試みていた。

藤井博巳の宮島邸（一九七三年、現存せず）と等々力邸（一九七四年、現存せず）は、以上の住宅とはかなり異なる性格のものだ。方眼紙のような直交グリッドが建物の内外を問わずあらゆる表面に刻まれて、強烈な印象を見るものに与える。壁・天井・床・建具・家具より前に、見えるのはグリッドだ。例えばタイルの目地のように寸法を決める基準となるわけではない。むしろかたちとグリッドはズレていて、グリッドだけが全体を一貫していることが強調された。強いていうならば磯崎新の群馬県立近代美術館における立方体に近いところはあり、グリッドはここで中立的な形式として意識されて、図と地のゲシュタルトを反転させる効果があった。グリッドが与える強烈な印象にかかわらず、

中野本町の家（1976年）

等々力邸（1974年）

そこで建築家が意図していたのはものの個別性や建築家の作家的表現の漂白だった。それは内容よりも形式を見ることにおいて一種のフォルマリズム[12]であって、しかも一般に建築におけるフォルマリズムが古典建築を発想の起点とすることが多いのに対して、抑揚なく無限に広がる中立的なグリッドが選ばれていた。

最後にコミュニティ、あるいはひとが集まることをテーマとした取り組みを見ておく。典型的には象設計集団のドーモ・セラカント（一九七四年）、今《な》帰《き》仁《じん》村《そん》中央公民館（一九七五年）、進修館（一九八〇年）、名護市庁舎（一九八一年）が挙げられる。ドーモ・セラカント以外は、その名からわかるように住宅ではない。象設計集団は吉阪隆正のもとから出た共同設計のグループで、彼らは造形と装飾をその場のキャラクターを生み出すために積極的に用いた。彼らの建築はいつでも土着的な建築の形式や古典的な中心性によって骨格が出来ており、饒舌なディティールと造形によってそこに一種の祝祭的雰囲気が与えられた。わたしたちの場所を作り上げる賑やかな草の根的なエネルギーがそのまま建築になっている。もう少し小さなスケールの集合のしかたの例として、全共闘・新左翼運動のひとびとが三宅島に流れ着いて作ったコミューンのための建物、生闘学舎（一九八〇年）がある。高須賀晋が設計し、コミューンのひとびとのセルフビルドによって建てられた。鉄道の枕木を廃物利用し、ログハウス式にそれを積み上げて切妻の大屋根の建物を造った。枕木は栗材で一本の長さ二mほどだが、ものすごく重く、硬く、扱い難い。それを素人が加工して建物を造ろうというのだからたいへんな苦労があったはずだ。レンガ積みにも似て、枕木を積み重ねていけば小さな要素が互いに組み合わされて大きなものを作り上げる実感がそこにこもる。単なるセルフビルドというよりも、やはりコミューン特有の性格がこれを実現したというべきだろう。さらに、山本理顕の山川山荘（一九七七年）は、厳密には別荘だが、家に集うことのかたちを主題としている。一つの大屋根とその下のデッキのあいだに、寝室、食堂、風呂、トイレ、収納がそれぞれ小さな部屋としてバラバラにあり、それ以外は吹きさらしだ。つまり住宅を包む外壁というものがなく、床と屋根に挟まれてそれぞれの部屋が外部に露出している。この発想の原型を辿ると黒沢隆の個室群住居[13]に行き着く。家族の成員としての個人というありかたが、家のなかの個室のありかたに反映しているとするならば、家族形態の変化とともに家のありかたは変化することが自然で、家族のまとまりがほぐれる方向へと社会が向かう時に、

山川山荘（1977年）

住居もまた個室の群として社会に向かってほぐれていくのではないか、というのが黒沢の考えていたことだ。山川山荘の個室が外部に露出する成り立ちは、それを具体化していた。以上三つの例に、ひとが集まるかたちの模索を見ることができる。そこではどんな集まりかたがあり得るのか、発見することが主題となっていた。とりわけ新左翼の運動のなかで、個人と集団の関係の矛盾と拮抗が切実に感じられた時代だった。集団生活にかたちを与えることとは建築の必然だが、そこから建築の可能性をつかみ取ろうとする試みだった。

以上の新世代の建築家の住宅を中心とした取り組みを俯瞰してみると、ほとんど発散的といって良いほどに、きわめて多様な指向があったことがわかる。それらは一括りに出来るものではなく、それぞれの建築家はそれぞれに建築の可能性を追求していた。素材、技術、施工といった建築の物質的な面からテーマが見出されることもあれば、社会や家族や人間そのものなど無形の面からテーマが見出されることもあった。小さなテーマでもそれが一個の建築に具体化すれば、そこから派生的にテーマが生まれ、手法が生まれ、また個性的なスタイルが生まれた。そこにそれぞれの建築家としての出発点が具体化した。多くの住宅に見られる内向性は、都市、郊外、社会に対する彼らの違和感を反映したもので、その意味で共有された背景はあったが、そこから具体的に切り出されたテーマはあくまで建築家固有のものだ。砦としての都市住宅は住宅に特有のテーマだが、多くの建築家が住宅で展開していたのは、住宅という小さな建築を舞台に建築を追求することだった。これ以降、住宅は以前とはまったく違うホットな領域になる。

新世代の建築家は、正統的な建築から距離を取って、むしろ異端的な建築に向かった。それはいわば自主的な下放のようなものだった。下放とは中国共産党が文化大革命期に都市部のインテリ青年層を地方農村部に送り込んで思想改造を強いた政策のことだが、国家のための建築や資本のための建築に従う建築家であることを彼らは拒否し、自らそれぞれの辺境に向かった。その辺境で自分なりの建築の根拠を見出さねばなにも始まらない、という意識が彼らを支えていた。ポスト国家的段階に登場した新世代の建築家の出発点はそのようなものであった。気心知れた建築家のあいだでも、根本的にはお互い考えていることが違う、ということが前提だった。「連帯を求めて孤立を恐れず」という全共闘のスローガンがそこに底流していた。

巨大建築論争と「その社会が建築を創る」

『虚構の崩壊』のすぐ前に、終戦直後から丁寧な建築批評を手掛けてきた建築史家・神代雄一郎が、「巨大建築に抗議する」を書いた。[14] 高度経済成長期に急速に巨大化した建築が生身の人間を見失っていると批判し、そうした傾向に反省をうながすものだった。これをめぐり批判された側の巨大建築に実際携わる建築家とのあいだで泥仕合的な論争が起こった。その細部にはここで立ち入らないが、[15] この論争が露呈させた建築の状況の分断を確認したい。

神代が批判したのは、舞台が見えない客席が出来てしまう何千人規模の大ホールであり、超高層ビルの無表情で超然とした姿であり、また究極的には人間軽視の建築のありかたであった。「現在、建築にも建築家にも、地域社会と結びついて、しかも適正な規模を持ったものや、それをつくる人は、きわめて少ない。住宅作品を除けば、建築家のやっている仕事は、すべて根なしで、大きすぎる」。近代建築が非人間的な環境をつくっているとの批判に似ているが、とりわけ建築の巨大化に注目してその貧しさに反省を促し、建築家の倫理的責任を問うていた。これに対する反論のひとつが、林昌二の「その社会が建築を創る」[16] だ。林の反論は、神代の批判は現代社会が巨大な建築を必要としている現実を見ないものであって、その困難の解決に取り組む個々の努力を一顧だにせず、一面的な批判をするのはいかがなものか、とたしなめるものだった。

東京はこの時期に既に世界最大の人口をかかえる都市になっていた。[17] 建築の規模が小さければ限られた人数しか使えないのは事実であり、ホールやオフィスの規模が大きくなることに一定の必然性はあった。だが困難な現実を言い訳にして粗大な建築が許されるわけではないのも当然だ。神代にしろ組織の建築家にしろ、そのことがわからないわけもなかったが、互いの主張を認めて論争が有意義な議論へと発展することはなく、そこに神経質な亀裂が露呈した。神代の批判に些細な取り違えがあったことをあげつらう林のものとは別の反論に神代は憤慨し、ついに彼は建築評論の筆を折るにいたる。

林の反論は相応に意味あるものだが、それにしてもそのタイトル「その社会が建築を創る」には誤魔化しがあった。つまり、その社会が建築を創るといいながら、実際には林は資本の論理が建築を創るといっているのだ。林は言葉の本来の意味において保守主義者であって、現実にいかなる問題があってもまずはいったん受け止め、急進的な革新により安易に現実を否定することをよしとしなかった[18]。組織設計事務所が業務として関わる産業化した建築生産において、資本の論理がまず前提とされ、その現実をまず真摯に受けとめる林のスタンスから「その社会が建築を創る」という主張はなされた。しかし資本の論理は社会の一面であって全体ではない。それをそのまま社会とすり替えるレトリックは、誤魔化しといわざるを得ないだろう。

そうした林のスタンスは、彼の一九七〇年代の建築を総括する評論、「歪められた建築の時代[19]」にさらに露骨にあらわれている。林はまず枕として過激派左翼グループが引き起こしたテロリズム、三菱重工爆破事件（一九七四年）をとりあげ、その影響から都心のオフィスや官庁が街路に対して閉鎖的になる悲しむべき傾向が生まれてしまったと指摘しているのだが、それに並べて次のように書いた。

学園紛争の挫折という同じ源から、建築としてもうひとつ提案された問題として、70年代後半の建築ジャーナリズムを賑わした一群の住宅があります。それらの住宅に共通する特徴は、現実

> の社会とは無縁の小世界を志向したことと、実物大模型かと思わせる印象のものであったことです。（中略）社会から切り離された小世界といえば、ひそやかな楽しみに満ちたものを想像し勝ちですが、そうではなく、これらの住宅は生活の臭いさえもまったく欠いた異様なものでした。学園紛争のさなかに時を過した学生たちの中から、社会性への視点を失い、互いに孤立することによって自分の小世界だけに閉じこもる志向が生まれたのは想像できることです。[20]

林は新世代の建築家の住宅の試みを蔑視し、その取り組みを社会性のない空疎なものと捉えていた。「社会性を欠いた建築が本格的な興味の対象となることはあり得ません」と切り捨て、新世代の建築家の住宅における試みを「幕間の寸劇にしては長すぎる舞台」のようなものと軽侮し、一過性の流行にすぎないものと決めつけた。「虚しくも華麗なあだ花」に過ぎない若い建築家の住宅が評価され、社会的に重要な機能を担う組織の建築家の建築が評価されない状況に林は苛立ち、時に尊大な態度をとることをためらわなかった。

ここに重大な分断が露呈していた。マジョリティである組織の建築家の軽侮とマイノリティである新世代の建築家の屈折の分断、資本の論理にドライブされる建築生産の産業化と自らの建築のリアリティを掘り下げていく新世代の建築家の住宅における試みの分断、どちらもかなりおおきく深いものだった。建築生産の産業化は、建築を作る側に視野を狭めて、建築で生活する側を置き去りにしていた。資本の論理を社会そのものとすりかえる無理は、資本とそれに従う建築という関係が当然のようになってしまった現実を反映するものだったろう。林がためらいなく新世代の建築家の住宅を「生活の臭いさえもまったく欠いた異様なもの」といった理由は不明だが、実際にはそこに建築家と施主の共犯的な「ひそやかな楽しみ」があった。[21]

「平和な時代の野武士達」と「私的全体性の模索」

槇文彦が「平和な時代の野武士達」[22]と題して、新世代の建築家の作品を評するエッセイを書いた。一九七九年、槇は五一歳。評される側は四〇歳前後。文体は鷹揚で柔らかいものだが、読みようによっては辛辣だ。まずそのタイトルに注目すべきだ。野武士という言葉は新世代の建築家に当てられた比喩であり、主君を失ったサムライ、あるいは浪人を指すはずだ。槇が誰を主君と思っていたかは定かでないが、彼には山谷をあてどなく通う素浪人ぐらいに新世代の建築家が見えていた。[23]槇が感じている距離感は、新世代の建築家が必死に考えていたことをまるごと脇において、結局は実物を見ればわかることだと突き放す態度にあらわれている。論に達者な口車には乗せられないぞと構えながら、ただ実物の印象を率直に積み上げ、個人の見解としてはと断りつつ、面白いところはあるが粗さも目立ち、どうもよくわからない、と置き去りにする。槇は自身の揺るぎない視点から野武士の七転八倒に接して「少々おかしなものができ上ってもその意気込みは買わなければならないだろう」と慇懃にねぎらう。その距離感は林昌二の「歪められた建築の時代」にも近い。

新世代の建築家と自分はよって立つところが違うと察している点で、槇は鈍感ではなかった。槇もフリーランスの建築家だが、年長の世代と新世代のあいだに肌合いの違いがあった。槇は国家的段階の建築家のアイデンティティを維持していたのだろう。まさか国家が主君とはいわなかっただろうが、文中で槇がよりどころにしているのは公営住宅で悪戦苦闘している自らの実践だ。野武士達はおそらくそうした公共的な仕事に興味を持たないのだろう、と独り言のようにいい、彼らの視野が都市から逸れて住宅に自己完結しているのではないかと危惧している。しかし仮に野武士達にそうしたプロジェクトに取り組む幸運があれば、彼らは喜んで取り組んだはずだ。

このエッセイが掲載された建築専門誌『新建築』の号に、そこで評された建築が同時に掲載されていた。編集の意図は若い建築家の作品をまとめて取り上げるにあたり、槇の評をもって読者の判断に供しようということだったはずだ。狙いは当たりこのエッセイは注目を集めて、新世代の建築家は以後しばしば「野武士世代」と総称された。新世代の建築家も、槇の木で鼻を括ったような態度に違和感を覚えつつ、先行世代の建築家との肌合いの違いをうまく捉えた形容と受けとった。

槇のエッセイと同じ号に掲載された論考がもう一本あった。新世代の建築家と同世代の建築史家・鈴木博之の「私的全体性の模索」[24]だ。槇のエッセイとは対照的に、鈴木は新世代の建築家を擁護している。ややこみいった論であるためか「平和な時代の野武士達」ほど関心をもたれないが、示唆に富むものだ。

鈴木は自らの専門である近代建築形成期のイギリスから語り起こす。産業革命の勃興とキリスト教的世界観の崩壊をともなう一九世紀の社会変革において、ゴシック・リバイバルはキリスト教的理念によって建築の全体性を恢復しようとして、その中世的な枠を越えられなかった。これに対しモダニズムはデモクラシーの倫理によってキリスト教的宗教性から建築を解き放ち、近代という時代に即した建築を生んだ。そういうイデオロギーであったからこそ、モダニズムは普遍性と全体性への指向をもつものとなった。これは大筋において鈴木の著書『建築の世紀末』[25]の論点になる。だが鈴木がこの論考で主題化しようとしたのは、そういうモダニズムとは違う近代、つまり郊外だった。

郊外の住宅地は、新たなる社会の全体性を恢復しようと悲愴な覚悟をした近代建築家たちとは無縁に、そこにある。（中略）それは社会の全体性とはどこかでしたたかに縁を切った私的な全体性である。生活の場は生活の場であり、それは足が地についた、他から犯されることを最後まで拒む人間の根拠地である。[26]

モダニズムの社会的な全体性に対して、郊外は私的な全体性の場であり、近代のもうひとつのしたたかな実相と位置付けられた。ここで鈴木は日本に目を移す。

明治維新期の日本とは、産業革命の勃興と共に、新しい近代的国家意志の形成をなさねばならない状況にあった。したがって、日本の近代建築は、国家意志の造形という使命をつねに背後に負っていたのである。そこには、キリスト教的な統一的世界観の崩壊を前にした西欧の近代建築家とは明らかに異なる歴史的文脈があった。日本の近代建築は、近代的な国家意志の形成のプロセスと併進するかたちでその歴史を築いてきた。そこに、造形においても特殊日本的な軌跡をたどることになる日本近代の建築の根源がある。[27]

一九世紀の社会変革を乗り越えるためのデモクラシーの倫理という背景は、日本のモダニズムには存在しなかった。日本近代の建築において重要だったのはまず国家意志の造形であり、国家意志が建築のイデオロギーと一体になって作用するなかでそれは発展してきた。そうして主流派の建築家は、国家のための建築に取り組み、社会的な全体性を体現しようとした。これに対してモダニズムに向かった建築家は、むしろ「個人的な自我の主張」に向かうことになった。鈴木はそれを私的全体性への指向、つまり郊外へと接続する。「それは逃避的な安心立命の世界ではなく、むしろわが国の近代の性格をよく見抜いたところに出現した態度なのではないか」。イギリスの場合と違って、国家のための建築に社会的全体性が課され、モダニズムにかえって社会的全体性という負荷が課されない、日本特有の歴史的条件があったということだ。

こうした文脈を用意した上で鈴木は、高山建築学校、建築家のグループである婆娑羅の会、相田ゼミナールをこれら日本特有のモダニズムの延長線上に位置付けた。高山建築学校はセルフビルド的実践のための合宿形式の建築私塾で、主宰者倉田康男を中心として、鈴木博之本人を含め、石山修武、哲学者・木田元が参集し、そこにウィリアム・モリス研究で知られる小野二郎をはじめとする多彩な顔ぶれが通っていた。婆娑羅の会は石山修武・毛綱毅曠らの集まりで「野武士」のなかでも最右翼の集まりだった。相田ゼミナールは相田武文を中心としたグループだが、不思議な人脈の広がりがあり、これもまた独特の存在だった。鈴木は、彼らのこうした活動に「私性の側からする全体性確立」の可能性を見た。国家のイデオロギーやデモクラシーのイデオロギーを盾にする社会的な全体性への指向に対する反措定としての、私的全体性の可能性がそこにいきづいている、と一群の建築家を特に鈴木は擁護した。

新世代の建築家についての鈴木の擁護は、その全体ではなく一部に対するものであった。この時期に新世代の建築家の多くが向かったモダニズムの批判的再検討[28]に対して、鈴木は懐疑的だった。鈴木はモダニズムではくくれない近代の様相に目を向ける事をうながし、そうした取り組みを相対化する構えを見せていた。[29]一般論としてはモダニズムのオルタナティブに向かうため、まずモダニズムの実像を掘り下げ客体化することには相応の意義があるはずだが、それが結局はタコツボ的議論に陥っていると鈴木は批判していた。鈴木はイデオロギーの有効期限はもう終わっていると考え、イデオロギーがまとう社会的全体性に対して、私的全体性を提起した。だからイデオロギーにかぶれず勝手連的に自らの道を行く建築家の名を挙げて、実のところ日頃から付き合いの深かった彼らを、特に擁護したのだった。鈴木もまた全共闘の世代であり、とりわけイデオロギーの全体性には敏感だった。

ポスト国家的段階の最初期の状況として、都市からの撤退にはじまり、一九六〇年代に登場した建築家の飛躍と新世代の建築家の住宅における奮闘、『虚構の崩壊』、巨大建築論争、「平和な時代の野武士達」と「私的全体性の模索」を駆け足で見た。そこにあらわれているのは、矢継ぎ早に国家的段階とは異なる状況が具体化し、また可視化される過程だ。

ポスト国家的段階にあらわれた新世代の建築家のアイデンティティは、組織の建築家や先行世代の建築家とは明らかに異質だった。組織の建築家、フリーランスの建築家、新世代の建築家のあいだにそれぞれ分断があることがこうした出来事をとおして可視化された。その分断を埋めるもの、あいだを繋ぐものは見失われていた。良い建築とはどんなものか。新しい建築とはどんなものか。それを実現するためになにを問うべきか。そうした問いに答えを与える建築の公共性が一定のリアリティを持っていれば、それがこの分断を縫合したはずだ。だが国家的段階において国家が充塡したこの空白を埋めるものは、ポスト国家的段階において見出しがたかった。それぞれの建築家が自ら信じる建築の根拠に視野を狭めていた。

第三章　新世代の建築家のリアリティと磯崎新

新世代の建築家は、それまでの建築のありかたから距離を取って自らの仕事をはじめ、それぞれに独自の建築のテーマを掘り下げた。そこで見出されたものが発展し、一九八〇年代になると建築家の独自のスタイルとしてまとまりを見せてくる。設計対象は住宅以外へと少しずつ拡がっていき、より大きなスケールに発展していった。

イギリスの建築史家・レイナー・バンハムが、その名も「世界の建築の日本化」[1]と題する論考をこの頃書いている。日本の建築が当時どのように受けとめられていたかよくわかる論考だ。

バンハムはまず、一九五〇年頃まで、欧米からの日本の建築への関心は桂離宮とパリ万博日本館に限られていた、と振り返っている。桂離宮とパリ万博日本館に対して、欧米の建築家はその「構成上の軽さや開放感や優雅さ、内部と外部の関係性、形態の清澄な単純さ、それに素材のすなおな使い方などに対して感嘆の念を抱いた」。ときに日本の建築に過剰に理想化されたイメージが投影されたこともあったが、それに転機をもたらしたのが、前川國男の晴海高層アパート（一九五八年、現存せず）だった。高層といっても当時のことでたかだか一〇階建ての集合住宅だが、その住戸構成は一戸が二階建てになったメゾネット形式で、それが上下に互い違いに組み合わされ、三階分が一セットになっていた。その一セットごとに巨大な梁が水平に架け渡されていわゆるメガ・ストラクチャーとなり、それが建物の姿にリズムを与えていた。また三階おきにしか廊下を設ける必要がないから、一戸当り廊下一本分住戸面積を広くできた。退屈な設計対象と思われがちな集合住宅に対する、この有意義な創意によって晴海高層アパートは高く評価された。とりわけ荒々しくモニュメンタルなスケールの鉄筋コンクリートの構造体と住戸内部の伝統的な日本家屋さながらの繊細さの対比の「残酷なほどの率直さ」に、欧米の建築家は強い印象を受けた。これをきっかけとして日本の建築に対する理想化はやみ、それを「自らと同等の地位」のものと見始めた、とバンハムは書いている。メガ・ストラクチャーと小さなスケールの対比において、晴海高層アパートはメタボリズムに先行するものであり、後にメタボリズムが国際的に広く知られるようになると日本の建築の独自性への評価は確立した。丹下健三の高い水準の仕事によってその評価はさらに高まった。

つまり日本の建築に対するオリエンタリズム混じりの視野を晴海高層アパートが打ち破り、日本の建築は欧米の建築家にとって同時代的なものとなったということだ。しかしだからといって日本と欧米が同質になったわけではない。バンハムは論考の最後に新世代の建築家の仕事に目を向け、それが欧米の建築家に対して一種の不意打ちを食らわすために日本の建築はひときわ意義深いと述べる。そこで例にとられたのは石井和紘の五四の窓（一九七五年、現存せず）で、その名の通り建物四周に同じ大きさの正方形の窓が五四個並び、その窓のデザインがひとつひとつ違うという一種奇矯な住宅だ。こうした試みを見て、欧米の建築家は動揺せざるを得ない。なぜなら欧米の建築家が窓をファサードに配置するときの暗黙の前提、例えば左右対称にする、あるいは均等に揃える、少なくともファサードとしてまとまりを作る、というあまりにも当然のことが、日本の建築ではこともなげに無視されているからだ。「これは欧米の建築ではなぜなされ得ないのか？　日本の建築ではいかになされ得るのか？　こうしたことがなされたのを見るとわれわれはなぜ苛立つのか？　この日本の建築ほどに無神経なことをわれわれは本当に決してやったことがないのか？」バンハムは、日本の建築家は欧米の建築を習得したように見えてあんがい基本的なことを踏まえていない、といっているのではない。日本の建築と欧米の建築の微妙な違いから、欧米の建築の暗黙の規範があぶり出され、自分たちのほうがかえって揺らぐ、といっている。暗黙の規範が意識化され、懐疑され、無意味に思えるようになり、その果てにそれが捨てられることによって、ついに世界の建築は日本化するだろう、とバンハムはいった。この暗黙の規範は、欧米の建築の規範の一部をなすものだが、日本の建築はそれを共有していない。だから日本の建築家にとって意識されないことが、欧米の建築家には破戒的な強い印象を与える。実のところバンハムのこの指摘は過去のことではなく、現在の日本の建築に対する国際的評価の幾分かは、そうしたことからきている。

　もうひとつ、伊東豊雄が一九八三年に書いた「近代の衰弱とオプティミズム——建築の〈健康さ〉と〈気持ちの良さ〉をめぐって」[2]という論考を見ておきたい。健康論争と呼ばれる論争のなかで書かれたもので、この時代の新世代の建築家の心象風景をかいま見ることが出来るものだ。この文章は内井昭蔵が書いた「健康な建築をめざして」[3]、「再び〈健康な建築〉について」[4]と、宮脇檀の書いた「近代小市民幻想」[5]を批判している。この二者の主張は、やや乱暴に要約すれば、実直で華美でなく、生活に即して、丁寧に作られた気持ち良い建築が望まれている、という一種常識的なものだった。これに対して、伊東は、それらがあまりに真っ当で異論を挟む余地のない正論のように見えながら、そのレトリックは誤魔化しだらけで、現実にあぐらをかいた迎合に他ならないと鋭く批判した。

はっきりと察せられるのは、住宅を例にとれば両氏ともに現実に何ら積極的不満もなくまどろんでいる日本の平均的都市生活者の住イメージを結局は全面肯定している事実であり、そのような人びとのためにやさしくやんわりと日本的情感というオブラートに包まれた、正しく面取りされたモダンリビングを呈示することが両氏にとっての住宅像なのである。[6]

伊東は、伊東と内井の両者の師である菊竹清訓のスカイハウスを例にとり、新しい生活像への確信とそれを具体化する技術のせめぎあう、そのさわやかな〈健康さ〉を突きつけて、内井や宮脇の主張する矮小化された〈健康さ〉と対比した。建築の〈健康さ〉とは、彼らがいうような微温的なものであるはずがなかった。そのうえで伊東はスカイハウスのような〈健康さ〉が今日失われたことをすんで認める。スカイハウスを支えていたモダニズムが行き詰まり、色褪せたモダニズムになおしがみつくか、あるいはそれを離れて批評的な試みへと向かうか、選ばざるを得ない、それが今の状況だとした。批評的姿勢を堅持して時代の不健康さを直視することでしか、この状況を突き抜けることは出来ない。この批評的姿勢は漫然と常識的な〈健康さ〉を謳うことを許さない、そう伊東は主張した。

さらに伊東は、消費のための消費が循環する大衆消費社会における建築家の矛盾した立場への、両者の無自覚さをとがめている。「消費社会特有のイメージ病に取りつかれたクライアントたち」は、両者のしたり顔のモラリズムに興味はなく、ただ「自身のイメージを具現化してくれるセンス」を求めている。実のところ両者ともそのような消費社会の求めに応じて建築家の仕事をしているにもかかわらず、かれらが臆面もなく正論めいた主張をするのは無自覚にもほどがあるという批判だ。

建築家はモノとしての建築への思い入れ、モノに賭ける精魂がこのような消費的状況から建築を救えると考えているようであるが、社会的存在としての建築家がここまで撤退に撤退を続けた要因は、むしろこのような時代錯誤の思い入れにこそあったように思われる。[7]

状況を冷徹に見抜く批評的視点を鍛え、そこから可能性を具体化する批評的実践に向かうほかないことを、伊東ら新世代の建築家は覚悟していた。きりきりと鋭く先鋭化した批評的実践に彼らは駆り立てられていた。

住宅というテーマ

新世代の建築家がそれぞれ自分のテーマの追求に分散していったなかでも、ある程度共有されていたのが、住宅の生産と流通、消費への関心だった。まず生産と流通について、石山修武が活発に議論を提起した。

高度経済成長期以来、住宅でも産業化が進んだが、そのなかで意外なことは、その流れの牽引役だったプレハブ住宅のシェアが一度も二割を超えることがなく、住宅生産の工業化はそれほど進展しなかったことだ。むしろプレハブ住宅に刺激された在来式日本建築の変化が徹底的に進んでいた。石山修武は論考「現代住宅の保守的側面」[8]でプレハブ住宅の不振の理由を検討している。その理由は、プレハブ住宅が、個別のニーズを最大公約数で規格化して工業化のコスト・メリットを実現する割り切りを徹底しなかったことだった。それどころかしばしば在来式日本建築をイミテーションする脇道に逸れ、また現場作業を在来式日本建築と同じ職人に依存していたことの結果として、価格にあらわれるはずの優位性をプレハブ住宅は実現していなかった。

そのうえで石山は、そのような本来の狙いと実態のズレは、建築家が取り組む住宅でも同様ではないかと切り返した。つまり新世代の建築家の住宅におけるエキセントリックなデザインも、その施工は在来式日本建築と同じ職人が担っており、そのデザインがいかに新鮮に見えても、技術的にはまったく変わらないということだ。日本の職人の手仕事的な技術と精度に支えられて日本の建築家の繊細な住宅デザインが成立しているのは事実であり、大工の住宅と建築家の住宅はそれら職人の土俵のうえの微差にすぎないのではないか、と石山は問い直した。こうした問題意識から、石山は日本の住宅生産に介入するため、建材の輸入を自ら行い、時に施工まで手掛けた。彼の著書、『「秋葉原」感覚で住宅を考える』[9]は、家電を購入する際に消費者が自ら情報を集め吟味して安価に家電を購入出来るように、住宅もオープン化された生産構造に向かうべきではないかと問いかけるものだった。硬直的な住宅の生産と流通に分け入って、その構造を組み替えるオルタナティブなルートを建築家がつくり出すべきだ、と石山は主張した。

同じような構図は、住宅が商品として流通し、イメージ消費の対象となっている状況にもあった。先に見た伊東豊雄の論考でもいわれていたように、住宅においては、ひとびとが住宅について抱くイメージが重要な意味をもっていた。ある建物が住宅に見えるかどうかはかなり文化的・趣味的な判断で、どういう住宅に住みたいかも社会に流通する住宅のイメージに強く影響される。こうした一種の表象論的側面に関心が向けられた。この着眼は相当程度、第二部第一章で触れたロバート・ヴェンチューリらの議論に刺激されていた。ヴェンチューリの『建築の多様性と対立性』は、モダニズムの美学とごく普通のひとびとの好みの乖離を意識し、大衆的なデザインにより豊かな可能性を見出していた。そこで住宅を構成しているかたちのボキャブラリーが、かたちの意味作用において意識されていた。その典型として、住宅の象徴としてしばしば用いられる三角屋根のシルエットがある。そのかたちはときに家型《いえがた》と呼ばれるが、フラット・ルーフのモダンな住宅がどこか抽象的なのに対して、家型はまさしく住宅に見えた。もちろんありきたりの家型を踏襲するばかりではなく、家型によって住宅らしさの文脈に乗りつつ、しかしそれをさまざまに変形して普通とは違う可能性を引き出すことが試みられて、住宅の形態的ボキャブラリーはより柔軟になった。そうすることで、例えば住宅地の景観のなかに自然な落ち着きどころを見出すこともできたし、単調な造形から抜け出すこともできた。とりわけ坂本一成がこうした問題に意識的で、その他、伊東豊雄、山本理顕、あるいは長谷川逸子などにこうした関心を見ることができる。

伊東豊雄は、自邸であるシルバーハット（一九八四年、現存せず、今治市伊東豊雄建築ミュージアムに一部再現）で独特の屋根を用いた。タイル張りのテラスにぶっきらぼうにコンクリートの柱が林立し、その上にふんわり軽快に弧を描く鉄骨ボールト屋根が浮かべられ、一部は室内となり一部は吹きさらしのまま、どこか仮設的にも見える住宅だった。プライベートな生活を堅固に囲う砦的なありかたとは対照的に、住宅がほぐれてスカスカに解体されたような感じがある。軽い屋根を載せた住宅という意味で似た例として、山本理顕のROTUNDA（一九八七年）とHAMLET（一九八八年）がある。山本は既述の山川山荘以降も家族空間とその外部を混ぜ合わせて再構成する試みを続けていたが、そ

シルバーハット（1984年）

の上に、テント膜と軽快な鉄骨による屋根を住宅の象徴として浮かべた。硬質な本体部分に付かず離れず軽やかにさしかけられた屋根が、住宅のまとまりを可視化した。伊東の場合も山本の場合も軽快な構造物へと屋根をアレンジしつつ、住宅の象徴としての屋根をボキャブラリーに取り入れた。新世代の建築家はかたちのボキャブラリーを多様化させ、より柔軟なデザインに取り組んだ。

　ところがこうしたひとびとのイメージに接近する新世代の建築家の試みに、批評家・多木浩二の一九七五年の論考「生きられた家」[10]がショックを与えた。生きられた家とは、特別な住宅の性質ではなく、どんな住宅であれ、実際に生活がそこで営まれればいつのまにか醸し出されてくる生き生きとしたまとまりを指す。家に漂う親密さの気配とでも思えばいい。多木は、この生きられた家と「建築家の作品のあいだには埋めがたい裂け目がある」と釘を刺した。建築家は決して生きられた家それ自体を設計することは出来ない。建築家の手が及ぶのはその作品としてのありかたにとどまり、それはついに生きられた家そのものではない。新世代の建築家は、建築家はもはや上からの近代化に従事するものではないと自己認識して、むしろ個人のリアリティに建築の根拠を見出そうとし、願わくば普通のひとびとと共有できる建築のありかたを具体化したいと希望していた。住宅の施主との設計過程の会話において、建築家が信じる建築の可能性を彼らと共有できていると実感してもいた。しかしそうした甘美な期待に多木は冷水を浴びせた。この時期に多木は篠原一男や坂本一成ら、多くの建築家と親しい付き合いがあり、信頼すべき伴走者のことばを彼らは深刻に受け止めざるを得なかった。

住宅以外への進出

家型のようなイメージに関する問題は、住宅に限ったことではなかった。オフィスにはオフィスの、商業施設には商業施設の、イメージがあるはずだった。そもそもヴェンチューリの『建築の多様性と対立性』の主張も、住宅に限らない建築全般における、モダニズムの視野狭窄を解除することだった。モダニズムの建築は外観だけではオフィスなのか美術館なのかわからない抽象的なかたちをとった。ヴェンチューリは、建築が複雑なかたちを効果的に用いて、より豊かなメッセージを発することを求めていた。

しかしヴェンチューリの主張は、広範な理解を得るにはおそらく難解過ぎたのだろう。こうした考え方が広く受容されるようになったのは、それを独自に咀嚼し、多くの事例をビジュアルに示して、ジャーナリスティックに取りまとめた建築評論家・チャールズ・ジェンクスの『ポスト・モダニズムの建築言語』[11]によってだった。ヴェンチューリがいわば建築のかたちの詩学を展望していたのに対して、『ポスト・モダニズムの建築言語』が強調したのは建築のかたちのより日常的なコミュニケーションだった。題名に建築言語とあるように、単語となる建築の部分のかたちと、文法となる全体を組み立てる形式によって、建築はコミュニケーションのメディアになっている、と捉えられた。屋根、窓、玄関、列柱、塔、煙突などの通俗的なかたちを積極的に引用するデザインの手法が、ポスト・モダニズムという言葉とともに広まった。この言葉は人口に膾炙し、後によりひろくモダニズムの乗り越えを目指す表象論的傾向の強いデザイン手法全般が、まとめてポスト・モダニズムと呼ばれるようになった。

イギリスで刊行された『ポスト・モダニズムの建築言語』の表紙を飾っていたのが、新宿歌舞伎町のど真ん中に立つ雑居ビルである竹山実の二番館（一九七〇年）だった。文字やストライプによるグラフィカルなパターンを外壁全体に施した手法が、けばけばしい看板や広告が氾濫する歓楽街のなかで強力な効果を上げているとジェンクスは評価した。竹山実は自らこの本の邦訳を手掛け、原著刊行の一年後に日本語訳が刊行されたが、そこにはその外壁のグラフィックが早くも一新された写真が掲載された。いわばいくらでも塗り替えられる表層が、現代都市

二番館（1970年）

のなかで本質的な効果を持つことがあり得るというわけだった。そもそも商業施設には他の建築に対する差別化が求められ、新しいイメージが求められる設計には、組織の建築家の理詰めの仕事よりも、建築家の個人的なセンスが活かされやすかった。例えば二番館の外壁グラフィックを、組織の建築家が決めようとしても決める根拠がなく途方に暮れただろう。しかし個人のセンスで勝負する建築家なら、模型の表面にエイヤッと書き込んでコレと決めてしまえばそれでことは済む。多くの場合、新世代の建築家が住宅以外に活動の幅を拡げていくときに、その最初の一歩となったのは商業建築だった。

山下和正の表参道に面したフロム・ファーストビル（一九七六年）は内部と外部が複雑に絡み合うなかに多数の商業テナントを納め、その間を路地のような動線が繋いで街路の雰囲気を建物内に引き込んでいる。レンガ・タイルで覆われた姿は落ち着いたもので、二番館とは対照的だが、表参道のしゃれた雰囲気に合うイメージを手際よく作っていた。打ち放しコンクリートのイメージが強い安藤忠雄も、いくつかレンガ・タイル張りの商業施設を手掛けている。やはり路地的な動線で商業テナントのあいだを回遊させるものだった。その後はおおむね、安藤の代名詞ともなった打ち放しコンクリートを常用し、イッセイ ミヤケなどアパレル・ブランドの店舗や社屋など、しだいにより規模の大きな建築に手を拡げていった。高松伸は織陣Ⅰ、ⅡおよびⅢ（一九八一年、一九八二年、一九八六年、いずれも現存せず）、PHARAOH（一九八四年）、キリンプラザ大阪（一九八七年、現存せず）、SYNTAX（一九九〇年、現存せず）を代表とする金属彫刻的な造形で強烈な個性を示した。メカニカルな雰囲気だが、構造や設備のための機能とは無関係で、むしろ得体の知れない異物であることを誇示していた。商業建築において、建築家は個性的な造形スタイルを武器にし、もっぱらデザイナーとして振る舞った。

商業建築以外に取り組む機会を得た建築家も少なくはなかった。谷口吉生《よしお》は、終戦直後に藤村記念堂を設計した谷口吉郎を父にもつ建築家だが、単純な幾何学的形態を組み合わせたデザインを緻密なディティールで洗練させた。資生堂アートハウス（一九七八年）をはじめとして、土門拳記念館（一九八三年）、葛西臨海水族園（一九八九年）、丸亀市猪熊弦一郎現代美術館（一九九一年）など文化施設、とりわけ美術館を多く手掛けた。バンハムが「世界の建築の日本化」で五四の窓を取り上げた石井和紘は、もともと瀬戸内海の直島で学校建築などを継続的に手掛けていたが、その集大成として国宝、飛雲閣の造形を大胆に引用した直島町役場（一九八三年）を仕上げた。長谷川逸子は一九八四年に大学の研修センターである眉山ホール、一九八九年に藤沢市湘南台文化センターを手掛けた。どちらも細かい造形要素を集積して賑やかで祝祭的な場を形成するものだ。毛綱毅曠は彫刻的な外観と濃密な内部空間をもつ釧路市立博物館（一九八四年）、釧路市湿原展望資料館（一九八四年、現釧路市湿原展望台）を手掛けた。原広司は田崎美術館（一九八六年）を手掛けた。原邸の内向的な造形を反転させて、軽井沢の森の中に雲形の屋根が重ね絵のようになって、それは後にヤマ

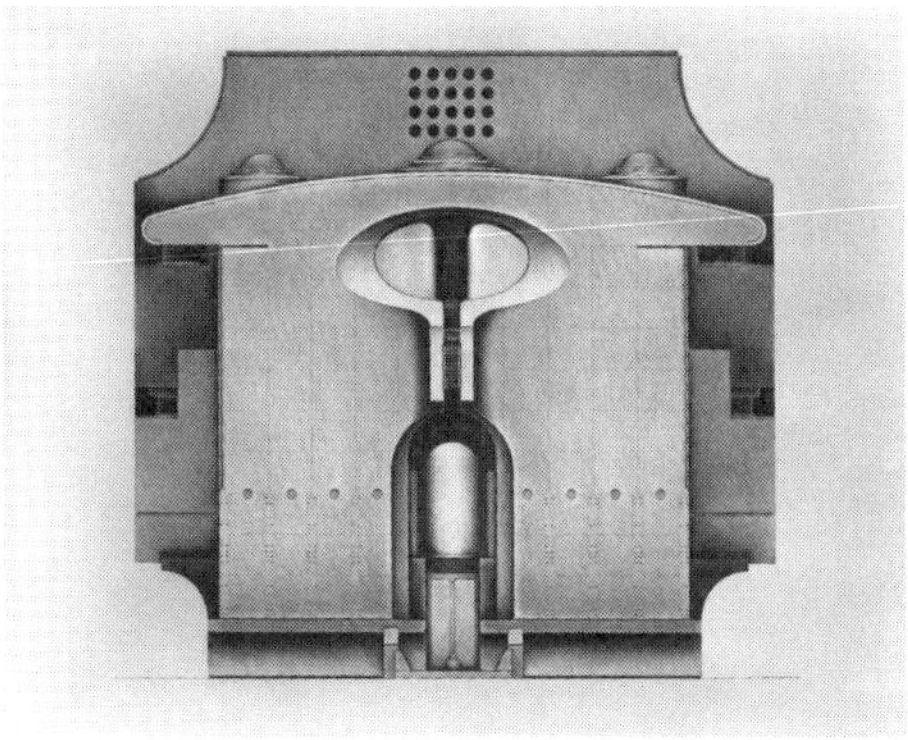
織陣（1981年）

トインターナショナル（一九八七年）や梅田スカイビル（一九九三年）に展開した。篠原一男は東京工業大学百年記念館（一九八七年）で大学の正門脇に鎮座する異様なモニュメントを手掛けた。以前の内部空間への集中から反転するように関心は外部に向かい、都市のなかで建築がいかにあらわれるかがテーマとなった。安藤忠雄は兵庫県立こどもの館（一九八九年）と光の教会（一九八九年）を手掛けた。前者は自然の地形のなかに散在する子供のための公共建築であり、後者は地域に根付いた教会の教会堂だ。どちらも打ち放しコンクリートの壁を基調として、単純な幾何学に巧みな操作を加えて空間の展開を作っている。それぞれの建築家がそのキャリアの初期に追求したテーマが一定の造形的スタイルに発展し、よりスケールが大きく実現した。こうして新世代の建築家は、層の厚い建築家のジェネレーションとして存在感を示すようになった。

地方で活動した建築家の仕事も見ておきたい。彼らはモダニズムを徹底的に洗練させた独特のスタイルを確立した。例えば広島の村上徹、熊本の葉祥栄がその代表となるだろう。ここまで新世代の建築家と呼んできた建築家が、多かれ少なかれ現実の困難と向き合い、屈折のなかから独特のスタイルを育んできたのに対して、彼らはきわめてストレートで迷うところがない。村上徹の中山の家（一九八八年）、葉祥栄のインゴット（一九七七年、現存せず）と光格子の家（一九八〇年）をここでは挙げておく。どちらも構成要素を絞り込み、精密なディティールを追求した、フォトジェニックなものだった。

日本の建築家もこの時代の潮流に乗ってポスト・モダニズムを実践した。ただし例えば高松伸や石井和紘の建築がポスト・モダニズムに含まれるのはまず間違いないだろうが、表面上はモダニズムに近い安藤忠雄や谷口吉生の建築をポスト・モダニズムと呼ぶかどうかは考え方しだいだろう。しかしそれでも、それらと国家的段階のモダニズムは根本的に異質なものだ。かつてモダニズムは信頼すべき共有された指針だったが、もはやモダニズムは建築家が選択したスタイルにすぎない。

多くの新世代の建築家が住宅以外のビルディング・タイプを手掛けるようになっていくが、その流れを後押ししたのが一九八八年にはじまるくまもとアートポリスだった。当時の熊本県知事・細川護熙が磯崎新に県内の官民の建築プロジェクトと建築家のマッチングを委任し、磯崎はそれまで公共建築に縁がなかった多くの建築家の後押しをした。

伊東豊雄の八代市立博物館（一九九一年）は、シルバーハットにも似た円弧を描く鉄骨ボールトを連ね、軽やかな幕がふわっと舞い降りたような姿が印象的だ。山本理顕の熊本県営保田窪第一団地（一九九一年）は比較的低密度な団地プロジェクトだが、敷地中央に住民専用の中庭を設けてそれを囲むように住戸を配置し、コミュニティの形成を誘導するプランニングが注目された。住宅の間取りを家族のありかたに重ねて考える山本理顕のアプローチが、コミュニティのありかたへ発展したものだ。トム・ヘネガンとインガ・ダグフィンスドッターの草地畜産研究所畜舎（一九九二年）はその名のとおり牛を飼育するための施設だが、阿蘇山山麓の草原のなかに建ち、太陽光や風によって畜舎内の換気や採光が自然に行われるよう設計され、建築の知恵を感じさせる。妹島《せじま》和世は再春館製薬女子寮（一九九一年）を実現した。化粧品会社の新入社員向けの女子寮であり、一般的には個室を連ねたアパートのようになりがちな機能だが、寝室を大胆に圧縮して、かわりに入居者が集う二階吹き抜けの巨大なワンルームのリビング・ルームを設けた。定型を大胆に組み替え、その図式同然に単純化された空間は新鮮なものだった。

これらのくまもとアートポリスに関連する仕事は、それぞれの建築家にとって出世作となった。従来、公共建築の分野は実績のない建築家にとって参入するハードルが高かった。磯崎は敢えてこうした仕事の経験に乏しい建築家を推した。その期待に応えて多くのプロジェクトで意欲的な設計が行われて、充実した成果を上げた。

建築のための建築

磯崎新の「建築の解体」が、新世代の建築家を勇気づけたのは既に触れた通りだが、磯崎は以後も強い影響を及ぼした。

恐らく僕らの世代がその建築的思考の出発点において何らかの形で受けた磯崎新の体験は、それが心のナイーブな状態において受けた分だけ痕跡も深いのではないか。少なくとも僕はそうだ。[12]

こう書いた竹山聖は一九五四年生まれ、これまで見てきた新世代の建築家よりももうひと世代若い。直接「建築の解体」の影響を受けた世代ではなく、むしろ一九七〇年代以降、建築の自律性を語る磯崎に影響を受けた世代だ。建築をいかに構想するかについての範例を磯崎が示し、建築をめぐる知的風土は一変した。いわば磯崎に感化されて新世代の建築家は走り出したわけだが、しかしそうして感化された側から見れば磯崎の仕事が物足りなく感じられることもあった。

「建築の解体」以後、僕たちがやむにやまれず踏み込んで行ってしまった〝違犯〟の狭路、六角はその自らの好みそのものへの偏愛から石黒邸へ、毛綱は磯崎新のいう模型的思考を突きつめて反住器へ、石井はサブカルチャーへの意図的なカタログ的退行を経て54の窓へ、僕はレディメードの概念を手懸りに、反技術的技術が構成する幻庵へとそれぞれに突込んで行ったのだが、それらの試行が辿り着いたと思われる地点を考えてみるならば、磯崎新の〝違犯〟というのは少しばかり体が良過ぎるのではないかとも思えるのだ。[13]

ここで石山修武が挙げているのは、鈴木博之が「私的全体性の模索」で擁護した婆娑羅の会の面々で、それぞれ磯崎が開いた「狭路」に飛び込んだあげくの今があり、その当事者から見れば磯崎が盤石の態勢で建築家然としているのはどうも腑に落ちない、というわけだ。彼らはなにかはしごを外されたような印象を抱いていた。これを磯崎は次のように突き放した。

　国家的規模で商品化した建築への批判の構図が、直線的に取り出され始めたのは六〇年代の末であっただろう。私が「解体」や「違反」を語ったのもこの時代である。（中略）つられてつっ走る人が出現したのは結構だが、その前後の面倒を見るほどの余力が私にあるわけはない。だいいち、ここから生み出される回路は決してかつての建築運動のようではなく、すべて私的なものであって、これが圧倒的に本流化したりしたら本末転倒、ナンセンスとなる。[14]

こうしたやり取りには新世代の建築家と磯崎のあいだの微妙な距離がよくあらわれている。そもそも年長の建築家と新世代の建築家のあいだには国家的段階とポスト国家的段階を隔てる断層面が走り、大きな断絶があった。磯崎はちょうどその断層面上にいて、新世代の建築家は磯崎に先達として特別な期待を抱いていた。新世代の建築家は「建築の解体」で紹介されたラディカルな挑戦に深く共感して活動を開始したわけだが、磯崎自身にとっては「建築の解体」に集めたのはあくまで他人の仕事であり、そこに同時代性を感じつつも、自ら取り組むべき方向は自ら問うべき問題だった。

事情はまずはそういうことだが、しかしそれだけでもない。つくばセンタービル（一九八三年）の解説として書かれた論考「都市、国家、そして〈様式〉を問う」[15]で、磯崎はこのすれ違いにもう一歩踏み込んでいる。同時代的な歴史的状況の把握として、丹下健三の「日本の建築家　その内部の現実と外部の現実」にも似て、興味深いものだ。

この論考で、磯崎もまた日本近代建築史の見取り図を描いている。まず一方に国家的様式の系譜があり、様式論争以来、国家を背負った建築家が国家として採用すべき様式を問い、西洋式建築からモダニズムへと歴史を刻んできた。これに対して商品的様式の系譜があり、大阪の実利的な資本家の思想を反映した渡辺節や村野藤吾のような建築家が、建築をプラクティカルな要求に応える商品として組み立ててきた。日本のモダニズムは国家的様式の系譜のなかで発展したものだが、実利的な技術を表現に結びつける点で商品的様式に近い性質があり、メタボリズムはむしろ商品的様式がベースとなって国家的様式を指向する性格のものだった。国家的様式はしだいに形骸化して、商品的様式に溶け込んでいった。それは日本という国家自体が資本の論理で経営されるようになったことの反映だった。一九七〇年代には、建築の状況は「天皇、国家、資本のアマルガム」が求める商品的様式に全面的に規定されるに至った、と磯崎はしている。

そのような状況に建築家が対抗しようとするときに、私性が手がかりとなった。ただしそこには二つの私性のありかたがあり、一方は私的な施主との関係に建築が成立する場を閉じて、商品的様式として回収される回路を拒絶した。つまり新世代の建築家が向かった方向だ。国家のための建築、資本のための建築といういい方に対していうならば、〈私〉のための建築だろうか。磯崎はその方向はいずれファッション化し、結局は商品として回収されるサイクルに飲み込まれることは避けられないと見る。これに対して他方に、文化的な文脈に建築を成立させる方向があり、これがつまり磯崎の選んだ方向だ。建築のための建築、ということになるだろう。

（引用者注：商品として回収される）その回路を絶つのは、現実に作動している状態に即して語るのではなく、その言説をメタレベルにまで引きあげることによってのみ可能になる。政治的、社会的文脈を括弧に入れて、あらためて建築物を大文字の建築として語ることである。（中略）そのあげくに回路はむしろ文化的、思想的文脈へと接続する。ここでなされる言説は基本的に実用性とは無縁で、メタレベルのものである。大文字の建築にかかわる言説は、歴史的にも元来ここに位置させられていたといっていい。[16]

ここでいうメタレベルとは、敷地や機能などの現実的な条件の水準に対するメタレベルのことだ。もちろん建築が実際に使われるものである以上、要求される条件を満たす必要はあるが、それは建築家の構想のテーマそのものにはならない。むしろ建築のかたちを組み立てる手法の豊かな歴史的蓄積が、建築家の構想のアーカイブとして意識された。例えば、中庭という建築的形式にはそれが用いられてきた歴史的文脈がある。外部環境に影響を受けない平穏なオープン・スペースを作り、建築の平面の結節点となってきた。そうした蓄積を前提として、いかに建築的形式を用い、あるいはそれを崩すか、といったことが試みられた。「大文字の建築」とよばれているのは、建築が歴史のなかで蓄積してきた歴史的文脈をてがかりとする建築のことだ。

ところで、商品的様式の論理は建築家のプロフェッショナリズムと密接な関係にある。商品的様式においては、あくまで実利的解決を求めて施主は建築家に設計を発注しているからだ。

商品として生産される建築にその社会的な仕組みのなかでたずさわるときに、プロフェッショナリズムが基本的に要請される。建築家のライセンスはそれを国家に保証させるためにつくられている。だが、ここでの建築の言説は、その枠内にとどまり、視点をひろげることをおこたると、かえってその回路を商品としての建築だけに直結してしまう。あげくのはてに、社会が要請する建物を正直につくればいい、とする奴隷のような短絡思想が生まれる。ここしばらくの論争(巨大建築、健康建築など)は、かつては志をもちながら、プロフェッショナリズムの枠にはめられ商品生産にがんじがらめになった自己を正当化するための、やや居丈高な居直りの発言のように私にはみえた。[17]

商品として生産される建築といわれているのは、本書の言葉づかいでいえば資本のための建築にあたる。「天皇、国家、資本のアマルガム」が資本の論理でドライブされる状況がマジョリティを占め、建築生産の産業化に邁進する資本のための建築が居丈高になった。巨大建築論争と健康論争はそのあらわれだった。そんななかで、新世代の建築家は〈私〉のための建築に向かい、磯崎は建築のための建築に向かう。磯崎はそのように状況を把握し、そもそも新世代の建築家と自分のスタンスは違うことを明確にした。この磯崎の描いた見取り図は多くの点で本書の描く構図と符合する。

つくばセンタービルは、日本がナショナル・プロジェクトとして開発したつくば研究学園都市の中心施設だった。そこで国家と都市を引き受けてシンボライズし、「日本という国家のあいまいな像に対して、ひとつの解答を与える」ことが求められた。いわばアナクロニカルな国家様式という問題が課され、それは〈日本の様式〉と似た問題でもあったわけだが、そこに一九八〇年代的な解答を与えることがテーマとなった。

その解答として、磯崎は「決して明確な像が結び得ないような、常に横すべりし、覆り、ゆらめきだけが継続するような様式」をアイロニカルに選択した。〈日本の様式〉はいわば猫またぎされた。ミケランジェロの古典的名作、ローマ・カンピドリオの丘の広場が引用され、ただし周囲から陥没した楕円形の中庭とした。建築の基調はジュリオ・ロマーノのオーダーを単純化したものだが、クロード・ニコラ・ルドゥーに特徴的な鋸状柱が引用された。全体としては磯崎にしてはかなりベタな歴史的意匠を引用するポスト・モダニズムであり、それがキメラ的な日本の似姿なのだと解説された。磯崎のいうメタレベルはそうだとして、しかしそれは同時に現実的な条件に応えるものでもあった。ホテルとコンサート・ホールが地下の中庭によって繋げられているが、それは歩行者動線と車動線の高低差を整理し、ふたつの異質な機能を両立させる、かなり技巧的な動線の解決だった。コンサート・

ホールの音響の質の高さも定評がある。このように建築のための建築とプロフェッショナルな設計が磯崎の建築において背中合わせになっていた。

国家のための建築は国家を根拠とし、資本のための建築は資本の論理を根拠とし、そして新世代の建築家がそれらを拒否して向かった「私」のための建築は、「私」のリアリティを根拠としていた。丹下にとって国家は建築が対決すべき強力な磁場を持つものであったが国家はもはや力をなくし、磯崎にとって資本や「私」は建築を緊張させるだけの磁場を持たなかった。建築を緊張させることを磯崎は建築それ自体に求めた。磯崎は盟友ともなる演劇家・鈴木忠志を評して次のようにいっているが、磯崎自身にも、このいい方は置き換えられるはずだ。

> 私の鈴木忠志にたいするシンパシーは、彼が演劇のありとあらゆる様式を、廃墟とみたてて、その残骸である形式をひろい集め、独自の組合せのなかから、演劇が発生以来ただひとつの本質として所有してきた「劇的なるもの」の構築を試みていることである。[18]

つまり、建築のありとあらゆる様式を、廃墟とみたてて、その残骸である形式をひろい集め、独自の組合せのなかから、建築が発生以来ただひとつの本質として所有してきた「建築なるもの」を試みていた。

磯崎新は挑発的に「住宅は建築ではない」と広言し、住宅以外の領域にようやく手が届きはじめたところの新世代の建築家を苛立たせていた。もちろん住宅の設計が建築家の仕事ではないというのはいい過ぎだろうが、そこで解くべき課題が例えばつくばのような規模の建築に比べれば単純なのは事実だった。新世代の建築家は内心「体が良すぎるのではないか」と思いはしても、立つ瀬がなかった。そういうなかで新世代の建築家に磯崎はくまもとアートポリスで公共建築に取り組む機会を与えた。その他にも磯崎がまとめ役となって建築家が競作するプロジェクトはいくつもあった。それは実際に新世代の建築家がプロフェッショナルな実績を積む大きなステップとなったのだから、反発しながらも返す言葉がなかっただろう。磯崎はときに抑圧的な存在でもあった。

第四章　定着した分断とそれをまたぐもの

第二部第二章で見た巨大建築論争以来、建築家のあいだの分断はあからさまになっていた。とりわけ組織の建築家と新世代の建築家のあいだの心理的なギャップは深く広いものとなり、以後定着した。良いこととはいえないが、その定着はそれぞれの立場で一定の必然性があった。バブル景気が過熱する前のより一般的な状況を見てみよう。

メディアで問われたこと

新世代の建築家が『都市住宅』をプラットフォームとして結びついていたことについては既に触れた通りだが、それ以外の建築メディアも活況を呈した。歴史の長い『新建築』はもっとも一般的な建築雑誌だったが、『建築文化』、『SD』、『建築』が刊行され、それぞれ意欲的な特集を組んで競っていた。『GA』は定期刊行される雑誌ではなかったが、国内はもちろん海外でも建築のクオリティ・マガジンとして評価を確立していた。『a＋u』は海外の動向を日本国内に紹介し、『ja』は日本の情報を海外に伝えた。その他に技術情報に特化した建築専門誌があり、商業インテリアのような細分化した分野に焦点を絞った雑誌も刊行された。さらに、この時代の雑誌文化の隆盛に共振しながら、一種サブカル的な雰囲気を帯びた無数の同人誌的な雑誌があらわれては消え、建材会社の広報誌的な建築メディアも多数刊行された。こうしたものの総数は一〇〇に近かったはずだ。一国内にこれほど多くの建築メディアが存在する状況は特異であり、それは日本の建築の活況を反映していた。そこで新しい建築が紹介され、論考が掲載され、それを起点にしてときに雑誌をまたいで議論が展開された。仲間内のじゃれあいに流れることもあったにせよ、全体としては活発な議論と批評が交わされた。建築家の分断のなかにあって、建築メディアはかろうじて建築の領域を繋いでいた。

大げさにいうならば、建築雑誌ではいつも建築の根拠が問われていた。良い建築とはどんなものか。新しい建築とはどんなものか。それを実現するためになにを問うべきか。こうした問いが建築雑誌の誌面を埋めていた。そうした問いは分断のどちら側でも手応えを欠いていた。

新世代の建築家は、どんな小さな建築であってもそこに建築の本来的可能性を実現出来るはず、と確信してそれぞれの模索に励んでいた。そうした建築の根拠の空白に向けて注ぎ込まれた過剰ともいえる熱量の表現として、この時代の建築家が盛んに取り組んだ建築ドローイングを見ることができる。例えば藤井博巳、安藤忠雄、毛綱毅曠、高松伸、鈴木了二ら、多くの建築家が、実際の建築や設計図面では表現しきれないものを、紙の上のドローイングにぶつけていた。それは単なる表現媒体のひとつではなく、現実の条件に制約されずに思うがまま彼らが抱いたイメージを表現出来る、特別なフィールドだった。恐るべき精度で描かれる藤井のストイックな線画から、黒々と妖しい迫力の高松の鉛筆ドローイング、魑魅魍魎が浮遊する毛綱の屏風絵まで、その表現は幅広い。もちろんそこに具体的な建築の姿もあらわされていたが、それを超えて物理的に存在するわけではないが建築家が手がかりにしていたイメージ、構想のヴィジョンが描き出され、そうしたドローイングが雑誌の誌面を飾り、ときには展覧会が催された。一般的にいえば建築設計のアウトプットは設計図面だが、とてもそんな淡白なものではおさまらず、そこから零れ落ちる熱量がドローイングに流れ込んでいた。こうした建築ドローイングは、彼らが建築生産の産業化をはみ出す存在であることを証しだてていた。すくなくとも、建築生産の産業化に向かった組織の建築家は建築ドローイングを手掛けることはなかった。彼らも力の入ったプレゼンテーションの図面を描いたろうが、それはあくまで完成予想図の範疇にあった。建築ドローイングの重みはそのような実用性に尽きるものではなく、ときに建築物そのもの以上に建築であった。

これに対して組織の建築家は、マジョリティであったにもかかわらず、敢えていうならば淡々としていた。かつて国家が建築に求めたものと、資本の論理が建築に求めたものはまったく異なる。前者において課されたのは一種の使命だが、後者において求められたのは都度都度のきわめて具体的な解決だった。例えばオフィスビルの情報化への対応といったテーマはもちろん重要に違いないが、それは設計以前の与件であり議論する余地はそれほどない。ひとつひとつの与件に応える技術的解決を積み重ねていく他なく、またその成果はそれとして完結した。例えば施主の想定を超える提案を行い、それが受け入れられて実現することもあったはずだが、大前提としてあらかじめ資本の論理の枠がはめられていた。完成した建築が建築雑誌誌面に取り上げられても事例紹介にとどまり、意見が交わされる連鎖へと発展することは稀だった。かつて国家が与えた使命については語るべきことがたくさんあった。モダニズムへの信頼が厚かった時代にはその論理と倫理が熱を帯びていた。しかしそのような広く問われるべきテーマは見失われ、個々のテーマに拡散していた。

いわば分断の両側でなにか持て余していた。あげく対岸に向けたわだかまりが鬱積して、分断のギャップは深まっていった。

組織の建築家

組織の建築家は建築生産のマジョリティを担っていた。その名が知られていないからといって、彼らは決してその時代の黒子的存在ではない。この時代に旺盛に建設された建築のほとんどは、まさに彼らが設計しており、むしろ新世代の建築家はそれを指をくわえて見ていることしか出来なかった。組織の建築家は、一方で社会的に重要な機能を担う大規模な建築を手掛け、他方でより普通の量産化した建築を支えていた。

国家的段階の末期に村松貞次郎が「明日の建築界のチャンピオン」と持ち上げた建設会社の建築家は、たしかに一定の活躍を見せた。村松がそこまでいい得た背景には、例えば竹中工務店の岩本博行が多くの建築家を押しのけてコンペに勝利して国立劇場（一九六六年）を実現したことに象徴される、建設会社に所属した建築家の設計の質的向上があった。その後も鹿島建設の岡田新一が、やはりフリーランスの建築家を押しのけてコンペに勝利し、最高裁判所（一九七四年）を手掛けた。施工者と設計者が同一では癒着を疑われるため、岡田新一は自らの設計事務所を構えて独立し、その設計のもとで鹿島建設が施行にあたった。

しかし彼らは氷山の一角に過ぎない。建設会社の建築家の大多数はあくまで量産的な建築を担っていた。厖大な建築需要に地道に応えていったのは、スーパー・ゼネコンと呼ばれる巨大建設会社から中堅の建設会社、中小工務店にいたる、さまざまな規模の建設会社に所属した建築家だった。彼らは必ずしも先端的であることを目指しておらず、おおむね中庸であり、むしろ保守的にならざるを得なかった。それほど特別な意図をもたない施主のために、多かれ少なかれ定石化した設計手法を用いて、汎用的な建築技術と限られた建設コストと厳しい工期の範囲に向き合いながら、最大の効用を生むことに努めていた。

　霞が関ビル以来の素材と技術の合理化は、さらに進んだ。構造躯体にはじまり、サッシや外壁、内装の材料と工法、設備機器にいたるまで、例外はなかった。工場生産されて現場に運び込まれ、それを取り付けるだけで施工が完了する、プレハブ化された建材の普及があらゆる部位で進んだ。また大量生産される規格化された建材が普及し、生産性の高い工法が定番化した。総じて、一品生産的な施工が規格化された施工に置き換えられ、建築の工事現場はものづくりの場というよりもアッセンブルの場となった。こうした変化に応じて建築設計自体もルーティン化していった。安定的かつ効率的に建築を量産するために、そうなることは必然だった。

　高度経済成長期以降、地価は一貫して上昇していた。地価の高騰はビルの高層化を後押しし、都市の密度はどんどん高まった。限られた土地を最大限有効利用したい施主の要望に押されて、建築基準法が規定する高さ制限ギリギリに迫り、それを鋳型として出来上がったような奇妙な姿の建物が増えた。[1]道路を挟んで両側のビルの頂部が斜めに切りそろえられたようになっていることがよくあるが、あれはまさにその結果だ。こうなるともはや法規制が建築を設計しているようなものだった。

　日本住宅公団などの公的な住宅供給は、地価が上がり土地を取得することが困難になって停滞した。集合住宅供給の主体は公的機関から民間のマンション・デベロッパーへと移っていった。都市域を拡大していく郊外化の主役は戸建て住宅だったが、より交通の便の良い場所においては分譲マンションが流入する都市人口の受け皿となった。集合住宅を住戸ごとに区分する分譲マンションに対しても政府の制度融資が適用されるようになり、一九七〇年代以降、分譲マンションが一般化した。[2]団地に比べれば小さな土地にマンションを建て、一戸ごとに分譲して投資資金をすぐに回収する分譲マンションは、建設会社にとって重要なプロジェクトとなった。ただしマンション開発は不動産業、金融業、建設業が複合するプロジェクトであって、建設会社は事業の下流にあり、そこでは投資利回りが建築を設計しているようなものだった。

建築生産と直結するところに強みをもつ建設会社の建築家に対して、組織設計事務所はむしろ発注者に対する提案力に注力した。日建設計の林昌二がポーラ五反田ビル（一九七一年）でオフィスビルの日本的洗練に向かったように、企業のコーポレート・アイデンティティを反映するきめ細かい設計を得意とした。三角形のシルエットが目立つ中野サンプラザ（一九七三年）も、都市の公共建築の大規模化と複合用途化の要求に応え、そこに明確な姿を与えようとしたものといえるだろう。

建築生産の産業化の趨勢に乗った以上、組織設計事務所の建築家も、素材と技術における合理化に適応していった。建設会社と組織設計事務所は競合関係にあり、組織設計事務所は設計専業である強みを示す必要に迫られていたから、より高度な設計を追求したが、その差は相対的なものにとどまった。社会の需要に追従するだけでなく、それを牽引することを志していたはずだが、なにか特別なものが期待されて設計に臨むフリーランスの建築家に対して、より現実的な成果を求められた組織設計事務所が踏み込める範囲は限られたかもしれない。日本設計を立ち上げた池田武邦はかつて「1人の建築家の個人的能力だけに依存した形では次第に建築の設計も不可能になってきている」といって、組織設計事務所の理念に確信を抱いていたわけだが、その理念が現実と向き合い、思うようにならない困難を味わっていた。[3]組織が企業として動きはじめると、初心にあった積極的な性格を維持することはなかなか難かしかったようだ。

街を歩いていて、これはなんだ?と興味を引かれる建築に出くわすことは珍しくない。ある意味では地味であり、意識的に見ないと見逃してしまうようなものだが、常に組織の建築家が量産的定型に収まっていたわけではなかった。細かい発展が積み重ねられた結果として、高度経済成長期の建築とバブル経済期の建築を見比べてみれば、雲泥の差が生まれていた。建築の可能性の拡張に挑む野心的な挑戦は稀だとしても、それは組織の建築家の消極性というよりは社会の需要の保守性を反映していた。そうした枠が外された例外的なケースとして、例えば鹿島建設の設計部が彼ら自身が入居するために設計した鹿島ＫＩビル（一九八九年）がある。中層のオフィスビルのど真ん中に緑豊かなアトリウムを組み込み、外観のオフィスビル然とした姿からは想像もできない執務環境がつくられている。[4]だが、多くのプロジェクトにおいて課せられた資本の論理は、詰まるところ資本の側の論理であって、設計する建築家の論理ではなく、求められていたのは資本の想定内の改善にとどまった。とりわけこれまで本書で特に取り上げてきた特筆すべき建築の水準に並ぶものを、この時期の産業化した建築生産に見出すことは難しいだろう。

既に見たように、林昌二はこうした社会の基礎となる普通の建築の意義が十分に評価されない状況に不満を抱えていた。すこし後のことだが彼は次のようにボヤいている。

新聞雑誌テレビは、犬が人に嚙みついたことには関心がなく、人が犬に嚙みついた事件だけに興味を寄せます。『事件』は日常一般の建築とは関係がないのです。（中略）建築が『事件度』で評価されるようになったのです。情報化時代の特徴は、新聞雑誌テレビに登場する『事件度の高い建築』だけが世の中に存在し、扱われない99パーセントの『普通』の建築は、どんなに魅力的でも、存在していないように見えることです。[5]

日常一般の建築において目覚ましい発展はなかなかないものかもしれず、変哲もない量産的な建築に世間の関心が向けられないのはある程度致し方ないことだろう。そこに不全感が鬱積していた。だが俯瞰的に見たときに、停滞的な状況があったことは否定しがたい。住宅においても同様で、商品的な意味で多様化は進んだが、質的には停滞的で、国家的段階末期に形成された状況の延長線上にとどまった。

ギャップのかたわらに見られた地道な実践

組織の建築家と、新世代の建築家の分断のかたわらに、どちらとも括りがたい少数の建築家がいた。目を惹く建築を作るよりは生活の場を手堅く作り、そこに落ち着いた表情を作ろうとしていた。彼らは都市計画の基本構想や住宅地計画、まちづくりなどを介して地域に密着し、市民の視点からそれらに取り組み、建築家として良識ある振る舞いを堅持した。

まず挙げられるのが、メタボリズム・グループの建築家の事務所出身の建築家だ。例えば大高正人の事務所出身の藤本昌也、菊竹清訓の事務所出身の内井昭蔵がおり、メタボリズム・グループとの関係が深い大谷幸夫の麴町計画を手伝っていた水谷頴介《えいすけ》もここに並べることが出来るだろう。そもそも大高自身、メタボリズム・グループの地に足がつかない提案に自ら疑念を抱いて、建築の社会的性格を強く意識していた。農村の農協の建築を多く手掛け、丹下らが向かったトップダウンの国土計画に対して一線を画した。大高は多摩ニュータウンなど、多くのニュータウン計画でその環境デザインに力を注ぎ、またその延長線上で横浜臨海部の埋め立て地、横浜みなとみらい21のマスター・プランを手掛けた。横浜市は当時社会党系の飛鳥田一雄市長と都市計画家・田村明のもとで積極的な都市計画に取り組む、いわゆる革新自治体のひとつであり、市民の視点から都市計画を考える指向をもっていた。そうしたバックアップを受けながら、港湾と都市計画の縄張り争いを越えてウォーター・フロントを取り込んだマスター・プランをまとめた。先に挙げた建築家はいずれもこうした大高の指向と共通点が多く、反中央的な指向から市民のための建築を模索し、前例主義で硬直化した行政主導の計画を改善することに尽力した。とりわけ比較的低層の集合住宅と変化に富むランドスケープを組み合わせて、地域の生活空間の質を向上させることを目指した地方都市の公営住宅の取り組みの事例は貴重だ。その背景には公害問題などに向けられた当時の社会的関心があり、中央主導の官僚主義を市民の視点で問い直す時代の空気があった。

それに並ぶものとして高知で活動した山本長水《ひさみ》、長野で活動した宮本忠長がいる。どちらも地方に深く根を下ろして活動した建築家だ。山本長水は土佐派と称する建築家のグループを組織して、伝統的な木造技術を生かし、地域の素材を用いて、おおらかで線の太い住宅に取り組んだ。宮本忠長は周囲の景観に敬意を払いながら柔軟にデザインを使い分け、長野を中心として多くの仕事を手掛けて地域の信頼を勝ち得た。この二人ほど名が知られていなくとも、地道な活動を積み重ねた地方の建築家は少なくない。プレハブ住宅のセキスイハイムM1型の開発に関わった大野勝彦が一転して、地域の工務店、材木店、職人などを集めて「地域ビルダー」を組織化し、地域密着型の住宅と町づくりに向かったのもこれに近いだろう。[6]

少し意味合いは違うが、コーポラティブ住宅と呼ばれる取り組みに尽力した建築家がいる。都心部に住みたいと思ったとき、選択肢として現実に存在するのは量産化された分譲マンションばかりだった。都住創（都市住宅を自分たちの手で創る会）とその建築家・中筋修は、見ず知らずの希望者を引き合わせ、それぞれのニーズに応えてプランを工夫し、複雑な立体パズルのような集合住宅をつくり出した。画一的な分譲マンションに飽き足りないニーズは確固たるもので、現在もコーポラティブ住宅の手法は受け継がれている。中筋らの活動は都市生活者の視点に立ち、この指とまれ式に住民を集めて共に住む一種のコミュニティをつくり出した。容易でない調整がそこで必要になるが、そういうやり方でしか実現出来ない質があった。

ここに挙げた建築家の活動はそれほど華々しいものではない。潤いある人間的な生活環境を生み出すこと、地域社会の文脈を尊重しながら建築を作ること、都市のなかに自らの生活空間を実現すること、それぞれはごくあたりまえのことでもある。しかしそうした取り組みを特にここで取り上げておきたいのは、分断された建築の状況において、これらの取り組みにどちらにも偏しない健全さがあるからだ。建築生産の産業化に建築を作る側へ視野を狭める傾向があったのに対して、ここに挙げた建築家はまさに建築で生活する側に視点を据えていた。

第五章　バブルの時代

一九八〇年代後半から一九九〇年代はじめにかけての、いわゆるバブル景気によって建築の状況はおおきく揺さぶられた。単体の建築においては派手さを求めてハリボテ的になったいわゆるバブル建築をもたらし、より大きなスケールにおいては民間資本が主導する巨大な都市再開発が進行した。資本の論理が津波のように建築・都市に押し寄せた。

バブルは基本的には地価の高騰だったが、その原因は一九八五年のプラザ合意以降の急速な円高と、それを受けた、輸出産業頼りではない内需主導の景気回復を目指す経済政策だった。ネオ・リベラリズムの波が日本にも押し寄せて、グローバリズムと合流した。ソビエト連邦の崩壊（一九九一年）によって冷戦が終結し、資本主義経済体制が世界中を覆った時期でもあった。政府は規制緩和に取り組み、公共投資を拡大し、金利を下げた。その結果、投機的な不動産投資の過熱が起こった。わずか六年で地価の水準は、三大都市圏で三・八倍、地方でも二・二倍になった[1]。土地の担保価値が上がってだぶついた資金が建築に流れ込み、いわゆるバブル建築を生んだ。とりわけ東京は世界経済の中心のひとつと位置付けられて、事務所ビルにせよ商業施設にせよ、不足することはあっても過剰になることはないとされた。地方でもリゾート開発がブームとなり、ホテルやテーマパークが建設された。その流れに乗って、建築ばかりで中身がともなわない自治体の公共施設が乱造され、箱物行政と批判された。この時期の民活構想は公共事業に民間資本の参画を誘導する政策だが、その枠組みに旧国鉄などの公有地が委ねられ、民間資本が都市再開発になだれ込んだ。そもそもこうした経済政策は景気浮揚を期待していただけで、敢えていえば良い建築と都市を求める意図はなかった。経済と資本のために建築と都市がもみくちゃにされたのだった。

消費される建築

もともと建築のコストは土地価格に比べれば小さなものだったが、地価が高騰することでプロジェクトにおける建築のコスト比重はさらに下がり、多少高くつくデザインでもとやかくいわれなくなった。むしろ差異化のために思い切ったデザインと話題性が求められて、ド派手なバブル建築があちこちに建つことになった。著名な海外建築家が招かれて、日本で実作を手掛けることが急に増えたのはそのわかりやすいあらわれだった。フランスのデザイナー・フィリップ・スタルクがなにやらギョッとするかたちの金色のオブジェを載せたアサヒビール・スーパードライホール（一九八九年）を隅田川に面して建て、イタリアのアルド・ロッシが福岡に赤いトラバーチンの列柱が印象的なホテル・イル・パラッツォ（一九八九年）を建てた。いわゆる外タレ建築は周囲から浮いていたが、それだけに目立った。

建物に強い個性を求める流れに多くの日本の建築家も乗った。既に言及した建築も含まれるが、バブル建築としてよく名が挙がるものを列挙しておく。北川原温《きたがわらあつし》のＲＩＳＥ（一九八六年）、伊東豊雄のレストラン・ノマド（一九八六年、現存せず）、原広司のヤマト インターナショナル（一九八七年）、高松伸のキリンプラザ大阪（一九八七年、現存せず）、長谷川逸子の藤沢市湘南台文化センター（一九

M2（1991年）

八九年）、渡辺誠の青山製図専門学校1号館（一九九〇年）、隈研吾のM2（一九九一年）、永田祐三のホテル川久（一九九一年）。ここに統一性はみられず、演劇セットにも似た饒舌な造形が強く押し出された。外部の大胆な造形になにより話題性が求められた時代が反映していたが、一枚皮を剥いた建築の骨格にはそれほど大きな変化はなく、むしろ凡庸だった。バブル建築はスペクタクルを提供する祝祭の演出装置だった。この頃、都市のテーマパーク化ということがしばしばいわれた。[2]日常を離れ別世界を作り込むことが投資の売りとなった。

これらを丁寧に見てもそれほど意味はなく、バブル建築の性格を摑む切り口として、パンチング・メタルと打ち放しコンクリートというこの時代の象徴的な素材を見ておく。パンチング・メタルはアルミなどの金属板に規則的に穴を開けて網状にした素材で、金属光沢が周囲の光を反射しながら、向こうが透けて見えるスクリーンとして使われた。冷たく光りながら軽快な表情があり、どこか重苦しい建築の殻を脱ぎ捨てる軽やかさを感じさせた。これに対して打ち放しコンクリートは、精度の良い型枠によってソリッドな質感を与えられたコンクリートをそのまま仕上げとするもので、壁、天井、時には床にいたるまでコンクリートだけの建築を作る。打ち放しコンクリートは虚飾を退ける寡黙さを装い、時代のうわつきに流されないストイックさを帯びて見えた。パンチング・メタルにせよ打ち放しコンクリートにせよ、素材そのものは特殊なものではない。大理石や銘木のようなこれ見よがしに高級な素材の対極にあり、その意味で既成価値へのアンチテーゼでもあった。もともとは商業建築のインテリアからきた素材の扱いだが、丁寧な納まりと緻密な精度によって時代の空気を体現した。

石山修武が指摘していたように、フリーランスの建築家の建築もそれ以外の建築も、同じ職人の技術を基盤として成立していたが、新しいイメージを模索する建築家と、よそとは違うものを手掛けたい奇特な建設会社のあいだに一種の共犯関係が成立して、そのあいだでパンチング・メタルと打ち放しコンクリートは生まれた。既製素材をアッセンブルした一般の建築とは違う、フリーランスの建築家の一品生産的な建築だからこそ可能な、高い精度のディティールを駆使した建築を実現した。こうしたものを実現するために構造設計も発展した。地震国日本において、軽快で変化に富む建築を作るために構造設計は本質的な役割を果たした。パンチング・メタルとセットで用いられた軽快な構造体を実現するためにはきめ細やかな構造設計が必要だったし、打ち放しコンクリートにメリハリを与える開口部にも構造的な工夫が必要だった。小さな建物に高度な技術を注ぎ込み、きめ細かいデザインを施すことで、この時期に日本の現代建築は特異な洗練を遂げた。

だがパンチング・メタルや打ち放しコンクリートも、すぐに通俗化した。これはどうしようもないことだった。建設会社の建築家であれ、組織設計事務所の建築家であれ、あるいはもちろん単に流行を追っているだけのフリーランスの建築家であれ、同じ技術で建築を作っている以上、それほど繊細にはやれないとしても真似は出来た。結局、一方に創造的な建築家がいて、他方にその模倣があった、というわけではなかった。異常なバブル景気の過熱が建築を煽り立て、その波に乗って建築家は仕事の幅を拡げていき、磯崎新が予見していたように消費のサイクルに回収された。
伊東豊雄は「消費の海に浸らずして新しい建築はない」と題する論考をバブル真っ盛りの頃に書いている。

凄まじい勢いで建築が建てられ、消費されている。（中略）このような時代には形態の良し悪しとか、オリジナリティの有無を議論してみてもはじまらない。ヒラヒラの形が多少右に傾こうが左に傾こうが何の意味もないし、ヒラヒラの形をイメージしたのはオレのほうが先だと主張してみてもこれまたなんの意味もないだろう。要するにヒラヒラは形というより時代の空気みたいなものでしかない。[3]

伊東はシニカルにこう書いたわけではない。むしろこの論考はある種の達観を示していた。「リアリティは消費の手前にあるのではなく消費を超えた向こう側にしかないような気がする」といい、消費の海に浸された屈託のない生活を生き生きと描く吉本ばななの小説に触れながら、消費のサイクルに対抗することに固執するより、「新しいリアリティ」の発見から建築を切り拓きたいといった。伊東は新しい建築の〈健康さ〉と〈気持ちの良さ〉を見出そうとしていた。

私有化される都市

既述のように戦後、都市の土地所有の状況に変化があり、細分化された土地の自己所有が一般的になっていた。そういう細分化した土地にバブルの地価高騰が押しよせ、資金の借り入れが容易になったために建物の建て替えが進んだ。細分化する土地に細くて高い、いわゆるペンシルビルが建っていった。そうでなくとも銀行は古い建物を狙い撃ちして、所有者に土地の有効活用をあおった。そうして建設された大多数の建築は量産的なものだったが、その数が多ければひととは違うことを考える地主もいた。建築家にわざわざ設計を依頼するのは単なる気まぐれではなく、良い建築を求めてのことだったはずだ。しかしそれが建築が消費される状況に結果した。バブル建築の多くがこの類いのものだった。

都市計画による都市環境の改善は細分化した土地所有によってますます難しくなり、個々の土地の所有権が強く私有物同然に扱われる日本において、周囲の街並みとまったく関係なく、勝手気儘に建築が建っていった。日本のいわゆるカオス的な都市景観がこうして形成された。そこで都市景観に個々の建築が参加するコミットメントの意義はまったく顧みられることがなかった。

バブル景気は都市そのものも投資の波で揺さぶった。大規模な都市再開発は都市に対する大きなインパクトがあった。円高にともなう製造業の海外移転で生まれた工場跡地は、格好の開発用地となった。当時ウォーター・フロント、つまり湾岸エリアが脚光を浴びていたが、そこは多くの場合、港湾施設や重工業の工業用地であった。例えば石川島播磨重工業の造船所があった豊洲は、オフィスビルとタワー・マンションが立ち並んで急速な変貌を遂げた。

都市再開発において民間活力の導入、つまり民間資本に参加を求めて官民共同で公共プロジェクトを進める政策が採られた。国や自治体が特例的な規制緩和や税の減免措置を行い、民間資本は利潤を求めて群がった。以前から都市再開発事業は地権者を束ねた事業組合を組成して行われていたが、そうしたプロセスには時間が掛かり、大型の土地をまとめて民間に委ねる公有地の払い下げは手っ取り早いインセンティブとなった。先鞭をつけたのが旧国鉄の品川駅貨物基地跡地を払い下げた品川インターシティで、あまりに高値で落札されたために、ただでさえ社会問題化していた地価高騰に拍車をかけかねないとして、その後の旧国鉄用地の払い下げが一時凍結された。そうして旧汐留駅跡地の再開発である汐留シオサイトは開発が遅れたが、結局は同じ枠組みで開発された。お台場の埋立地開発はバブル崩壊で停滞した。東京以外の状況も似たようなものだった。

少し遅れて駅ビル及びその周辺の再開発が活発化した。規制緩和により駅の直上及び隣接部を商業施設などへ開発できるようになり、このことで鉄道会社は、駅と直結する場所を占める利点を独占した。そこに投資利益を求めて金融、建設、商業といった民間資本が相乗りして、集中的な再開発が行われた。鉄道交通に依存する比率が高い日本の都市において、駅直近はまさに都市の中心であり、大きな投資利益をもたらすことは確実だった。

公共セクターはこうした民間資本による再開発に対して、規制緩和を盾に相応の公共的役割を課すことが出来たはずだが、形式的な規制に応える形式的な調整が行われただけで、公共空間の質を向上させる積極的な意思は具体化しなかった。ネオ・リベラリズムとは元来そういうものだが、資本の論理に対抗できるだけの論理を公共セクターは持っていなかった。社会の変化に応じて都市をアップデートすることは必要であり、民間資本がその主体となってもそれ自体は問題ない。だがそれは都市空間の質の向上に貢献する意識が共有されていることが前提になる。民間資本が私的利益を追求するのは当然だが、それがただただ機会利益を分配するだけに終われば、いわゆる共有地の悲劇に行き着くのは必然だった。[4]

こうした都市再開発がつくり出す都市空間は、都市生活を送るかぎり誰もが使う純然たる公共空間だが、実態的にはそれぞれの民間資本の専有物となり、私有化された。実際にもそれらの開発は自主開発したビルと見分けがつかない。建築を作る側の論理が増長し、建築で生きる側は顧みられなかった。直接の関係者の私的利益が追求され、再開発の許認可の場に同席しない都市で生きるひとびとの公共的利益はないがしろにされた。組織の建築家がこうした場で主体性を発揮することは稀で、おおむね規制と資本の論理のあいだの弥縫に終始した。巨大建築論争で問われていたことが、ついにここに行き着いたというべきだろう。こうした再開発事業の枠組みはバブル期に具体化したものだが、バブル崩壊後も滞ることなく持続し、むしろ二〇〇二年に生まれた都市再生緊急整備地域制度によってさらに加速した。

都市を取り返す動き

他方でこうした状況への違和感もこの時期にあらわれてきた。単に過去の名残を懐かしむノスタルジーではなく、急速な都市の変貌にあっけにとられつつ、失われゆく都市の細部に目をとめ、再発見するものだ。

ひとつの典型として芸術家・赤瀬川原平と藤森照信らを中心とする路上観察学会（一九八六年結成）がある。赤瀬川は無用の長物化した街なかの物体を称してトマソンと呼んでいた。不動産投資の場と化して事業性ばかりが問われた都市の傍らに、そこから零れ落ちるもの、思わず笑ってしまうような奇妙な細部が見出された。建物の側面に階段が付いて、そこを上がると昔は入口があったのだろうが今は塞がれて、ただ降りることしか出来ない痕跡が残り、「純粋階段」と名付けられた。そんなひとたびことが始まればあっという間に壊されてしまう些細な細部が、都市のそこかしこに存在すること、末梢的な都市の実像に目が向けられた。

もう少しアカデミックな反応として、江戸東京学のブームがあった。近代都市東京の下地として近世の江戸を再発見する動きだ。一般史、文学史、文化史と建築史、都市史が重なって、近代化の波に揉まれて消え去ったかに見える江戸以来の歴史を丹念に掘り起こした。建築史家・陣内秀信の『東京の空間人類学』[5]（一九八五年）はそうした仕事の代表だ。江戸東京学はかならずしも明確なメッセージを持つものではなかったが、のっぺらぼうになりつつある東京にひそむ歴史の深みを浮き彫りにした。今日の街歩き文化の源流のひとつとなるものだ。

鈴木博之の『東京の［地霊］』[6]も、建築の分野でこれに近い関心を示した。地霊と書いて、ゲニウス・ロキと読ませる。直訳すれば土地の精霊といった意味の言葉で、ある土地の固有性と因縁を指していた。不動産的な尺度による最寄り駅から徒歩何分、土地何坪ということでは片付けられない、その土地に刻まれてきた歴史の屈折を書き記した。鈴木は単に土地の来歴を遡るというよりは、とりわけ来歴の陰りに関心を寄せていた。鈴木にはバブル景気の狂乱のうら哀しさとその陰りが繋がって見えていた。

鈴木は歴史的建築の保存運動に尽力した建築史家の一人でもあった。再開発は古びた建築に真っ先に襲いかかる。建築が単に実用性でのみ評価されるならば、当初の役割を終えた建築は解体されるのが当然で、遠からず過去の痕跡はその場から残らず消え失せてしまう。しかし歴史を刻んだ建築がすこしずつでもその場に残ることは、社会が積み上げていく集合的な産物としての都市が、かけがえのない固有の場として成熟する基本的な条件だ。歴史を欠いた人間が平板であるように、歴史を欠いた都市は平板になる。しかし良い建築を残したいという建築保存の訴えが実を結ぶことは少なかった。鈴木は建築の歴史的価値を盾にするばかりでなく、政界や財界と折衝をかさねて、保存を支えるための法制度を作るため活動した。それを用いた成果のひとつが辰野金吾が手掛けた初期の姿への復元が近年完了した東京駅になる。

路上観察学会、江戸東京学、『東京の［地霊］』、歴史的建築の保存に共通しているのは、建築で生きる側の視点だ。資本の論理に制圧されて建築を作る側の論理が横行し、また都市の実質的な私有化が進行し、その公共性がないがしろにされたこの時代だからこそ、その反動としてこうした動きもあらわれたのだろう。これらは過去のものではなく、建築と都市の公共性を確立していく芽となるはずのものだ。

祝祭の裏側

バブル期にもいわゆるバブル建築に括られない建築はもちろんあった。

国立能楽堂が一九八三年に大江宏の設計で完成した。かなり大規模な能楽堂を大小の屋根を重ねて破綻なく組み立てて、その下を雁行するように動線をとおす巧みなプランニングが熟練の技の冴えを見せている。屋根付き能舞台を室内に据えているが、窮屈さはなく、むしろ能舞台のしかるべきありかたから全体が逆算されたかのようでもある。華やかだが凛とした緊張感も備えて、大江ならではの仕事だろう。

磯崎新は、つくばセンタービルの後、ザ・パラディアム（一九八五年）、ロサンゼルス現代美術館（一九八六年）、ハラ ミュージアム アーク（一九八八年）、水戸芸術館（一九九〇年）、バルセロナ・オリンピックの会場となるパラウ・サン・ジョルディ（一九九〇年）をはじめとする建築を仕上げ、国内外で活躍を見せた。ザ・パラディアムはニューヨークの古い劇場を改修したディスコであり、大阪万博のお祭り広場でとりくんでいた光や音を組み合わせた環境装置による空間体験の変容をあらためて狙ったものだ。ロサンゼルス現代美術館は規模こそそれほどおおきくないが、ほぼ全面的に地中に埋められた展示室の空間の質が高い。作品のスケールがおおきい現代美術の作品でも余裕をもって展示出来る先駆的なものだった。その手法を日本に持ち帰ったのが、ハラ ミュージアム アークと水戸芸術館だった。この頃から磯崎は国際的な建築コンペで審査員を務めて、新人建築家の野心的提案が勝利する後押しをし、一九九〇年代以降に登場する建築家が世に知られるきっかけを作った。そうして登場した建築家の代表が、後に東京オリンピックに向けた国立競技場改築を担い、そして外されたザハ・ハディドだった。

バブル崩壊は一九九〇年の株価暴落にはじまり、地価は一九九一年にピークを打ち、急速に下落した。だが特に大型の建築プロジェクトは完成まで時間が掛かる。一九九〇年代前半にバブル建築は収束していくが、大規模なプロジェクトは少なからずバブル崩壊後に完成した。そのうち関西国際空港旅客ターミナルビル（一九九四年）と京都駅ビル（一九九七年）には触れておくべきだろう。関西国際空港はイタリアのレンゾ・ピアノがコンペに勝利して実現した。国際空港の巨大化が進んだこの時代にあわせて大阪湾の埋立地に整備されたものだ。旅客の流れ、貨物の流れを建築の成り立ちにストレートに翻訳した。大空間を覆う華麗な屋根といい、それを利用してエア・フローを制御する空調設計といい、エンジニアリングを徹底した設計だった。ハイ・テックと呼ばれる構造デザインを建築表現の軸とする建築のスタイルは、ポスト・モダニズムとともにこの時代の流行だったが、その日本国内の代表例となる。京都駅ビルは駅舎と百貨店、ホテルを複合して駅ビル化したもので、歴史都市の景観に配慮して高層化に反対する批判に晒された。その議論のなかで行われたコンペに原広司が勝利し、複雑な機能を大規模なアトリウム空間で繋ぐ案が実現した。アトリウムは両端で屋上まで貫通する大階段に繋がり、他に類を見ない半屋外の立体的な公共空間が生まれた。外観において京都の歴史的固有性との結びつきが薄いようにも思えるが、すくなくともその内部の試みは成功している。

第六章　一九九〇年代以降の展開と日本人建築家の国際的な活躍

バブルの余韻もまだ残る頃から、外観の派手な造形に集中したバブル建築から距離を取り、建築の本来的な可能性に立ち返る動きがあらわれた。客観的に見ればバブル景気の期間は六年ほどに過ぎず、それほど長くつづいたわけではなかった。しかし新世代の建築家も資本の論理に呑み込まれ、翻弄されていた。熱が冷めてみればバブル建築の狂騒はあだ花以外のなにものでもなく、気恥ずかしいものであった。こんなことに私は加担したくない、と資本のための建築から距離を取ったポスト国家的段階の道筋をかえりみれば、二〇年後に到達したところは結局同じ穴のむじなであったのではないか、と自省した建築家は少なくなかったろう。

一九九〇年代中頃には新世代の建築家はもはや押しも押されもせぬ存在となり、くまもとアートポリスの実績を得たこともあってか、あたりまえのようにあらゆる種類の建築を手掛けるようになった。新世代の建築家よりもさらに若い建築家も、多くの蓄積を彼らなりに受け止め、分厚い層をなして旺盛に活動した。公共建築において、入札ではなく、より良い案を求めるコンペやプロポーザルによって建築家が選ばれることが増え、以前に比べればはるかにフリーランスの建築家は参入しやすくなった。ブランド戦略の一環として大規模建築のデザイン監修を建築家が行うような事例も増えた。

デザイナーズ・マンションがブームになり、画一化したマンションに対するオルタナティブとなった。社会全体のデザインに対する意識の高まりがこうした変化の背景にあるのだろう。フリーランスの建築家と社会の距離は縮まってきた。ただし組織の建築家がマジョリティであることは変わらず、実業界からのフリーランスの建築家への信頼は薄かった。そんななかで組織の建築家とフリーランスの建築家が協働するケースが増え、互いの強みを生かす試みもあらわれてきている。分断をまたぐ可能性は少しずつ見えてきたのかもしれない。

外観に関心が集中したバブル建築に対する反動が起きた。建築の本来性に立ち返る一種の倫理的な反応だっただろう。組織の建築家は景気が悪くなったとうそぶくばかりだったが、[1]フリーランスの建築家の意識には明確な切断が見られた。歴史的意匠の引用をともなうポスト・モダニズムはなりをひそめ、作為的な造形が疎んじられ、デザインはスッキリ整理された。こうした転回は、表象論が退潮して社会学が盛り上がる当時の思想の状況ともリンクしていた。

ここでは三つの指向に分けて、以後現在に至る状況を捉えてみる。まず、建築の本来的なありかたに立ち返る動きがあった。例えばモダニズムや、より原型的な建築が参照され、構造、構法、機能などを総合し、発展させることが意識された。バブル建築には造形的側面だけが肥大したところがあったから、こうした揺り戻しは自然な反応だった。また、とりわけ建築の基本的な立脚点としての平面への注目があらわれ、平面を介して建築の使われかたの創発的な可能性を引き出そうとする指向があらわれた。これもまた建築の本来的なポテンシャルに立ち返る動きといえるだろうが、よりアグレッシブな性格があった。さらに、バブル建築の彫刻的な造形に対して、かたちそのものではなくその表面の質感にデザインを集中する指向も見られた。これらの三つの指向に沿って、代表的な建築を拾い上げつつ、状況を見ていく。この時代の動向をとりとめなく見ていくよりは見通しが良いはずだ。

建築の本来性

建築の本来的なありかたに立ち返ろうとする動きは、バブル建築を本流から逸れた脇道と見て距離を取り、本来の本流に立ち返ろうとした。しかし立ち返るべき地点はそれぞれ少しずつ違っていた。具体的な建築家を見れば、難波和彦、新居千秋、飯田善彦、岸和郎、北山恒、内藤廣、坂《ばん》茂、千葉学、手塚貴晴らの名が挙がるだろう。高松伸がそれまでの金属彫刻的な造形から向きを変えて、モダニズムに近い方向に向かったのは一九九一年の京都コンサートホールのコンペ案からだった（実現案は磯崎新、一九九五年）。同様の方向転換は多くの建築家に見られた。

典型的な例として内藤廣の鳥羽市立海の博物館（一九九二年）がある。バブル建築の絶頂期に、はやくもそれに反発して別の方向を目指すものだった。伊勢湾の海の文化を漁具や船などの民俗資料によって展示する博物館で、建築の成り立ちは大きな納屋のようなものだった。先行して完成した収蔵庫（一九八九年）はプレキャスト・コンクリートによるアーチ構造、二棟に分かれた展示棟は大断面集成材によるアーチ構造で、切妻屋根の頂部にトップライトを設けて自然採光とした。建物の目的や機能を反映したデザインで、仕上げもいたって地味なものだ。こうした素直な建築がかえって新鮮に見えた時代だった。機能、素材、構法、気候、環境を踏まえて、最も基本的な形式から建築を考え直すことで、その可能性を確かめようとしていた。切妻屋根による建築は、安曇野ちひろ美術館（一九九七年）、牧野富太郎記念館（一九九九年）に発展した。

難波和彦はレイナー・バンハムが「世界の建築の日本化」で触れていた五四の窓で石井和紘と協働していた建築家で、箱の家シリーズでモダニズムに従うスタイルを確立した。住宅の外皮としての箱の性能をまず確保して、一室空間住居のプロトタイプを目指した。岸和郎は日本橋の家（一九九二年）で、緻密にデザインされたインダストリアル・ヴァナキュラーといくらか甘美なモダニズムのイメージを結びつけた。建て詰まった都市のなかから、ペントハウスが背伸びするように首を出し、そこに生活の場を確保するものだ。坂茂はさまざまな構造素材を切り口として独特の建築を生み出したが、なかでも紙管を構造体とする建築で知られる。一九九五年の阪神・淡路大震災後の仮設住宅などをボランティアとともに紙管を用いて作り、それ以来、災害後の仮設住宅や難民キャンプなどの取り組みを世界各地で展開した。

鳥羽市立海の博物館（1992年）

こうした指向を、バブル建築のトラウマに対する反動と捉えるばかりでは偏った見方になるかもしれない。バブル建築とは関係なく自らの道を進んだだけ、と考えた建築家もいたはずだ。例えば齊藤裕が独特の工芸的な方向に向かったことなどもこうした指向のひとつだとしたら、その意味はずいぶんひろがって見えてくる。

平面への注目

平面への注目は、ビルディング・タイプとプログラムに関する取り組みからはじまった。ビルディング・タイプとは建築の機能ごとの類型だ。例えば学校、病院、博物館、ホール、オフィス、集合住宅などはそれぞれビルディング・タイプだ。こうした分類は機能主義と親和性が高く、機能を分析的に捉え、それを平面に重ねて考えることで定型を確立してきた。プログラムという言葉も基本的には建築の機能を意味する言葉だが、とりわけプロジェクト固有の条件に応じて固有のプログラムを生み出し、その場で実際に起きるであろう些細で偶発的な出来事を積極的に捉え、それを誘発することが試みられた。例えば学校の廊下が、教室を繋ぐ通路であるだけでなく、授業に限らないさまざまな学びのかたちを受け止める空間として意識されるようになって、本を読んだりグループで作業をしたり出来る溜まりの空間が設けられた。こうした試みは、建築がそこで行われる具体的な活動と結びつく本来的可能性へと立ち返るものだった。ここに同時代のオランダの動向、とりわけレム・コールハースの影響があった。本来無関係な空間を敢えてひとつの空間にまとめ、あるいは隣接させることで、創造的な使われかたを引き出す彼のアグレッシブな試みは、多くのインスピレーションを日本の建築家に与えた。彼がポスト・モダニズムの表象論的な議論に批判的であったことも、バブル建築の解毒剤として効いた。

そうした転回に向かったのは、まずは伊東豊雄、長谷川逸子、山本理顕であり、またさらに若い世代の建築家だった。その筆頭が既に再春館製薬女子寮でいちはやくこの方向性を打ち出していた妹島和世であり、原広司の研究室出身者による共同設計のグループ、シーラカンスを牽引した小嶋一浩、磯崎新の事務所出身の青木淳、さらに世代を下れば、SANAAの名義で妹島和世と協働する西沢立衛、坂本一成の研究室出身の塚本由晴、西沢大良《たいら》といった建築家が挙げられる。

伊東豊雄のせんだいメディアテーク（二〇〇〇年）は、屈曲する鉄骨トラス柱で六枚の床を支え、その周囲をガラスの皮膜で包んだ成り立ちをしている。平面的に見れば四角形の開放的な床に大小の鉄骨トラス柱が不規則に散らばり、そこに生まれた広いスペースと狭いスペースに空間の表情の微妙な違いが生まれた。メディアテークとは本に限らないさまざまなメディアを収蔵する図書館を意味する言葉で、階ごとにいちおう図書館、ギャラリー、スタジオなどのプログラムが割り付けられていたが、使いようでどうとでもなる程度の違いがあるだけで、それほど特化されていない。参加型の活動の比率が増えてプログラムが流動化する現代の文化施設として典型的なものとなった。

SANAAによる金沢21世紀美術館（二〇〇四年）は、美術館のロゴマークにもなった円の内側に大小の四角形が散らされた単純な図式を建築の平面としている。円形の平面をぐるりとガラスで包み、そのなかに四角形平面の展示室と中庭が分散して配置され、円と四角形のあい

金沢21世紀美術館（2004年）

だの余白が通路やロビー空間となる。ただそれだけのことだがその空間は独特なものだ。広い芝生の敷地に三六〇度全面ガラスで面し、チケットがなくとも通り抜け出来るからか多くの人が行き交っている。そのひとびとの姿は幾重にも重なるガラスを通してなんとなく風景化されて見える。のっぺりと人工的だが常に自然光と緑が視界のどこかにある。迷路状の通り道でありながら閉塞感が生まれないよう丁寧なコントロールがなされて、いたるところ空間の表情は微妙に違う。ただの円と四角形の組み合わせがこの空間を作っているのだが、ほとんど順列組み合わせ的にあり得る厖大な平面のバリエーションのそれぞれの違いを確かめ、そこに豊かな質を発見する丹念なスタディがこれを実現した。

平面への注目は、建築の主たる機能への最適化から実際にそこで起こるだろうミクロの出来事の喚起への、関心の移動をともなっていた。空間の分節よりは相互浸透が指向され、機能的な分化よりは編集的な併存が指向された。建築がすべきことと出来ることの視野が押し広げられるなかで、ミクロの出来事と平面の関係が問われ、結局は平面を操作することに設計は集中した。本質的に建築はそれほどフレキシブルなものとはなりえない。しかしそこで建築に出来ることを拡張し、よりビビッドに現実とかかわる可能性を試す野心的な挑戦が行なわれるようになった。その例として、シーラカンスの千葉市立打瀬小学校（一九九五年）、青木淳の潟博物館（一九九七年）、西沢立衛の森山邸（二〇〇五年）、豊島美術館（二〇一〇年）といった多くの成果が挙げられる。

質感への集中

建築の表面の質感にデザインを集中する方向は、ある程度までは建築の素材と技術の発展が関係している。コンピュータを用いた建築設計はバブル期から既にはじまっていたが、その波が素材加工に及び、目を惹く特別な質感を一品生産的に製作することが可能になった。とりわけガラスや金属パネルのような外装材の加工技術が発展し、多彩なテクスチャーが建築を飾った。グラマラスな質感は曲面になることでさらに強調された。細い素材を並べてスクリーンとするルーバーが多用されたのも、一種の質感の問題だった。建材の生産が国際分業化していく流れにのって一般には流通しない素材を専門的に製作する特殊な建材メーカーが登場し、普通の建築とは違うことが一目でわかる豪華な建築を印象づけた。この時期になると、建築の環境性能が意識されるようになる。断熱性を向上するためガラス・カーテン・ウォールを二重にするダブル・スキンや、外装材に耐候性のみを期待して止水や断熱はその内側で対応するオープン・ジョイントが普及し、それが質感の発展を後押しした。壁面緑化も現代建築に取り入れられた新しい質感のひとつだった。こうした発展はあくまで表面に関わるものであり、建築の内部とのかかわりは薄い。その意味でこの指向にはバブル建築の後を継ぐ性格があった。

青木淳のルイ・ヴィトン名古屋栄店ビル（一九九九年）は、ダブル・スキンを構成する二枚のガラスに細かいチェッカー・ボード状のプリントを施し、その二枚の重なりによってモアレを発生させた。視点が動くとモアレが揺らぐ不思議な立体感が生まれた。ガラス面を単に透明の素材として扱うのではなく、プリントを施すことでガラスの透明度を調整することは、今ではかなり一般化した。

隈研吾は那珂川町馬頭広重美術館（二〇〇〇年）で細い木材を並べてスクリーン状の素材として扱い、かつてのパンチング・メタルと同様に、透けつつ空間を分ける要素とした。以来ルーバーを隈は多用し、木材だけでなく、石、金属、コンクリート製品、瓦などさまざまな素材で試した。また面的なルーバーとして扱うだけでなく、その面が曲面となったり、組子細工のように立体的な奥行きを与えられることもあった。かたち、平面、構造は手堅くとりまとめ、それをルーバーで視覚的に差異化する方向を限は進んだ。東京オリンピックのための国立競技場改築（二〇一九年）における木材の扱いもその例だろう。

建築史家、藤森照信は神長官守矢史料館（一九九一年）で建築家としての仕事を始め、以後旺盛な活動を見せた。粗い土壁、鉈で加工した栗材、草を生やした屋根などが特徴的だ。こうした素材の扱いは、まず通常の性能を常識的な技術で確保し、その上を手の跡が残るプリミティブな質感でカバーすることで実現されている。高度化する素材への指向とは正反対に見えるかもしれないが、独特の質感にその関心が集中している点では同じことだ。浜松市秋野不矩美術館（一九九八年）、高過庵（二〇〇四年）などがある。

質感への集中は、日本特有の動きというわけではなく、むしろ日本はどちらかといえば後発組に属していた。海外の建築家がその流れを日本に持ち込んだ代表例となるのが、スイスのヘルツォーク・アンド・ド・ムーロンによるプラダ青山店（二〇〇三年）だ。全体は巨大な鉱物の結晶のような姿で、構造体となる菱形メッシュに沿って分割された大型ガラス・パネルで覆われている。ところどころ泡のように膨らんだパネルが用いられ、不思議な量塊となった。表参道沿いには、金属メッシュを用いた青木淳のルイ・ヴィトン表参道店（二〇〇二年）、木製ルーバーを用いた隈研吾のONE表参道（二〇〇三年）、乳白色のドレープをダブル・スキンに仕込んだ妹島和世のディオール表参道店（二〇〇三年）、表参道の並木のシルエットを打ち放しコンクリートでかたどった伊東豊雄のトッズ表参道店（二〇〇四年、現ケリングビル）などが建ち並び、現代的な質感の競演といった趣がある。

以上の例とは意味合いが違うが、コンピュータによって可能になった建築のかたちの展開という意味で、イギリスのエフ・オー・エーの横浜港大さん橋国際客船ターミナル（二〇〇二年）に触れておきたい。フェリーが接岸する埠頭の上に二枚の床が浮かべられ、上の一枚は海を眺める展望デッキとなり、もう一枚は国際客船ターミナルやホールなどの施設を載せ、ところどころ折り込まれてつながり、めくり上がってあいだに空間を作るといったように、二枚の床が連続的に変形されてこの建築はできている。いわゆる柱や梁はなく曲面をなして変形する床がそれ自体で構造体となり、床がうねるように迫り上がって壁となりそれがそのまま天井に繋がる。形状がひとつひとつ違う巨大な箱形鉄骨による橋梁のような構造体で、コンピュータがなければとても実現できない建築だ。流動的に空間を繋げていく現代建築の典型となった。

質感の発展は、とりわけクオリティを誇るファッション・ブランドの店舗で効果を発揮した。そうした建築のテクスチャーに豊かな質感が求められたのは自然なことだった。スター・アーキテクトと呼ばれる有名建築家が世界各地でフォトジェニックなプロジェクトを手掛けるこの時代の国際的な流れに乗り、建築家はセレブリティの一角をなすようになった。とりわけ海外での活躍が目立つ安藤忠雄を筆頭に、日本人建築家もその列に並び、普通ならあり得ないエキセントリックな試みがむしろ芸風として歓迎されもした。

インクルーシブな建築

長谷川逸子は藤沢市湘南台文化センター（一九九〇年）や新潟市民芸術文化会館（一九九八年）で、利用者とのワークショップを盛り込んで、どういう使い方をしたいか、どういう建物であって欲しいか、利用者と共に考える取り組みを始めた。新居千秋も黒部市国際文化センター（一九九五年）や大船渡市民文化会館・市立図書館リアスホール（二〇〇八年）でやはり住民との対話のなかでデザインを練り上げることに取り組んだ。

こうした前例を経ながら、特に二〇一一年の東日本大震災以降、公共建築において、そのありかたを市民とともに考えるワークショップが広範に行われるようになった。バブル期に強まった箱物行政への批判に応え、建築を実際に使う市民とともに考えていくことは、地方自治の原則に照らしても意義のあることに違いない。行政はどうしても型にはまった施設機能を前提にプロジェクトを考えがちだが、ワークショップはそれを柔らかく解きほぐし、本当に求められている使い方はどんなものであるか考え直す機会となった。ワークショップは個人と個人が向かい合うところに可能性がある。フリーランスの建築家はそこで自由に振る舞えたが、組織の建築家は会社と個人のあいだで立場があいまいになりがちだ。そこではフリーランスの建築家が有利だった。

原則的に建築家は企画者であるよりは設計者であって、本来は十分考え抜かれた企画があれば建築家自身が企画に関与する必要は必ずしもないのだろうが、こうした企画をまとめるプロフェッショナルは他にいなかった。建築家がそこに参加することで柔軟な発想を引き出し、企画はより具体的に設計に結びつくことが出来た。そこで本当に求められていることを皆で考える取り組みは、建築が完成したあとも引き継がれて公共建築を単なる箱以上のものにした。こうした取り組みはまだ発展途上で、今後さらに発展していくだろう。

みんなの家

伊東豊雄が提唱者となって、東日本大震災復興のためにみんなの家と呼ばれるプロジェクトを立ち上げた。伊東自身が手掛けたその最初の実現例は、かなり意外なことに大工が作るようなあたりまえの土間付き木造切妻屋根の集会所だった。これについて伊東は次のように書いている。

3・11以降私は、この震災に対して〈建築家〉として一体何が可能かを考えている。（中略）設計中、切妻屋根で庇と縁側を備えた木造の形式に対し、私は何度も「これでよいのか」という自問自答を繰り返した。常々挑戦してきた新しい表現のオリジナリティに対する問いである。だが何度自らに問いかけても、私は〈表現〉の意味を見出すことができなかった。そして日常固執している〈表現〉を殺すことによって初めて、あの住民たちと喜びを分かち合うことができたのだ。[2]

伊東は、自身がそれまで取り組んできた建築の〈表現〉では「みんな」と喜びを分かち合うことができないのではないかという自問自答の果てに、〈表現〉を殺すことを選択した。ナショナル・ロマンティシズムの問題が、ナショナルというわけではないにせよ、帰ってきたようでもある。多木浩二の『生きられた家』が釘を刺したことの残響もあったかもしれない。東北の被災地のひとびとにとって、自分のこれまでの建築は縁遠く、親しみがわかない建築なのではないか、と伊東は問わざるを得なかった。厳しい現実に直面したひとびとが安らぎを得る場を作りたいという思いが、どこにでもあるようなあたりまえの切妻の木造を選択させた。

多くの建築家が伊東のこの豹変に驚嘆した。しかしそれはかならずしも突然の変心というわけでもなかった。一九九八年の「脱近代的身体像――批評性のない住宅は可能か」[3]で、伊東は既に「批評性という言葉を取り下げない限り、排他的な建築をつくり続けることになるのではないか」と書いていた。建築家とひとびとのあいだにどうしてもある距離感が疑念をもたらしていた。建築家の身振りにはいわゆる上から目線的な、権威主義的な雰囲気がつきまとってきた。国家的段階の国家を背景とする建築家であれ、ポスト国家的段階の批評性を掲げる建築家であれ、そこはあまり変わらず、そこに生まれていた距離を伊東は意識せざるをえなかった。ポスト国家的段階の建築の状況を捉えるために、ここまで幾度も伊東の言葉を参照してきたが、そこにはたしかに鋭い状況認識があり、伊東は誰よりも苦悩していた。その意味でインクルーシブな建築を求める現代の流れの、極端な姿がここにある。

磯崎新の国際的な活躍

磯崎新には、その種の迷いはいっさい見られない。バブル期以降も磯崎は立て続けに重要な建築を仕上げていた。スペインのア・コルーニャ人間科学館（一九九五年）、静岡県舞台芸術公園（一九九七年）、秋吉台国際芸術村（一九九八年）、静岡県コンベンションアーツセンター（一九九八年）、なら一〇〇年会館（一九九八年）、旧大分県立大分図書館を大分市の文化施設としてリノベーションしたアートプラザが一九九八年に再オープンし、トリノ・オリンピックのアイス・ホッケー会場であるパラスポーツ・オリンピコ（二〇〇五年）と続いた。

つくばセンタービルの解説で、磯崎は大文字の建築という言葉を使っていた。建築固有の文脈の上に建築を成立させる、建築のための建築だ。この時期に大文字の建築のテーマは、ビルディング・タイプとパルティの問題へとおおきく二方向に分かれて具体化した。ビルディング・タイプが都市的な建築について、パルティが非都市的な建築について問われていた。[4]磯崎はビルディング・タイプへの関心を早い時期に提起した一人だった。静岡コンベンションアーツセンターで試みられたステージの可変的構成は、ビルディング・タイプを組み替えることへの磯崎の関心を反映する。同時にそれはお祭り広場以来続く、建築を可変的な空間体験のシステムとすることへの関心にも繋がっていた。これに対してパルティは、比較的広い敷地内にいくつかの建物を分散する布置の手法のことで、秋吉台国際芸術村や静岡県舞台芸術公園で主題となった。前者は谷間、後者は丘の頂部に位置して絶妙な配置で敷地全体にまとまりを与えている。地形を生かして距離を作りつつ、変化に富んだ全体を作りだした。秋吉台国際芸術村は、磯崎の初期の住宅の再現を含む、かなり特異な建築群からなるが、個々の建築の質もさることながら、全体としての環境のアンサンブルに特筆すべき質がある。

特にここでア・コルーニャ人間科学館を見ておきたい。この建築は、海に面するシェル構造の壁とそれを支える背後の屏風状の壁のあいだを展示空間とする独特の成り立ちをしている。シェルの壁は大西洋に向かって風をはらむ帆のように見え、また海風から展示空間を守る盾にも見える。屏風状の壁はマッシブな花崗岩の組積で、中世の城壁のような重量感で歴史的街並みと対面する。そのあいだに洞窟状の空間が生まれて、太古からの人類の歴史が展示された。ケルト文化に遡るこの地域の石の文化を取り入れた自由自在な石材の用法もあいまって、地質学的なスケールを感じさせる独特の建築となった。異質な要素を組み合わせつつ、周囲の状況と結びつき、そのシチュエーションでこそ意味のある一回性の建築の形式が見出されている。

一九九七年に磯崎は「海市」展を仕掛け、都市を主題とする実験を行った。海上に浮かぶ島に都市

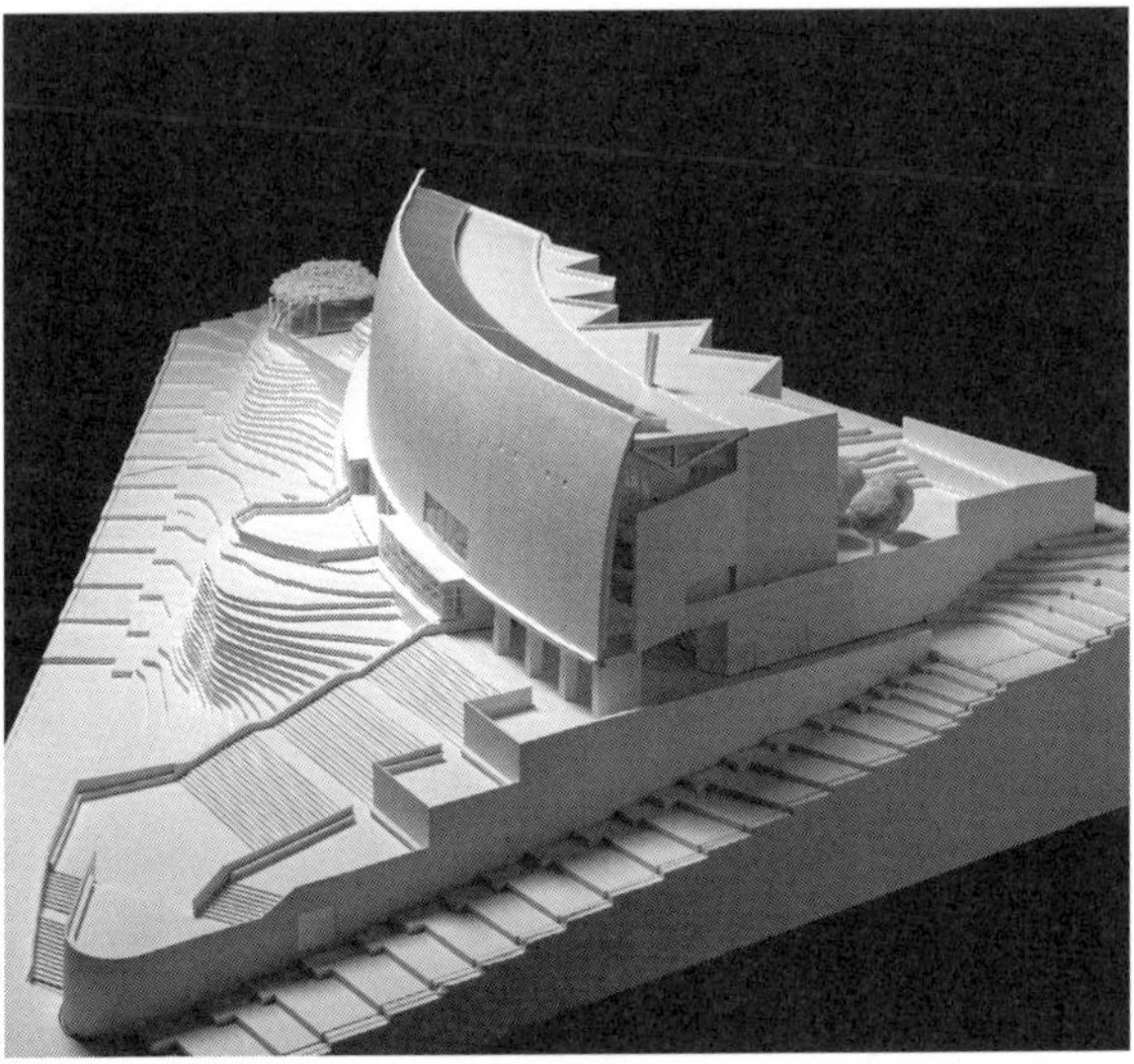

ア・コルーニャ人間科学館（1995年）

を設計することを主題とし、しかし都市計画を展示するのではなく、都市の変転をそこでシミュレーションする実験が展示された。初期状態の都市を仮定し、それに磯崎が指名した建築家が手を加え、さらにそこに次の建築家が手を加えて、そうして変化していくプロセスがそのまま展示された。出来上がるべき都市を描くことよりも、絶えず変化する都市のリアリティが重要だった。都市からの撤退といわれた後も、例えばコンピューター・エイデッド・シティ（一九七二年、実現せず）など、断続的ながら都市に対する磯崎の関心は継続していた。近年も中国で磯崎は都市デザインに取り組んでいる。

一九九〇年代以降の建築家の転回は、一九七〇年代の転回の反復だったといえるかもしれない。一九七〇年代の転回とは、国家的段階の終わりとともに、モダニズムから距離をとり、また建築生産の産業化に反発して、建築家が自らの建築のリアリティを確かめることから建築をあらためて組み立て直す転回だった。これに対して一九九〇年代の転回は、そうした建築家の私性の追求が結局は消費のサイクルに巻き込まれていった流れから距離をとり、建築の本来的な可能性に立ち返る転回だった。一九七〇年代以降に新世代の建築家が発散的に多様な指向性を示したのと同じように、一九九〇年代以降の建築家もきわめて多様だった。しかし新世代の建築家は既に十分な実績を積み、さらに彼らのもとから分厚い建築家の層が育まれている。現在の日本の建築家はだれもが新世代の建築家の蓄積から影響を受けている。そうして一九七〇年代からの蓄積は日本の現代建築の前提となった。それをさらに延長するか、あるいは異なる方向に向かうかはともかく、建築家の活動の幅はかつてないほどに広がった。その結果として、今では建築雑誌の誌面には、都市再開発にともなう超高層ビルから小さなセルフビルドの家具に至るまで、あらゆるスケールの仕事が並ぶようになった。それは一面において建築家の関心の幅広さを反映するものであり、他面においてはなにが建築なのかという輪郭がますますぼやけていることを反映するものでもある。

第七章　ポスト国家的段階の中間決算

ポスト国家的段階は進行中であり、終わったわけではない。だから国家的段階の終わりについて行ったような総括はできないが、本書を締めくくるにあたり、中間決算のようなものをしておく必要はあるだろう。

国家的段階の終盤に建築生産の産業化が建築の状況のマジョリティを占めるようになるなかで、国家の存在感は薄れ、相前後してモダニズムの信頼も失墜し、建築を方向付けるものがなくなった。そこからポスト国家的段階ははじまった。マジョリティである建築生産の産業化を担った組織の建築家は、建築の根拠を資本の論理に見出して、資本のための建築に邁進した。彼らは社会の需要に応えていった。フリーランスの建築家の立脚点が不明瞭になるなかで、ポスト国家的段階に登場した新世代の建築家はラディカルな挑戦に向かった。彼らはまず小さな住宅でそれぞれが建築に求めたリアリティを掘り下げ、その可能性を確かめていった。

組織の建築家と新世代の建築家のあいだの分断が、いくつかの出来事を経て露呈した。この一種党派的な分断は建築のありかた自体の分断にもつながった。つまり、一方に資本のための建築があり、他方に〈私〉のための建築があって、そのあいだを繋ぐものがなくなった。都市が資本の論理で塗りつぶされていくなか、とりわけ新世代の建築家は批評性を盾に独自のスタイルを先鋭化させていった。バブル景気は建築の状況を追い立て、フリーランスの建築家もまた消費のサイクルに巻き込まれていった。その過剰適応ともいうべきバブル建築はあだ花となった。

バブル景気後の展開はバブル建築の反動としてはじまった。建築の本来性に立ち返ろうとする動きが見られた。新世代の建築家は相応の実績を積み、手掛ける領域は住宅から建築全般に広がった。ポスト国家的段階の初期にあった抑圧感は薄れた。彼らはより自由に活動できるようになり、海外での仕事を手掛ける建築家ももはや珍しくなくなった。こうした展開に対して、磯崎新はおおむね超然としていた。モダニズムの乗り越えを目指すその一貫性は特筆すべきだろう。その実績は単に例外と見るには重すぎる。

建築界のノーベル賞として知られるプリツカー賞の日本人最初の受賞者は、一九八七年の丹下健三で、その次は一九九三年の槇文彦、一九九五年の安藤忠雄が続いた。磯崎新は初期にこの賞の審査員を務めていたためか、受賞は遅れた。少し間を空けて怒濤の日本人ラッシュがはじまる。妹島和世＋西沢立衛のＳＡＮＡＡが二〇一〇年、伊東豊雄が二〇一三年、坂茂が二〇一四年、そして磯崎新の受賞が二〇一九年だった。合計すると日本人の受賞は七回、これはアメリカ人の八回に次ぐもので、日本人に続くイギリス人の四回と比べても突出する。非欧米圏の建築家の受賞は一四回で、そのうち半分が日本人ということになる。星取り表のようにこれを大げさに捉えることもないが、しかし日本の建築家に対するきわめて高い国際的な評価をここに見て取ることが出来る。

日本の建築家が高く評価されている一方で、日本の建築の一般的な状況はそれに見合ったものとはとてもいえない。この無視できないコントラストは、まずは組織の建築家とフリーランスの建築家を分かつ分断がもたらしたものだ。分断がそのあいだを隔てて、フリーランスの建築家の高い水準は日本の一般的な建築の状況につながっていない。分断はポスト国家的段階の建築が経てきた歴史の結果だ。分断などと大げさにいっても、所詮は建築業界の内輪の下世話な話ではないか、と思われるかもしれないが、その根にある問題は重大で、かつその結果も切実なものだ。

今日の日本人建築家の高い評価は、そのデザインと技術の相互的発展に支えられている。レイナー・バンハムは前川國男の晴海高層アパートの大胆さと繊細さの両立について書いていたが、たしかな技術が大胆な構想を支え、細やかなデザインが繊細さを支えていた。工部大学校以来根付いた、デザインと技術の両面を踏まえて技術をエンジニアに委ねない日本の建築家の姿勢が、今日の日本人建築家の水準を支えているといわれる。建築の大小を問わず、技術の可能性を追求し、ラディカルな試みを具体化しながら、時にナーバスなほど仕上がりの精度を追求するディシプリンは、バブル建築のなかで育まれたものだが、日本の建築家の強みとなった。

しかしそのような果敢な建築設計は一部の建築家に限られたものであり、とりわけ組織の建築家はそれを遠巻きに見守ってきた。建築の仕上がりの精度においては組織の建築家も厳格だが、技術はむしろ量産化と効率のために用いられ、課せられた条件に応えることに向かった。その背景には、意欲的な設計が求められることも、受けとめられることも稀な、現実があっただろう。しかしそうした状況に対して、いつまでも「その社会が建築を創る」と胸を張っていられるものでもないはずだ。現代日本の建築・都市の現状は、やはり根本的な貧しさをかかえている。その現実から目をそらさず、直視するならば、その責任は、どうあれ第一義的には建築家にある。

この分断は、しかしそう簡単には解消しそうもない。この分断はポスト国家的段階の五〇年をかけて刻まれてきたものであり、分断が生まれた原因を考えれば、この一五〇年をまるごと遡るからだ。つまり、日本近代の建築が上からの近代化と下からの近代化に分かれていたことに、この分断は究極的には由来するように思われるのだ。

国家的段階の初め、国家が西洋式建築を日本に導入した。この上からの近代化としての建築は明治以前の日本建築とは異質なものだった。ひとびと自身ではなく、どこか遠くの存在である国家が、建築の基準を一方的に与えた。社会に根付いた建築文化を国家が覆すというのはかなり異常な事態だ。その結果、この新しい建築はなにか縁遠いものとなり、ひとびとの日常から離れたおしきせのものとなった。これに対して、ひとびとが自らのための建築において実践した下からの近代化は、いわば上からの近代化の副産物のように生まれた。それぞれの建築にひとびとの個人的な好みは投影されていたが、それはおしきせの建築とは違うおおらかさに向かってあてどなく漂流するばかりで、ひとびとに根ざした公共性へとまとまりを見せることはなかった。もっぱら国家の上からの近代化が公共性を担って、ひとびとの下からの近代化は公共性につながっていかなかった。

ポスト国家的段階に国家が建築の状況から後退していくと、建築の公共性を国家に代わって埋めるものはなく、そのよりどころはなおさらなくなった。資本のための建築が公共性への責任を自覚することは稀だった。新世代の建築家は、下からの近代化の建築があてどなく漂流したのと同様に、それぞれの建築の根拠を求めて拡散した。こうして建築の公共的なスタンダードは見失われた。五四の窓に見られるような、日本の現代建築のノン・スタンダードなキャラクターがかたちづくられたのはこうした歴史によるものだろう。ノン・スタンダードな状況のなかで、建築家はさして抵抗を感じることもなく思うがままデザインを追求し、そのアグレッシブな挑戦によって日本の現代建築の質は高い評価を受けるようになった。だが、その質が日本の社会に根ざしているとはいいがたい。そうして結局、一般的な状況としては、資本の論理のような建築に外から課される他律的基準が建築を規定している。これに対すべき建築それ自体に内在する自律的基準は薄弱だった。ネオ・リベラリズムは世界的な趨勢だから、建築・都市が資本の論理に制圧される状況は多かれ少かれ世界的に見られるものではある。しかし日本においてその趨勢は諸外国に比べて苛烈であり、また臆面がなかった。自律的なスタンダードがない状況において、建築の他律的性格が支配的になった。

法則を外部に取つて他から律せられやうとする間は撞着から到底脱することは出来ません、(中略)要するにこの欠陥は法則を他から求めて自己を律しやうとするところから起るので、之を超脱しやうとならば自己の内に法則を見出さなければなりません、あらゆる外面の対象を咀嚼して新に自己の内面にオートノミックの法則を樹立しなければならないのです、自分の行手を自ら律するとき始めてほんとの道が開けて来るでせう。(後藤慶二「過去とも将来とも付かぬ対話」)

後藤慶二の問いかけは、過去のものではない。ここで「オートノミックの法則」とは、建築の公共性に他ならない。

〈規範〉の一五〇年

幕末にイタリアの写真家が江戸の街並みを愛宕山の階段の上から撮影した写真がある。[1]伝統的な木造家屋のみでかたちづくられた、きわめて調和的な街並みがそこに見えている。素材と技術が均一な、かなり良く似た建築が建ち並んでいる。封建社会が規定した様式的な定型と家格に応じた構えがこの街並みを厳格に整えていた。この写真は、日本の都市景観が乱雑になったのはたかだかこの一五〇年のことに過ぎない、という事実をわれわれに突きつけている。

この調和的都市景観を乱したのが、他でもない西洋式建築だった。国家的段階のはじめ、異物として西洋式建築が我が物顔で登場した。国家による上からの近代化のなすところだった。西洋式建築と日本建築はあまりに異質で、そのあいだに共通言語はなかったが、そんなことはおかまいなしに、国家の命を受けた建築家はこれが近代であるぞといわんばかりの態度で西洋式建築を建設していった。それでも西洋式建築が少ないうちは問題はなかった。地となる建築が日本建築である限り、図となる建築が突出しても都市景観の基調は保たれた。

しかし近代的な建築の普及が進むと話は違ってくる。在来式日本建築と近代建築をうまく調和させる調整は見出されず、そのあいだにはいかんともしがたい不調和があった。それどころか近代的な建築のあいだの協調も生まれず、ただ無関係に居並ぶだけであった。そうして街並みを整える規範は見失われ、都市は乱雑になっていった。

こうした状況はすぐに手の付けようもないところまで行き着き、カオス的とまでいわれる日本の都市景観が生まれた。建築生産の産業化が猛烈な勢いで都市を変貌させた。個々の建築はただただそれぞれの事情で作られて、それが都市景観の一部となることへの意識はほとんどみられない。フリーランスの建築家も結局は同じことで、特異な建築を追求して孤立を恐れずといった態度をとっていた。

だれも都市に敬意を払わなかった。そんななかでバブルの時代にかけがえのないものとして都市を見直す視点があらわれてきた。だが、それがどのような変化につながるか、まだ定かではない。

ファッションには規範がある。例えばサラリーマンがスーツを着ることは規範であり、そこにビジネス社会に属して、そこで当然と見なされる習慣を守る、といった態度が表現されている。スーツは機能的だから着用されているのではなく、ひとびとに共有された文化的規範だから着用されている。

あるいは欧米の建築にも規範がある。それこそレイナー・バンハムが「世界の建築の日本化」において、日本の建築を見ることで逆にあぶり出されてくるといっていた、暗黙の前提である規範だ。街路に並ぶ

フェリーチェ・ベアト「愛宕山から見た江戸のパノラマ」(1863-64年、部分)

建築のファサードが都市に参加する態度を表現する、ということがそこで意識されている。既存の街並みに敬意を払って建築の姿を整える規範が調和を生み、既存の街並みに敬意を払わない建築は節度に欠けると見られる。

日本の都市の景観について、そうした規範はない。だから何でもありになる。どうせカオスだと思うようになれば、その場しのぎの建築で結構となり、建築への低い期待は底なしの悪循環に向かう。スーツのようでなくてもいいし、欧米のようでなくてもいい。規範はそう息苦しいものとは限らない。なんらかの守るべきものを意識してそれを尊重する規範があるほうが、建築は豊かになる。規範を基礎として文化の持続的な発展は可能になり、そこに固有性は成熟する。江戸の景観にはたしかにある文化の固有性が守られていた。すくなくとも我々は、それに比べ得るような守るべき都市の景観を生み出せていない。

本当はこのことは街並みに限ったことではない。もっと広い意味で、日本の建築は規範に大きな欠落を抱えている。建築を作る側の論理が一方的に通用しているのは、外的条件ばかりが横行した結果だ。西洋式建築の導入の衝撃は、建築自体の規範を崩壊させた。そうしてこういう状況が生まれた。例えばタワー・マンションはその結果だ。もちろんどうしてタワー・マンションが建てられているのか説明することはいくらでも出来る。しかしそれはいつも建築を作る側の論理でしかない。あるいはタワー・マンションの一区画の住宅内部もその結果だ。建築を作る側の論理ばかりがそれを決めている。建築で生きる側の論理は不在で、選びようのない選択を強いられる現実がこうして生まれた。

保守的な規範が存在しないことで日本の建築家はラディカルな挑戦に挑むことが出来たといえるかもしれない。だとしたら、良質な部分は高い水準に至り、その裏側には底なしの現実がある。

身も蓋もない現実がある。結局のところ、明治維新以来の一五〇年という年月は、建築の公共性、規範、公序良俗、あるいは文化的基礎が形成されるにはまだ短すぎるのだろう。ゆっくりと成熟を遂げた建築文化に、一五〇年前、異物が投げ込まれた。その異物はその周囲と不協和をきたし、その異物がどんどん増えて建築の規範は根こそぎになった。一五〇年かけて、まだ新しい成熟は見出されていない。それが当惑せざるを得ない現実なのだ。

〈建築〉の一五〇年

西洋式建築の導入を推進したのは国家の意思だった。建築家は、内発的というよりは外発的に、西洋式建築を実現することを命じられた。そうして明治の西洋式建築がかたちのうえでそれ相応の完成度を見せても、建築を組み立てる体系的な思想はそこにともなわなかった。西洋の古典建築は、世界のなかになにかしら理想化された秩序を象徴的に現実化する一種のイデアリスムをともなう。それは日本の建築文化とまったく異質のものではなかったが、しかし結局のところ明治の建築家はそうしたことに思いをいたすことはなかった。型通りの模倣は出来たが、なぜそうするのか、どうしてそうせねばならないのか、そこに思想は不在だった。単なる西洋の古典建築の模倣ではない日本固有の建築様式を求める〈日本の様式〉をめぐるナショナル・ロマンティシズムは、ある程度はこの不在を埋めようとするものだったろうが、帝冠様式にせよ〈日本＝モダニズム神話〉にせよ、過去の建築との視覚的類似によって自らの建築を正当化するだけの表面的な議論にとどまった。伝統論争の弥生と縄文の二項対立もその点でさしてかわりはない。

ただし伝統論争で丹下健三が日本の伝統に対して示した態度は、ひとつの範例となるものだったかもしれない。丹下は日本の伝統との調和を求めるのではなく、日本の伝統と対決する創造の主体でありたいといい、その建築にはたしかにその緊張があらわれている。国家をいわば垂直軸として、建築に緊張を導入した。そうした思想が生んだ建築として、広島平和記念公園を見るならば、そこに西洋の古典建築における人間像ともいくらか近い、しかしやはり丹下に独特な人間像をうかがうことが出来る。原爆に象徴される戦争のトラウマに向かって一斉に参列し、ともに頭を垂れるひとびと。広島平和記念公園はそういう国民のための場としてつくりだされた、国民国家の古典的建築だ。

丹下の範例を別のかたちに組み替えたのが磯崎新だった。磯崎は、もはや国家が建築を方向付けることのない状況において、丹下にとっての国家の位置に、代わりに建築それ自体を据えた。つまり建築を垂直軸として、建築に緊張を導入した。だがそれは決してイデアリスム的な古典的建築観の復古ではなく、古典そのものは廃墟と見切った上で、それを敢えて取り上げ、プロジェクトの固有性と結び合わせて建築を仮構し、破調のなかに古典性が継ぎはぎされた。そこに二〇世紀後半特有の分裂的人間像を見ることもできるだろう。磯崎の建築の組み立ては一回性のものとならざるを得ない。ア・コルーニャの人間科学館はその説得力のある例となる。本来無関係な建築的要素がそこに寄せ集められて、いくらかシュルレアリズム的な建築の成り立ちが実現した。固有の必然性とたまさかの仮構性が拮抗する、反古典的な建築だ。

それともまた別の建築のイメージとして、SANAAの金沢21世紀美術館を挙げることが出来る。丹下も建築論をそれほど明示的に語らなかったが、彼らはもっと極端にそうだ。だが、そこに建築論的に問われるべきことがあるのは間違いない。そこには丹下とも磯崎とも異なる人間像があり、それはなにか人影めいたもので、その内面はほとんど捨象されている。古典的な人間像は人格的だが、人体的な非古典的人間像といえるかもしれない。ただあちらこちらですれ違うばかりで、幸福な離人症といった感じすらある。そういう人間像は、建築というよりは都市の広場で見られるものに近いが、金沢21世紀美術館は徹底的に単純化された建築だ。この輪郭だけに還元された単純さと、人影めいた人間像はおそらく対応している。なにがこの建築の非古典的な性格を実現しているのか、問われなければならない。

この三つを日本近現代の建築の歴史の極点として捉えることが出来る。建築のありようとして、ひとつは古典的であり、ひとつは反古典的であり、ひとつは非古典的だ。この三つの極は、必ずしも日本近現代の建築を代表する三つではない。むしろそれぞれにそこから異様に突出したものというべきだろう。とりわけこの一五〇年に日本の建築家がなにをなし得たのか問うとき、この突出に意味がある。

二つの一五〇年がある。

ひとつは、身も蓋もない一五〇年の短さだ。日本の建築は、一五〇年前に大きな外乱を受けとめ、あらゆる建築が混乱に巻き込まれた。上からの近代化の急速かつ強引な推進がもたらした波紋はまだおさまらず、建築の共有されたスタンダードは見えない。成熟への途はまだ遠いのだろう。

もうひとつは、この一五〇年に日本の建築が生み出した三つの突出だ。初期の西洋式建築は魂のないマリオネットのようなものだった。日本の建築家は建築が実現すべき人間のための空間を模索し、そこにある突出があらわれた。それはあくまで極点だ。しかしそれでも日本の建築の状況に根ざして生まれた特異な可能性であることは疑いない。

この二つが一五〇年の負債と資産ということになる。

注

［はじめに］

1　磯崎新・日埜直彦『磯崎新 Interviews』ＬＩＸＩＬ出版、二〇一四年。

［序　章］

1　磯崎新「和様化と外部」『始源のもどき』鹿島出版会、一九九六年。

2　伊藤ていじ「日本における建設思想の伝統」『思想の科学』思想の科学社、一九六六年七月号、一三頁。ここで伊藤は日本の伝統建築における様式の連続性と技術の停滞性について述べている。

3　ジョルダン・サンド『帝国日本の生活空間』天内大樹訳、岩波書店、二〇一五年、三三頁。

4　逆に日本が植民地化した台湾、朝鮮半島での建築も本来日本近代建築史の文脈で議論されるべきだが、残念ながら本書はそこまで手が届いていない。西澤泰彦『日本植民地建築論』名古屋大学出版会、二〇〇八年がある。

5　大塚英志「日本大衆文化史は可能なのか」日文研大衆文化研究プロジェクト編著『日本大衆文化史』ＫＡＤＯＫＡＷＡ、二〇二〇年。

6　山本学治・神代雄一郎・阿部公正・浜口隆一『建築学大系6　近代建築史』彰国社、一九五八年。

7　稲垣栄三『日本の近代建築――その成立過程』丸善、一九五九年（復刊、鹿島出版会、ＳＤ選書上下巻、一九七九年）。

8　桐敷真次郎『明治の建築――建築百年のあゆみ』日経新書、一九六六年。

9　日本建築学会編『近代日本建築学発達史』丸善、一九七二年。

10　『日本近代建築史再考――虚構の崩壊』『新建築』一九七四年一〇月臨時増刊号、新建築社（再刊一九七七年）。

11　村松貞次郎『日本近代建築技術史』彰国社、一九七六年。

12　村松貞次郎『日本近代建築の歴史』ＮＨＫブックス、一九七七年。

13　村松貞次郎・山口広・山本学治編『近代建築史概説』彰国社、一九七八年。

14 鈴木博之編『日本の現代建築――1958〜1983』講談社、一九八四年。

15 藤森照信『日本の近代建築（上下）』岩波新書、一九九三年。

16 中谷礼仁『国学・明治・建築家――近代「日本国」建築の系譜をめぐって』波乗社、一九九三年。

17 鈴木博之・山口廣『新建築学大系5　近代・現代建築史』彰国社、一九九三年。

18 布野修司『戦後建築の終焉』れんが書房新社、一九九五年（『戦後建築論ノート』相模書房、一九八一年の増補改訂版）。

19 八束はじめ『思想としての日本近代建築』岩波書店、二〇〇五年。

20 フェルナン・ブローデル「長期持続」『ブローデル歴史集成Ⅱ　歴史学の野心』浜名優美監訳、藤原書店、二〇〇五年。

21 富永健一『日本の近代化と社会変動――テュービンゲン講義』講談社学術文庫、一九九〇年、五八頁以下参照。

22 苅部直『「維新革命」への道――「文明」を求めた十九世紀日本』新潮選書、二〇一七年。

23 丹下健三研究室編『東京計画1960――その構造改革の提案』一九六一年、二六頁。

24 伊東豊雄「菊竹清訓氏に問う――われらの狂気を生きのびる道を教えよ」『建築文化』彰国社、一九七五年一〇月号、八三頁。

［第一部第一章］

1 三谷博『維新史再考――公議・王政から集権・脱身分化へ』NHKブックス、二〇一七年。

2 松浦寿輝『明治の表象空間』新潮社、二〇一四年。

3 エドワード・サイード『オリエンタリズム（上下）』板垣雄三・杉田英明監修、今沢紀子訳、平凡社ライブラリー、一九九三年。

4 堀雅昭『井上馨――開明的ナショナリズム』弦書房、二〇一三年。

5 以下の工部省および工学寮工学校の創設の経緯については泉田英雄「工学寮工学校再考」『日本建築学会計画系論文集』第八一巻第七二〇号、二〇一六年、四七七―四八七頁による。

6 当時建築は建設一般を広く意味する言葉だった。

7 日本建築学会編『近代日本建築学発達史』丸善、一九七二年、一八〇一頁。

8 「造家」は今でいう建築を意味する当時の行政用語だが、後に「建築」に置き換えられていく。

9 「工学寮学課並諸規則」第一章第一節。

10 泉田英雄、前掲論文、四八一―四八二頁。

11 日本建築学会編、前掲『近代日本建築学発達史』一八〇三頁。

12 Josiah Conder、本来の発音はジョサイア・コンダーだが、慣習的にコンドルと呼ばれる。

13 井上馨の事跡については堀雅昭、前掲『井上馨』および澤田章編『世外侯事歴維新財政談（上）』岡百世、一九二一年による。

14 Thomas Waters、本来の発音はトーマス・ウォータースだが、慣習的にウォートルスと呼ばれる。

15 松山恵『江戸・東京の都市史――近代移行期の都市・建築・社会』東京大学出版会、二〇一四年、九八頁。

16 藤森照信『明治の東京計画』岩波現代文庫、二〇〇四年、図1〜4参照。

17 「明治建築座談会（第1回）」『建築雑誌』日本建築学会、一九三三年四月号、四九二―四九三頁、河合浩蔵発言。「伊藤公」は伊藤博文を指す。

18 同上、四九二頁。河合浩蔵、大熊喜邦の発言。「青木」は青木周蔵、「目賀田男爵」は目賀田種太郎を指す。ほぼ同じ趣旨の内容は大熊喜邦「議事堂建築の概要」『建築雑誌』建築学会、一九三七年二月号、一九七―一九八頁にある。

19 藤森照信、前掲『明治の東京計画』二五―二六頁。

20 日本工学会『明治工業史　化学工業篇』日本工学会、一九二五年、五四五頁。

［第一部第二章］

1 村田明久「轆轤盤細工所の建築的特徴について――オランダ蒸気船会社の長崎製鉄所図面史料から」『日本建築学会九州支部研究報告、九州支部、3、計画系支部研究報告』二〇〇八年三月、七〇四頁。

2 菊地勝広・初田亨「横須賀製鉄所における建設材料の収集と調査研究――煉瓦・セメント・木材」『日本建築学会計画系論文集』日本建築学会、二〇〇五年一月、一九四頁。

3 伊藤三千雄「横浜居留地における中国人建築技術者について」『日本建築学会論文報告集』日本建築学

会、一九五九年一〇月、六五三―六五六頁。

4 林一馬「国宝・大浦天主堂に関する二、三の問題」、『日本建築学会研究報告、九州支部、3、計画系支部研究報告』日本建築学会、一九九五年、五六五―五六八頁。

5 ボールトとはアーチを奥行き方向にそのまま伸ばしたトンネル状の天井を指す。

6 藤森照信『日本の近代建築（上）』岩波新書、一九九三年、三九頁。

7 中村恵三『フィッシャー・フォン・エルラッハ「歴史的建築の構想」注解』中央公論美術出版、一九九五年、3書12図参照。

8 村松貞次郎「再検　近代日本建築史ノオト」『日本近代建築史再考――虚構の崩壊』『新建築』一九七四年一〇月臨時増刊、新建築社（再刊一九七七年、九五頁）。

9 国家による西洋式建築が実現したあとに居留地建築の系統を継いだものとして、ミッション・スクールなどにおける外国人建築家が手掛けた建築を見ることができる。

10 初田亨『職人たちの西洋建築』ちくま学芸文庫、二〇〇二年。

11 同上、第二章「西洋建築への対応」。

12 同上、一五二―一六七頁。

13 同上、二三〇頁。

14 村松貞次郎『日本近代建築技術史』彰国社、一九七六年、「8　建設業と施工技術」。

［第一部第三章］

1 大淀昇一『技術官僚の政治参画――日本の科学技術行政の幕開き』中公新書、一九九七年、二七頁。

2 天野郁夫「産業革命期における技術者の育成形態と雇用構造」『教育社会学研究』日本教育社会学会、一九六五年一〇月号、第10表。

3 同上、第12表。

4 「明治建築座談会」『建築雑誌』建築学会、一九三三年四月号、一九三三年一月号、一〇月号参照。当時の状況を知る建築家が集まって記憶を頼りに証言を残している。当時の建築関係者の人的ネットワークの濃さがよくわかる。

5 曾禰達蔵「辰野博士に関する諸家の感想」『建築雑誌』建築学会、一九一五年一二月号、八七八頁。

6 清水重敦・河上眞理『辰野金吾——美術は建築に応用されざるべからず』ミネルヴァ書房、二〇一五年、八七頁。

7 大淀昇一、前掲『技術官僚の政治参画』二七頁。

8 野村俊也・北野雅也・萱原洋一「近代日本の建築生産における石材利用の史的展開に関する研究(2)——建築家の対応と石材利用の状況」『日本建築学会学術講演梗概集』日本建築学会、一九九三年、一四七三—一四七四頁。

9 日本建築学会編『近代日本建築学発達史』丸善、一九七二年、二二二七頁。

10 同上、二二二九頁以下。

11 ジュディス・バトラー『権力の心的な生——主体化=服従化に関する諸理論』佐藤嘉幸・清水知子訳、月曜社、二〇一二年、二〇頁。

［第一部第四章］

1 日本建築学会編『近代日本建築学発達史』丸善、一九七二年、三九三頁。

2 濃尾地震で多くの組積造建築に被害があったため、ドームを低くしたと辰野が語っていたと佐野博士追想録編集委員会編『佐野利器』（私家版、一九五七年）六頁にある。

3 コンドル設計による三菱一号館は解体され、あらためて再現された。

4 村松貞次郎『日本近代建築の歴史』ＮＨＫブックス、一九七七年、一二八頁。

5 辰野金吾・塚本靖・伊東忠太「議院建築の方法に就て」『建築雑誌』建築学会、一九〇八年三月号、一〇三頁。

6 藤森照信『近代日本の洋風建築　開化篇』筑摩書房、二〇一七年、一〇頁。

［第一部第五章］

1 辰野金吾「帝国議院準備に関する意見書」『建築雑誌』建築学会、一九一〇年四月号、一七三—一七四頁。

2 八束はじめ『思想としての日本近代建築』岩波書店、二〇〇五年、三〇頁および四三頁。

3 伊東忠太「建築進化の原則より見たる我邦建築の前途」『建築雑誌』建築学会、一九〇九年一月号、四頁。先の「帝国議院準備に関する意見書」自体もおそらく伊東忠太によるもの。

4 ハリー・フランシス・マルグレイブ『近代建築理論全史 1673-1968』加藤耕一監訳、丸善出版、二〇一六年、4章4節「イギリスにおける古典主義とゴシック・リヴァイヴァル」参照。

5 同上、6章2節「ヴィオレ＝ル＝デュクとフランスの議論」参照。

6 同上、5章5節「カール・ベティヒャーと様式論争」参照。

7 こうしたナショナリズムとロマン派の関係について、特に二〇世紀初めの構図を見事に整理したものとして、山田広昭『三点確保――ロマン主義とナショナリズム』新曜社、二〇〇一年がある。

8 ベネディクト・アンダーソン『定本想像の共同体』白石隆・白石さや訳、書籍工房早山、二〇〇七年。

9 宮内康「ファシズムと空間」『悲喜劇一九三〇年代の建築と文化』現代企画室、一九八一年、五三頁。

10 大熊喜邦「議事堂建築の概要」『建築雑誌』建築学会、一九三七年二月号、二〇一頁。

11 藤島亥治郎「私の受けた建築教育」『建築雑誌』日本建築学会、一九七五年一二月号、一〇四五頁に当時の状況がうかがえる。

12 佐野利器「建築家の覚悟」『建築雑誌』建築学会、一九一一年七月号、三―六頁。

13 佐野利器、同上、五頁。

14 佐野利器、同上、六頁。

15 稲垣栄三『日本の近代建築――その成立過程』丸善、一九五九年（『日本の近代建築（上）』鹿島出版会、SD選書、一九七九年、一八三頁。ちなみに上下巻に分かれた鹿島出版会版において、この引用部は上巻の末尾、折り返し地点にある）。

16 例えば長谷川堯『神殿か獄舎か』相模書房、一九七二年、一八頁。

17 森田慶一「構造派について」『分離派建築会宣言と作品』岩波書店、一九二〇年（再刊『叢書 近代日本のデザイン25』ゆまに書房、二〇〇九年、一〇九―一一二頁）。

18 野田俊彦「建築非芸術論」『建築雑誌』建築学会、一九一五年一〇月号、七一四―七二七頁。

19 高松政雄「建築家の修養」『建築雑誌』建築学会、一九一〇年九月号、四五四―四六〇頁。

20 伊東忠太は「昨是今非」と題した「建築非芸術論」

への反論を実に五回にわたり書いている。『建築雑誌』建築学会、一九一六年九月号、一〇月号、一一月号、一九一七年一月号、二月号。

21 後藤慶二「過去とも将来とも付かぬ対話」中村鎮編『後藤慶二氏遺稿』後藤芳香発行、一九二五年、一一六頁(初出『建築』浪和会、一九一六年七月号)。

22 同上、一一七―一一八頁。

23 伊藤ていじ「土地への問題意識」濱口隆一・目良浩一編『現代建築を動かすもの』彰国社、一九五八年、六九頁。

24 大日本帝国憲法第二七条。

25 藤森照信、前掲『近代日本の洋風建築　開化篇』二八―五三頁。

26 「内田祥三談話速記録(四)」『東京大学史紀要』東京大学史史料室、二〇〇四年三月、七八頁。

27 中島直人『都市美運動――シヴィックアートの都市計画史』東京大学出版会、二〇〇九年。

[第一部第六章]

1 日本建築学会編『近代日本建築学発達史』丸善、一九七二年、二三九頁。

2 同上、二三九頁。

3 土屋敦夫「近代における歴史的都市と工業都市の形成の研究」京都大学博士論文、一九九三年、二二六頁。

4 日本工学会『明治工業史　化学工業篇』日本工学会、一九二五年、四三〇頁。

5 同上、四三三―四三四頁。

6 警視庁総監官房文書課発行の『警視庁統計書』各年度版による。

7 山口由等『近代日本の都市化と経済の歴史』東京経済情報出版、二〇一四年、二一頁。

8 同上、三六頁。

9 石塚裕道『東京の社会経済史――資本主義と都市問題』紀伊國屋書店、一九七七年、「第三章　資本主義の発展と都市下層社会――企業勃興期から日清戦争まで」。

10 小野浩『住空間の経済史――戦前期東京の都市形成と借家・借間市場』日本経済評論社、二〇一四年、四七頁。

11 丸の内などにまとまった土地を所有した三菱財閥などはこの点で例外的で、土地経営に積極的だった。

12 長谷川尭『神殿か獄舎か』相模書房、一九七二年、二六頁。
13 桐敷真次郎『明治の建築——建築百年のあゆみ』日経新書、一九六六年、一九三頁。
14 藤岡洋保『明治神宮の建築——日本近代を象徴する空間』鹿島出版会、二〇一八年、「第四章　宝物殿と聖徳記念絵画館」。
15 佐藤滋・高見澤邦郎・伊藤裕久・大月敏雄・真野洋介『同潤会のアパートメントとその時代』鹿島出版会、一九九八年、一四頁。
16 堀薫「同潤会木造住宅現況調査報告」『日本建築学会関東支部研究報告集』日本建築学会、一九八五年、一九七頁。
17 武田五一「近来東京市に建築せられつゝある商館建築の形式に就て」『建築雑誌』建築学会、一九〇九年八月号、三五九—三七三頁。
18 同上、三六八頁。
19 村松貞次郎『やわらかいものへの視点——異端の建築家 伊藤為吉』岩波書店、一九九四年、二一七頁。
20 「明治建築座談会 三」『建築雑誌』建築学会、一九三三年一〇月号、二二五頁、曾禰達蔵発言。
21 石井研堂『小売商店繁昌策——進歩的経営法』博文館、一九〇九年、一一頁。
22 藤森照信「看板建築の概念について」『日本建築学会大会学術講演梗概集』日本建築学会、一九七五年、一五七三—一五七四頁。
23 江面嗣人「昭和前期の東京の町家形式とそれに対する市街地建築物法の影響（中央区を例として）」『日本建築学会計画系論文報告書』日本建築学会、一九九〇年一二月、一六四頁。
24 中谷礼仁「洋式適用規矩術——明治期における在来建築技術の変容、その一例証として」『建築史学』建築史学会、一九九八年、三一号。
25 柳澤宏江・溝口正人「亀田吉郎平著『規矩準縄大匠新雛形大全』にみる洋風意匠の特性」『日本建築学会計画系論文集』日本建築学会、二〇〇八年三月。
26 『建築雑誌』建築学会、一九二一年六月号。
27 西村伊作『楽しき住家』警醒社書店、一九一九年。
28 内田青藏『日本の近代住宅』鹿島出版会、SD選書、二〇一六年、「第三章2　住宅改良運動とその思想」。
29 藤岡洋保・石井高弘「明治末期から昭和戦前におけ

る「住宅図集」について――出版の背景と和洋に対する態度」『日本建築学会大会学術講演梗概集』日本建築学会、一九九〇年、七八七―七八八頁。

30 ジョルダン・サンド『帝国日本の生活空間』天内大樹訳、岩波書店、二〇一五年、「第四章　世界文化を夢見た「文化住宅」」。

31 寺島珠雄『南天堂――松岡虎王麿の大正・昭和』皓星社、一九九九年。

［第一部第七章］

1 ケン・タダシ・オオシマ「理想の実現をめざして」『Visions of the Real　20世紀のモダン・ハウス――理想の実現I』エー・アンド・ユー、二〇〇〇年三月臨時増刊号、一五頁。

2 木村博昭「日本の影響――マッキントッシュの建築に現われた日本の影響」『PROCESS Architecture』第五〇号、プロセスアーキテクチュア、一九八四年参照。グラスゴーにおける日本工芸の影響の検証もさることながら、マッキントッシュ自邸に置かれた日本の工芸品コレクションの同定は説得力がある。

3 ニコラス・ペヴスナー『モダン・デザインの展開――モリスからグロピウスまで』白石博三訳、みすず書房、一九五七年、一〇九頁。

4 分離派建築会『分離派建築会宣言と作品』岩波書店、一九二〇年（再刊『叢書　近代日本のデザイン25』ゆまに書房、二〇〇九年、一三頁）。

5 同上、五頁（再刊：同上、八一頁）。

6 同上、五頁（再刊：同上、八一頁）。

7 Henry-Russell Hitchcock and Philip Johnson, *The International Style*, New York: W. W. Norton, 1932, p. 221（『インターナショナル・スタイル』武澤秀一訳、鹿島出版会、一九七八年、一八六頁）。

8 『ウィトルーウィウス　建築書』森田慶一訳註、東海大学出版会、一九七九年。

9 谷口吉郎「分離派批判」『建築新潮』洪洋社、一九二八年一二月号、一四頁。

10 齋藤隆司・古阪秀三・平野吉信「郵政における「建築生産システム」の変容に関する考察」『日本建築学会計画系論文集』日本建築学会、第八一巻第七二一号、二〇一六年三月、七二四―七二五頁。

11 山口文象・相田武文・藤本昌也「「生活空間の創造」ワルター・グロピウスについて」『建築雑誌』一九

七四年一一月号、八八八頁。
12 同上。
13 同上。
14 戸坂潤「唯物論研究に就て（戸坂潤手記）」、青空文庫、https://www.aozora.gr.jp/cards/000281/card55293.html（二〇二〇年九月二四日閲覧）。これにあるように唯物論研究会の創立大会はかつて銀座にあった建築学会の本部、建築会館にて行われた。
15 岡村蚊象（山口文象）「合理主義反省の要望」『国際建築』国際建築協会、一九二九年一一月号、一七頁。
16 今泉善一「大森事件のことなど」『建築雑誌』日本建築学会、一九八五年一月号、三〇―三三頁。
17 以下建築運動の動向については、本多昭一『近代日本建築運動史』ドメス出版、二〇〇三年、序章参照。
18 同上、五〇頁。
19 高山英華「日本における近代都市計画がその対象を求めつづけていった頃」『建築の一九三〇年代――系譜と脈絡　磯崎新対談』鹿島出版会、一九七八年、一七三頁。
20 高橋寿男「青年建築家クラブをかえりみて」および村松貞次郎による解説『日本科学技術史大系17』村松貞次郎責任編集、第一法規、一九六四年、四九六―五〇一頁。
21 高山英華、前掲「日本における近代都市計画がその対象を求めつづけていった頃」『建築の一九三〇年代』一七二頁。
22 五十殿利治『大正期新興美術運動の研究（改訂版）』スカイドア、一九九八年。
23 今和次郎「装飾芸術の解明」『建築新潮』洪洋社、第五年第二号、三四―三五頁。
24 京都新京極鈴蘭灯。田中尚人・川崎雅史・亀山泰典「電気事業に着目した近代京都の街路景観デザイン」『景観・デザイン研究論文集』土木学会景観デザイン委員会、第一号、二〇〇六年一二月、四八頁。
25 佐々木宏編『近代建築の目撃者』新建築社、一九七七年は当時洋行した建築家の証言集だが、今井兼次、藤島亥治郎、村野藤吾がストックホルム市庁舎を絶賛している。それを紹介する刊行物や記事も当時多くあった。

26 赤尾光司・後藤春彦・三宅諭・米山勇「早稲田大学西早稲田キャンパスの景観形成過程に関する研究」『日本建築学会計画系論文集』日本建築学会、一九九九年五月、一八七―一九四頁。

27 藤岡洋保『表現者・堀口捨己――総合芸術の探求』中央公論美術出版、二〇〇九年、二二四―二三三頁。

28 堀口捨己「工を竣へた小住宅W邸」『現代建築』一九三九年七月号、二九頁。

29 村野藤吾「様式の上にあれ」『様式の上にあれ――村野藤吾著作選』鹿島出版会、SD選書、二〇〇八年、四〇頁（初出『日本建築協会雑誌』一九一九年五―八月号）。

30 近江榮「「帝冠様式」の語源と下田菊太郎について」『日本建築学会大会学術講演梗概集』日本建築学会、一九七〇年、七七五―七七六頁。

31 野田俊彦「所謂日本趣味を難ず」『建築雑誌』建築学会、一九一七年一二月号、八三二―八四三頁。

32 伊東忠太「議院建築の様式に就いて」『伊東忠太建築文献・六　論叢・随想・漫筆』竜吟社、一九三七年、九六―一〇一頁。ただし本論考は『伊東忠太建築文献・一』の文献目録によれば一九二一年に執筆されたが、同書以前には未発表であった。

33 前川國男「東京帝室博物館計画」および「負ければ賊軍」『国際建築』国際建築協会、一九三一年六月号、二一一―二三〇頁。

34 牧野正巳「国粋的建築か国辱的建築か――現代建築世相批判」『国際建築』国際建築協会、一九三一年二月号、六三―六七頁、同年三月号、九九―一〇三頁。

35 その早い例として、神代雄一郎「日本における近代建築思潮の形成」『建築学大系6　近代建築史』彰国社、一九五八年、二七三頁。

36 井上章一『戦時下日本の建築家――アート・キッチュ・ジャパネスク』朝日選書、一九九五年。

37 井上章一『夢と魅惑の全体主義』文春新書、二〇〇六年。

38 井上章一『つくられた桂離宮神話』講談社学術文庫、一九九七年、「I　ブルーノ・タウト」参照。

39 ブルーノ・タウト『ニッポン』には一九三四年の平居均訳と一九四一年の森儁郎訳があるが（ともに明治書房）、いずれにも岸田日出刀の序文が付いている。また後者には写真図版が付されて、一部は後述の『過去の構成』に収録された岸田自身の撮影によるものだった。この出版に岸田自身の強い関与があったことは間違いないだろう。

40 笠原一人「上野伊三郎の建築活動について」『日本建築学会計画系論文集』日本建築学会、二〇一〇年三月、七三三頁。

41 例えば藤島亥治郎『ブルーノ・タウトの日本観』日本放送出版協会、一九四〇年、五〇―五一頁。

42 田中潤「作り上げられた「ブルーノ・タウト」」『早稲田大学大学院文学研究科紀要』第六四集、二〇一九年、三四七―三六四頁。

43 岡倉覚三『茶の本』「第四章　茶室」参照。青空文庫、https://www.aozora.gr.jp/cards/000238/files/1276_31472.html（二〇二〇年九月二四日閲覧）。

44 「予は日本の建築を如何に観るか」『国際建築』国際建築協会、一九三四年一月号、一八―二〇頁。この翻訳は岸田自身が行った。岸田もこの特集に「日本の古建築を見直す」を寄稿しているが、このなかで岸田は「私自身の言葉では反響が小さい。世界の建築家ブルノ・タウト教授の言とあらば、すべての人がなるほどと肯くだらう」と書いている。

45 ブルーノ・タウト「古日本と新建築」『国際建築』国際建築協会、一九三四年二月号、六三―六六頁。

46 藤岡洋保、前掲『表現者・堀口捨己』八六頁。

47 堀口捨己「建築に於ける日本的なもの」『思想』岩波書店、一九三四年五月号、一三〇頁。

48 堀口捨己編『日本の美術』第八三号『茶室』至文堂、一九七三年。

49 岸田日出刀『過去の構成』構成社書房、一九二九年（一九三八年相模書房、一九五一年相模書房改訂版）。

50 同上、自序。

51 藤岡洋保、前掲『表現者・堀口捨己』八七頁。

52 坂口安吾「日本文化私観」『日本文化私観』講談社文芸文庫、一九九六年、一〇〇頁（初出『現代文学』第五巻第三号、一九四二年二月二八日発行）。

53 坂口安吾「日本文化私観」に通ずるものとして、今和次郎「建築美の問題」『建築雑誌』建築学会、一九四三年、九九―一〇〇頁がある。

54 津田左右吉「日本精神について」『思想』岩波書店、

一九三四年五月号、六頁。青空文庫、https://www.aozora.gr.jp/cards/001535/files/53736_63092.html（二〇二〇年九月二四日閲覧）。

55 同上、一七頁。

56 同上、二〇頁。

57 「近代の超克」『文學界』文藝春秋、一九四二年九、一〇月号（『近代の超克』冨山房百科文庫、一九七九年）。西谷啓治、諸井三郎、鈴木成高、菊池正士、下村寅太郎、吉満義彦、小林秀雄、亀井勝一郎、林房雄、三好達治、津村秀夫、中村光夫、河上徹太郎が参加。

58 横山正「空間への眼差し——堀口捨己における茶室と庭」『堀口捨己の「日本」——空間構成による美の世界』『建築文化』一九九六年八月号別冊、彰国社、二二五—二三〇頁、堀口捨己「余白に」『現代建築』一九四〇年七月号、日本工作文化聯盟、七一頁。

59 Ken Tadashi Oshima, *International Architecture in Interwar Japan*, Seattle: University of Washington Press, 2009.

60 村松貞次郎『日本建築家山脈』鹿島出版会、一九六五年（『日本建築家山脈（復刻版）』二〇〇五年、五〇頁）。

［第一部第八章］

1 アーロン・S・モーア『「大東亜」を建設する——帝国日本の技術とイデオロギー』塚原東吾監訳、人文書院、二〇一九年、第二章（原著：Aaron Stephen Moore, *Constructing East Asia: Technology, Ideology, and Empire in Japan's Wartime Era, 1931-1945*, Stanford: Stanford University Press, 2013）。

2 「満洲国経済建設綱要」一九三三年、https://dl.ndl.go.jp/info:ndljp/pid/10274149（二〇二〇年九月二四日閲覧）。

3 大淀昇一『技術官僚の政治参画』中公新書、一九九七年、九六頁。

4 座談会「技術者の社会的地位・任務に就て」『技術日本』日本技術協会、一九三六年一二月号、二六頁、宮本武之輔発言。この座談会の参加者のうち建築関係者として、佐野利器、小林隆徳（警視庁建築課長）、桐山均一（早稲田大学営繕課）、大島三郎・山田守（逓信省）、島田藤（島田組）、伊部貞吉（大

蔵省）、小林政一（東京工業大学）、山越邦彦（建築家）、保岡豊・植田茂（大蔵省営繕管財局）、大西幸雄・甲野繁夫・長谷川幸二郎（東京市建築課）、市浦健（日本大学）、吉村辰夫（都市計画東京地方委員会）、山崎兌（鉄道省工務局）、谷口吉郎（東京工業大学）がいる。

5 佐野利器「国民精神総動員」『技術日本』一九三七年一〇月号、一頁。

6 日本建築学会編『近代日本建築学発達史』丸善、一九七二年、二〇三二頁。

7 矢代真己「第三日本という墓碑銘――日本工作文化連盟の視座と射程」『10＋1』ＬＩＸＩＬ出版、第二〇号、一三〇―一四二頁、https://db.10plus1.jp/backnumber/article/articleid/185/（二〇二〇年九月二四日閲覧）。

8 河丸荘助（西山夘三）「「日本工作文化聯盟」批判」『国際建築』国際建築協会、一九三七年五月号、二一九―二二四頁。

9 岸田日出刀「ナチス独逸の建築一色化とは」『建築雑誌』建築学会、一九三七年三月号、三一一―三二〇頁。

10 例えば岸田は佐野が盛んに檄を飛ばしていた日本技術協会の『技術日本』で呑気なゴルフ指南の連載をしている。技術者の報国を期する記事が並ぶ誌面のなかで異様だが、岸田はそれ以外一切寄稿していない。

11 川畑直道「写真壁画の時代」五十殿利治編『「帝国」と美術』国書刊行会、二〇一〇年、四一六―四二一頁。

12 駒田知彦「坂倉準三」『素顔の大建築家たち01――弟子の見た巨匠の世界』建築資料研究社、二〇〇一年、一七八頁。

13 西澤泰彦「満洲国政府の建築組織の沿革について」『日本建築学会計画系論文集』日本建築学会、一九九四年八月、一八五―一九四頁。

14 同上、一八九頁。

15 高山英華「日本における近代都市計画がその対象を求めつづけていった頃」『建築の一九三〇年代』鹿島出版会、一九七八年、一九二頁。

16 例えば座談会「大東亜共栄圏に於ける建築様式」『建築雑誌』建築学会、一九四二年九月号、七二五頁の遠藤新の発言参照。

17 丹下健三「MICHELANGELO頌——Le Corbusier論への序説として」『現代建築』日本工作文化聯盟、一九三九年一二月号、三六―四七頁。

18 橋川文三『日本浪曼派批判序説』講談社文芸文庫、一九九八年、四四頁。

19 丹下健三「大東亜建設記念営造計画」『建築雑誌』建築学会、一九四二年一二月号、九六三頁。

20 丹下健三・藤森照信『丹下健三』新建築社、二〇〇二年、八八頁。

21 丹下健三インタビュー「コンペの時代」聞き手：藤森照信『建築雑誌』日本建築学会、一九八五年一月号、二二―二三頁。

22 中島直人「高山英華の戦時下「東京都改造計画」ノート」『都市計画の思想と場所——日本近現代都市計画史ノート』東京大学出版会、二〇一八年。

23 ただし高山英華「日本における近代都市計画がその対象を求めつづけていった頃」『建築の一九三〇年代』二〇二頁に、符合する高山の発言がある。

24 中島直人、前掲「高山英華の戦時下「東京都改造計画」ノート」『都市計画の思想と場所』一〇三頁。

25 西山夘三については布野修司『布野修司建築論集III 国家・様式・テクノロジー』彰国社、一九九八年所収の「西山夘三論序説」が要点を網羅している。

26 西山夘三「住宅政策と建築家」『国民住居論攷』伊藤書店、一九四四年（『西山夘三著作集1 住宅計画』勁草書房、一九六七年、五二―五三頁）。

27 「デザイン——創立70周年記念座談会」『建築雑誌』日本建築学会、一九五六年四月号、一五頁。

28 山之内靖『システム社会の現代的位相』岩波書店、一九九六年、「第二章　参加と動員——戦時期知識人のプロフィール」。

29 布野修司、前掲「西山夘三論序説」『布野修司建築論集III』一一四頁。

30 坂倉準三は、一九四二年に政財界の重鎮が設立した日本世界文化復興会主催、陸軍省、海軍省、情報局の後援による「アジア復興レオナルド・ダ・ヴィンチ展覧会」の会場を設計している。坂倉は日本世界文化復興会の常任理事を務めていた。

31 これは坂倉がファシズムから遠かったという意味ではまったくない。反対に、彼は周囲から距離を置かれるほどに熱心な国粋主義の信奉者だった。「神がかり」とその雰囲気を浜口隆一は形容している。前掲「デザイン――創立70周年記念座談会」『建築雑誌』一九五六年四月号、一一頁。

32 丹下健三はこの時点ではまだ実務経験に乏しく、土浦亀城の事務所で実施設計が行われていたとされる。藤森照信「〝丹下健三とその時代〟を探して」『新建築』新建築社、一九九八年一月号、八二頁。

［第一部第九章］

1 日本建築学会編『近代日本建築学発達史』丸善、一九七二年、一〇九七頁。

2 阿部美樹志（戦災復興院総裁）「復興建設に就て（昭和21年度建築学会大会講演）」『建築雑誌』日本建築学会、一九四七年二月号、六―一四頁。

3 野口悠紀雄『1940年体制――さらば「戦時経済」』東洋経済新報社、一九九五年（『1940年体制――さらば戦時経済（増補版）』東洋経済新報社、二〇一〇年）。

4 丸山眞男「超国家主義の論理と心理」『超国家主義の論理と心理 他八篇』岩波文庫、二〇一五年、三七頁。

5 「デザイン――創立70周年記念座談会」『建築雑誌』日本建築学会、一九五六年四月号、一四―一五頁。

6 例えば中真己（佐々木宏）『現代建築家の思想――丹下健三序論』近代建築社、一九七〇年は丹下の戦争責任を問うものだった。しかし丹下を含め積極的かつ具体的にその責任を認める態度を示した例は少ない。

7 総理庁官房監査課編『公職追放に関する覚書該当者名簿』日比谷政経会、一九四九年、六九二頁。村松貞次郎は『日本建築家山脈』で「パージは建設業者からでたにすぎない（中略）。建築の思想をもって立つ建築家は無傷だったのである」（七五頁）と書いているが、内田の公職追放の理由が大政翼賛会の役職にあったとしても、事実に反する。

8 村松貞次郎『日本建築家山脈（復刻版）』鹿島出版会、二〇〇五年、四六―四七頁。

9 石丸紀興・李明・岡河貢「広島の復興都市計画と丹下健三――広島における建築家丹下健三の活動に関する研究 その1」『日本建築学会計画系論文集』日本建築学会、二〇〇二年七月、三三九―三四五頁。

10 石田頼房『日本近代都市計画史研究』柏書房、一九八七年、二七一頁。

11 「ポツダム宣言」第六項。

12 浜口隆一『ヒューマニズムの建築』雄鶏社、一九四七年。

13 厳密にいうと論争自体はNAU機関紙『建築新聞』紙上で浜口が発表した、刊行前の『ヒューマニズムの建築』をもとにした論文を起点として、『ヒューマニズムの建築』刊行後もこの論争は続いた。

14 本書がいう国家的段階と紛らわしいが、浜口がいう「国家の段階」はおおむね有史以来近代より前までの歴史を指している。

15 布野修司『戦後建築の終焉――世紀末建築論ノート』れんが書房新社、一九九五年、一三〇―一三四頁。

16 川出隆太郎「鉄筋コンクリート造の地方における技術的伝播と地方生産組織に関する研究」『日本建築学会大会学術講演梗概集』日本建築学会、二〇一七年、二七一―二七二頁。

17 原武史『団地の空間政治学』NHKブックス、二〇一二年。

18 公会堂は当初は別の設計者による設計で建設され、一九八九年に丹下により改築された。

19 Norman F. Carver, Jr., *Form and Space in Japanese Architecture*, Tokyo: Shokokusha, 1955.

20 川添は『新建築』編集長時代にQ欄と呼ばれる読者投稿ページを作り、批評と議論の場を生み出そうと努力していた。当時彼が岩田知夫のペンネームで丹下や白井晟一らの作品評を行ったときは、掲載前に本人の前でそれを読み上げてこれを掲載する旨あらかじめ伝えていたという。建築評論はときに建築を批判するものとなるが、それが受け止められる土壌をつくり出すことにおいて川添の功績はおおきい(川添登「伝統論やメタボリズムの周辺」『建築雑誌』日本建築学会、一九九五年八月号、四〇頁)。一九五七年に村野藤吾の読売会館の作品評をめぐっていわゆる「新建築騒動」が起こって編集部員全員が馘首されるが、それも健全な批評が成り立ちがたい時代の難しさからくるものだった。

21 岡本太郎「四次元との対話――縄文土器論」『みづゑ』一九五二年二月号(改稿されて「縄文土器――民族の生命力」として『日本の伝統』光文社知恵の森文庫、二〇〇五年に所収)

22 北澤憲昭「伝統論争——六〇年代アヴァンギャルドへの隘路」『美術批評と戦後美術』ブリュッケ、二〇〇七年、一一五頁。

23 丹下健三「現代建築の創造と日本建築の伝統」『新建築』新建築社、一九五六年六月号、二九—三七頁(後述の『桂』の主張に沿って改稿されて「現実と創造」『現実と創造——丹下健三 1946-1958』美術出版社、一九六六年)。

24 岩田知夫「丹下健三の日本的性格」『新建築』新建築社、一九五五年一月、六二—六九頁。岩田知夫は川添登の筆名である。

25 ワルター・グロピウス、丹下健三、石元泰博『桂——日本建築における伝統と創造』造型社、一九六〇年。

26 白井晟一「縄文的なるもの——江川氏旧韮山館について」『新建築』新建築社、一九五六年八月号、四—八頁。

27 例えば二川幸夫・伊藤ていじ『日本の民家』全一〇巻、美術出版社、一九五七—一九五九年。

28 「丹下研究室の黎明期」西原清之発言参照、『丹下健三を語る——初期から一九七〇年代までの軌跡』槇文彦・神谷宏治編著、鹿島出版会、二〇一三年、七四頁。

29 丹下健三『丹下健三——一本の鉛筆から』日本図書センター、一九九七年、七四頁。

30 藤井正一郎・山口廣編著『日本建築宣言文集』彰国社、一九七三年、三八九頁。

31 建築研究団体連絡会「建築をみんなで」『日本科学技術史大系17』村松貞次郎責任編集、第一法規、一九六四年、五七八頁。

32 宮内嘉久は建研連が「本来の連絡機関(研究団体の)という性格から次第に運動体に転化し、しかもNAUの陥ったのとすこしも変らない次元で動こうとしている」ことに疑問を抱いた旨記している。これは建研連の連絡会としての位置付けのニュアンスを裏書きしている。宮内嘉久『少数派建築論——一編集者の証言』井上書院、一九七四年、一一七頁。

33 本多昭一『近代日本建築運動史』ドメス出版、二〇〇三年、一三八頁。

34 磯崎新・金子勇次郎・菅原淳治・野々村宗逸・橋本邦雄・林昌二「参加したわれわれの反省」『新建築』一九五五年九月号、新建築社、四九—五一頁。総評会館の共同設計の経緯について以下に証言がある。磯崎新・日埜直彦『磯崎新 Interviews』ＬＩＸＩＬ出版、二〇一四年、三〇頁。

35 構造設計を専門とする構造設計事務所の一般の設計事務所からの分化は、一九五〇年の横山不学の横山建築構造設計事務所から始まった。したがってこの時期にはまだその分化が進行する過程にあったが、以後分業は定着した。

36 林昌二『建築家林昌二毒本』新建築社、二〇〇四年、三二―三三頁。

37 伊藤ていじ・宮沢美智雄・川上秀光「都市再開発の展望とフリーアーキテクトの運命」『建築文化』一九五八年六月号、彰国社、六八―七七頁。この記事は八田利也の筆名で後に『現代建築愚作論』におさめられている（八田利也「都市再開発は建築家に市場を与えるか」『現代建築愚作論』彰国社、一九六一年）。八田利也は、建築史家・伊藤ていじ、建築家・磯崎新、都市計画家・川上秀光が用いた合作の筆名で、「小住宅バンザイ」の歯に衣着せぬものいいでよく知られるが、むしろ当該記事のように都市に関するものが当時の状況をより鋭く突いている。

38 村松貞次郎「五期会編年史」前掲『日本科学技術史大系17』五八二頁。

39 中野正一「委員会の論理」久野収編『中井正一全集1』美術出版社、一九八一年（初出『世界文化』一九三六年一―三月号）。

40 磯崎新・日埜直彦『磯崎新 Interviews』ＬＩＸＩＬ出版、二〇一四年、三一頁。

41 同上、三〇頁。

42 川添登・同時代建築研究会「伝統論からメタボリズムへ」『建築文化』一九七八年一一月号、彰国社、一一八頁。

43 黒沢隆解説『現代日本建築家全集』第一九巻『菊竹清訓・槇文彦』三一書房、一九七一年、一一四頁。

44 鉄筋コンクリートの曲げ強度を向上させるために特殊な鋼材を封入し張力を加えた梁。

45 篠原一男『住宅建築』紀伊國屋新書、一九六四年、七六頁。

46 「日土小学校の保存と再生」編纂委員会編『日土小学校の保存と再生』鹿島出版会、二〇一六年。

47 このことが代々木体育館に特有の技術的解決を必要とした。川口衞「代々木競技場第一体育館の構造設計――六つの問題と解決経緯」『丹下健三を語る』槇文彦・神谷宏治編著、鹿島出版会、二〇一三年、一四〇―一四五頁参照。

48 高橋靗一「建築家に歳なんて関係ない」『建築家の年輪』真壁智治編著、左右社、二〇一八年、一三一―一四頁。

49 豊川斎赫『群像としての丹下研究室――戦後日本建築・都市史のメインストリーム』オーム社、二〇一二年。

50 八束はじめ『メタボリズム・ネクサス』オーム社、二〇一一年、六九頁。

51 丹下健三研究室編『東京計画１９６０――その構造改革の提案』丹下健三研究室、一九六一年。

52 「川添登オーラルヒストリー」二〇〇九年四月三日、インタヴュアー中谷礼仁・鷲田めるろ、http://www.oralarthistory.org/archives/kawazoe_noboru/interview_02.php（二〇二〇年九月二四日閲覧）。

53 『メタボリズム　１９６０――未来の都市』美術出版社、一九六〇年（複製本『メタボリズム　１９６０』森美術館／Echelle-1、二〇一二年）。

54 磯崎新「孵化過程」『空間へ』美術出版社、一九七一年、五〇頁。

55 特集「日本の都市空間」『建築文化』彰国社、一九六三年一二月号（都市デザイン研究体『日本の都市空間』彰国社、一九六八年）。

［第一部第一〇章］

1 内閣府長期経済統計。

2 独立行政法人労働政策研究・研修機構「産業別就業者数」。

3 “World Urbanization Prospects: The 2018 Revision”, United Nations, Department of Economic and Social Affairs, Population Division, 2019.

4 内閣府長期経済統計。

5 以下統計は建築着工統計調査時系列表による。

6 古川修『日本の建設業』岩波新書、一九六三年、二一八頁。

7 権藤智之ほか「近年の沖縄県における木造住宅生産に関する研究」『日本建築学会計画系論文集』日本建築学会、二〇一〇年一月、一九四頁。

8 建築基準法第一章第一条。

9 速水清孝『建築家と建築士――法と住宅をめぐる百

年』東京大学出版会、二〇一一年。

10 内田祥士『営繕論——希望の建設・地獄の営繕』NTT出版、二〇一七年、「「希望の建設」としての超高層」一八—二五頁。

11 池田武邦「これからの設計システムはいかにあるべきか」『建築雑誌』日本建築学会、一九六三年一一月号、六四七頁。

12 『建築文化』彰国社、一九六三年六月号および一〇月号にこの検討過程がまとめられている。

13 この借地借家契約に代わるものとして地主家主に契約の更新をしない権利を保障する新しい契約形態が、一九九二年に改定された借地借家法が規定する定期借地借家契約で、現在はこれが普及している。

14 野口悠紀雄『増補版1940年体制——さらば戦時経済』東洋経済新報社、二〇一〇年、一二八—一三三頁。

15 平山洋介『マイホームの彼方に——住宅政策の戦後史をどう読むか』筑摩書房、二〇二〇年、「第三章 持ち家の時代、その生成——終戦～一九七〇年代初頭」。

16 割賦三社と呼ばれた太平住宅、殖産住宅相互、日本電建はその代表的な例となる。

17 長谷川堯発言「「物語」として読む戦後建築50年」『建築雑誌』日本建築学会、一九九五年八月号、五五頁。

18 日本建築学会編『近代日本建築学発達史』丸善、一九七二年、一九二九頁。

19 マスプロ＝マス・プロダクション＝大量生産のこと。

20 西山夘三・巽和夫「建築生産単位の測定」『日本建築学会論文報告集』一九五八年一〇月、四八六頁、第1表。なおこの推計はかなり大胆な仮定にもとづくもので概要をつかむ以上の精度はない。

21 巽和夫「建築技術者の職務——建築技術者調査結果から」『建築雑誌』日本建築学会、一九六四年三月号、一六七頁、表-4。ただし先の推計と調査方法と分類が異なり、厳密に比較出来るものではない。

22 村松貞次郎「明日をになう建築家」『現代建築をつくる人々《設計組織ルポ》』世界書院、一九六三年(初出：『建築文化』彰国社、一九六一年二月号)。

23 同上、一六八頁。

24 丹下健三「日本の建築家——その内部の現実と外部

の現実」『新建築』新建築社、一九五六年一〇月号、七―一三頁（前半部分を削除、改稿して「日本の建築家」『現実と創造――丹下健三 1946-1958』美術出版社、一九六六年）。この論考の主題はタイトルにあるように日本の建築家の実像を考えてみるものだが、同時にこれは伝統論争のなかで書かれたものでもあり、論考の前半は既に触れた丹下の論考「現代建築の創造と日本建築の伝統」に対して寄せられた反応への応答にあてられている。その前半と本題部分の関係はそれほど明確なものではなく、一つの主張として読むとやや困惑させられる。なおこの論考はある討論会における丹下の発表にもとづくもので、その討論会全体の記録は佐野正一「現代建築の探究」『建築雑誌』日本建築学会、一九五六年一一月号にある。

25 同上、一一頁。

26 同上、一一頁。

［第二部第一章］

1 『建築雑誌』一九六八年八月号は、通算一〇〇〇号を記念して明治一〇〇年を顧みる対談を掲載しているが、時代の変調を当時の建築家がどう感じていたか、よく示している。

2 D・H・メドウズ他『成長の限界――ローマ・クラブ「人類の危機」レポート』大来佐武郎監訳、ダイヤモンド社、一九七二年。

3 レーチェル・カーソン『生と死の妙薬』青樹簗一訳、新潮社、一九六四年。後に邦訳タイトルは『沈黙の春』になった。

4 磯崎新『建築の解体』美術出版社、一九七五年。

5 ロバート・ヴェンチューリ『建築の複合と対立』松下一之訳、美術出版社、一九六九年。『建築の多様性と対立性』伊藤公文訳、鹿島出版会、SD選書、一九八二年として改訳された。

6 ロバート・ヴェンチューリほか『ラスベガス』石井和紘・伊藤公文訳、鹿島出版会、SD選書、一九七八年。

7 レイナー・バンハム『第一機械時代の理論とデザイン』石原達二・増成隆士訳、鹿島出版会、一九七六年。

8 クリストファー・アレグザンダー『形の合成に関するノート』稲葉武司訳、鹿島出版会、一九七八年。

9 クリストファー・アレグザンダー『パタン・ランゲージ』平田翰那訳、鹿島出版会、一九八四年。

10 ジェイン・ジェコブス『アメリカ大都市の死と生』黒川紀章訳、鹿島出版会、一九六九年。ただしこれは抄訳で、『アメリカ大都市の死と生』山形浩生訳、鹿島出版会、二〇一〇年として改訳された。

11 バーナード・ルドフスキー『建築家なしの建築』渡辺武信訳、鹿島出版会、一九七五年。

12 八束はじめ『思想としての日本近代建築』岩波書店、二〇〇五年、六二八頁。

13 椹木野衣『戦争と万博』美術出版社、二〇〇五年、四四頁。

14 磯崎新・日埜直彦『磯崎新 Interviews』ＬＩＸＩＬ出版、二〇一四年、一一五頁。

15 宮内康「怨恨のユートピア」『怨恨のユートピア』刊行委員会編『怨恨のユートピア——宮内康の居る場所』れんが書房新社、二〇〇〇年、九八頁。

16 建築家'70行動委員会「新たな建築運動のための創造的要件」『新建築』新建築社、一九六九年一月号、二八五頁。

17 磯崎新「年代記的ノート」『空間へ』美術出版社、一九七一年、五一一頁。

18 宮内康、前掲『怨恨のユートピア』一〇二頁。

19 椹木野衣『日本・現代・美術』新潮社、一九九八年。

[第二部第二章]

1 布野修司『戦後建築の終焉——世紀末建築論ノート』れんが書房新社、一九九五年、二二〇—二二一頁。

2 布野修司『建築少年たちの夢——現代建築水滸伝』彰国社、二〇一一年、六—七頁。

3 同上、七頁。この時期の布野については青井哲人らによる次のインタビューが詳しい。「布野修司インタビュー——戦後日本と世界の往還」(https://a-aoi-shuji-funo-interviews.hatenadiary.org/ (二〇二〇年九月二四日閲覧))。

4 コンペイトウ「見切品アメ横」『都市住宅』鹿島出版会、一九六九年一一月号、コンペイトウ「アメ横は東京の村」一九七一年一二月号。

5 村松貞次郎『日本近代建築史再考——虚構の崩壊』『新建築』一九七四年一〇月臨時増刊号、新建築社

（再刊一九七七年）。

6 村松貞次郎「日本の建築家——その歴史における現在」『日本の建築家』『新建築』一九八一年一二月臨時増刊号、新建築社、八頁。

7 長谷川堯『神殿か獄舎か』相模書房、一九七二年。表題論文は『デザイン』一九七一年一一月号、一二月号、一九七二年三月号掲載。

8 「間」展のパリでの展覧会開催はエドワード・サイード『オリエンタリズム』の刊行と同年であった。

9 安藤忠雄「都市ゲリラ住居」『都市住宅——住宅第四集』鹿島出版会、一九七三年、一八―一九頁。

10 柱と梁あるいは屋根のあいだに取り付ける斜めの補強材。

11 原広司『住居に都市を埋蔵する——ことばの発見』住まいの図書館出版局、一九九〇年。

12 フォルムという言葉がかたちを連想させるからなのだろうが、大胆な造形がフォルマリズムと呼ばれている場合がある。本来的には、フォルマリズムはかたちそのものではなく、かたちが則る形式に着目する指向を指す。フォルマリズムの起源は文芸理論のロシア・フォルマリズムだが、言葉の意味内容ではなく言葉の形式に着目することにより、フォルマリズムと呼ばれる。

13 黒沢隆『個室の計画学』鹿島出版会、ＳＤ選書、二〇一六年。個室群住居のコンセプトの初出は『都市住宅』一九六八年五月号。

14 神代雄一郎「巨大建築に抗議する」『新建築』新建築社、一九七四年九月号、一七九―一八二頁。

15 論争収束後に行われた整理として宮内嘉久「「巨大建築」論争の我流総括」『新建築』新建築社、一九七六年一〇月号、二四七―二五四頁がある。

16 林昌二「その社会が建築を創る」『新建築』新建築社、一九七五年四月号、一三九―一四二頁。

17 国連のWorld Urbanization Prospectsによれば、一九五五年に東京都市圏はニューヨーク－ニューアーク都市圏を都市人口において超え、世界最大の都市となった。

18 例えば林昌二・横山公男・菊竹清訓・鬼頭梓・平良敬一・大谷幸夫・宮内嘉久「現代建築の栄光と悲惨——戦後派建築家の出発点―6・最終回―」『建築』中外出版、一九七二年一二月号に林の保守主義が端的にあらわれている。

19　林昌二「歪められた建築の時代——１９７０年代を顧みて」『新建築』新建築社、一九七九年一二月号、一四五—一四八頁。
20　同上、一四六頁。
21　その典型として中原洋『意地の都市住宅』ダイヤモンド社、一九八七年、および同『意地の都市住宅2』ダイヤモンド社、一九九一年がある。
22　槇文彦「平和な時代の野武士達」『新建築』新建築社、一九七九年一〇月号、一九五—二〇六頁。
23　似たニュアンスのものとして、小能林宏城「脱藩する建築家たち」『新建築』新建築社、一九六八年一〇月号、二一〇—二一六頁がある。小能林の主張は槇と違って、時代の変化をかぎ取り既存の秩序から飛び出す機会をうかがう若い建築家の動きを積極的にみとめるものだった。
24　鈴木博之「私的全体性の模索」『新建築』新建築社、一九七九年一〇月号、一四五—一四八頁。
25　鈴木博之『建築の世紀末』晶文社、一九七七年。
26　鈴木博之、前掲「私的全体性の模索」『新建築』一四五頁。
27　同上、一四六頁。
28　例えば『建築文化』一九七五年一月号から一九七七年一〇月号にかけて連載された「近代の呪縛に放て」や同時代建築研究会の取り組みがある。
29　鈴木博之「砂絵呪縛」『建築は兵士ではない』鹿島出版会、一九八〇年、六四頁。

［第二部第三章］
1　レイナー・バンハム「世界の建築の日本化」『日本の現代建築』講談社、一九八四年、一六—二八頁(Reyner Banham, "The Japonization of World Architecture", *Contemporary Architecture of Japan 1958-1984*, New York: Rizzoli, 1985)。
2　伊東豊雄「近代の衰弱とオプティミズム——建築の〈健康さ〉と〈気持ちの良さ〉をめぐって」『新建築』新建築社、一九八三年二月号、一四五—一四八頁。
3　内井昭蔵「健康な建築をめざして」『新建築』新建築社、一九八〇年九月号、一八六—一八八頁。
4　内井昭蔵「再び〈健康な建築〉について」『新建築』新建築社、一九八〇年一二月号、一八七—一八八頁。

5 宮脇檀「近代小市民幻想」『新建築』新建築社、一九八二年八月号、一五九—一六二頁。
6 伊東豊雄、前掲「近代の衰弱とオプティミズム」一四七頁。
7 同上、一四八頁。
8 石山修武「現代住宅の保守的側面」『新建築』新建築社、一九七六年二月号、一四三—一四六頁。
9 石山修武『「秋葉原」感覚で住宅を考える』晶文社、一九八四年。
10 多木浩二『生きられた家』田畑書店、一九七六年。
11 チャールズ・ジェンクス『ポスト・モダニズムの建築言語』(『a＋u』一九七八年一〇月号臨時増刊)竹山実訳、エー・アンド・ユー。原著はCharles Jencks, *The Language of Post-Modern Architecture*, London: Academy Editions, 1977.
12 竹山聖「個人的な語り口から社会的な神話へ」『建築20世紀 PART2』『新建築』一九九一年六月臨時増刊号、新建築社、二三九頁。
13 石山修武「更なる〝違犯〟へ」(「手法が」「建築の修辞」書評)『新建築』一九七九年八月号、三一二—三一三頁。
14 磯崎新「ラジカリズムとアマチュアリズム」『建築のパフォーマンス』ＰＡＲＣＯ出版局、一九八五年、一四一頁。
15 磯崎新「都市、国家、そして〈様式〉を問う」前掲『建築のパフォーマンス』二三—三六頁。
16 同上、二九頁。
17 同上、二九—三〇頁。
18 磯崎新「様式の廃墟のうえにうまれるもの」『建築の地層』彰国社、一九七九年、二四六頁。

［第二部第四章］

1 吉村靖孝編著『超合法建築図鑑』彰国社、二〇〇六年。
2 平山洋介『マイホームの彼方に——住宅政策の戦後史をどう読むか』筑摩書房、二〇二〇年、一二八頁。
3 「座談会　新しい組織を志向する」『建築』中外出版、一九七二年九月号、一六〇—一六八頁。
4 『ＳＤ別冊21　鹿島ＫＩビル——オフィス環境の新世代』鹿島出版会、一九九〇年。
5 林昌二「基本に戻れるか?」『新建築』新建築社、

一九九三年二月号、一四二頁。

6 大野勝彦『地域住宅工房のネットワーク――住まいから町へ 町から住まいへ』彰国社、一九八八年。

〔第二部第五章〕

1 国土交通省地価公示時系列推移表による。

2 中川理『偽装するニッポン』彰国社、一九九六年。

3 伊東豊雄「消費の海に浸らずして新しい建築はない」『新建築』新建築社、一九八九年一一月号、二〇一―二〇四頁。

4 こうした問題についての経済学からの議論として山田良治『私的空間と公共性』日本経済評論社、二〇一〇年がある。

5 陣内秀信『東京の空間人類学』筑摩書房、一九八五年。

6 鈴木博之『東京の「地霊」』文藝春秋、一九九〇年。

〔第二部第六章〕

1 林昌二「基本に戻れるか?」『新建築』新建築社、一九九三年二月号、一四一―一四四頁。

2 伊東豊雄「〈みんなの家〉がもたらす〈建築とは何か〉という問い」『新建築』新建築社、二〇一一年一二月号、一二一頁。

3 伊東豊雄「脱近代的身体像――批評性のない住宅は可能か」『新建築　住宅特集』新建築社、一九九八年九月号、二〇―二四頁。

4 磯崎新「非都市的なるもの」『《建築》という形式I』新建築社、一九九一年。

〔第二部第七章〕

1 フェリーチェ・ベアト「愛宕山から見た江戸のパノラマ」、一八六三―六四年撮影(東京都写真美術館所蔵、東京都歴史文化財団イメージアーカイブ)。

あとがき

通史は選択の問題だ、といわれる。なにを書かないか、がまさに本質的な問題だった。建築家の個性的な歴史の読み解き風のものではない、広く共有しうる簡潔な建築の歴史をまとめることが本書の目標であり、それがそのまま記述の指針となった。書籍として読みやすいコンパクトさを考えれば取り上げられる内容には限界があった。やや心残りではあるが、多くの魅力的な事項を割愛せざるを得なかった。

本書はあくまで一般書であり、一般の読者に向けて書かれているが、建築の専門家において、本書が建築の状況の分断のまさに凡庸な例として読まれることを恐れている。とりわけポスト国家的段階の記述は、組織の建築家に辛く、フリーランスの建築家に甘い、と読まれるかもしれない。だが現在に至る状況を客観的に捉えたい、ということが一貫して著者の意識にあった。

ちかごろ世間を騒がせた事件として、オリンピックに向けた国立競技場改築や築地市場移転に際しての混乱があった。建築の専門領域に対する社会に蔓延した不信感がその背景にあり、そこにあらわれているなにかがうまくいっていない感じの根を、建築家は直視する必要がある。そしておもちゃ箱をひっくりかえしたような、といわれるデタラメな状況が日本の都市にあることも、建築家は直視する必要がある。つまらない建築が量産されている現実には多くの建築家も日々うんざりしているはずだ。著者自身、忸怩たる思いを噛み締めつつ本書を書いた。その苦みを飲み下すことがまず必要だろう。良い建築ばかり見ていても、現実からは乖離する。個々の建築に小さくとも可能性を見出すことはポジティブなことだが、全体像においては必ずしもそうではない。まずこの現実を直視することこそポジティブな一歩であるはずだ。

本書を支える知見は、多くの建築史家の仕事に負っている。彼らが蓄積してきた分厚く豊かな学識によって、本書を書くことが出来た。伏して感謝したい。また日本近代建築史に関して、論考を書く機会を与えられ、レクチャーを求められ、それに応えるなかで本書の原型は組み立てられた。そうした機会を与えてくれた諸氏に感謝したい。本書の第一稿をまとめた後、幾人かの学兄・学友に頂いた助言もありがたいものだった。もちろん思わぬところに大きな欠点があるかもしれない。諸兄の叱正を願いたい。ただ巨人の肩に乗る矮人の喩えそのままに、少しでも遠くを見通すことが出来ていれば幸いである。

講談社の互盛央氏には大変お世話になった。互氏が無謀ともいえる本書の企図を快く受けとめてくれたからこそ、本書は実現した。パートナーの川上真由子は、本書がかたちをなす前からくりかえしテクストを読み、率直な意見をしてくれた。本書が各位の期待に応えるものとなっていることを祈念する。

二〇二一年一月

著者

東京計画1960（写真：川澄明男）

第一部第一〇章

霞が関ビル（出典：Wikimedia Commons）

第二部第二章

中銀カプセルタワー（出典：Wikimedia Commons）
群馬県立近代美術館（写真：石元泰博、高知県立美術館蔵）
カラス城（© 高瀬良夫／GA photographers）
住吉の長屋（出典：Wikimedia Commons）
幻庵（出典：flickr）
中野本町の家（写真：大橋富夫）
等々力邸（提供：藤井建築研究室）
山川山荘（提供：新建築社）

第二部第三章

シルバーハット（写真：大橋富夫）
二番館（出典：Wikimedia Commons）
織陣（©Shin Takamatsu Architect and Associates Co., Ltd.）

第二部第五章

M2（出典：Wikimedia Commons）

第二部第六章

鳥羽市立海の博物館（提供：内藤廣建築設計事務所）
金沢21世紀美術館（写真：鈴木久雄）
ア・コルーニャ人間科学館（写真：鈴木久雄）

第二部第七章

フェリーチェ・ベアト「愛宕山から見た江戸のパノラマ」（Image：東京都歴史文化財団イメージアーカイブ、東京都写真美術館蔵）

図版出典

第一部第一章
鹿鳴館（提供：日本建築学会）

第一部第二章
大浦天主堂（出典：Wikimedia Commons）
開智学校（出典：Wikimedia Commons）

第一部第四章
日本銀行本店（提供：日本建築学会）
横浜正金銀行本店（提供：日本建築学会）
赤坂離宮（出典：Wikimedia Commons）

第一部第六章
豊多摩監獄（提供：日本建築学会）
大阪市中央公会堂（提供：日本建築学会）
明治生命館（出典：Wikimedia Commons）
明治神宮宝物殿（出典：Wikimedia Commons）
帝国ホテル（出典：Wikimedia Commons）
新橋博品館（出典：Wikimedia Commons）

第一部第七章
早稲田大学大隈記念講堂（出典：Wikimedia Commons）
東京帝室博物館（出典：Wikimedia Commons）

第一部第八章
パリ万国博覧会日本館（出典：Wikimedia Commons）

第一部第九章
広島平和記念公園（写真：石元泰博、高知県立美術館蔵）
東光園（出典：Wikimedia Commons）
国立代々木競技場（photo：©Osamu Murai）
東京カテドラル（出典：Wikimedia Commons）
パレスサイドビル（出典：Wikimedia Commons）

日埜直彦（ひの・なおひこ）
一九七一年、茨城県生まれ。建築家。大阪大学工学部建築工学科卒業。建築設計事務所勤務を経て、二〇〇二年、日埜建築設計事務所設立。
主な著書に、『白熱講義　これからの日本に都市計画は必要ですか』（共著、学芸出版社）、『磯崎新 Interviews』（共著、ＬＩＸＩＬ出版）など。

日《に》本《ほん》近《きん》現《げん》代《だい》建《けん》築《ちく》の歴《れき》史《し》

明《めい》治《じ》維《い》新《しん》から現《げん》代《だい》まで

二〇二一年　三月　九日　第一刷発行
二〇二一年　九月一四日　第二刷発行

著　者　日《ひ》埜《の》直《なお》彦《ひこ》

発行者　鈴木章一

発行所　株式会社 講談社
東京都文京区音羽二丁目一二—二一　〒一一二—八〇〇一
電話（編集）〇三—三九四五—四九六三
（販売）〇三—五三九五—四四一五
（業務）〇三—五三九五—三六一五

装幀者　奥定泰之

本文データ制作　講談社デジタル製作

本文印刷　信毎書籍印刷 株式会社

カバー・表紙印刷　半七写真印刷工業 株式会社

製本所　大口製本印刷 株式会社

ISBN978-4-06-522867-8　Printed in Japan　N.D.C.253　419p　19cm

講談社選書メチエの再出発に際して

講談社選書メチエの創刊は冷戦終結後まもない一九九四年のことである。長く続いた東西対立の終わりはついに世界に平和をもたらすかに思われたが、その期待はすぐに裏切られた。超大国による新たな戦争、吹き荒れる民族主義の嵐……世界は向かうべき道を見失った。そのような時代の中で、書物のもたらす知識が一人一人の指針となることを願って、本選書は刊行された。

それから二五年、世界はさらに大きく変わった。特に知識をめぐる環境は世界史的な変化をこうむったとすら言える。インターネットによる情報化革命は、知識の徹底的な民主化を推し進めた。誰もがどこでも自由に知識を入手でき、自由に知識を発信できる。それは、冷戦終結後に抱いた期待を裏切られた私たちのもとに差した一条の光明でもあった。

その光明は今も消え去ってはいない。しかし、私たちは同時に、知識の民主化が知識の失墜をも生み出すという逆説を生きている。堅く揺るぎない知識も消費されるだけの不確かな情報に埋もれることを余儀なくされ、不確かな情報が人々の憎悪をかき立てる時代が今、訪れている。

この不確かな時代、不確かさが憎悪を生み出す時代にあって必要なのは、一人一人が堅く揺るぎない知識を得、生きていくための道標を得ることである。

フランス語の「メチエ」という言葉は、人が生きていくために必要とする職、経験によって身につけられる技術を意味する。選書メチエは、読者が磨き上げられた経験のもとに紡ぎ出される思索に触れ、生きるための技術と知識を手に入れる機会を提供することを目指している。万人にそのような機会が提供されたとき初めて、知識は真に民主化され、憎悪を乗り越える平和への道が拓けると私たちは固く信ずる。

この宣言をもって、講談社選書メチエ再出発の辞とするものである。

二〇一九年二月　野間省伸